税收制度分类指引丛书

“走出去”税收指引

（2019年修订版）

《税收制度分类指引丛书》编写组 编

中国税务出版社

图书在版编目(CIP)数据

“走出去”税收指引:2019年修订版/《税收制度分类指引丛书》编写组编. -- 北京:中国税务出版社,2020.2
(税收制度分类指引丛书)
ISBN 978-7-5678-0941-3

Ⅰ.①走… Ⅱ.①税… Ⅲ.①企业管理-对外投资-税收管理-中国 Ⅳ.①F812.423

中国版本图书馆CIP数据核字(2020)第027424号

丛 书 名: 税收制度分类指引丛书
书　　名: “走出去”税收指引(2019年修订版)
作　　者: 《税收制度分类指引丛书》编写组　编
责任编辑: 孙晓萍
责任校对: 姚浩晴
技术设计: 刘冬珂
出版发行: 中国税务出版社
北京市丰台区广安路9号国投财富广场1号楼11层
邮政编码:100055
http://www.taxation.cn
E-mail:swcb@taxation.cn
发行中心电话:(010)83362083/85/86
传真:(010)83362047/48/49
经　　销: 各地新华书店
印　　刷: 天津嘉恒印务有限公司
规　　格: 787毫米×1092毫米　1/16
印　　张: 36
字　　数: 626000字
版　　次: 2020年2月第1版　2020年2月第1次印刷
书　　号: ISBN 978-7-5678-0941-3
定　　价: 90.00元

编者说明

为深入贯彻落实党的十九大精神，进一步优化税收营商环境，更好地服务纳税人，国家税务总局组织编写了税收制度分类指引。《“大众创业、万众创新”税收优惠政策指引》《“走出去”税收指引》《研发费用加计扣除政策执行指引（1.0 版）》《支持脱贫攻坚税收优惠政策指引》《新冠肺炎疫情防控税收优惠政策指引》等相继发布。据此，我们即时编写了《税收制度分类指引丛书》，本书是第 7 本。

随着共建“一带一路”倡议不断推进，我国纳税人“走出去”步伐明显加快，对外投资规模和质量日益提升。为充分发挥税收的职能作用，更好地服务全面对外开放新格局，国家税务总局对“走出去”纳税人相关的税收政策及税收协定（安排、协议）进行归纳整理，总结共性涉税问题，从税收政策、税收协定、管理规定、服务举措四个方面，详细列举了“走出去”纳税人涉及的 97 个事项。根据发布的政策指引，本书针对每个事项的适用主体、政策（协定）规定、适用条件、政策依据，以及部分事项的情景问答、服务内容等加以指引。根据政策依据增加延伸阅读，对文件、条款中涉及的失效、废止及政策调整状态进行标注，以便纳税人快捷地查询、使用相关政策，满足其个性化需求。

为方便读者使用，我们对在延伸阅读中首次出现的政策进行编码。例如：编码“1”中的第一个数字“1”代表该政策所指向的税收事项——“1. 生产企业出口货物退（免）税政策”的编号，第二个数字“1”代表该政策在政策依据中出现的顺序。该政策再次出现时，标注“（见P 1－1）”。本书所涉及的所有政策在正文后按编码排序制作了延伸阅读索引，便于读者查找。

本书所收录的文件截至 2019 年 10 月底。具体执行时请参照最新发布的法律、法规、规章及规范性文件的规定。

更多税收政策请登录中国税务出版社税收资讯网（http://www.taxation.cn）查阅。

编写组

2020 年 2 月

目　　录

一、税收政策

（一）出口货物劳务退（免）税政策

按照我国现行税收政策，对出口企业或其他单位出口货物（包括对外援助、对外承包、境外投资等视同出口货物行为）、对外提供加工修理修配劳务，实行免征和退还增值税政策。上述出口货物，如果属于消费税应税消费品，免征消费税，如果属于购进出口的货物，退还前一环节对其已征的消费税。

1. 生产企业出口货物退（免）税政策

适用主体

具有生产能力（包括加工修理修配能力）的单位或个体工商户。

政策规定

生产企业出口自产货物和视同自产货物及对外提供加工修理修配劳务，以及列名生产企业出口非自产货物，免征增值税，相应的进项税额抵减应纳增值税额（不包括适用增值税即征即退、先征后退政策的应纳增值税额），未抵减完的部分予以退还。

视同自产货物的具体范围见《财政部　国家税务总局关于出口货物劳务

增值税和消费税政策的通知》（财税〔2012〕39号）附件4。

列名生产企业的具体范围见《财政部　国家税务总局关于出口货物劳务增值税和消费税政策的通知》（财税〔2012〕39号）附件5。

生产企业出口实行增值税退（免）税的货物，如果属于消费税应税消费品，免征消费税，如果属于购进出口的货物，退还前一环节对其已征的消费税。

适用条件

生产企业应依法办理工商登记、税务登记、对外贸易经营者备案登记。如果委托出口货物的生产企业未办理对外贸易经营者备案登记，也可实行上述政策。

情景问答

问：我们是一家自行车生产企业，准备将自产产品出口到东南亚。请问出口货物的退（免）税申报程序和期限的要求是什么？

答：你企业应在货物报关出口之日（以海关出口报关单电子信息注明的出口日期为准）次月起至次年4月30日前的各增值税纳税申报期内收齐有关凭证，向主管税务机关申报办理出口货物增值税免抵退税。

政策依据

1）《财政部　国家税务总局关于出口货物劳务增值税和消费税政策的通知》（财税〔2012〕39号）第一条、第二条

2）《国家税务总局关于发布〈出口货物劳务增值税和消费税管理办法〉的公告》（国家税务总局公告2012年第24号）第四条

3）《国家税务总局关于部分税务行政审批事项取消后有关管理问题的公告》（国家税务总局公告2015年第56号）第三条

4）《国家税务总局关于出口退（免）税申报有关问题的公告》（国家税务总局公告2018年第16号）第一条

延伸阅读

1-1 《财政部 国家税务总局关于出口货物劳务增值税和消费税政策的通知》第一条、第二条

2012年5月25日 财税〔2012〕39号

一、适用增值税退（免）税政策的出口货物劳务

对下列出口货物劳务，除适用本通知第六条和第七条规定的外，实行免征和退还增值税［以下称增值税退（免）税］政策：

（一）出口企业出口货物。

本通知所称出口企业，是指依法办理工商登记、税务登记、对外贸易经营者备案登记，自营或委托出口货物的单位或个体工商户，以及依法办理工商登记、税务登记但未办理对外贸易经营者备案登记，委托出口货物的生产企业。

本通知所称出口货物，是指向海关报关后实际离境并销售给境外单位或个人的货物，分为自营出口货物和委托出口货物两类。

本通知所称生产企业，是指具有生产能力（包括加工修理修配能力）的单位或个体工商户。

（二）出口企业或其他单位视同出口货物。具体是指：

1. 出口企业对外援助、对外承包、境外投资的出口货物。

2. 出口企业经海关报关进入国家批准的出口加工区、保税物流园区、保税港区、综合保税区、珠澳跨境工业区（珠海园区）、中哈霍尔果斯国际边境合作中心（中方配套区域）、保税物流中心（B型）（以下统称特殊区域）并销售给特殊区域内单位或境外单位、个人的货物。

3. 免税品经营企业销售的货物〔国家规定不允许经营和限制出口的货物（见附件1）、卷烟和超出免税品经营企业《企业法人营业执照》规定经营范围的货物除外〕。具体是指：（1）中国免税品（集团）有限责任公司向海关报关运入海关监管仓库，专供其经国家批准设立的统一经营、统一组织进货、统一制定零售价格、统一管理的免税店销售的货物；（2）国家批准的除中国免税品（集团）有限责任公司外的免税品经营企业，向海关报关运入海关监管仓

库，专供其所属的首都机场口岸海关隔离区内的免税店销售的货物；（3）国家批准的除中国免税品（集团）有限责任公司外的免税品经营企业所属的上海虹桥、浦东机场海关隔离区内的免税店销售的货物。

4. 出口企业或其他单位销售给用于国际金融组织或外国政府贷款国际招标建设项目的中标机电产品（以下称中标机电产品）。上述中标机电产品，包括外国企业中标再分包给出口企业或其他单位的机电产品。贷款机构和中标机电产品的具体范围见附件2。

5. 生产企业向海上石油天然气开采企业销售的自产的海洋工程结构物。海洋工程结构物和海上石油天然气开采企业的具体范围见附件3。

6. 出口企业或其他单位销售给国际运输企业用于国际运输工具上的货物。上述规定暂仅适用于外轮供应公司、远洋运输供应公司销售给外轮、远洋国轮的货物，国内航空供应公司生产销售给国内和国外航空公司国际航班的航空食品。

7. 出口企业或其他单位销售给特殊区域内生产企业生产耗用且不向海关报关而输入特殊区域的水（包括蒸汽）、电力、燃气（以下称输入特殊区域的水电气）。

除本通知及财政部和国家税务总局另有规定外，视同出口货物适用出口货物的各项规定。

（三）出口企业对外提供加工修理修配劳务。

对外提供加工修理修配劳务，是指对进境复出口货物或从事国际运输的运输工具进行的加工修理修配。

二、增值税退（免）税办法

适用增值税退（免）税政策的出口货物劳务，按照下列规定实行增值税免抵退税或免退税办法。

（一）免抵退税办法。生产企业出口自产货物和视同自产货物（视同自产货物的具体范围见附件4）及对外提供加工修理修配劳务，以及列名生产企业（具体范围见附件5）出口非自产货物，免征增值税，相应的进项税额抵减应纳增值税额（不包括适用增值税即征即退、先征后退政策的应纳增值税额），未抵减完的部分予以退还。

（二）免退税办法。不具有生产能力的出口企业（以下称外贸企业）或其他单位出口货物劳务，免征增值税，相应的进项税额予以退还。

1-2 《国家税务总局关于发布〈出口货物劳务增值税和消费税管理办法〉的公告》第四条[①]

2012年6月14日 国家税务总局公告2012年第24号

四、生产企业出口货物免抵退税的申报

（一）申报程序和期限

企业当月出口的货物须在次月的增值税纳税申报期内，向主管税务机关办理增值税纳税申报、免抵退税相关申报及消费税免税申报。

企业应在货物报关出口之日（以出口货物报关单〈出口退税专用〉上的出口日期为准，下同）次月起至次年4月30日前的各增值税纳税申报期内收齐有关凭证，向主管税务机关申报办理出口货物增值税免抵退税及消费税退税。逾期的，企业不得申报免抵退税。

（二）申报资料

1. 企业向主管税务机关办理增值税纳税申报时，除按纳税申报的规定提供有关资料外，还应提供下列资料：

（1）主管税务机关确认的上期《免抵退税申报汇总表》（见附件4）；

（2）主管税务机关要求提供的其他资料。

2. 企业向主管税务机关办理增值税免抵退税申报，应提供下列凭证资料：

（1）《免抵退税申报汇总表》及其附表（见附件5）；

（2）《免抵退税申报资料情况表》（见附件6）；

（3）《生产企业出口货物免抵退税申报明细表》（见附件7）；

（4）出口货物退（免）税正式申报电子数据；

（5）下列原始凭证：

①出口货物报关单（出口退税专用，以下未作特别说明的均为此联）（保税区内的出口企业可提供中华人民共和国海关保税区出境货物备案清单，简称出境货物备案清单，下同）；

②出口收汇核销单（出口退税联，以下未作特别说明的均为此联）（远期

① 条款废止。第四条第（二）项第2目第（5）之②、第（三）项废止。参见：《国家税务总局关于〈出口货物劳务增值税和消费税管理办法〉有关问题的公告》，国家税务总局公告2013年第12号。

结汇的提供远期收汇备案证明，保税区内的出口企业提供结汇水单。跨境贸易人民币结算业务、试行出口退税免予提供纸质出口收汇核销单地区和货物贸易外汇管理制度改革试点地区的企业免予提供，下同）；

③出口发票；

④委托出口的货物，还应提供受托方主管税务机关签发的代理出口货物证明，以及代理出口协议复印件；

⑤主管税务机关要求提供的其他资料。

3. 生产企业出口的视同自产货物以及列名生产企业出口的非自产货物，属于消费税应税消费品（以下简称应税消费品）的，还应提供下列资料：

（1）《生产企业出口非自产货物消费税退税申报表》（附件8）；

（2）消费税专用缴款书或分割单，海关进口消费税专用缴款书、委托加工收回应税消费品的代扣代收税款凭证原件或复印件。

（三）从事进料加工业务的企业，还须按下列规定办理手册登记、进口料件申报和手册核销：

1. 企业在办理进料加工贸易手（账）册后，应于料件实际进口之日起至次月（采用实耗法扣除的，在料件实际耗用之日起至次月）的增值税纳税申报期内，填报《生产企业进料加工登记申报表》（见附件9），提供正式申报的电子数据及下列资料，向主管税务机关申请办理进料加工登记手续。

（1）采用纸质手册的企业应提供进料加工手册原件及复印件；采用电子化手册的企业应提供海关签章的加工贸易电子化纸质单证；采用电子账册的企业应提供海关核发的《加工贸易联网监管企业电子账册备案证明》。

（2）主管税务机关要求提供的其他资料。

以双委托方式（生产企业进、出口均委托出口企业办理，下同）从事进料加工业务的企业，由委托方凭代理进、出口协议及受托方的上述资料的复印件，到主管税务机关办理进料加工登记手续。

已办理进料加工登记手续的纸质手册、电子化手册或电子账册，如发生加工单位、登记进口料件总额、登记出口货物总额、手册有效期等项目变更的，企业应在变更事项发生之日起至次月的增值税纳税申报期内，填报《生产企业进料加工登记变更申请表》（附件10），提供正式申报电子数据及海关核发的变更后的相关资料向主管税务机关申报办理手（账）册变更手续。

2. 从事进料加工业务的企业应于料件实际进口之日起至次月（采用实耗法计算的，在料件实际耗用之日起至次月）的增值税纳税申报期内，持进口货物报关单、代理进口货物证明及代理进口协议等资料向主管税务机关申报《生产企业进料加工进口料件申报明细表》（见附件11）、《生产企业进料加工出口货物扣除保税进口料件申请表》（见附件12）。

3. 采用纸质手册或电子化手册的企业，应在海关签发核销结案通知书（以结案日期为准，下同）之日起至次月的增值税纳税申报期内填报《生产企业进料加工手册登记核销申请表》（见附件13），提供正式申报电子数据及纸质手册或电子化手册，向主管税务机关申请办理进料加工的核销手续；采用电子账册的企业，应在海关办结一个周期核销手续后，在海关签发核销结案通知书之日起至次月的增值税纳税申报期内填报《生产企业进料加工手册登记核销申请表》，提供正式申报电子数据，向主管税务机关申请办理进料加工的核销手续。

企业应根据核销后的免税进口料件金额，计算调整当期的增值税纳税申报和免抵退税申报。

（四）购进不计提进项税额的国内免税原材料用于加工出口货物的，企业应单独核算用于加工出口货物的免税原材料，并在免税原材料购进之日起至次月的增值税纳税申报期内，填报《生产企业出口货物扣除国内免税原材料申请表》（见附件14），提供正式申报电子数据，向主管税务机关办理申报手续。

（五）免抵退税申报数据的调整

对前期申报错误的，在当期进行调整。在当期用负数将前期错误申报数据全额冲减，再重新全额申报。

发生本年度退运的，在当期用负数冲减原免抵退税申报数据；发生跨年度退运的，应全额补缴原免抵退税款，并按现行会计制度的有关规定进行相应调整。

本年度已申报免抵退税的，如须实行免税办法或征税办法，在当期用负数冲减原免抵退税申报数据；跨年度已申报免抵退税的，如须实行免税或征税办法，不用负数冲减，应全额补缴原免抵退税款，并按现行会计制度的有关规定进行相应调整。

1-3 《国家税务总局关于部分税务行政审批事项取消后有关管理问题的公告》第三条[①]

2015年8月3日　国家税务总局公告2015年第56号

三、关于取消“出口退（免）税资格认定”“出口退（免）税资格认定变更”“出口退（免）税资格认定注销”“研发机构采购国产设备退税资格的认定”“集团公司具有免抵退税资格成员企业认定”“以边境小额贸易方式代理外国企业、外国自然人出口货物备案登记及备案核销的核准”后的有关管理问题

（一）出口企业或其他单位应于首次申报出口退（免）税时，向主管国税机关提供以下资料，办理出口退（免）税备案手续，申报退（免）税。

1. 内容填写真实、完整的《出口退（免）税备案表》（附件1），其中“退税开户银行账号”须从税务登记的银行账号中选择一个填报。

2. 加盖备案登记专用章的《对外贸易经营者备案登记表》或《中华人民共和国外商投资企业批准证书》。

3. 《中华人民共和国海关报关单位注册登记证书》。

4. 未办理备案登记发生委托出口业务的生产企业提供委托代理出口协议，不需提供第2目、第3目资料。

5. 主管国税机关要求提供的其他资料。

（二）对出口企业或其他单位提供的出口退（免）税备案资料齐全，《出口退（免）税备案表》填写内容符合要求，签字、印章完整的，主管国税机关应当场予以备案。对不符合上述要求的，主管国税机关应一次性告知出口企业或其他单位，待其补正后备案。

（三）《出口退（免）税备案表》中的内容发生变更的，出口企业或其他单位须自变更之日起30日内，向主管国税机关提供相关资料，办理备案内容的变更。出口企业或其他单位需要变更“退（免）税方法”的，主管国税机关应按规定结清退（免）税款后办理变更。

---

① 条款废止。第三条第六项第3目废止。参见：《国家税务总局关于进一步加强出口退（免）税事中事后管理有关问题的公告》，国家税务总局公告2016年第1号。

（四）出口企业或其他单位撤回出口退（免）税备案的，主管国税机关应按规定结清退（免）税款后办理。

出口企业或其他单位申请注销税务登记的，应先向主管国税机关申请撤回出口退（免）税备案。

（五）已办理过出口退（免）税资格认定的出口企业或其他单位，无需再办理出口退（免）税备案。

（六）集团公司需要按收购视同自产货物申报免抵退税的，集团公司总部需提供以下资料，向主管国税机关备案：

1.《集团公司成员企业备案表》（附件2）及电子申报数据；

2. 集团公司总部及其控股的生产企业的营业执照副本复印件；

3. 集团公司总部及其控股的生产企业的《出口退（免）税备案表》（或《出口退（免）税资格认定表》）复印件；

4. 集团公司总部及其控股生产企业的章程复印件；

5. 主管国税机关要求报送的其他资料。

对集团公司总部提供上述备案资料齐全、《集团公司成员企业备案表》填写内容符合要求的，主管国税机关应当场予以备案。对不符合上述要求的，主管国税机关应一次性告知企业，待其补正后备案。

（七）按收购视同自产货物申报免抵退税的集团公司备案后，主管国税机关按照集团公司总部和成员企业所在地情况，传递《集团公司成员企业备案表》。

1. 在同一地市的，集团公司总部所在地主管国税机关应将《集团公司成员企业备案表》传递至地市国家税务局报备，并同时抄送集团公司总部、成员企业所在地国家税务局；

2. 在同一省（自治区、直辖市、计划单列市，下同）但不在同一地市的，集团公司总部所在地主管国税机关，应将《集团公司成员企业备案表》逐级传递至省国家税务局报备，省国家税务局应清分至集团公司总部、成员企业所在地国家税务局；

3. 不在同一省的，集团公司总部所在地主管国税机关，应将《集团公司成员企业备案表》逐级传递至国家税务总局，由国家税务总局逐级清分至集团公司总部、成员企业所在地国家税务局。

（八）以边境小额贸易方式代理外国企业、外国自然人出口货物，出口企业应当在货物报关出口之日（以出口货物报关单上的出口日期为准）次月起至次年4月30日前的各增值税纳税申报期内，提供下列资料向主管国税机关办理代理报关备案。

1. 企业相关人员签字、盖有单位公章且填写内容齐全的纸质《以边境小额贸易方式代理外国企业、外国自然人报关出口货物备案表》（附件3）及电子数据；

2. 代理出口协议原件及复印件，代理出口协议以外文拟定的，需同时提供中文翻译版本；

3. 委托方经办人护照或外国边民的边民证原件和复印件。

出口企业以边境小额贸易方式代理外国企业、外国自然人出口的货物，按上述规定已备案的，不属于增值税应税范围，其仅就代理费收入进行增值税申报。

主管国税机关应定期对出口企业以边境小额贸易方式代理外国企业、外国自然人出口货物的备案情况进行核查，发现出口企业未按照本条规定办理代理报关备案的，按有关规定处理。

1-4 《国家税务总局关于出口退（免）税申报有关问题的公告》第一条

2018年4月19日　国家税务总局公告2018年第16号

一、出口企业或其他单位办理出口退（免）税备案手续时，应按规定向主管税务机关填报修改后的《出口退（免）税备案表》（附件1）。

2. 外贸企业或其他单位出口货物退（免）税政策

适用主体

不具有生产能力的出口企业（以下称外贸企业）或其他单位。

政策规定

外贸企业或其他单位出口货物、劳务，免征增值税，相应的进项税额予以退还。如果出口货物是购进的属于消费税应税消费品，同时退还前一环节对其已征的消费税。

适用条件

外贸企业或其他单位自营或委托出口货物的，应依法办理工商登记、税务登记、对外贸易经营者备案登记。

情景问答

问：我们是一家新办的外贸企业，请问如何办理出口退（免）税备案？

答：出口企业或其他单位应于首次申报出口退（免）税时，向主管税务机关提供以下资料，办理出口退（免）税备案手续，申报退（免）税。

1）内容填写真实、完整的《出口退（免）税备案表》，其中“退税开户银行账号”须从税务登记的银行账号中选择一个填报。

2）加盖备案登记专用章的《对外贸易经营者备案登记表》或《中华人民共和国外商投资企业批准证书》。

3）《中华人民共和国海关报关单位注册登记证书》。

4）未办理备案登记发生委托出口业务的生产企业提供委托代理出口协议，不需提供第2）项、第3）项资料。

5）主管税务机关要求提供的其他资料。

政策依据

1）《财政部　国家税务总局关于出口货物劳务增值税和消费税政策的通知》（财税〔2012〕39号）第一条、第二条（见P3　1－1）

2）《国家税务总局关于部分税务行政审批事项取消后有关管理问题的公告》（国家税务总局公告2015年第56号）第三条（见P8　1－3）

3）《国家税务总局关于修改部分税收规范性文件的公告》（国家税务总局公告 2018 年第 31 号）

4）《国家税务总局关于出口退（免）税申报有关问题的公告》（国家税务总局公告 2018 年第 16 号）第一条（见 P10 1－4）

延伸阅读

2－1 《国家税务总局关于修改部分税收规范性文件的公告》

2018 年 6 月 15 日 国家税务总局公告 2018 年第 31 号

根据《第十三届全国人民代表大会第一次会议关于国务院机构改革方案的决定》《全国人民代表大会常务委员会关于国务院机构改革涉及法律规定的行政机关职责调整问题的决定》《国务院关于国务院机构改革涉及行政法规规定的行政机关职责调整问题的决定》（国发〔2018〕17 号）有关规定，税收规范性文件规定的国税地税机关的职责和工作，调整适用相关规定，由新的税务机关承担。

国家税务总局依据《税收规范性文件制定管理办法》（国家税务总局令第 41 号公布），对税收规范性文件进行了清理。清理结果已经 2018 年 6 月 5 日国家税务总局局务会议审议通过，现将《修改的税收规范性文件目录》予以公布。

本公告自发布之日起施行。国税机构和地税机构合并前，需要适用本公告公布的税收规范性文件的，按照修改前的规定执行。

特此公告。

附件：修改的税收规范性文件目录（编者略）①

① 编者略内容请登录中国税务出版社税收资讯网（http：//www.taxation.cn）查阅，全书同。

3. 对外援助的出口货物退（免）税政策

适用主体

出口对外援助相关货物的企业。

政策规定

企业对外援助的出口货物，实行增值税退（免）税政策。属于自产的消费税应税消费品，适用免征消费税政策；属于购进的消费税应税消费品，退还前一环节对其已征的消费税。

适用条件

依法办理工商登记、税务登记、对外贸易经营者备案登记，自营或委托出口货物的单位或个体工商户，以及依法办理工商登记、税务登记但未办理对外贸易经营者备案登记，委托出口货物的生产企业出口对外援助相关货物可按规定适用出口退（免）税政策。

情景问答

问：我公司现有一批货物出口用于对外援助，请问在办理增值税出口退（免）税时，除了提交正常的单证之外，还需要提供什么特殊资料吗？

答：不需要。对外援助的出口货物，在办理出口退税时，应提供正常增值税出口退（免）税所需单证。

政策依据

1)《财政部　国家税务总局关于出口货物劳务增值税和消费税政策的通知》（财税〔2012〕39号）第一条

2）《国家税务总局关于出口货物劳务增值税和消费税有关问题的公告》（国家税务总局公告2013年第65号）第六条

延伸阅读

3-1 《财政部 国家税务总局关于出口货物劳务增值税和消费税政策的通知》第一条

2012年5月25日 财税〔2012〕39号

一、适用增值税退（免）税政策的出口货物劳务

对下列出口货物劳务，除适用本通知第六条和第七条规定的外，实行免征和退还增值税［以下称增值税退（免）税］政策：

（一）出口企业出口货物。

本通知所称出口企业，是指依法办理工商登记、税务登记、对外贸易经营者备案登记，自营或委托出口货物的单位或个体工商户，以及依法办理工商登记、税务登记但未办理对外贸易经营者备案登记，委托出口货物的生产企业。

本通知所称出口货物，是指向海关报关后实际离境并销售给境外单位或个人的货物，分为自营出口货物和委托出口货物两类。

本通知所称生产企业，是指具有生产能力（包括加工修理修配能力）的单位或个体工商户。

（二）出口企业或其他单位视同出口货物。具体是指：

1. 出口企业对外援助、对外承包、境外投资的出口货物。

2. 出口企业经海关报关进入国家批准的出口加工区、保税物流园区、保税港区、综合保税区、珠澳跨境工业区（珠海园区）、中哈霍尔果斯国际边境合作中心（中方配套区域）、保税物流中心（B型）（以下统称特殊区域）并销售给特殊区域内单位或境外单位、个人的货物。

3. 免税品经营企业销售的货物〔国家规定不允许经营和限制出口的货物（见附件1）、卷烟和超出免税品经营企业《企业法人营业执照》规定经营范围的货物除外〕。具体是指：（1）中国免税品（集团）有限责任公司向海关报关

运入海关监管仓库，专供其经国家批准设立的统一经营、统一组织进货、统一制定零售价格、统一管理的免税店销售的货物；（2）国家批准的除中国免税品（集团）有限责任公司外的免税品经营企业，向海关报关运入海关监管仓库，专供其所属的首都机场口岸海关隔离区内的免税店销售的货物；（3）国家批准的除中国免税品（集团）有限责任公司外的免税品经营企业所属的上海虹桥、浦东机场海关隔离区内的免税店销售的货物。

4. 出口企业或其他单位销售给用于国际金融组织或外国政府贷款国际招标建设项目的中标机电产品（以下称中标机电产品）。上述中标机电产品，包括外国企业中标再分包给出口企业或其他单位的机电产品。贷款机构和中标机电产品的具体范围见附件2。

5. 生产企业向海上石油天然气开采企业销售的自产的海洋工程结构物。海洋工程结构物和海上石油天然气开采企业的具体范围见附件3。

6. 出口企业或其他单位销售给国际运输企业用于国际运输工具上的货物。上述规定暂仅适用于外轮供应公司、远洋运输供应公司销售给外轮、远洋国轮的货物，国内航空供应公司生产销售给国内和国外航空公司国际航班的航空食品。

7. 出口企业或其他单位销售给特殊区域内生产企业生产耗用且不向海关报关而输入特殊区域的水（包括蒸汽）、电力、燃气（以下称输入特殊区域的水电气）。

除本通知及财政部和国家税务总局另有规定外，视同出口货物适用出口货物的各项规定。

（三）出口企业对外提供加工修理修配劳务。

对外提供加工修理修配劳务，是指对进境复出口货物或从事国际运输的运输工具进行的加工修理修配。

3－2 《国家税务总局关于出口货物劳务增值税和消费税有关问题的公告》第六条

2013年11月13日　国家税务总局公告2013年第65号

六、出口企业或其他单位申报对外援助出口货物退（免）税时，不需要提供商务部批准使用援外优惠贷款的批文（“援外任务书”）复印件和商务部批准使用援外合资合作项目基金的批文（“援外任务书”）复印件。

4. 对外承包的出口货物退（免）税政策

适用主体

出口对外承包相关货物的企业。

政策规定

企业对外承包的出口货物，实行增值税退（免）税政策。属于自产的消费税应税消费品，适用免征消费税政策；属于购进的消费税应税消费品，退还前一环节对其已征的消费税。

适用条件

依法办理工商登记、税务登记、对外贸易经营者备案登记，自营或委托出口货物的单位或个体工商户，以及依法办理工商登记、税务登记但未办理对外贸易经营者备案登记，委托出口货物的生产企业出口对外承包相关货物可按规定适用出口退（免）税政策。

情景问答

问：我们公司是出口企业，在境外承接了一个工程，需要在国内采购一批货物出口到工程所在地，请问我们的出口货物适用出口退（免）税吗？如果适用，在办理出口退（免）税时，除了提交正常的单证之外，还需要提供什么资料吗？

答：出口企业对外承包工程的出口货物视同出口货物实行增值税退（免）税政策。

在办理出口退税时，除了提交正常的单证之外，还应提供对外承包工程合同；如属于分包单位的，申请退（免）税时须补充提供分包合同（协议）。

政策依据

1）《财政部　国家税务总局关于出口货物劳务增值税和消费税政策的通知》（财税〔2012〕39号）第一条（见P14　3－1）

2）《国家税务总局关于发布〈出口货物劳务增值税和消费税管理办法〉的公告》（国家税务总局公告2012年第24号）第六条

3）《国家税务总局关于〈出口货物劳务增值税和消费税管理办法〉有关问题的公告》（国家税务总局公告2013年第12号）第二条

延伸阅读

4－1　《国家税务总局关于发布〈出口货物劳务增值税和消费税管理办法〉的公告》第六条

2012年6月14日　国家税务总局公告2012年第24号

六、出口企业和其他单位出口的视同出口货物及对外提供加工修理修配劳务的退（免）税申报

报关进入特殊区域并销售给特殊区域内单位或境外单位、个人的货物，特殊区域外的生产企业或外贸企业的退（免）税申报分别按本办法第四、五条的规定办理。

其他视同出口货物和对外提供加工修理修配劳务，属于报关出口的，为报关出口之日起，属于非报关出口销售的，为出口发票或普通发票开具之日起，出口企业或其他单位应在次月至次年4月30日前的各增值税纳税申报期内申报退（免）税。逾期的，出口企业或其他单位不得申报退（免）税。申报退（免）税时，生产企业除按本办法第四条，外贸企业和没有生产能力的其他单位除按本办法第五条的规定申报〔不提供出口收汇核销单；非报关出口销售的不提供出口货物报关单和出口发票，属于生产企业销售的提供普通发票〕

外，下列货物劳务，出口企业和其他单位还须提供下列对应的补充资料：

（一）对外援助的出口货物，应提供商务部批准使用援外优惠贷款的批文（“援外任务书”）复印件或商务部批准使用援外合资合作项目基金的批文（“援外任务书”）复印件。

（二）用于对外承包工程项目的出口货物，应提供对外承包工程合同；属于分包的，由承接分包的出口企业或其他单位申请退（免）税，申请退（免）税时除提供对外承包合同外，还须提供分包合同（协议）。

（三）用于境外投资的出口货物，应提供商务部及其授权单位批准其在境外投资的文件副本。

（四）向海关报关运入海关监管仓库供海关隔离区内免税店销售的货物，提供的出口货物报关单应加盖有免税品经营企业报关专用章；上海虹桥、浦东机场海关国际隔离区内的免税店销售的货物，提供的出口货物报关单应加盖免税店报关专用章，并提供海关对免税店销售货物的核销证明。

（五）销售的中标机电产品，应提供下列资料：

1. 招标单位所在地主管税务机关签发的《中标证明通知书》；

2. 由中国招标公司或其他国内招标组织签发的中标证明（正本）；

3. 中标人与中国招标公司或其他招标组织签订的供货合同（协议）；

4. 中标人按照标书规定及供货合同向用户发货的发货单；

5. 中标机电产品用户收货清单；

6. 外国企业中标再分包给国内企业供应的机电产品，还应提供与中标企业签署的分包合同（协议）。

（六）销售给海上石油天然气开采企业的自产的海洋工程结构物，应提供销售合同。

（七）销售给外轮、远洋国轮的货物，应提供列明销售货物名称、数量、销售金额并经外轮、远洋国轮船长签名的出口发票。

（八）生产并销售给国内和国外航空公司国际航班的航空食品，应提供下列资料：

1. 与航空公司签订的配餐合同；

2. 航空公司提供的配餐计划表（须注明航班号、起降城市等内容）；

3. 国际航班乘务长签字的送货清单（须注明航空公司名称、航班号等内容）。

（九）对外提供加工修理修配劳务，应提供下列资料：

1. 修理修配船舶以外其他物品的提供贸易方式为“修理物品”的出口货物报关单；

2. 与境外单位、个人签署的修理修配合同；

3. 维修工作单（对外修理修配飞机业务提供）。

4-2 《国家税务总局关于〈出口货物劳务增值税和消费税管理办法〉有关问题的公告》第二条①

2013年3月13日　国家税务总局公告2013年第12号

二、出口退（免）税申报

（一）出口企业或其他单位应使用出口退税申报系统办理出口货物劳务退（免）税、免税申报业务及申请开具相关证明业务。《管理办法》及本公告中要求出口企业或其他单位报送的电子数据应均通过出口退税申报系统生成、报送。在出口退税申报系统信息生成、报送功能升级完成前，涉及需报送的电子数据，可暂报送纸质资料。

出口退税申报系统可从国家税务总局网站免费下载或由主管税务机关免费提供。

（二）出口企业或其他单位应先通过税务机关提供的远程预申报服务进行退（免）税预申报，在排除录入错误后，方可进行正式申报。税务机关不能提供远程预申报服务的，企业可到主管税务机关进行预申报。

出口企业或其他单位退（免）税凭证电子信息不齐的出口货物劳务，可进行正式退（免）税申报，但退（免）税需在税务机关按规定对电子信息审核通过后方能办理。

（三）在出口货物报关单上的申报日期和出口日期期间，若海关调整商品

① 条款废止。第二条第（二）项、第（十）项第3目、第（十八）项废止。自2018年5月1日起废止。参见：《国家税务总局关于出口退（免）税申报有关问题的公告》，国家税务总局公告2018年第16号。

条款失效。第二条第（十八）项中“出口企业或其他单位提出的出口退（免）税延期申请，需经省、自治区、直辖市、计划单列市国家税务局批准的规定”停止执行。参见：《国家税务总局关于逾期未申报的出口退（免）税可延期申报的公告》，国家税务总局公告2015年第44号。

代码，导致出口货物报关单上的商品代码与调整后的商品代码不一致的，出口企业或其他单位应按照出口货物报关单上列明的商品代码申报退（免）税，并同时报送《海关出口商品代码、名称、退税率调整对应表》（附件1）及电子数据。

（四）出口企业或其他单位进行正式退（免）税申报时须提供的原始凭证，应按明细申报表载明的申报顺序装订成册。

（五）2013年5月1日以后报关出口的货物（以出口货物报关单上的出口日期为准），除下款规定以外，出口企业或其他单位申报出口退（免）税提供的出口货物报关单上的第一计量单位、第二计量单位，及出口企业申报的计量单位，至少有一个应同与其匹配的增值税专用发票上的计量单位相符，且上述出口货物报关单、增值税专用发票上的商品名称须相符，否则不得申报出口退（免）税。

如属同一货物的多种零部件需要合并报关为同一商品名称的，企业应将出口货物报关单、增值税专用发票上不同商品名称的相关性及不同计量单位的折算标准向主管税务机关书面报告，经主管税务机关确认后，可申报退（免）税。

（六）受托方将代理多家企业出口的货物集中一笔报关出口的，委托方可提供该出口货物报关单的复印件申报出口退（免）税。

（七）出口企业或其他单位出口并按会计规定做销售的货物，须在做销售的次月进行增值税纳税申报。生产企业还需办理免抵退税相关申报及消费税免税申报（属于消费税应税货物的）。

《管理办法》第四条第（一）项第一款和第五条第（一）项第一款与此冲突的规定，停止执行。《管理办法》第四条第（一）项第二款和第五条第（一）项第二款中的"逾期"是指超过次年4月30日前最后一个增值税纳税申报期截止之日。

（八）属于增值税一般纳税人的集成电路设计、软件设计、动漫设计企业及其他高新技术企业出口适用增值税退（免）税政策的货物，实行免抵退税办法，按《管理办法》第四条及本公告有关规定申报出口退（免）税。

（九）生产企业申报免抵退税时，若报送的《生产企业出口货物免、抵、退税申报明细表》中的离岸价与相应出口货物报关单上的离岸价不一致的，应按主管税务机关的要求填报《出口货物离岸价差异原因说明表》（附件2）及电子数据。

（十）从事进料加工业务的生产企业，自2013年7月1日起，按下列规定办理进料加工出口货物退（免）税的申报及手（账）册核销业务。《管理办法》第四条第（三）项停止执行。2013年7月1日以前，企业已经在主管税务机关办理登记手续的进料加工手（账）册，按原办法办理免抵退税申报、进口料件申报、手（账）册核销（电子账册核销指海关办结一个周期核销手续后的核销）。

1. 进料加工计划分配率的确定

2012年1月1日至2013年6月15日已在税务机关办理过进料加工手（账）册核销的企业，2013年度进料加工业务的计划分配率为该期间税务机关已核销的全部手（账）册的加权平均实际分配率。主管税务机关应在2013年7月1日以前，计算并与企业确认2013年度进料加工业务的计划分配率。

2012年1月1日至2013年6月15日未在税务机关办理进料加工业务手（账）册核销的企业，当年进料加工业务的计划分配率为2013年7月1日后首份进料加工手（账）册的计划分配率。企业应在首次申报2013年7月1日以后进料加工手（账）册的进料加工出口货物免抵退税前，向主管税务机关报送《进料加工企业计划分配率备案表》（附件3）及其电子数据。

2. 进料加工出口货物的免抵退税申报

对进料加工出口货物，企业应以出口货物人民币离岸价扣除出口货物耗用的保税进口料件金额的余额为增值税退（免）税的计税依据。按《管理办法》第四条的有关规定，办理免抵退税相关申报。

进料加工出口货物耗用的保税进口料件金额＝进料加工出口货物人民币离岸价×进料加工计划分配率

计算不得免征和抵扣税额时，应按当期全部出口货物的离岸价扣除当期全部进料加工出口货物耗用的保税进口料件金额后的余额乘以征退税率之差计算。进料加工出口货物收齐有关凭证申报免抵退税时，以收齐凭证的进料加工出口货物人民币离岸价扣除其耗用的保税进口料件金额后的余额计算免抵退税额。

3. 年度进料加工业务的核销

自2014年起，企业应在本年度4月20日前，向主管税务机关报送《生产企业进料加工业务免抵退税核销申报表》（附件4）及电子数据，申请办理上年度海关已核销的进料加工手（账）册项下的进料加工业务核销手续。企业申请核销后，主管税务机关不再受理其上一年度进料加工出口货物的免抵退税申报。4月20日之后仍未申请核销的，该企业的出口退（免）税业务，主管税务机关暂不办理，待其申请核销后，方可办理。

主管税务机关受理核销申请后，应通过出口退税审核系统提取海关联网监管加工贸易电子数据中的进料加工“电子账册（电子化手册）核销数据”以及进料加工业务的进、出口货物报关单数据，计算生成《进料加工手（账）册实际分配率反馈表》（附件5），交企业确认。

企业应及时根据进料加工手（账）册实际发生的进出口情况对反馈表中手（账）册实际分配率进行核对。经核对相符的，企业应对该手（账）册进行确认；核对不相符的，企业应提供该手（账）册的实际进出口情况。核对完成后，企业应在《进料加工手（账）册实际分配率反馈表》中填写确认意见及需要补充的内容，加盖公章后交主管税务机关。

主管税务机关对于企业未确认相符的手（账）册，应提取海关联网监管加工贸易电子数据中的该手（账）册的进料加工“电子账册（电子化手册）核销数据”以及进、出口货物报关单数据，反馈给企业。对反馈的数据缺失或与纸质报关单不一致的，企业应及时向报关海关申请查询，并根据该手（账）册实际发生的进出口情况将缺失或不一致的数据填写《已核销手（账）册海关数据调整报告表（进口报关单/出口报关单）》（附件6－1，附件6－2），报送至主管税务机关，同时附送电子数据、相关报关单原件、向报关海关查询情况的书面说明。

主管税务机关应将企业报送的《已核销手（账）册海关数据调整报告表》电子数据读入出口退税审核系统，重新计算生成《进料加工手（账）册实际分配率反馈表》。在企业对手（账）册的实际分配率确认后，主管税务机关按照企业确认的实际分配率对进料加工业务进行核销，并将《生产企业进料加工业务免抵退税核销表》（附件7）交企业。企业应在次月根据该表调整前期免抵退税额及不得免征和抵扣税额。

主管税务机关完成年度核销后，企业应以《生产企业进料加工业务免抵退税核销表》中的“上年度已核销手（账）册综合实际分配率”，作为当年度进料加工计划分配率。

4. 企业申请注销或变更退（免）税办法的，应在申请注销或变更退（免）税办法前按照上述办法进行进料加工业务的核销。

（十一）符合《财政部　国家税务总局关于出口货物劳务增值税和消费税政策的通知》（财税〔2012〕39号）第九条第（四）项规定的生产企业，应在交通运输工具和机器设备出口合同签订后，报送《先退税后核销资格申请表》（见附件8）及电子数据，经主管税务机关审核同意后，按照以下规定办理出口免抵退税申报、核销：

1. 企业应在交通运输工具或机器设备自会计上做销售后，与其他出口货物劳务一并向主管税务机关办理免抵退税申报（在《生产企业出口货物免、抵、退税申报明细表》“出口收汇核销单号”栏中填写出口合同号，“业务类型”栏填写“XTHH”），并附送下列资料：

（1）出口合同（复印件，仅第一次申报时提供）；

（2）企业财务会计制度（复印件，仅第一次申报时提供）；

（3）出口销售明细账（复印件）；

（4）《先退税后核销企业免抵退税申报附表》（附件9）及其电子数据；

（5）年度财务报表（年度结束后至4月30日前报送）；

（6）收款凭证（复印件，取得预付款的提供）；

（7）主管税务机关要求提供的其他资料。

2. 交通工具或机器设备报关出口之日起3个月内，企业应在增值税纳税申报期，按《管理办法》第四条规定收齐有关单证，申报免抵退税，办理已退（免）税的核销。

（十二）已申报免抵退税的出口货物发生退运，及需改为免税或征税的，应在上述情形发生的次月增值税纳税申报期内用负数申报冲减原免抵退税申报数据，并按现行会计制度的有关规定进行相应调整。《管理办法》第四条第（五）项与此冲突的规定停止执行。

（十三）免税品经营企业应根据《企业法人营业执照》规定的经营货物范围，填写《免税品经营企业销售货物退税备案表》（附件10）并生成电子数据，报主管税务机关备案。如企业的经营范围发生变化，应在变化之日后的首个增值税纳税申报期内进行补充填报。

（十四）用于对外承包工程项目的出口货物，由出口企业申请退（免）税。出口企业如属于分包单位的，申请退（免）税时，须补充提供分包合同（协议）。本项规定自2012年1月1日起开始执行。《管理办法》第六条第二款第（二）项与此冲突的规定，停止执行。

（十五）销售给海上石油天然气开采企业自产的海洋工程结构物，生产企业申报出口退（免）税时，应在《生产企业出口货物免、抵、退税申报明细表》的“备注栏”中填写购货企业的纳税人识别号和购货企业名称。

（十六）申报修理修配船舶退（免）税的，应提供在修理修配业务中使用零部件、原材料的贸易方式为“一般贸易”的出口货物报关单。出口货物报关单中“标记唛码及备注”栏注明修理船舶或被修理船舶名称的，以被修理船舶作为出口货物。

（十七）为国外（地区）企业的飞机（船舶）提供航线维护（航次维修）的货物劳务，出口企业（维修企业）申报退（免）税时应将国外（地区）企业名称、航班号（船名）填写在《生产企业出口货物免、抵、退税申报明细表》的第22栏“备注”中，并提供以下资料：

1. 与被维修的国外（地区）企业签订的维修合同；

2. 出口发票；

3. 国外（地区）企业的航班机长或外轮船长签字确认的维修单据〔须注明国外（地区）企业名称和航班号（船名）〕。

（十八）出口企业或其他单位发生的真实出口货物劳务，由于以下原因造成在规定期限内未收齐单证无法申报出口退（免）税的，应在退（免）税申报期限截止之日前向主管税务机关提出申请，并提供相关举证材料，经主管税务机关审核、逐级上报省级国家税务局批准后，可进行出口退（免）税申报。本项规定从2011年1月1日起执行。2011年1月1日前发生的同样情形的出口货务劳务，出口企业可在2013年6月30日前按照本项规定办理退（免）税申报，逾期的，主管税务机关不再受理此类申报。

1. 自然灾害、社会突发事件等不可抗力因素；

2. 出口退（免）税申报凭证被盗、抢，或者因邮寄丢失、误递；

3. 有关司法、行政机关在办理业务或者检查中，扣押出口退（免）税申报凭证；

4. 买卖双方因经济纠纷，未能按时取得出口退（免）税申报凭证；

5. 由于企业办税人员伤亡、突发危重疾病或者擅自离职，未能办理交接手续，导致不能按期提供出口退（免）税申报凭证；

6. 由于企业向海关提出修改出口货物报关单申请，在退（免）税期限截止之日海关未完成修改，导致不能按期提供出口货物报关单；

7. 国家税务总局规定的其他情形。

5. 境外投资的出口货物退（免）税政策

适用主体

出口境外投资相关货物的企业。

政策规定

企业境外投资的出口货物，实行增值税退（免）税政策。属于自产的消费税应税消费品，适用免征消费税政策；属于购进的消费税应税消费品，退还前一环节对其已征的消费税。

适用条件

依法办理工商登记、税务登记、对外贸易经营者备案登记，自营或委托出口货物的单位或个体工商户，以及依法办理工商登记、税务登记但未办理对外贸易经营者备案登记，委托出口货物的生产企业出口境外投资相关货物可按规定适用出口退（免）税政策。

情景问答

1）问：我们公司是一家生产企业，打算以自产货物出资的形式与其他外国投资者一起在境外设立一家公司，我们出口的货物可以享受增值税免抵退税政策吗？

答：可以享受增值税免抵退税政策。即免征出口环节增值税，相应的进项税额抵减应纳增值税额（不包括适用增值税即征即退、先征后退政策的应纳增值税额），未抵减完的部分予以退还。

2）问：我公司现有一批货物出口用于境外投资，请问在办理出口退（免）税时，除了提交正常的单证之外，还需要提供什么资料吗？

答：用于境外投资的出口货物，在办理出口退（免）税时，除了提交正常的单证之外，还应提供商务部及其授权单位批准其在境外投资的文件副本。

3）问：我公司现有一批使用过的生产设备用于境外投资，该设备进项税额未计算抵扣，请问可以申请办理出口退（免）税吗？

答：可以申请办理出口退（免）税。该设备增值税退（免）税的计税依据，按下列公式确定：

退（免）税计税依据 = 增值税专用发票上的金额或海关进口增值税专用缴款书注明的完税价格 × 已使用过的设备固定资产净值 ÷ 已使用过的设备原值

已使用过的设备固定资产净值 = 已使用过的设备原值 - 已使用过的设备已提累计折旧

政策依据

1）《财政部 国家税务总局关于出口货物劳务增值税和消费税政策的通知》（财税〔2012〕39号）第一条、第四条

2）《国家税务总局关于发布〈出口货物劳务增值税和消费税管理办法〉的公告》（国家税务总局公告2012年第24号）第六条（见P17 4-1）

延伸阅读

5-1 《财政部 国家税务总局关于出口货物劳务增值税和消费税政策的通知》第一条、第四条

2012年5月25日 财税〔2012〕39号

一、适用增值税退（免）税政策的出口货物劳务

对下列出口货物劳务，除适用本通知第六条和第七条规定的外，实行免征和退还增值税［以下称增值税退（免）税］政策：

（一）出口企业出口货物。

本通知所称出口企业，是指依法办理工商登记、税务登记、对外贸易经营者备案登记，自营或委托出口货物的单位或个体工商户，以及依法办理工商登

记、税务登记但未办理对外贸易经营者备案登记，委托出口货物的生产企业。

本通知所称出口货物，是指向海关报关后实际离境并销售给境外单位或个人的货物，分为自营出口货物和委托出口货物两类。

本通知所称生产企业，是指具有生产能力（包括加工修理修配能力）的单位或个体工商户。

（二）出口企业或其他单位视同出口货物。具体是指：

1. 出口企业对外援助、对外承包、境外投资的出口货物。

2. 出口企业经海关报关进入国家批准的出口加工区、保税物流园区、保税港区、综合保税区、珠澳跨境工业区（珠海园区）、中哈霍尔果斯国际边境合作中心（中方配套区域）、保税物流中心（B型）（以下统称特殊区域）并销售给特殊区域内单位或境外单位、个人的货物。

3. 免税品经营企业销售的货物〔国家规定不允许经营和限制出口的货物（见附件1）、卷烟和超出免税品经营企业《企业法人营业执照》规定经营范围的货物除外〕。具体是指：（1）中国免税品（集团）有限责任公司向海关报关运入海关监管仓库，专供其经国家批准设立的统一经营、统一组织进货、统一制定零售价格、统一管理的免税店销售的货物；（2）国家批准的除中国免税品（集团）有限责任公司外的免税品经营企业，向海关报关运入海关监管仓库，专供其所属的首都机场口岸海关隔离区内的免税店销售的货物；（3）国家批准的除中国免税品（集团）有限责任公司外的免税品经营企业所属的上海虹桥、浦东机场海关隔离区内的免税店销售的货物。

4. 出口企业或其他单位销售给用于国际金融组织或外国政府贷款国际招标建设项目的中标机电产品（以下称中标机电产品）。上述中标机电产品，包括外国企业中标再分包给出口企业或其他单位的机电产品。贷款机构和中标机电产品的具体范围见附件2。

5. 生产企业向海上石油天然气开采企业销售的自产的海洋工程结构物。海洋工程结构物和海上石油天然气开采企业的具体范围见附件3。

6. 出口企业或其他单位销售给国际运输企业用于国际运输工具上的货物。上述规定暂仅适用于外轮供应公司、远洋运输供应公司销售给外轮、远洋国轮的货物，国内航空供应公司生产销售给国内和国外航空公司国际航班的航空食品。

7. 出口企业或其他单位销售给特殊区域内生产企业生产耗用且不向海关报关而输入特殊区域的水（包括蒸汽）、电力、燃气（以下称输入特殊区域的水电气）。

除本通知及财政部和国家税务总局另有规定外，视同出口货物适用出口货物的各项规定。

（三）出口企业对外提供加工修理修配劳务。

对外提供加工修理修配劳务，是指对进境复出口货物或从事国际运输的运输工具进行的加工修理修配。

……

四、增值税退（免）税的计税依据

出口货物劳务的增值税退（免）税的计税依据，按出口货物劳务的出口发票（外销发票）、其他普通发票或购进出口货物劳务的增值税专用发票、海关进口增值税专用缴款书确定。

（一）生产企业出口货物劳务（进料加工复出口货物除外）增值税退（免）税的计税依据，为出口货物劳务的实际离岸价（FOB）。实际离岸价应以出口发票上的离岸价为准，但如果出口发票不能反映实际离岸价，主管税务机关有权予以核定。

（二）生产企业进料加工复出口货物增值税退（免）税的计税依据，按出口货物的离岸价（FOB）扣除出口货物所含的海关保税进口料件的金额后确定。

本通知所称海关保税进口料件，是指海关以进料加工贸易方式监管的出口企业从境外和特殊区域等进口的料件。包括出口企业从境外单位或个人购买并从海关保税仓库提取且办理海关进料加工手续的料件，以及保税区外的出口企业从保税区内的企业购进并办理海关进料加工手续的进口料件。

（三）生产企业国内购进无进项税额且不计提进项税额的免税原材料加工后出口的货物的计税依据，按出口货物的离岸价（FOB）扣除出口货物所含的国内购进免税原材料的金额后确定。

（四）外贸企业出口货物（委托加工修理修配货物除外）增值税退（免）税的计税依据，为购进出口货物的增值税专用发票注明的金额或海关进口增值税专用缴款书注明的完税价格。

（五）外贸企业出口委托加工修理修配货物增值税退（免）税的计税依据，为加工修理修配费用增值税专用发票注明的金额。外贸企业应将加工修理修配使用的原材料（进料加工海关保税进口料件除外）作价销售给受托加工修理修配的生产企业，受托加工修理修配的生产企业应将原材料成本并入加工修理修配费用开具发票。

（六）出口进项税额未计算抵扣的已使用过的设备增值税退（免）税的计税依据，按下列公式确定：

退（免）税计税依据 = 增值税专用发票上的金额或海关进口增值税专用缴款书注明的完税价格 × 已使用过的设备固定资产净值 ÷ 已使用过的设备原值

已使用过的设备固定资产净值 = 已使用过的设备原值 − 已使用过的设备已提累计折旧

本通知所称已使用过的设备，是指出口企业根据财务会计制度已经计提折旧的固定资产。

（七）免税品经营企业销售的货物增值税退（免）税的计税依据，为购进货物的增值税专用发票注明的金额或海关进口增值税专用缴款书注明的完税价格。

（八）中标机电产品增值税退（免）税的计税依据，生产企业为销售机电产品的普通发票注明的金额，外贸企业为购进货物的增值税专用发票注明的金额或海关进口增值税专用缴款书注明的完税价格。

（九）生产企业向海上石油天然气开采企业销售的自产的海洋工程结构物增值税退（免）税的计税依据，为销售海洋工程结构物的普通发票注明的金额。

（十）输入特殊区域的水电气增值税退（免）税的计税依据，为作为购买方的特殊区域内生产企业购进水（包括蒸汽）、电力、燃气的增值税专用发票注明的金额。

6. 融资租赁出口退（免）税政策

适用主体

融资租赁企业，是指经商务部批准设立的外商投资融资租赁公司、经商务部和国家税务总局共同批准开展融资业务试点的内资融资租赁企业、经商务部授权的省级商务主管部门和国家经济技术开发区批准的融资租赁公司。

金融租赁公司，是指经中国银行业监督管理委员会（现为“中国银行保险监督管理委员会”）批准设立的金融租赁公司。

政策规定

《财政部　国家税务总局关于明确金融　房地产开发　教育辅助服务等增值税政策的通知》（财税〔2016〕140号）第十七条：

自2017年1月1日起，生产企业销售自产的海洋工程结构物，或者融资租赁企业及其设立的项目子公司、金融租赁公司及其设立的项目子公司购买并以融资租赁方式出租的国内生产企业生产的海洋工程结构物，应按规定缴纳增值税，不再适用《财政部　国家税务总局关于出口货物劳务增值税和消费税政策的通知》（财税〔2012〕39号）或者《财政部　国家税务总局关于在全国开展融资租赁货物出口退税政策试点的通知》（财税〔2014〕62号）规定的增值税出口退税政策，但购买方或者承租方为按实物征收增值税的中外合作油（气）田开采企业的除外。

2017年1月1日前签订的海洋工程结构物销售合同或者融资租赁合同，在合同到期前，可继续按现行相关出口退税政策执行。

适用条件

融资租赁出口货物的范围，包括飞机、飞机发动机、铁道机车、铁道客车车厢、船舶及其他货物，具体应符合《中华人民共和国增值税暂行条例实施细则》（财政部　国家税务总局令第50号）第二十一条“固定资产”的相关规定。

海洋工程结构物范围、退税率以及海上石油天然气开采企业的具体范围按照《财政部　国家税务总局关于出口货物劳务增值税和消费税政策的通知》（财税〔2012〕39号）有关规定执行。

情景问答

问：我们是融资租赁出租企业，请问融资租赁出口货物的退（免）税申报期限和提供资料的要求是什么？

答：融资租赁出租方应在融资租赁货物报关出口之日或收取融资租赁海洋工程结构物首笔租金开具发票之日次月起至次年4月30日前的各增值税纳税

申报期内，收齐有关凭证，向主管税务局办理融资租赁货物增值税、消费税退税申报。

融资租赁出租方申报融资租赁货物退税时，应提供以下资料：

1）融资租赁出口货物的，提供出口货物报关单（出口退税专用）；

2）融资租赁海洋工程结构物的，提供向海洋工程结构物承租人收取首笔租金时开具的发票；

3）购进融资租赁货物取得的增值税专用发票（抵扣联）或海关（进口增值税）专用缴纳书。融资租赁货物属于消费税应税货物的，还应提供消费税税收（出口货物专用）缴款书或海关（进口消费税）专用缴款书；

4）与承租人签订的租赁期在5年（含）以上的融资租赁合同（有法律效力的中文版）；

5）融资租赁海洋工程结构物的，提供列名海上石油天然气开采企业收货清单；

6）税务机关要求提供的其他资料。

政策依据

1）《财政部　海关总署　国家税务总局关于在全国开展融资租赁货物出口退税政策试点的通知》（财税〔2014〕62号）

2）《国家税务总局关于发布〈融资租赁货物出口退税管理办法〉的公告》（国家税务总局公告2014年第56号）第七条、第八条

3）《财政部　国家税务总局关于出口货物劳务增值税和消费税政策的通知》（财税〔2012〕39号）第四条

4）《国家税务总局关于修改部分税收规范性文件的公告》（国家税务总局公告2018年第31号）（见P12　2-1）

延伸阅读

6-1 《财政部 海关总署 国家税务总局关于在全国开展融资租赁货物出口退税政策试点的通知》

2014年9月1日 财税〔2014〕62号

各省、自治区、直辖市、计划单列市财政厅（局）、国家税务局，海关总署广东分署、各直属海关，新疆生产建设兵团财务局：

为落实《国务院办公厅关于支持外贸稳定增长的若干意见》（国办发〔2014〕19号）的有关要求，决定将现行在天津东疆保税港区试点的融资租赁货物出口退税政策扩大到全国统一实施。现将有关政策通知如下：

一、政策内容及适用范围

（一）对融资租赁出口货物试行退税政策。对融资租赁企业、金融租赁公司及其设立的项目子公司（以下统称融资租赁出租方），以融资租赁方式租赁给境外承租人且租赁期限在5年（含）以上，并向海关报关后实际离境的货物，试行增值税、消费税出口退税政策。

融资租赁出口货物的范围，包括飞机、飞机发动机、铁道机车、铁道客车车厢、船舶及其他货物，具体应符合《中华人民共和国增值税暂行条例实施细则》（财政部 国家税务总局令第50号）第二十一条"固定资产"的相关规定。

（二）对融资租赁海洋工程结构物试行退税政策。对融资租赁出租方购买的，并以融资租赁方式租赁给境内列名海上石油天然气开采企业且租赁期限在5年（含）以上的国内生产企业生产的海洋工程结构物，视同出口，试行增值税、消费税出口退税政策。

海洋工程结构物范围、退税率以及海上石油天然气开采企业的具体范围按照《财政部 国家税务总局关于出口货物劳务增值税和消费税政策的通知》（财税〔2012〕39号）有关规定执行。

（三）上述融资租赁出口货物和融资租赁海洋工程结构物不包括在海关监管年限内的进口减免税货物。

二、退税的计算和办理

（一）融资租赁出租方将融资租赁出口货物租赁给境外承租方、将融资租赁海洋工程结构物租赁给海上石油天然气开采企业，向融资租赁出租方退还其购进租赁货物所含增值税。融资租赁出口货物、融资租赁海洋工程结构物（以下统称融资租赁货物）属于消费税应税消费品的，向融资租赁出租方退还前一环节已征的消费税。

（二）计算公式为：

增值税应退税额＝购进融资租赁货物的增值税专用发票注明的金额或海关（进口增值税）专用缴款书注明的完税价格×融资租赁货物适用的增值税退税率

融资租赁出口货物适用的增值税退税率，按照统一的出口货物适用退税率执行。从增值税一般纳税人购进的按简易办法征税的融资租赁货物和从小规模纳税人购进的融资租赁货物，其适用的增值税退税率，按照购进货物适用的征收率和退税率孰低的原则确定。

消费税应退税额＝购进融资租赁货物税收（出口货物专用）缴款书上或海关进口消费税专用缴款书上注明的消费税税额

（三）融资租赁出租方应当按照主管税务机关的要求办理退税认定和申报增值税、消费税退税。

（四）融资租赁出租方在进行融资租赁出口货物报关时，应在海关出口报关单上填写“租赁货物（1523）”方式。海关依融资租赁出租方申请，对符合条件的融资租赁出口货物办理放行手续后签发出口货物报关单（出口退税专用，以下称退税证明联），并按规定向国家税务总局传递退税证明联相关电子信息。对海关特殊监管区域内已退增值税、消费税的货物，以融资租赁方式离境时，海关不再签发退税证明联。

（五）融资租赁出租方凭购进融资租赁货物的增值税专用发票或海关进口增值税专用缴款书、与承租人签订的融资租赁合同、退税证明联或向海洋工程结构物承租人开具的发票以及主管税务机关要求出具的其他要件，向主管税务机关申请办理退税手续。上述用于融资租赁货物退税的增值税专用发票或海关进口增值税专用缴款书，不得用于抵扣内销货物应纳税额。

融资租赁货物属于消费税应税货物的，若申请退税，还应提供有关消费税专用缴款书。

（六）对承租期未满而发生退租的融资租赁货物，融资租赁出租方应及时主动向税务机关报告，并按照规定补缴已退税款，对融资租赁出口货物，再复进口时融资租赁出租方应按照规定向海关办理复运进境手续并提供主管税务机关出具的货物已补税或未退税证明，海关不征收进口关税和进口环节税。

三、有关定义

本通知所述融资租赁企业，仅包括金融租赁公司、经商务部批准设立的外商投资融资租赁公司、经商务部和国家税务总局共同批准开展融资业务试点的内资融资租赁企业、经商务部授权的省级商务主管部门和国家经济技术开发区批准的融资租赁公司。

本通知所述金融租赁公司，仅包括经中国银行业监督管理委员会批准设立的金融租赁公司。

本通知所称融资租赁，是指具有融资性质和所有权转移特点的有形动产租赁活动。即出租人根据承租人所要求的规格、型号、性能等条件购入有形动产租赁给承租人，合同期内有形动产所有权属于出租人，承租人只拥有使用权，合同期满付清租金后，承租人有权按照残值购入有形动产，以拥有其所有权。不论出租人是否将有形动产残值销售给承租人，均属于融资租赁。

四、融资租赁货物退税的具体管理办法由国家税务总局另行制定。

五、本通知自 2014 年 10 月 1 日起执行。融资租赁出口货物的，以退税证明联上注明的出口日期为准；融资租赁海洋工程结构物的，以融资租赁出租方收取首笔租金时开具的发票日期为准。

6-2 《国家税务总局关于发布〈融资租赁货物出口退税管理办法〉的公告》第七条、第八条[①]

2014 年 10 月 8 日　国家税务总局公告 2014 年第 56 号

第七条　融资租赁出租方应在融资租赁货物报关出口之日或收取融资租赁

① 条款修改。"第七条　融资租赁出租方应在融资租赁货物报关出口之日或收取融资租赁海洋工程结构物首笔租金开具发票之日次月起至次年 4 月 30 日前的各增值税纳税申报期内，收齐有关凭证，向主管国家税务局办理融资租赁货物增值税、消费税退税申报。"修改为"第七条　融资租赁出租方应在融资租赁货物报关出口之日或收取融资租赁海洋工程结构物首笔租金开具发票之日次月起至次年 4 月 30 日前的各增值税纳税申报期内，收齐有关凭证，向主管税务局办理融资租赁货物增值税、消费税退税申报。"参见：《国家税务总局关于修改部分税收规范性文件的公告》，国家税务总局公告 2018 年第 31 号。

海洋工程结构物首笔租金开具发票之日次月起至次年4月30日前的各增值税纳税申报期内，收齐有关凭证，向主管国家税务局办理融资租赁货物增值税、消费税退税申报。

第八条　融资租赁出租方申报融资租赁货物退税时，应将不同融资租赁合同项下的融资租赁货物分别申报，在申报表的明细表中“退（免）税业务类型”栏内填写“RZZL”，并提供以下资料：

（一）融资租赁出口货物的，提供出口货物报关单（出口退税专用）；

（二）融资租赁海洋工程结构物的，提供向海洋工程结构物承租人收取首笔租金时开具的发票；

（三）购进融资租赁货物取得的增值税专用发票（抵扣联）或海关（进口增值税）专用缴款书。融资租赁货物属于消费税应税货物的，还应提供消费税税收（出口货物专用）缴款书或海关（进口消费税）专用缴款书；

（四）与承租人签订的租赁期在5年（含）以上的融资租赁合同（有法律效力的中文版）；

（五）融资租赁海洋工程结构物的，提供列名海上石油天然气开采企业收货清单；

（六）税务机关要求提供的其他资料。

6-3 《财政部　国家税务总局关于出口货物劳务增值税和消费税政策的通知》第四条

2012年5月25日　财税〔2012〕39号

四、增值税退（免）税的计税依据

出口货物劳务的增值税退（免）税的计税依据，按出口货物劳务的出口发票（外销发票）、其他普通发票或购进出口货物劳务的增值税专用发票、海关进口增值税专用缴款书确定。

（一）生产企业出口货物劳务（进料加工复出口货物除外）增值税退（免）税的计税依据，为出口货物劳务的实际离岸价（FOB）。实际离岸价应以出口发票上的离岸价为准，但如果出口发票不能反映实际离岸价，主管税务机关有权予以核定。

（二）生产企业进料加工复出口货物增值税退（免）税的计税依据，按出口货物的离岸价（FOB）扣除出口货物所含的海关保税进口料件的金额后确定。

本通知所称海关保税进口料件，是指海关以进料加工贸易方式监管的出口企业从境外和特殊区域等进口的料件。包括出口企业从境外单位或个人购买并从海关保税仓库提取且办理海关进料加工手续的料件，以及保税区外的出口企业从保税区内的企业购进并办理海关进料加工手续的进口料件。

（三）生产企业国内购进无进项税额且不计提进项税额的免税原材料加工后出口的货物的计税依据，按出口货物的离岸价（FOB）扣除出口货物所含的国内购进免税原材料的金额后确定。

（四）外贸企业出口货物（委托加工修理修配货物除外）增值税退（免）税的计税依据，为购进出口货物的增值税专用发票注明的金额或海关进口增值税专用缴款书注明的完税价格。

（五）外贸企业出口委托加工修理修配货物增值税退（免）税的计税依据，为加工修理修配费用增值税专用发票注明的金额。外贸企业应将加工修理修配使用的原材料（进料加工海关保税进口料件除外）作价销售给受托加工修理修配的生产企业，受托加工修理修配的生产企业应将原材料成本并入加工修理修配费用开具发票。

（六）出口进项税额未计算抵扣的已使用过的设备增值税退（免）税的计税依据，按下列公式确定：

退（免）税计税依据＝增值税专用发票上的金额或海关进口增值税专用缴款书注明的完税价格×已使用过的设备固定资产净值÷已使用过的设备原值

已使用过的设备固定资产净值＝已使用过的设备原值－已使用过的设备已提累计折旧

本通知所称已使用过的设备，是指出口企业根据财务会计制度已经计提折旧的固定资产。

（七）免税品经营企业销售的货物增值税退（免）税的计税依据，为购进货物的增值税专用发票注明的金额或海关进口增值税专用缴款书注明的完税价格。

（八）中标机电产品增值税退（免）税的计税依据，生产企业为销售机电产品的普通发票注明的金额，外贸企业为购进货物的增值税专用发票注明的金额或海关进口增值税专用缴款书注明的完税价格。

（九）生产企业向海上石油天然气开采企业销售的自产的海洋工程结构物增值税退（免）税的计税依据，为销售海洋工程结构物的普通发票注明的金额。

（十）输入特殊区域的水电气增值税退（免）税的计税依据，为作为购买方的特殊区域内生产企业购进水（包括蒸汽）、电力、燃气的增值税专用发票注明的金额。

7. 调整增值税出口退税率政策

适用主体

符合出口退（免）税条件的增值税一般纳税人。

政策规定

2019 年 4 月 1 日起，原适用 16% 税率且出口退税率为 16% 的出口货物劳务，出口退税率调整为 13%；原适用 10% 税率且出口退税率为 10% 的出口货物、跨境应税行为，出口退税率调整为 9%。

适用条件

出口退税率的执行时间及出口货物劳务、发生跨境应税行为的时间，按照以下规定执行：报关出口的货物劳务（保税区及经保税区出口除外），以海关出口报关单上注明的出口日期为准；非报关出口的货物劳务、跨境应税行为，以出口发票或普通发票的开具时间为准；保税区及经保税区出口的货物，以货物离境时海关出具的出境货物备案清单上注明的出口日期为准。

情景问答

问：我公司 2019 年 4 月 9 日报关出口一批原适用 16% 出口退税率的货物，该批货物于 2019 年 2 月购进，购进时的增值税税率为 16%。请问适用什么出口退税率？

答：2019年6月30日前（含2019年4月1日前），纳税人出口涉及调整增值税出口退税率的货物劳务、发生涉及调整增值税出口退税率的跨境应税行为，适用增值税免退税办法的，购进时已按调整前税率征收增值税的，执行调整前的出口退税率，购进时已按调整后税率征收增值税的，执行调整后的出口退税率；适用增值税免抵退税办法的，执行调整前的出口退税率，在计算免抵退税时，适用税率低于出口退税率的，适用税率与出口退税率之差视为零参与免抵退税计算。

因此，你公司应适用的16%出口退税率。

政策依据

《财政部　税务总局　海关总署关于深化增值税改革有关政策的公告》（财政部　税务总局　海关总署公告2019年第39号）

延伸阅读

7-1 《财政部　税务总局　海关总署关于深化增值税改革有关政策的公告》

2019年3月20日

财政部　税务总局　海关总署公告2019年第39号

为贯彻落实党中央、国务院决策部署，推进增值税实质性减税，现将2019年增值税改革有关事项公告如下：

一、增值税一般纳税人（以下称纳税人）发生增值税应税销售行为或者进口货物，原适用16%税率的，税率调整为13%；原适用10%税率的，税率调整为9%。

二、纳税人购进农产品，原适用10%扣除率的，扣除率调整为9%。纳税人购进用于生产或者委托加工13%税率货物的农产品，按照10%的扣除率计算进项税额。

三、原适用16%税率且出口退税率为16%的出口货物劳务，出口退税率调整为13%；原适用10%税率且出口退税率为10%的出口货物、跨境应税行为，出口退税率调整为9%。

2019年6月30日前（含2019年4月1日前），纳税人出口前款所涉货物劳务、发生前款所涉跨境应税行为，适用增值税免退税办法的，购进时已按调整前税率征收增值税的，执行调整前的出口退税率，购进时已按调整后税率征收增值税的，执行调整后的出口退税率；适用增值税免抵退税办法的，执行调整前的出口退税率，在计算免抵退税时，适用税率低于出口退税率的，适用税率与出口退税率之差视为零参与免抵退税计算。

出口退税率的执行时间及出口货物劳务、发生跨境应税行为的时间，按照以下规定执行：报关出口的货物劳务（保税区及经保税区出口除外），以海关出口报关单上注明的出口日期为准；非报关出口的货物劳务、跨境应税行为，以出口发票或普通发票的开具时间为准；保税区及经保税区出口的货物，以货物离境时海关出具的出境货物备案清单上注明的出口日期为准。

四、适用13%税率的境外旅客购物离境退税物品，退税率为11%；适用9%税率的境外旅客购物离境退税物品，退税率为8%。

2019年6月30日前，按调整前税率征收增值税的，执行调整前的退税率；按调整后税率征收增值税的，执行调整后的退税率。

退税率的执行时间，以退税物品增值税普通发票的开具日期为准。

五、自2019年4月1日起，《营业税改征增值税试点有关事项的规定》（财税〔2016〕36号印发）第一条第（四）项第1点、第二条第（一）项第1点停止执行，纳税人取得不动产或者不动产在建工程的进项税额不再分2年抵扣。此前按照上述规定尚未抵扣完毕的待抵扣进项税额，可自2019年4月税款所属期起从销项税额中抵扣。

六、纳税人购进国内旅客运输服务，其进项税额允许从销项税额中抵扣。

（一）纳税人未取得增值税专用发票的，暂按照以下规定确定进项税额：

1. 取得增值税电子普通发票的，为发票上注明的税额；

2. 取得注明旅客身份信息的航空运输电子客票行程单的，为按照下列公式计算进项税额：

航空旅客运输进项税额 =（票价 + 燃油附加费）÷（1 + 9%）× 9%

3. 取得注明旅客身份信息的铁路车票的，为按照下列公式计算的进项税额：

铁路旅客运输进项税额=票面金额÷（1+9%）×9%

4. 取得注明旅客身份信息的公路、水路等其他客票的，按照下列公式计算进项税额：

公路、水路等其他旅客运输进项税额=票面金额÷（1+3%）×3%

（二）《营业税改征增值税试点实施办法》（财税〔2016〕36号印发）第二十七条第（六）项和《营业税改征增值税试点有关事项的规定》（财税〔2016〕36号印发）第二条第（一）项第5点中“购进的旅客运输服务、贷款服务、餐饮服务、居民日常服务和娱乐服务”修改为“购进的贷款服务、餐饮服务、居民日常服务和娱乐服务”。

七、自2019年4月1日至2021年12月31日，允许生产、生活性服务业纳税人按照当期可抵扣进项税额加计10%，抵减应纳税额（以下称加计抵减政策）。

（一）本公告所称生产、生活性服务业纳税人，是指提供邮政服务、电信服务、现代服务、生活服务（以下称四项服务）取得的销售额占全部销售额的比重超过50%的纳税人。四项服务的具体范围按照《销售服务、无形资产、不动产注释》（财税〔2016〕36号印发）执行。

2019年3月31日前设立的纳税人，自2018年4月至2019年3月期间的销售额（经营期不满12个月的，按照实际经营期的销售额）符合上述规定条件的，自2019年4月1日起适用加计抵减政策。

2019年4月1日后设立的纳税人，自设立之日起3个月的销售额符合上述规定条件的，自登记为一般纳税人之日起适用加计抵减政策。

纳税人确定适用加计抵减政策后，当年内不再调整，以后年度是否适用，根据上年度销售额计算确定。

纳税人可计提但未计提的加计抵减额，可在确定适用加计抵减政策当期一并计提。

（二）纳税人应按照当期可抵扣进项税额的10%计提当期加计抵减额。按照现行规定不得从销项税额中抵扣的进项税额，不得计提加计抵减额；已计提加计抵减额的进项税额，按规定作进项税额转出的，应在进项税额转出当期，相应调减加计抵减额。计算公式如下：

当期计提加计抵减额=当期可抵扣进项税额×10%

当期可抵减加计抵减额=上期末加计抵减额余额+当期计提加计抵减额－

当期调减加计抵减额

（三）纳税人应按照现行规定计算一般计税方法下的应纳税额（以下称抵减前的应纳税额）后，区分以下情形加计抵减：

1. 抵减前的应纳税额等于零的，当期可抵减加计抵减额全部结转下期抵减；

2. 抵减前的应纳税额大于零，且大于当期可抵减加计抵减额的，当期可抵减加计抵减额全额从抵减前的应纳税额中抵减；

3. 抵减前的应纳税额大于零，且小于或等于当期可抵减加计抵减额的，以当期可抵减加计抵减额抵减应纳税额至零。未抵减完的当期可抵减加计抵减额，结转下期继续抵减。

（四）纳税人出口货物劳务、发生跨境应税行为不适用加计抵减政策，其对应的进项税额不得计提加计抵减额。

纳税人兼营出口货物劳务、发生跨境应税行为且无法划分不得计提加计抵减额的进项税额，按照以下公式计算：

不得计提加计抵减额的进项税额 = 当期无法划分的全部进项税额 × 当期出口货物劳务和发生跨境应税行为的销售额 ÷ 当期全部销售额

（五）纳税人应单独核算加计抵减额的计提、抵减、调减、结余等变动情况。骗取适用加计抵减政策或虚增加计抵减额的，按照《中华人民共和国税收征收管理法》等有关规定处理。

（六）加计抵减政策执行到期后，纳税人不再计提加计抵减额，结余的加计抵减额停止抵减。

八、自2019年4月1日起，试行增值税期末留抵税额退税制度。

（一）同时符合以下条件的纳税人，可以向主管税务机关申请退还增量留抵税额：

1. 自2019年4月税款所属期起，连续六个月（按季纳税的，连续两个季度）增量留抵税额均大于零，且第六个月增量留抵税额不低于50万元；

2. 纳税信用等级为A级或者B级；

3. 申请退税前36个月未发生骗取留抵退税、出口退税或虚开增值税专用发票情形的；

4. 申请退税前36个月未因偷税被税务机关处罚两次及以上的；

5. 自2019年4月1日起未享受即征即退、先征后返（退）政策的。

（二）本公告所称增量留抵税额，是指与2019年3月底相比新增加的期末留抵税额。

（三）纳税人当期允许退还的增量留抵税额，按照以下公式计算：

允许退还的增量留抵税额 = 增量留抵税额 × 进项构成比例 ×60%

进项构成比例，为 2019 年 4 月至申请退税前一税款所属期内已抵扣的增值税专用发票（含税控机动车销售统一发票）、海关进口增值税专用缴款书、解缴税款完税凭证注明的增值税额占同期全部已抵扣进项税额的比重。

（四）纳税人应在增值税纳税申报期内，向主管税务机关申请退还留抵税额。

（五）纳税人出口货物劳务、发生跨境应税行为，适用免抵退税办法的，办理免抵退税后，仍符合本公告规定条件的，可以申请退还留抵税额；适用免退税办法的，相关进项税额不得用于退还留抵税额。

（六）纳税人取得退还的留抵税额后，应相应调减当期留抵税额。按照本条规定再次满足退税条件的，可以继续向主管税务机关申请退还留抵税额，但本条第（一）项第 1 点规定的连续期间，不得重复计算。

（七）以虚增进项、虚假申报或其他欺骗手段，骗取留抵退税款的，由税务机关追缴其骗取的退税款，并按照《中华人民共和国税收征收管理法》等有关规定处理。

（八）退还的增量留抵税额中央、地方分担机制另行通知。

九、本公告自 2019 年 4 月 1 日起执行。

特此公告。

（二）跨境应税行为零税率或免税政策

大力发展服务贸易，是扩大开放、拓展发展空间的重要着力点。为适应经济新常态，促进服务贸易快速发展，我国全面实施营业税改征增值税，对若干项跨境应税行为实行增值税零税率或免税，鼓励扩大服务出口，增强服务出口能力，培育“中国服务”的国际竞争力。

8. 跨境应税行为适用增值税零税率

适用主体

提供适用增值税零税率应税行为的单位和个人。

政策规定

境内单位提供国际运输服务、航天运输服务、以及向境外单位提供的完全在境外消费的研发服务、合同能源管理服务、设计服务、广播影视节目（作品）的制作和发行服务、软件服务、电路设计及测试服务、信息系统服务、业务流程管理服务、离岸服务外包业务、转让技术以及财政部和国家税务总局规定的其他服务，适用增值税零税率政策。

完全在境外消费指的是：

1）服务的实际接受方在境外，且与境内的货物和不动产无关。

2）无形资产完全在境外使用，且与境内的货物和不动产无关。

3）财政部和国家税务总局规定的其他情形。

适用条件

增值税零税率应税服务提供者办理出口退（免）税备案手续后，方可申报增值税零税率应税服务退（免）税。如果提供的适用增值税零税率应税服务发生在办理出口退（免）税备案手续前，在办理出口退（免）税备案手续后，可按规定申报退（免）税。

情景问答

1）问：我们是一家信息技术服务公司，近期有意向承接一些境外业务，主要是向境外公司提供软件服务和信息技术服务等，什么情况下我们可以享受增值税零税率政策？

答：境内单位和个人向境外单位提供的完全在境外消费的10类服务，可以适用增值税零税率政策，其中包括研发服务、设计服务、软件服务、信息系统服务、离岸服务外包业务、转让技术等等。你们公司开展的跨境业务，如果符合上述规定，可以适用增值税零税率政策。并按《国家税务总局关于〈适用增值税零税率应税服务退（免）税管理办法〉的补充公告》（国家税务总局公告2015年第88号）规定办理申报。

同时，境内的单位和个人销售适用增值税零税率的服务或无形资产的，可以放弃适用增值税零税率，选择免税或按规定缴纳增值税。放弃适用增值税零税率后，36个月内不得再申请适用增值税零税率。

2）问：我们公司提供船舶期租服务，境内承租方将船舶用于往来境外的国际运输服务，请问我们提供的这项服务能否享受增值税零税率政策？

答：境内的单位和个人向境内单位或个人提供期租、湿租服务，如果承租方利用租赁的交通工具向其他单位或个人提供国际运输服务和港澳台运输服务，由承租方适用增值税零税率。境内的单位或个人向境外单位或个人提供期租、湿租服务，由出租方适用增值税零税率。因此，境内承租方以期租方式从你公司租赁船舶提供国际运输服务，是由承租方适用增值税零税率的。

政策依据

1）《国家税务总局关于发布〈适用增值税零税率应税服务退（免）税管理办法〉的公告》（国家税务总局公告2014年第11号）

2）《国家税务总局关于〈适用增值税零税率应税服务退（免）税管理办法〉的补充公告》（国家税务总局公告2015年第88号）

3）《财政部　国家税务总局关于全面推开营业税改征增值税试点的通知》（财税〔2016〕36号）附件四《跨境应税行为适用增值税零税率和免税政策的规定》第一条、第三条至第九条

延伸阅读

8－1 《国家税务总局关于发布〈适用增值税零税率应税服务退（免）税管理办法〉的公告》①

2014年2月8日 国家税务总局公告2014年第11号

为落实营业税改征增值税有关应税服务适用增值税零税率的政策规定，经商财政部同意，国家税务总局制定了《适用增值税零税率应税服务退（免）税管理办法》。现予以发布，自2014年1月1日起施行。《国家税务总局关于发布〈适用增值税零税率应税服务退（免）税管理办法（暂行）〉的公告》（国家税务总局公告2013年第47号）同时废止。

特此公告。

附件：1. 增值税零税率应税服务（国际运输 港澳台运输）免抵退税申报明细表（编者略）
2. 航空国际运输收入清算账单申报明细表（编者略）
3. 铁路国际客运收入清算函件申报明细表（编者略）
4. 增值税零税率应税服务（航天运输）免抵退税申报明细表（编者略）
5. 提供航天运输服务收讫营业款明细清单（编者略）
6. 增值税零税率应税服务（研发服务 设计服务）免抵退税申报明细表（编者略）
7. 向境外单位提供研发服务 设计服务收讫营业款明细清单（编

① 条款废止。第十三条第二项、第五项第2目废止。自2018年5月1日起废止。参见：《国家税务总局关于出口退（免）税申报有关问题的公告》，国家税务总局公告2018年第16号。

条款废止。第十二条第二款、第十三条第（五）项第3目、第十四条、第十五条第（二）项废止。自2015年12月1日起废止。参见：《国家税务总局关于〈适用增值税零税率应税服务退（免）税管理办法〉的补充公告》，国家税务总局公告2015年第88号。

条款废止。第十三条第（五）项第1目之（2）和第十五条第（一）项第4目废止。参见：《国家税务总局关于出口退（免）税有关问题的公告》，国家税务总局公告2015年第29号。

者略）

8. 外贸企业外购应税服务（研发服务　设计服务）出口明细申报表（编者略）

9. 放弃适用增值税零税率声明（编者略）

适用增值税零税率应税服务退（免）税管理办法

第一条　中华人民共和国境内（以下简称境内）的增值税一般纳税人提供适用增值税零税率的应税服务，实行增值税退（免）税办法。

第二条　本办法所称的增值税零税率应税服务提供者是指，提供适用增值税零税率应税服务，且认定为增值税一般纳税人，实行增值税一般计税方法的境内单位和个人。属于汇总缴纳增值税的，为经财政部和国家税务总局批准的汇总缴纳增值税的总机构。

第三条　增值税零税率应税服务适用范围按财政部、国家税务总局的规定执行。

起点或终点在境外的运单、提单或客票所对应的各航段或路段的运输服务，属于国际运输服务。

起点或终点在港澳台的运单、提单或客票所对应的各航段或路段的运输服务，属于港澳台运输服务。

从境内载运旅客或货物至国内海关特殊监管区域及场所、从国内海关特殊监管区域及场所载运旅客或货物至国内其他地区或者国内海关特殊监管区域及场所，以及向国内海关特殊监管区域及场所内单位提供的研发服务、设计服务，不属于增值税零税率应税服务适用范围。

第四条　增值税零税率应税服务退（免）税办法包括免抵退税办法和免退税办法，具体办法及计算公式按《财政部　国家税务总局关于出口货物劳务增值税和消费税政策的通知》（财税〔2012〕39号）有关出口货物劳务退（免）税的规定执行。

实行免抵退税办法的增值税零税率应税服务提供者如果同时出口货物劳务且未分别核算的，应一并计算免抵退税。税务机关在审批时，应按照增值税零税率应税服务、出口货物劳务免抵退税额的比例划分其退税额和免抵税额。

第五条　增值税零税率应税服务的退税率为对应服务提供给境内单位适用的增值税税率。

第六条　增值税零税率应税服务的退（免）税计税依据，按照下列规定确定：

（一）实行免抵退税办法的退（免）税计税依据

1. 以铁路运输方式载运旅客的，为按照铁路合作组织清算规则清算后的实际运输收入；

2. 以铁路运输方式载运货物的，为按照铁路运输进款清算办法，对“发站”或“到站（局）”名称包含“境”字的货票上注明的运输费用以及直接相关的国际联运杂费清算后的实际运输收入；

3. 以航空运输方式载运货物或旅客的，如果国际运输或港澳台运输各航段由多个承运人承运的，为中国航空结算有限责任公司清算后的实际收入；如果国际运输或港澳台运输各航段由一个承运人承运的，为提供航空运输服务取得的收入；

4. 其他实行免抵退税办法的增值税零税率应税服务，为提供增值税零税率应税服务取得的收入。

（二）实行免退税办法的退（免）税计税依据为购进应税服务的增值税专用发票或解缴税款的中华人民共和国税收缴款凭证上注明的金额。

第七条　实行增值税退（免）税办法的增值税零税率应税服务不得开具增值税专用发票。

第八条　增值税零税率应税服务提供者办理出口退（免）税资格认定后，方可申报增值税零税率应税服务退（免）税。如果提供的适用增值税零税率应税服务发生在办理出口退（免）税资格认定前，在办理出口退（免）税资格认定后，可按规定申报退（免）税。

第九条　增值税零税率应税服务提供者应按照下列要求，向主管税务机关申请办理出口退（免）税资格认定：

（一）填报《出口退（免）税资格认定申请表》及电子数据；

《出口退（免）税资格认定申请表》中的“退税开户银行账号”，必须填写办理税务登记时向主管税务机关报备的银行账号之一。

（二）根据所提供的适用增值税零税率应税服务，提供以下对应资料的原件及复印件：

1. 提供国际运输服务。以水路运输方式的，应提供《国际船舶运输经营许可证》；以航空运输方式的，应提供经营范围包括“国际航空客货邮运输业务”的《公共航空运输企业经营许可证》或经营范围包括“公务飞行”的

《通用航空经营许可证》；以公路运输方式的，应提供经营范围包括“国际运输”的《道路运输经营许可证》和《国际汽车运输行车许可证》；以铁路运输方式的，应提供经营范围包括“许可经营项目：铁路客货运输”的《企业法人营业执照》或其他具有提供铁路客货运输服务资质的证明材料；提供航天运输服务的，应提供经营范围包括“商业卫星发射服务”的《企业法人营业执照》或其他具有提供商业卫星发射服务资质的证明材料。

2. 提供港澳台运输服务。以公路运输方式提供内地往返香港、澳门的交通运输服务的，应提供《道路运输经营许可证》及持《道路运输证》的直通港澳运输车辆的物权证明；以水路运输方式提供内地往返香港、澳门交通运输服务的，应提供获得港澳线路运营许可船舶的物权证明；以水路运输方式提供大陆往返台湾交通运输服务的，应提供《台湾海峡两岸间水路运输许可证》及持《台湾海峡两岸间船舶营运证》船舶的物权证明；以航空运输方式提供港澳台运输服务的，应提供经营范围包括“国际、国内（含港澳）航空客货邮运输业务”的《公共航空运输企业经营许可证》或者经营范围包括“公务飞行”的《通用航空经营许可证》；以铁路运输方式提供内地往返香港的交通运输服务的，应提供经营范围包括“许可经营项目：铁路客货运输”的《企业法人营业执照》或其他具有提供铁路客货运输服务资质的证明材料。

3. 采用程租、期租和湿租方式租赁交通运输工具用于国际运输服务和港澳台运输服务的，应提供程租、期租和湿租合同或协议。

4. 对外提供研发服务或设计服务的，应提供《技术出口合同登记证》。

（三）增值税零税率应税服务提供者出口货物劳务，且未办理过出口退（免）税资格认定的，除提供上述资料外，还应提供加盖备案登记专用章的《对外贸易经营者备案登记表》和《中华人民共和国海关进出口货物收发货人报关注册登记证书》的原件及复印件。

第十条　已办理过出口退（免）税资格认定的出口企业，提供增值税零税率应税服务的，应填报《出口退（免）税资格认定变更申请表》及电子数据，提供第九条所列的增值税零税率应税服务对应的资料，向主管税务机关申请办理出口退（免）税资格认定变更。

第十一条　增值税零税率应税服务提供者按规定需变更增值税退（免）税办法的，主管税务机关应按照现行规定进行退（免）税清算，在结清税款后方可办理变更。

第十二条　增值税零税率应税服务提供者提供增值税零税率应税服务，应在财务作销售收入次月（按季度进行增值税纳税申报的为次季度首月，下同）的增值税纳税申报期内，向主管税务机关办理增值税纳税和退（免）税相关申报。

增值税零税率应税服务提供者收齐有关凭证后，可于在财务作销售收入次月起至次年4月30日前的各增值税纳税申报期内向主管税务机关申报退（免）税。逾期申报退（免）税的，主管税务机关不再受理。未在规定期限内申报退（免）税的增值税零税率应税服务，增值税零税率应税服务提供者应按规定缴纳增值税。

第十三条 实行免抵退税办法的增值税零税率应税服务提供者应按照下列要求向主管税务机关办理增值税免抵退税申报：

（一）填报《免抵退税申报汇总表》及其附表；

（二）提供当期《增值税纳税申报表》；

（三）提供免抵退税正式申报电子数据；

（四）提供增值税零税率应税服务所开具的发票（经主管税务机关认可，可只提供电子数据，原始凭证留存备查）；

（五）根据所提供的适用增值税零税率应税服务，提供以下对应资料凭证：

1. 提供国际运输服务、港澳台运输服务的，需填报《增值税零税率应税服务（国际运输/港澳台运输）免抵退税申报明细表》（附件1），并提供下列原始凭证的原件及复印件：

（1）以水路运输、航空运输、公路运输方式的，提供增值税零税率应税服务的载货、载客舱单或其他能够反映收入原始构成的单据凭证。以航空运输方式且国际运输和港澳台运输各航段由多个承运人承运的，还需提供《航空国际运输收入清算账单申报明细表》（附件2）。

（2）以铁路运输方式的，客运的提供增值税零税率应税服务的国际客运联运票据、铁路合作组织清算函件及《铁路国际客运收入清算函件申报明细表》（附件3）；货运的提供铁路进款资金清算机构出具的《国际铁路货运进款清算通知单》，启运地的铁路运输企业还应提供国际铁路联运运单、以及“发站”或“到站（局）”名称包含“境”字的货票；

（3）采用程租、期租、湿租服务方式租赁交通运输工具从事国际运输服务和港澳台运输服务的，还应提供程租、期租、湿租的合同或协议复印件。向境外单位和个人提供期租、湿租服务，按规定由出租方申报退（免）税的，可不提供第（1）项原始凭证。

上述（1）、（2）项原始凭证（不包括《航空国际运输收入清算账单申报明细表》和《铁路国际客运收入清算函件申报明细表》），经主管税务机关批准，增值税零税率应税服务提供者可只提供电子数据，原始凭证留存备查。

2. 提供航天运输服务的，需填报《增值税零税率应税服务（航天运输）免抵退税申报明细表》（附件4），并提供下列资料及原始凭证的原件及复印件：

（1）签订的提供航天运输服务的合同；

（2）从与之签订航天运输服务合同的单位取得收入的收款凭证；

（3）《提供航天运输服务收讫营业款明细清单》（附件5）。

3. 对外提供研发服务或设计服务的，需填报《增值税零税率应税服务（研发服务/设计服务）免抵退税申报明细表》（附件6），并提供下列资料及原始凭证的原件及复印件：

（1）与增值税零税率应税服务收入相对应的《技术出口合同登记证》复印件；

（2）与境外单位签订的研发、设计合同；

（3）从与之签订研发、设计合同的境外单位取得收入的收款凭证；

（4）《向境外单位提供研发服务/设计服务收讫营业款明细清单》（附件7）。

（六）主管税务机关要求提供的其他资料及凭证。

第十四条　实行免退税办法的增值税零税率应税服务提供者，应按照下列要求向主管税务机关办理增值税免退税申报：

（一）填报《外贸企业出口退税汇总申报表》；

（二）填报《外贸企业外购应税服务（研发服务/设计服务）出口明细申报表》（附件8）；

（三）填列外购对应的研发服务或设计服务取得增值税专用发票情况的《外贸企业出口退税进货明细申报表》；

（四）提供以下原始凭证：

1. 提供增值税零税率应税服务所开具的发票；

2. 从境内单位或者个人购进研发服务或设计服务出口的，提供应税服务提供方开具的增值税专用发票；

3. 从境外单位或者个人购进研发服务或设计服务出口的，提供取得的解缴税款的中华人民共和国税收缴款凭证；

4. 第十三条第（五）项第3目所列资料及原始凭证的原件及复印件。

第十五条　主管税务机关受理增值税零税率应税服务退（免）税申报后，应对下列内容人工审核无误后，使用出口退税审核系统进行审核。对属于实行免退税办法的增值税零税率应税服务的进项一律使用交叉稽核、协查信息审核出口退税。如果在审核中有疑问的，可对企业进项增值税专用发票进行发函调查或核查。

（一）提供国际运输、港澳台运输的，应从增值税零税率应税服务提供者申报中抽取若干申报记录审核以下内容：

1. 所申报的国际运输、港澳台运输服务是否符合适用增值税零税率应税服务的规定；

2. 所抽取申报记录申报应税服务收入是否小于或等于该申报记录所对应的载货或载客舱单上记载的国际运输、港澳台运输服务收入；

3. 采用期租、程租和湿租方式租赁交通运输工具用于国际运输服务和港澳台运输服务的，重点审核期租、程租和湿租的合同或协议，审核申报退（免）税的企业是否符合适用增值税零税率应税服务的规定；

4. 以铁路运输方式提供国际运输、港澳台运输服务的，重点审核提供的货票的“发站”或“到站（局）”名称是否包含“境”字，是否与提供国际铁路联运运单匹配。

（二）对外提供研发服务或设计服务的，应审核以下内容：

1. 企业所申报的研发服务或设计服务是否符合适用增值税零税率应税服务规定；

2. 研发、设计合同签订的对方是否为境外单位；

3. 应税服务收入的支付方是否为与之签订研发、设计合同的境外单位；

4. 申报应税服务收入是否小于或等于从与之签订研发、设计合同的境外单位取得的收款金额；

5. 外贸企业外购研发服务或设计服务出口的，除按照上述内容审核外，还应审核其申报退税的进项税额是否与增值税零税率应税服务对应。

第十六条　因出口自己开发的研发服务或设计服务，退（免）税办法由免退税改为免抵退税办法的外贸企业，如果申报的退（免）税异常增长，出口货物劳务及服务有非正常情况的，主管税务机关可要求外贸企业报送出口货物劳务及服务所对应的进项凭证，并按规定进行审核。主管税务机关如果审核发现外贸企业提供的进货凭证有伪造或内容不实的，按照《财政部　国家税务总局关于出口货物劳务增值税和消费税政策通知》（财税〔2012〕39 号）

等有关规定处理。

第十七条　主管税务机关认为增值税零税率应税服务提供者提供的研发服务或设计服务出口价格偏高的，应按照《财政部　国家税务总局关于防范税收风险若干增值税政策的通知》（财税〔2013〕112号）第五条的规定处理。

第十八条　经主管税务机关审核，增值税零税率应税服务提供者申报的退（免）税，如果凭证资料齐全、符合退（免）税规定的，主管税务机关应及时予以审核通过，办理退税和免抵调库，退税资金由中央金库统一支付。

第十九条　增值税零税率应税服务提供者骗取国家出口退税款的，税务机关应按《国家税务总局关于停止为骗取出口退税企业办理出口退税有关问题的通知》（国税发〔2008〕32号）和《财政部　国家税务总局关于防范税收风险若干增值税政策的通知》（财税〔2013〕112号）的规定处理。增值税零税率应税服务提供者在停止退税期间发生的增值税零税率应税服务，不得申报退（免）税，应按规定缴纳增值税。

第二十条　增值税零税率应税服务提供者提供适用增值税零税率的应税服务，如果放弃适用增值税零税率，选择免税或按规定缴纳增值税的，应向主管税务机关报送《放弃适用增值税零税率声明》（附件9），办理备案手续。自备案次月1日起36个月内，该企业提供的增值税零税率应税服务，不得申报增值税退（免）税。

第二十一条　主管税务机关应对增值税零税率应税服务提供者适用增值税零税率的退（免）税加强分析监控。

第二十二条　本办法要求增值税零税率应税服务提供者向主管税务机关报送的申报表电子数据应均通过出口退（免）税申报系统生成、报送。在出口退（免）税申报系统信息生成、报送功能升级完成前，涉及需报送的电子数据，可暂报送纸质资料。

出口退（免）税申报系统可从国家税务总局网站免费下载或由主管税务机关免费提供。

第二十三条　本办法要求增值税零税率应税服务提供者向主管税务机关同时提供原件和复印件的资料，增值税零税率应税服务提供者提供的复印件上应注明"与原件相符"字样，并加盖企业公章。主管税务机关在核对复印件与原件相符后，将原件退回，留存复印件。

第二十四条　本办法自2014年1月1日起施行，以增值税零税率应税服务提供者提供增值税零税率应税服务并在财务作销售收入的日期为准。

8－2 《国家税务总局关于〈适用增值税零税率应税服务退（免）税管理办法〉的补充公告》①

2015 年 12 月 14 日　国家税务总局公告 2015 年第 88 号

根据《财政部　国家税务总局关于影视等出口服务适用增值税零税率政策的通知》（财税〔2015〕118 号），经商财政部同意，现对《适用增值税零税率应税服务退（免）税管理办法》（国家税务总局公告 2014 年第 11 号发布）补充公告如下：

一、适用增值税零税率应税服务的广播影视节目（作品）的制作和发行服务、技术转让服务、软件服务、电路设计及测试服务、信息系统服务、业务流程管理服务，以及合同标的物在境外的合同能源管理服务的范围，按照《营业税改征增值税试点实施办法》（财税〔2013〕106 号文件印发）所附的《应税服务范围注释》对应的应税服务范围执行；适用增值税零税率应税服务的离岸服务外包业务的范围，按照《离岸服务外包业务》（附件 1）对应的适用范围执行。以上适用增值税零税率的应税服务，本公告统称为新纳入零税率范围的应税服务。

境内单位和个人向国内海关特殊监管区域及场所内的单位或个人提供的应税服务，不属于增值税零税率应税服务适用范围。

二、向境外单位提供新纳入零税率范围的应税服务的，增值税零税率应税服务提供者申报退（免）税时，应按规定办理出口退（免）税备案。

三、增值税零税率应税服务提供者收齐有关凭证后，可在财务作销售收入次月起至次年 4 月 30 日前的各增值税纳税申报期内向主管国税机关申报退（免）税；逾期申报的，不再按退（免）税申报，改按免税申报；未按规定申报免税的，应按规定缴纳增值税。

四、实行免抵退办法的增值税零税率应税服务提供者，向境外单位提供研

---

① 条款废止。第四条第（四）项废止。自 2018 年 5 月 1 日起废止。参见：《国家税务总局关于出口退（免）税申报有关问题的公告》，国家税务总局公告 2018 年第 16 号。

条款修改。第三条、第四条第（六）项第 1 目、第 5 目、第（七）项等已修改。参见：《国家税务总局关于修改部分税收规范性文件的公告》，国家税务总局公告 2018 年第 31 号。

发服务、设计服务、新纳入零税率范围的应税服务的，应在申报免抵退税时，向主管国税机关提供以下申报资料：

（一）《增值税零税率应税服务免抵退税申报明细表》（附件2）。

（二）《提供增值税零税率应税服务收讫营业款明细清单》（附件3）。

（三）《免抵退税申报汇总表》及其附表。

（四）当期《增值税纳税申报表》。

（五）免抵退税正式申报电子数据。

（六）下列资料及原始凭证的原件及复印件：

1. 提供增值税零税率应税服务所开具的发票（经主管国税机关认可，可只提供电子数据，原始凭证留存备查）。

2. 与境外单位签订的提供增值税零税率应税服务的合同。

提供软件服务、电路设计及测试服务、信息系统服务、业务流程管理服务，以及离岸服务外包业务的，同时提供合同已在商务部“服务外包及软件出口管理信息系统”中登记并审核通过，由该系统出具的证明文件；提供广播影视节目（作品）的制作和发行服务的，同时提供合同已在商务部“文化贸易管理系统”中登记并审核通过，由该系统出具的证明文件。

3. 提供电影、电视剧的制作服务的，应提供行业主管部门出具的在有效期内的影视制作许可证明；提供电影、电视剧的发行服务的，应提供行业主管部门出具的在有效期内的发行版权证明、发行许可证明。

4. 提供研发服务、设计服务、技术转让服务的，应提供与提供增值税零税率应税服务收入相对应的《技术出口合同登记证》及其数据表。

5. 从与之签订提供增值税零税率应税服务合同的境外单位取得收入的收款凭证。

跨国公司经外汇管理部门批准实行外汇资金集中运营管理或经中国人民银行批准实行经常项下跨境人民币集中收付管理的，其成员公司在批准的有效期内，可凭银行出具给跨国公司资金集中运营（收付）公司符合下列规定的收款凭证，向主管国税机关申报退（免）税：

（1）收款凭证上的付款单位须是与成员公司签订提供增值税零税率应税服务合同的境外单位或合同约定的跨国公司的境外成员企业。

（2）收款凭证上的收款单位或附言的实际收款人须载明有成员公司的名称。

（七）主管国税机关要求提供的其他资料及凭证。

五、实行免退税办法的增值税零税率应税服务提供者，应在申报免退税时，向主管国税机关提供以下申报资料：

（一）《外贸企业外购应税服务出口明细申报表》（附件4）。

（二）《外贸企业出口退税进货明细申报表》（需填列外购对应的增值税零税率应税服务取得增值税专用发票情况）。

（三）《外贸企业出口退税汇总申报表》。

（四）免退税正式申报电子数据。

（五）从境内单位或者个人购进增值税零税率应税服务出口的，提供应税服务提供方开具的增值税专用发票；从境外单位或者个人购进增值税零税率应税服务出口的，提供取得的解缴税款的中华人民共和国税收缴款凭证。

（六）本公告第四条第（六）项所列资料及原始凭证的原件及复印件。

六、主管国税机关受理增值税零税率应税服务退（免）税申报后，应按规定进行审核，经审核符合规定的，应及时办理退（免）税；不符合规定的，不予办理，按有关规定处理；存在其他审核疑点的，对应的退（免）税暂缓办理，待排除疑点后，方可办理。

七、主管国税机关对申报的对外提供研发、设计服务以及新纳入零税率范围的应税服务退（免）税，应审核以下内容：

（一）申报的增值税零税率应税服务应符合适用增值税零税率应税服务规定。

（二）增值税零税率应税服务合同签订的对方应为境外单位。

（三）增值税零税率应税服务收入的支付方应为与之签订增值税零税率应税服务合同的境外单位。对跨国公司的成员公司申报退（免）税时提供的收款凭证是银行出具给跨国公司资金集中运营（收付）公司的，应要求企业补充提供中国人民银行或国家外汇管理局的批准文件，且企业提供的收款凭证应符合本公告的规定。

（四）申报的增值税零税率应税服务收入应小于或等于从与之签订增值税零税率应税服务合同的境外单位取得的收款金额；大于收款金额的，应要求企业补充提供书面说明材料及相应的证明材料。

（五）外贸企业外购应税服务出口的，除应符合上述规定外，其申报退税的进项税额还应与增值税零税率应税服务对应。

八、本公告未明确的其他增值税零税率应税服务退（免）税管理事项，按现行规定执行。

九、本公告自2015年12月1日起施行，以增值税零税率应税服务提供者提供增值税零税率应税服务并在财务作销售收入的日期为准。《适用增值税零税率应税服务退（免）税管理办法》第十二条第二款、第十三条第（五）项第3目、第十四条、第十五条第（二）项同时废止。

特此公告。

附件：1. 离岸服务外包业务（编者略）

2. 增值税零税率应税服务免抵退税申报明细表（编者略）

3. 提供增值税零税率应税服务收讫营业款明细清单（编者略）

4. 外贸企业外购应税服务出口明细申报表（编者略）

8-3 《财政部 国家税务总局关于全面推开营业税改征增值税试点的通知》附件四《跨境应税行为适用增值税零税率和免税政策的规定》第一条、第三条至第九条

2016 年 3 月 23 日 财税〔2016〕36 号

一、中华人民共和国境内（以下称境内）的单位和个人销售的下列服务和无形资产，适用增值税零税率：

（一）国际运输服务。

国际运输服务，是指：

1. 在境内载运旅客或者货物出境。

2. 在境外载运旅客或者货物入境。

3. 在境外载运旅客或者货物。

（二）航天运输服务。

（三）向境外单位提供的完全在境外消费的下列服务：

1. 研发服务。

2. 合同能源管理服务。

3. 设计服务。

4. 广播影视节目（作品）的制作和发行服务。

5. 软件服务。

6. 电路设计及测试服务。

7. 信息系统服务。

8. 业务流程管理服务。

9. 离岸服务外包业务。

离岸服务外包业务，包括信息技术外包服务（ITO）、技术性业务流程外包服务（BPO）、技术性知识流程外包服务（KPO），其所涉及的具体业务活动，按照《销售服务、无形资产、不动产注释》相对应的业务活动执行。

10. 转让技术。

（四）财政部和国家税务总局规定的其他服务。

……

三、按照国家有关规定应取得相关资质的国际运输服务项目，纳税人取得相关资质的，适用增值税零税率政策，未取得的，适用增值税免税政策。

境内的单位或个人提供程租服务，如果租赁的交通工具用于国际运输服务和港澳台运输服务，由出租方按规定申请适用增值税零税率。

境内的单位和个人向境内单位或个人提供期租、湿租服务，如果承租方利用租赁的交通工具向其他单位或个人提供国际运输服务和港澳台运输服务，由承租方适用增值税零税率。境内的单位或个人向境外单位或个人提供期租、湿租服务，由出租方适用增值税零税率。

境内单位和个人以无运输工具承运方式提供的国际运输服务，由境内实际承运人适用增值税零税率；无运输工具承运业务的经营者适用增值税免税政策。

四、境内的单位和个人提供适用增值税零税率的服务或者无形资产，如果属于适用简易计税方法的，实行免征增值税办法。如果属于适用增值税一般计税方法的，生产企业实行免抵退税办法，外贸企业外购服务或者无形资产出口实行免退税办法，外贸企业直接将服务或自行研发的无形资产出口，视同生产企业连同其出口货物统一实行免抵退税办法。

服务和无形资产的退税率为其按照《试点实施办法》第十五条第（一）至（三）项规定适用的增值税税率。实行退（免）税办法的服务和无形资产，如果主管税务机关认定出口价格偏高的，有权按照核定的出口价格计算退（免）税，核定的出口价格低于外贸企业购进价格的，低于部分对应的进项税额不予退税，转入成本。

五、境内的单位和个人销售适用增值税零税率的服务或无形资产的，可以放弃适用增值税零税率，选择免税或按规定缴纳增值税。放弃适用增值税零税率后，36 个月内不得再申请适用增值税零税率。

六、境内的单位和个人销售适用增值税零税率的服务或无形资产，按月向主管退税的税务机关申报办理增值税退（免）税手续。具体管理办法由国家税务总局商财政部另行制定。

七、本规定所称完全在境外消费，是指：

（一）服务的实际接受方在境外，且与境内的货物和不动产无关。

（二）无形资产完全在境外使用，且与境内的货物和不动产无关。

（三）财政部和国家税务总局规定的其他情形。

八、境内单位和个人发生的与香港、澳门、台湾有关的应税行为，除本文另有规定外，参照上述规定执行。

九、2016 年 4 月 30 日前签订的合同，符合《财政部　国家税务总局关于将铁路运输和邮政业纳入营业税改征增值税试点的通知》（财税〔2013〕106 号）附件 4 和《财政部　国家税务总局关于影视等出口服务适用增值税零税率政策的通知》（财税〔2015〕118 号）规定的零税率或者免税政策条件的，在合同到期前可以继续享受零税率或者免税政策。

9. 工程项目在境外的建筑、工程类服务免征增值税

适用主体

为境外的工程项目提供建筑、工程类服务的境内单位和个人。

政策规定

1）工程项目在境外的建筑服务免征增值税。

2）工程项目在境外的工程监理服务免征增值税。

3）工程、矿产资源在境外的工程勘察勘探服务免征增值税。

适用条件

1）工程总承包方和工程分包方为施工地点在境外的工程项目提供的建筑服务，均属于工程项目在境外的建筑服务。

2）施工地点在境外的工程项目，工程分包方应提供工程项目在境外的证明、与发包方签订的建筑合同原件及复印件等资料，作为跨境销售服务书面合同。境内的单位和个人为施工地点在境外的工程项目提供建筑服务，按照《国家税务总局关于发布〈营业税改征增值税跨境应税行为增值税免税管理办法（试行）〉的公告》（国家税务总局公告 2016 年第 29 号）第八条规定办理免税备案手续时，凡与发包方签订的建筑合同注明施工地点在境外的，可不再提供工程项目在境外的其他证明材料。

3）纳税人发生政策规定所列跨境应税行为，按照《国家税务总局关于发布〈营业税改征增值税跨境应税行为增值税免税管理办法（试行）〉的公告》（国家税务总局公告 2016 年第 29 号）的规定办理免税备案手续后发生的相同跨境应税行为，不再办理备案手续。纳税人应当完整保存相关免税证明材料备查。纳税人在税务机关后续管理中不能提供上述材料的，不得享受相关免税政策，对已享受的减免税款应予补缴，并依照《中华人民共和国税收征收管理法》的有关规定处理。

政策依据

1）《财政部　国家税务总局关于全面推开营业税改征增值税试点的通知》（财税〔2016〕36 号）附件四《跨境应税行为适用增值税零税率和免税政策的规定》第二条

2）《国家税务总局关于发布〈营业税改征增值税跨境应税行为增值税免税管理办法（试行）〉的公告》（国家税务总局公告 2016 年第 29 号）第二条至第十九条

3）《国家税务总局关于在境外提供建筑服务等有关问题的公告》（国家税务总局公告 2016 年第 69 号）第一条

4）《国家税务总局关于跨境应税行为免税备案等增值税问题的公告》（国家税务总局公告 2017 年第 30 号）第一条

延伸阅读

9-1 《财政部 国家税务总局关于全面推开营业税改征增值税试点的通知》附件四《跨境应税行为适用增值税零税率和免税政策的规定》第二条

2016年3月23日 财税〔2016〕36号

二、境内的单位和个人销售的下列服务和无形资产免征增值税，但财政部和国家税务总局规定适用增值税零税率的除外：

（一）下列服务：

1. 工程项目在境外的建筑服务。
2. 工程项目在境外的工程监理服务。
3. 工程、矿产资源在境外的工程勘察勘探服务。
4. 会议展览地点在境外的会议展览服务。
5. 存储地点在境外的仓储服务。
6. 标的物在境外使用的有形动产租赁服务。
7. 在境外提供的广播影视节目（作品）的播映服务。
8. 在境外提供的文化体育服务、教育医疗服务、旅游服务。

（二）为出口货物提供的邮政服务、收派服务、保险服务。

为出口货物提供的保险服务，包括出口货物保险和出口信用保险。

（三）向境外单位提供的完全在境外消费的下列服务和无形资产：

1. 电信服务。
2. 知识产权服务。
3. 物流辅助服务（仓储服务、收派服务除外）。
4. 鉴证咨询服务。
5. 专业技术服务。
6. 商务辅助服务。
7. 广告投放地在境外的广告服务。
8. 无形资产。

（四）以无运输工具承运方式提供的国际运输服务。

（五）为境外单位之间的货币资金融通及其他金融业务提供的直接收费金融服务，且该服务与境内的货物、无形资产和不动产无关。

（六）财政部和国家税务总局规定的其他服务。

9-2 《国家税务总局关于发布〈营业税改征增值税跨境应税行为增值税免税管理办法（试行）〉的公告》第二条至第十九条①

2016年5月6日 国家税务总局公告2016年第29号

第二条 下列跨境应税行为免征增值税：

（一）工程项目在境外的建筑服务。

工程总承包方和工程分包方为施工地点在境外的工程项目提供的建筑服务，均属于工程项目在境外的建筑服务。

（二）工程项目在境外的工程监理服务。

（三）工程、矿产资源在境外的工程勘察勘探服务。

（四）会议展览地点在境外的会议展览服务。

为客户参加在境外举办的会议、展览而提供的组织安排服务，属于会议展览地点在境外的会议展览服务。

（五）存储地点在境外的仓储服务。

（六）标的物在境外使用的有形动产租赁服务。

（七）在境外提供的广播影视节目（作品）的播映服务。

在境外提供的广播影视节目（作品）播映服务，是指在境外的影院、剧院、录像厅及其他场所播映广播影视节目（作品）。

通过境内的电台、电视台、卫星通信、互联网、有线电视等无线或者有线装置向境外播映广播影视节目（作品），不属于在境外提供的广播影视节目（作品）播映服务。

（八）在境外提供的文化体育服务、教育医疗服务、旅游服务。

---

① 条款修改。第八条、第九条已修改。参见：《国家税务总局关于修改部分税收规范性文件的公告》，国家税务总局公告2018年第31号。

在境外提供的文化体育服务和教育医疗服务，是指纳税人在境外现场提供的文化体育服务和教育医疗服务。

为参加在境外举办的科技活动、文化活动、文化演出、文化比赛、体育比赛、体育表演、体育活动而提供的组织安排服务，属于在境外提供的文化体育服务。

通过境内的电台、电视台、卫星通信、互联网、有线电视等媒体向境外单位或个人提供的文化体育服务或教育医疗服务，不属于在境外提供的文化体育服务、教育医疗服务。

（九）为出口货物提供的邮政服务、收派服务、保险服务。

1. 为出口货物提供的邮政服务，是指：

（1）寄递函件、包裹等邮件出境。

（2）向境外发行邮票。

（3）出口邮册等邮品。

2. 为出口货物提供的收派服务，是指为出境的函件、包裹提供的收件、分拣、派送服务。

纳税人为出口货物提供收派服务，免税销售额为其向寄件人收取的全部价款和价外费用。

3. 为出口货物提供的保险服务，包括出口货物保险和出口信用保险。

（十）向境外单位销售的完全在境外消费的电信服务。

纳税人向境外单位或者个人提供的电信服务，通过境外电信单位结算费用的，服务接受方为境外电信单位，属于完全在境外消费的电信服务。

（十一）向境外单位销售的完全在境外消费的知识产权服务。

服务实际接受方为境内单位或者个人的知识产权服务，不属于完全在境外消费的知识产权服务。

（十二）向境外单位销售的完全在境外消费的物流辅助服务（仓储服务、收派服务除外）。

境外单位从事国际运输和港澳台运输业务经停我国机场、码头、车站、领空、内河、海域时，纳税人向其提供的航空地面服务、港口码头服务、货运客运站场服务、打捞救助服务、装卸搬运服务，属于完全在境外消费的物流辅助服务。

（十三）向境外单位销售的完全在境外消费的鉴证咨询服务。

下列情形不属于完全在境外消费的鉴证咨询服务：

1. 服务的实际接受方为境内单位或者个人。

2. 对境内的货物或不动产进行的认证服务、鉴证服务和咨询服务。

（十四）向境外单位销售的完全在境外消费的专业技术服务。

下列情形不属于完全在境外消费的专业技术服务：

1. 服务的实际接受方为境内单位或者个人。

2. 对境内的天气情况、地震情况、海洋情况、环境和生态情况进行的气象服务、地震服务、海洋服务、环境和生态监测服务。

3. 为境内的地形地貌、地质构造、水文、矿藏等进行的测绘服务。

4. 为境内的城、乡、镇提供的城市规划服务。

（十五）向境外单位销售的完全在境外消费的商务辅助服务。

1. 纳税人向境外单位提供的代理报关服务和货物运输代理服务，属于完全在境外消费的代理报关服务和货物运输代理服务。

2. 纳税人向境外单位提供的外派海员服务，属于完全在境外消费的人力资源服务。外派海员服务，是指境内单位派出属于本单位员工的海员，为境外单位在境外提供的船舶驾驶和船舶管理等服务。

3. 纳税人以对外劳务合作方式，向境外单位提供的完全在境外发生的人力资源服务，属于完全在境外消费的人力资源服务。对外劳务合作，是指境内单位与境外单位签订劳务合作合同，按照合同约定组织和协助中国公民赴境外工作的活动。

4. 下列情形不属于完全在境外消费的商务辅助服务：

（1）服务的实际接受方为境内单位或者个人。

（2）对境内不动产的投资与资产管理服务、物业管理服务、房地产中介服务。

（3）拍卖境内货物或不动产过程中提供的经纪代理服务。

（4）为境内货物或不动产的物权纠纷提供的法律代理服务。

（5）为境内货物或不动产提供的安全保护服务。

（十六）向境外单位销售的广告投放地在境外的广告服务。

广告投放地在境外的广告服务，是指为在境外发布的广告提供的广告服务。

（十七）向境外单位销售的完全在境外消费的无形资产（技术除外）。

下列情形不属于向境外单位销售的完全在境外消费的无形资产：

1. 无形资产未完全在境外使用。

2. 所转让的自然资源使用权与境内自然资源相关。

3. 所转让的基础设施资产经营权、公共事业特许权与境内货物或不动产相关。

4. 向境外单位转让在境内销售货物、应税劳务、服务、无形资产或不动产的配额、经营权、经销权、分销权、代理权。

（十八）为境外单位之间的货币资金融通及其他金融业务提供的直接收费金融服务，且该服务与境内的货物、无形资产和不动产无关。

为境外单位之间、境外单位和个人之间的外币、人民币资金往来提供的资金清算、资金结算、金融支付、账户管理服务，属于为境外单位之间的货币资金融通及其他金融业务提供的直接收费金融服务。

（十九）属于以下情形的国际运输服务：

1. 以无运输工具承运方式提供的国际运输服务。

2. 以水路运输方式提供国际运输服务但未取得《国际船舶运输经营许可证》的。

3. 以公路运输方式提供国际运输服务但未取得《道路运输经营许可证》或者《国际汽车运输行车许可证》，或者《道路运输经营许可证》的经营范围未包括“国际运输”的。

4. 以航空运输方式提供国际运输服务但未取得《公共航空运输企业经营许可证》，或者其经营范围未包括“国际航空客货邮运输业务”的。

5. 以航空运输方式提供国际运输服务但未持有《通用航空经营许可证》，或者其经营范围未包括“公务飞行”的。

（二十）符合零税率政策但适用简易计税方法或声明放弃适用零税率选择免税的下列应税行为：

1. 国际运输服务。

2. 航天运输服务。

3. 向境外单位提供的完全在境外消费的下列服务：

（1）研发服务；

（2）合同能源管理服务；

（3）设计服务；

（4）广播影视节目（作品）的制作和发行服务；

（5）软件服务；

（6）电路设计及测试服务；

（7）信息系统服务；

（8）业务流程管理服务；

（9）离岸服务外包业务。

4. 向境外单位转让完全在境外消费的技术。

第三条　纳税人向国内海关特殊监管区域内的单位或者个人销售服务、无形资产，不属于跨境应税行为，应照章征收增值税。

第四条　2016 年 4 月 30 日前签订的合同，符合《财政部　国家税务总局关于将铁路运输和邮政业纳入营业税改征增值税试点的通知》（财税〔2013〕106 号）附件 4 和《财政部　国家税务总局关于影视等出口服务适用增值税零税率政策的通知》（财税〔2015〕118 号）规定的免税政策条件的，在合同到期前可以继续享受免税政策。

第五条　纳税人发生本办法第二条所列跨境应税行为，除第（九）项、第（二十）项外，必须签订跨境销售服务或无形资产书面合同。否则，不予免征增值税。

纳税人向外国航空运输企业提供空中飞行管理服务，以中国民用航空局下发的航班计划或者中国民用航空局清算中心临时来华飞行记录，为跨境销售服务书面合同。

纳税人向外国航空运输企业提供物流辅助服务（除空中飞行管理服务外），与经中国民用航空局批准设立的外国航空运输企业常驻代表机构签订的书面合同，属于与服务接受方签订跨境销售服务书面合同。外国航空运输企业临时来华飞行，未签订跨境服务书面合同的，以中国民用航空局清算中心临时来华飞行记录为跨境销售服务书面合同。

施工地点在境外的工程项目，工程分包方应提供工程项目在境外的证明、与发包方签订的建筑合同原件及复印件等资料，作为跨境销售服务书面合同。

第六条　纳税人向境外单位销售服务或无形资产，按本办法规定免征增值税的，该项销售服务或无形资产的全部收入应从境外取得，否则，不予免征增值税。

下列情形视同从境外取得收入：

（一）纳税人向外国航空运输企业提供物流辅助服务，从中国民用航空局清算中心、中国航空结算有限责任公司或者经中国民用航空局批准设立的外国航空运输企业常驻代表机构取得的收入。

（二）纳税人与境外关联单位发生跨境应税行为，从境内第三方结算公司取得的收入。上述所称第三方结算公司，是指承担跨国企业集团内部成员单位资金集中运营管理职能的资金结算公司，包括财务公司、资金池、资金结算中心等。

（三）纳税人向外国船舶运输企业提供物流辅助服务，通过外国船舶运输企业指定的境内代理公司结算取得的收入。

（四）国家税务总局规定的其他情形。

第七条　纳税人发生跨境应税行为免征增值税的，应单独核算跨境应税行为的销售额，准确计算不得抵扣的进项税额，其免税收入不得开具增值税专用发票。

纳税人为出口货物提供收派服务，按照下列公式计算不得抵扣的进项税额：

不得抵扣的进项税额 = 当期无法划分的全部进项税额 ×（当期简易计税方法计税项目销售额 + 免征增值税项目销售额 − 为出口货物提供收派服务支付给境外合作方的费用）÷ 当期全部销售额

第八条　纳税人发生免征增值税跨境应税行为，除提供第二条第（二十）项所列服务外，应在首次享受免税的纳税申报期内或在各省、自治区、直辖市和计划单列市国家税务局规定的申报征期后的其他期限内，到主管税务机关办理跨境应税行为免税备案手续，同时提交以下备案材料：

（一）《跨境应税行为免税备案表》（附件 1）；

（二）本办法第五条规定的跨境销售服务或无形资产的合同原件及复印件；

（三）提供本办法第二条第（一）项至第（八）项和第（十六）项服务，应提交服务地点在境外的证明材料原件及复印件；

（四）提供本办法第二条规定的国际运输服务，应提交实际发生相关业务的证明材料；

（五）向境外单位销售服务或无形资产，应提交服务或无形资产购买方的机构所在地在境外的证明材料；

（六）国家税务总局规定的其他资料。

第九条　纳税人发生第二条第（二十）项所列应税行为的，应在首次享受免税的纳税申报期内或在各省、自治区、直辖市和计划单列市国家税务局规定的申报征期后的其他期限内，到主管税务机关办理跨境应税行为免税备案手续，同时提交以下备案材料：

（一）已向办理增值税免抵退税或免退税的主管税务机关备案的《放弃适

用增值税零税率声明》(附件2);

(二)该项应税行为享受零税率到主管税务机关办理增值税免抵退税或免退税申报时需报送的材料和原始凭证。

第十条　按照本办法第八条规定提交备案的跨境销售服务或无形资产合同原件为外文的，应提供中文翻译件并由法定代表人（负责人）签字或者单位盖章。

纳税人无法提供本办法第八条规定的境外资料原件的，可只提供复印件，注明“复印件与原件一致”字样，并由法定代表人（负责人）签字或者单位盖章；境外资料原件为外文的，应提供中文翻译件并由法定代表人（负责人）签字或者单位盖章。

主管税务机关对提交的境外证明材料有明显疑义的，可以要求纳税人提供境外公证部门出具的证明材料。

第十一条　纳税人办理跨境应税行为免税备案手续时，主管税务机关应当根据以下情况分别做出处理：

（一）备案材料存在错误的，应当告知并允许纳税人更正。

（二）备案材料不齐全或者不符合规定形式的，应当场一次性告知纳税人补正。

（三）备案材料齐全、符合规定形式的，或者纳税人按照税务机关的要求提交全部补正备案材料的，应当受理纳税人的备案，并将有关资料原件退还纳税人。

（四）按照税务机关的要求补正后的备案材料仍不符合本办法第八、九、十条规定的，应当对纳税人的本次跨境应税行为免税备案不予受理，并将所有报送材料退还纳税人。

第十二条　主管税务机关受理或者不予受理纳税人跨境应税行为免税备案，应当出具加盖本机关专用印章和注明日期的书面凭证。

第十三条　原签订的跨境销售服务或无形资产合同发生变更，或者跨境销售服务或无形资产的有关情况发生变化，变化后仍属于本办法第二条规定的免税范围的，纳税人应向主管税务机关重新办理跨境应税行为免税备案手续。

第十四条　纳税人应当完整保存本办法第八、九、十条要求的各项材料。纳税人在税务机关后续管理中不能提供上述材料的，不得享受本办法规定的免税政策，对已享受的减免税款应予补缴，并依照《中华人民共和国税收征收管理法》的有关规定处理。

第十五条　纳税人发生跨境应税行为享受免税的，应当按规定进行纳税申报。纳税人享受免税到期或实际经营情况不再符合本办法规定的免税条件的，应当停止享受免税，并按照规定申报纳税。

第十六条　纳税人发生实际经营情况不符合本办法规定的免税条件、采用欺骗手段获取免税、或者享受减免税条件发生变化未及时向税务机关报告，以及未按照本办法规定履行相关程序自行减免税的，税务机关依照《中华人民共和国税收征收管理法》有关规定予以处理。

第十七条　税务机关应高度重视跨境应税行为增值税免税管理工作，针对纳税人的备案材料，采取案头分析、日常检查、重点稽查等方式，加强对纳税人业务真实性的核实，发现问题的，按照现行有关规定处理。

第十八条　纳税人发生的与香港、澳门、台湾有关的应税行为，参照本办法执行。

第十九条　本办法自2016年5月1日起施行。此前，纳税人发生符合本办法第四条规定的免税跨境应税行为，已办理免税备案手续的，不再重新办理免税备案手续。纳税人发生符合本办法第二条和第四条规定的免税跨境应税行为，未办理免税备案手续但已进行免税申报的，按照本办法规定补办备案手续；未进行免税申报的，按照本办法规定办理跨境服务备案手续后，可以申请退还已缴税款或者抵减以后的应纳税额；已开具增值税专用发票的，应将全部联次追回后方可办理跨境应税行为免税备案手续。

9-3 《国家税务总局关于在境外提供建筑服务等有关问题的公告》第一条

2016年11月4日　国家税务总局公告2016年第69号

一、境内的单位和个人为施工地点在境外的工程项目提供建筑服务，按照《国家税务总局关于发布〈营业税改征增值税跨境应税行为增值税免税管理办法（试行）〉的公告》（国家税务总局公告2016年第29号）第八条规定办理免税备案手续时，凡与发包方签订的建筑合同注明施工地点在境外的，可不再提供工程项目在境外的其他证明材料。

9-4 《国家税务总局关于跨境应税行为免税备案等增值税问题的公告》第一条

2017 年 8 月 14 日　国家税务总局公告 2017 年第 30 号

一、纳税人发生跨境应税行为，按照《国家税务总局关于发布〈营业税改征增值税跨境应税行为增值税免税管理办法（试行）〉的公告》（国家税务总局公告 2016 年第 29 号）的规定办理免税备案手续后发生的相同跨境应税行为，不再办理备案手续。纳税人应当完整保存相关免税证明材料备查。纳税人在税务机关后续管理中不能提供上述材料的，不得享受相关免税政策，对已享受的减免税款应予补缴，并依照《中华人民共和国税收征收管理法》的有关规定处理。

10. 提供跨境会展、仓储、有形动产租赁、播映、文化体育、教育医疗、旅游等服务免征增值税

适用主体

提供跨境会展、仓储、有形动产租赁、播映、文化体育服务、教育医疗服务、旅游服务的境内单位和个人。

政策规定

境内的单位和个人销售的下列服务和无形资产免征增值税：

1）会议展览地点在境外的会议展览服务。

2）存储地点在境外的仓储服务。

3）标的物在境外使用的有形动产租赁服务。

4）在境外提供的广播影视节目（作品）的播映服务。

5）在境外提供的文化体育服务、教育医疗服务、旅游服务。

适用条件

1）为客户参加在境外举办的会议、展览而提供的组织安排服务，属于会议展览地点在境外的会议展览服务。

2）在境外提供的广播影视节目（作品）播映服务，是指在境外的影院、剧院、录像厅及其他场所播映广播影视节目（作品）。

通过境内的电台、电视台、卫星通信、互联网、有线电视等无线或者有线装置向境外播映广播影视节目（作品），不属于在境外提供的广播影视节目（作品）播映服务。

3）在境外提供的文化体育服务和教育医疗服务，是指纳税人在境外现场提供的文化体育服务和教育医疗服务。

为参加在境外举办的科技活动、文化活动、文化演出、文化比赛、体育比赛、体育表演、体育活动而提供的组织安排服务，属于在境外提供的文化体育服务。

通过境内的电台、电视台、卫星通信、互联网、有线电视等媒体向境外单位或个人提供的文化体育服务或教育医疗服务，不属于在境外提供的文化体育服务、教育医疗服务。

4）纳税人发生政策规定所列跨境应税行为，按照《国家税务总局关于发布〈营业税改征增值税跨境应税行为增值税免税管理办法（试行）〉的公告》（国家税务总局公告2016年第29号）的规定办理免税备案手续后发生的相同跨境应税行为，不再办理备案手续。纳税人应当完整保存相关免税证明材料备查。纳税人在税务机关后续管理中不能提供上述材料的，不得享受相关免税政策，对已享受的减免税款应予补缴，并依照《中华人民共和国税收征收管理法》的有关规定处理。

情景问答

问：我们是一家中国公司，在德国购买了一台设备，因故未能运回国内，要在德国出租。请问增值税有什么政策？

答：根据相关政策规定，标的物在境外使用的有形动产租赁服务免征增值税。

政策依据

1）《财政部　国家税务总局关于全面推开营业税改征增值税试点的通知》（财税〔2016〕36号）附件四《跨境应税行为适用增值税零税率和免税政策的规定》第二条（见P60　9－1）

2）《国家税务总局关于发布〈营业税改征增值税跨境应税行为增值税免税管理办法（试行）〉的公告》（国家税务总局公告2016年第29号）第二条至第十九条（见P61　9－2）

3）《国家税务总局关于跨境应税行为免税备案等增值税问题的公告》（国家税务总局公告2017年第30号）第一条（见P69　9－4）

11. 为出口货物提供邮政服务、收派服务、保险服务免征增值税

适用主体

为出口货物邮政服务、收派服务、保险服务的境内单位和个人。

政策规定

境内的单位和个人为出口货物提供的邮政服务、收派服务、保险服务免征增值税。

适用条件

1）为出口货物提供的邮政服务，是指：

（1）寄递函件、包裹等邮件出境。

（2）向境外发行邮票。

（3）出口邮册等邮品。

2）为出口货物提供的收派服务，是指为出境的函件、包裹提供的收件、分拣、派送服务。

纳税人为出口货物提供收派服务，免税销售额为其向寄件人收取的全部价

款和价外费用。

3）为出口货物提供的保险服务，包括出口货物保险和出口信用保险。

4）纳税人发生上述跨境应税行为，按照《国家税务总局关于发布〈营业税改征增值税跨境应税行为增值税免税管理办法（试行）〉的公告》（国家税务总局公告 2016 年第 29 号）的规定办理免税备案手续后发生的相同跨境应税行为，不再办理备案手续。纳税人应当完整保存相关免税证明材料备查。纳税人在税务机关后续管理中不能提供上述材料的，不得享受相关免税政策，对已享受的减免税款应予补缴，并依照《中华人民共和国税收征收管理法》的有关规定处理。

政策依据

1）《财政部　国家税务总局关于全面推开营业税改征增值税试点的通知》（财税〔2016〕36 号）附件四《跨境应税行为适用增值税零税率和免税政策的规定》第二条（见 P60　9 – 1）

2）《国家税务总局关于发布〈营业税改征增值税跨境应税行为增值税免税管理办法（试行）〉的公告》（国家税务总局公告 2016 年第 29 号）第二条至第十九条（见 P61　9 – 2）

3）《国家税务总局关于跨境应税行为免税备案等增值税问题的公告》（国家税务总局公告 2017 年第 30 号）第一条（见 P69　9 – 4）

12. 向境外单位提供的完全在境外消费的特定服务和无形资产免征增值税

适用主体

向境外单位提供特定服务和无形资产的境内单位和个人。

政策规定

向境外单位提供的完全在境外消费的下列服务和无形资产，免征增值税：

1）电信服务。

2）知识产权服务。

3）物流辅助服务（仓储服务、收派服务除外）。

4）鉴证咨询服务。

5）专业技术服务。

6）商务辅助服务。

7）广告投放地在境外的广告服务。

8）无形资产。

适用条件

1）向境外单位销售的完全在境外消费的电信服务。

纳税人向境外单位或者个人提供的电信服务，通过境外电信单位结算费用的，服务接受方为境外电信单位，属于完全在境外消费的电信服务。

2）向境外单位销售的完全在境外消费的知识产权服务。

服务实际接受方为境内单位或者个人的知识产权服务，不属于完全在境外消费的知识产权服务。

3）向境外单位销售的完全在境外消费的物流辅助服务（仓储服务、收派服务除外）。

境外单位从事国际运输和港澳台运输业务经停我国机场、码头、车站、领空、内河、海域时，纳税人向其提供的航空地面服务、港口码头服务、货运客运站场服务、打捞救助服务、装卸搬运服务，属于完全在境外消费的物流辅助服务。

4）向境外单位销售的完全在境外消费的鉴证咨询服务。

下列情形不属于完全在境外消费的鉴证咨询服务：

（1）服务的实际接受方为境内单位或者个人。

（2）对境内的货物或不动产进行的认证服务、鉴证服务和咨询服务。

5）向境外单位销售的完全在境外消费的专业技术服务。

下列情形不属于完全在境外消费的专业技术服务：

（1）服务的实际接受方为境内单位或者个人。

（2）对境内的天气情况、地震情况、海洋情况、环境和生态情况进行的气象服务、地震服务、海洋服务、环境和生态监测服务。

（3）为境内的地形地貌、地质构造、水文、矿藏等进行的测绘服务。

（4）为境内的城、乡、镇提供的城市规划服务。

6）向境外单位销售的完全在境外消费的商务辅助服务。

（1）纳税人向境外单位提供的代理报关服务和货物运输代理服务，属于完全在境外消费的代理报关服务和货物运输代理服务。

（2）纳税人向境外单位提供的外派海员服务，属于完全在境外消费的人力资源服务。外派海员服务，是指境内单位派出属于本单位员工的海员，为境外单位在境外提供的船舶驾驶和船舶管理等服务。

（3）纳税人以对外劳务合作方式，向境外单位提供的完全在境外发生的人力资源服务，属于完全在境外消费的人力资源服务。对外劳务合作，是指境内单位与境外单位签订劳务合作合同，按照合同约定组织和协助中国公民赴境外工作的活动。

（4）下列情形不属于完全在境外消费的商务辅助服务：

①服务的实际接受方为境内单位或者个人。

②对境内不动产的投资与资产管理服务、物业管理服务、房地产中介服务。

③拍卖境内货物或不动产过程中提供的经纪代理服务。

④为境内货物或不动产的物权纠纷提供的法律代理服务。

⑤为境内货物或不动产提供的安全保护服务。

7）向境外单位销售的广告投放地在境外的广告服务。

广告投放地在境外的广告服务，是指为在境外发布的广告提供的广告服务。

8）向境外单位销售的完全在境外消费的无形资产（技术除外）。

下列情形不属于向境外单位销售的完全在境外消费的无形资产：

（1）无形资产未完全在境外使用。

（2）所转让的自然资源使用权与境内自然资源相关。

（3）所转让的基础设施资产经营权、公共事业特许权与境内货物或不动产相关。

（4）向境外单位转让在境内销售货物、应税劳务、服务、无形资产或不动产的配额、经营权、经销权、分销权、代理权。

9）纳税人发生政策规定所列跨境应税行为，按照《国家税务总局关于发布〈营业税改征增值税跨境应税行为增值税免税管理办法（试行）〉的公告》（国家税务总局公告 2016 年第 29 号）的规定办理免税备案手续后发生的相同跨境应税行为，不再办理备案手续。纳税人应当完整保存相关免税证明材料备查。纳税人在税务机关后续管理中不能提供上述材料的，不得享受相关免税政策，对已享受的减免税款应予补缴，并依照《中华人民共和国税收征收管理法》的有关规定处理。

情景问答

1）问：我们是一家中国公司，现为越南一家公司在其境内的不动产提供资产评估服务。请问在增值税方面有什么优惠政策？

答：根据相关政策规定，向境外单位提供的完全在境外消费的鉴证咨询服务免征增值税。

2）问：我们是一家中国公司，为美国当地一家公司提供电信服务，按照目前政策是否可以享受跨境电信服务免征增值税政策呢？

答：如该项业务通过境外电信单位结算费用的，服务接受方为境外电信单位，属于完全在境外消费的电信服务，可以享受跨境电信服务免征增值税政策。

3）问：我们是一家广告公司，准备在欧洲为境外公司制作广告并在当地投放，请问增值税有什么政策？

答：按照相关政策规定，向境外单位销售的、广告投放地在境外的广告服务，即为境外发布的广告提供的广告服务，可享受增值税免税优惠。

政策依据

1）《财政部　国家税务总局关于全面推开营业税改征增值税试点的通知》（财税〔2016〕36 号）附件四《跨境应税行为适用增值税零税率和免税政策的规定》第二条（见 P60　9－1）

2）《国家税务总局关于发布〈营业税改征增值税跨境应税行为增值税免税管理办法（试行）〉的公告》（国家税务总局公告 2016 年第 29 号）第二条至第十九条（见 P61　9－2）

3）《国家税务总局关于跨境应税行为免税备案等增值税问题的公告》（国家税务总局公告 2017 年第 30 号）第一条（见 P69　9－4）

13. 提供跨境金融服务免征增值税

适用主体

提供特定类型跨境金融服务的境内单位和个人。

政策规定

1）为境外单位之间的货币资金融通及其他金融业务提供的直接收费金融服务，且该服务与境内的货物、无形资产和不动产无关，免征增值税。

2）境内保险公司向境外保险公司提供的完全在境外消费的再保险服务，免征增值税。

适用条件

1）为境外单位之间、境外单位和个人之间的外币、人民币资金往来提供的资金清算、资金结算、金融支付、账户管理服务，属于为境外单位之间的货币资金融通及其他金融业务提供的直接收费金融服务。

2）境内保险公司向境外保险公司提供的完全在境外消费的再保险服务。

3）纳税人发生政策规定所列跨境应税行为，按照《国家税务总局关于发布〈营业税改征增值税跨境应税行为增值税免税管理办法（试行）〉的公告》（国家税务总局公告 2016 年第 29 号）的规定办理免税备案手续后发生的相同跨境应税行为，不再办理备案手续。纳税人应当完整保存相关免税证明材料备查。纳税人在税务机关后续管理中不能提供上述材料的，不得享受相关免税政策，对已享受的减免税款应予补缴，并依照《中华人民共和国税收征收管理法》的有关规定处理。

情景问答

问：我们是一家中国金融机构，现在非洲为两家境外企业提供美元和人民币结算服务，请问增值税有哪些优惠政策？

答：为境外单位之间的外币、人民币资金往来提供的资金结算服务，属于为境外单位之间的货币资金融通及其他金融业务提供的直接收费金融服务，可按照相关政策规定享受增值税免税政策。

政策依据

1）《财政部　国家税务总局关于全面推开营业税改征增值税试点的通知》（财税〔2016〕36号）附件四《跨境应税行为适用增值税零税率和免税政策的规定》第二条（见P60　9－1）

2）《国家税务总局关于发布〈营业税改征增值税跨境应税行为增值税免税管理办法（试行）〉的公告》（国家税务总局公告2016年第29号）第二条至第十九条（见P61　9－2）

3）《财政部　国家税务总局关于进一步明确全面推开营改增试点有关再保险、不动产租赁和非学历教育等政策的通知》（财税〔2016〕68号）第一条

4）《国家税务总局关于跨境应税行为免税备案等增值税问题的公告》（国家税务总局公告2017年第30号）第一条（见P69　9－4）

延伸阅读

13－1《财政部　国家税务总局关于进一步明确全面推开营改增试点有关再保险、不动产租赁和非学历教育等政策的通知》第一条

2016年6月18日　财税〔2016〕68号

一、再保险服务

（一）境内保险公司向境外保险公司提供的完全在境外消费的再保险服务，免征增值税。

（二）试点纳税人提供再保险服务（境内保险公司向境外保险公司提供的再保险服务除外），实行与原保险服务一致的增值税政策。再保险合同对应多

个原保险合同的，所有原保险合同均适用免征增值税政策时，该再保险合同适用免征增值税政策。否则，该再保险合同应按规定缴纳增值税。

原保险服务，是指保险分出方与投保人之间直接签订保险合同而建立保险关系的业务活动。

14. 特定情况下国际运输服务免征增值税

适用主体

提供特定类型的国际运输服务的境内单位和个人。

政策规定

提供以下情形的国际运输服务，免征增值税：

1）以无运输工具承运方式提供的国际运输服务。

2）以水路运输方式提供国际运输服务但未取得《国际船舶运输经营许可证》的。

3）以公路运输方式提供国际运输服务但未取得《道路运输经营许可证》或者《国际汽车运输行车许可证》，或者《道路运输经营许可证》的经营范围未包括“国际运输”的。

4）以航空运输方式提供国际运输服务但未取得《公共航空运输企业经营许可证》，或者其经营范围未包括“国际航空客货邮运输业务”的。

5）以航空运输方式提供国际运输服务但未持有《通用航空经营许可证》，或者其经营范围未包括“公务飞行”的。

6）符合零税率政策但适用简易计税方法或声明放弃适用零税率选择免税的。

适用条件

1）符合条件的国际运输服务享受增值税零税率政策，但上述 6 项国际运输服务只能适用免税政策。

2）纳税人发生政策规定所列跨境应税行为，按照《国家税务总局关于发布〈营业税改征增值税跨境应税行为增值税免税管理办法（试行）〉的公告》（国家税务总局公告2016年第29号）的规定办理免税备案手续后发生的相同跨境应税行为，不再办理备案手续。纳税人应当完整保存相关免税证明材料备查。纳税人在税务机关后续管理中不能提供上述材料的，不得享受相关免税政策，对已享受的减免税款应予补缴，并依照《中华人民共和国税收征收管理法》的有关规定处理。

情景问答

问：我们是一家中国海洋运输公司，以水路运输方式提供国际运输服务但未取得《国际船舶运输经营许可证》的。请问增值税有什么政策？

答：根据相关政策规定，以水路运输方式提供国际运输服务但未取得《国际船舶运输经营许可证》的，可享受增值税免税政策。

政策依据

1）《财政部　国家税务总局关于全面推开营业税改征增值税试点的通知》（财税〔2016〕36号）附件四《跨境应税行为适用增值税零税率和免税政策的规定》第三条

2）《国家税务总局关于发布〈营业税改征增值税跨境应税行为增值税免税管理办法（试行）〉的公告》（国家税务总局公告2016年第29号）第二条至第十九条（见P61　9-2）

3）《国家税务总局关于跨境应税行为免税备案等增值税问题的公告》（国家税务总局公告2017年第30号）第一条（见P69　9-4）

延伸阅读

14－1 《财政部　国家税务总局关于全面推开营业税改征增值税试点的通知》附件四《跨境应税行为适用增值税零税率和免税政策的规定》第三条

2016年3月23日　财税〔2016〕36号

三、按照国家有关规定应取得相关资质的国际运输服务项目，纳税人取得相关资质的，适用增值税零税率政策，未取得的，适用增值税免税政策。

境内的单位或个人提供程租服务，如果租赁的交通工具用于国际运输服务和港澳台运输服务，由出租方按规定申请适用增值税零税率。

境内的单位和个人向境内单位或个人提供期租、湿租服务，如果承租方利用租赁的交通工具向其他单位或个人提供国际运输服务和港澳台运输服务，由承租方适用增值税零税率。境内的单位或个人向境外单位或个人提供期租、湿租服务，由出租方适用增值税零税率。

境内单位和个人以无运输工具承运方式提供的国际运输服务，由境内实际承运人适用增值税零税率；无运输工具承运业务的经营者适用增值税免税政策。

15. 境外机构投资境内债券市场取得利息免税政策

适用主体

投资境内债券市场取得债券利息收入的境外机构。

政策规定

自2018年11月7日起至2021年11月6日止，对境外机构投资境内债券市场取得的债券利息收入暂免征收企业所得税和增值税。

适用条件

仅限于自2018年11月7日起至2021年11月6日止，境外机构投资境内债券市场取得的债券利息收入。上述暂免征收企业所得税的范围不包括境外机构在境内设立的机构、场所取得的与该机构、场所有实际联系的债券利息。

情景问答

问：我公司2019年2月通过境内债券市场对外发行债券，目前有一家德国的机构进行了全额认购。请问，我公司向其支付的债券利息需要代扣代缴增值税吗？

答：按照《财政部　税务总局关于境外机构投资境内债券市场企业所得税　增值税政策的通知》（财税〔2018〕108号）规定，自2018年11月7日至2021年11月6日，对境外机构投资境内债券市场取得的债券利息收入暂免征收增值税。因此，你公司通过境内债券市场向境外机构发行债券，在上述期间对外支付的债券利息，无需代扣代缴增值税。

政策依据

《财政部　税务总局关于境外机构投资境内债券市场企业所得税　增值税政策的通知》（财税〔2018〕108号）

延伸阅读

15－1 《财政部　税务总局关于境外机构投资境内债券市场企业所得税　增值税政策的通知》

2018年11月7日　财税〔2018〕108号

各省、自治区、直辖市、计划单列市财政厅（局），国家税务总局各省、自治区、直辖市、计划单列市税务局，新疆生产建设兵团财政局：

为进一步推动债券市场对外开放，现将有关税收政策通知如下：

自2018年11月7日起至2021年11月6日止，对境外机构投资境内债券市场取得的债券利息收入暂免征收企业所得税和增值税。

上述暂免征收企业所得税的范围不包括境外机构在境内设立的机构、场所取得的与该机构、场所有实际联系的债券利息。

（三）居民企业境外所得税收政策

"走出去"企业应当就其来源于中国境内、境外的所得缴纳企业所得税。企业在境外销售货物、提供劳务、转让财产取得的所得，以及来源于境外的股息红利等权益性投资所得、利息所得、租金所得、特许权使用费所得、接受捐赠所得和其他所得，扣除按规定计算的各项合理支出后的余额，即其境外应纳税所得额。

对于企业在境外投资设立不具有独立纳税地位的分支机构［是指根据企业设立地法律不具有独立法人地位或者按照税收协定规定不认定为对方国家（地区）的税收居民］，其取得的各项境外所得，无论是否汇回中国境内，均应计入该企业所属纳税年度的境外应纳税所得额。

对于企业在境外缴纳的所得税性质的税款，我国实行税收抵免政策，即允许企业用境外已缴税款抵免其境内外所得应纳税总额。税收抵免分为直接抵免和间接抵免，特殊情形下企业还可适用简易办法计算抵免。

16. 境外所得的确认

适用主体

居民企业。

政策规定

1）所得来源地

（1）销售货物所得，按照交易活动发生地确定；

（2）提供劳务所得，按照劳务发生地确定；

（3）转让财产所得，不动产转让所得按照不动产所在地确定，动产转让所得按照转让动产的企业或者机构、场所所在地确定，权益性投资资产转让所得按照被投资企业所在地确定；

（4）股息、红利等权益性投资所得，按照分配所得的企业所在地确定；

（5）利息所得、租金所得、特许权使用费所得，按照负担、支付所得的企业或者机构、场所所在地确定；

（6）其他所得，由国务院财政、税务主管部门确定。

2）所得实现年度

企业来源于境外的股息、红利等权益性投资收益所得，若实际收到所得的日期与境外被投资方作出利润分配决定的日期不在同一纳税年度的，应按被投资方作出利润分配日所在的纳税年度确认境外所得。

企业来源于境外的利息、租金、特许权使用费、转让财产等收入，若未能在合同约定的付款日期当年收到上述所得，仍应按合同约定付款日期所属的纳税年度确认境外所得。

3）所得的计算

（1）在计算适用境外税额直接抵免的应纳税所得额时，境外所得应为将该项境外所得直接缴纳的境外所得税额还原计算后的境外税前所得。

（2）上述直接缴纳税额还原后的所得中属于股息、红利所得的，在计算适用境外税额间接抵免的境外所得时，应再将该项境外所得间接负担的税额还原计算，即该境外股息、红利所得应为境外股息、红利税后净所得与就该项所得直接缴纳和间接负担的税额之和。

情景问答

问：我公司是一家境内企业，2017 年取得来自境外 A 国甲公司特许权使用费所得 56 万元，该笔收入在 A 国已缴纳所得税 24 万元（适用税率 30%）。请问，2017 年所得税汇算清缴时，我公司适用境外税额直接抵免的应纳税所得额为多少？

答：按照相关政策规定，企业在计算适用境外税额直接抵免的应纳税所得额时，境外所得应为将该项境外所得直接缴纳的境外所得税额还原计算后的境外税前所得。因此，企业取得的境外所得应包括在境外已按规定实际缴纳的所得税额，即境外税前应纳税所得额。你公司应申报的境外应纳税所得额为56÷（1－30%）＝80（万元）。

政策依据

1）《中华人民共和国企业所得税法》第三条、第二十三条、第二十四条、第四十五条

2）《中华人民共和国企业所得税法实施条例》第六条、第七条、第七十七条至第七十九条、第一百一十七条、第一百一十八条

3）《财政部　国家税务总局关于企业境外所得税收抵免有关问题的通知》（财税〔2009〕125号）第一条、第三条、第五条、第八条、第九条、第十一条至第十三条

4）《国家税务总局关于发布〈企业境外所得税收抵免操作指南〉的公告》（国家税务总局公告2010年第1号）第一条至第三条

5）《财政部　国家税务总局完善企业境外所得税收抵免政策问题的通知》（财税〔2017〕84号）

延伸阅读

16－1　《中华人民共和国企业所得税法》第三条、第二十三条、第二十四条、第四十五条

2018年12月29日　中华人民共和国主席令第二十三号

第三条　居民企业应当就其来源于中国境内、境外的所得缴纳企业所得税。

非居民企业在中国境内设立机构、场所的，应当就其所设机构、场所取得

的来源于中国境内的所得，以及发生在中国境外但与其所设机构、场所有实际联系的所得，缴纳企业所得税。

非居民企业在中国境内未设立机构、场所的，或者虽设立机构、场所但取得的所得与其所设机构、场所没有实际联系的，应当就其来源于中国境内的所得缴纳企业所得税。

……

第二十三条　企业取得的下列所得已在境外缴纳的所得税税额，可以从其当期应纳税额中抵免，抵免限额为该项所得依照本法规定计算的应纳税额；超过抵免限额的部分，可以在以后五个年度内，用每年度抵免限额抵免当年应抵税额后的余额进行抵补：

（一）居民企业来源于中国境外的应税所得；

（二）非居民企业在中国境内设立机构、场所，取得发生在中国境外但与该机构、场所有实际联系的应税所得。

第二十四条　居民企业从其直接或者间接控制的外国企业分得的来源于中国境外的股息、红利等权益性投资收益，外国企业在境外实际缴纳的所得税税额中属于该项所得负担的部分，可以作为该居民企业的可抵免境外所得税税额，在本法第二十三条规定的抵免限额内抵免。

……

第四十五条　由居民企业，或者由居民企业和中国居民控制的设立在实际税负明显低于本法第四条第一款规定税率水平的国家（地区）的企业，并非由于合理的经营需要而对利润不作分配或者减少分配的，上述利润中应归属于该居民企业的部分，应当计入该居民企业的当期收入。

16－2　《中华人民共和国企业所得税法实施条例》第六条、第七条、第七十七条至第七十九条、第一百一十七条、第一百一十八条

2019年4月23日　中华人民共和国国务院令第714号

第六条　企业所得税法第三条所称所得，包括销售货物所得、提供劳务所

得、转让财产所得、股息红利等权益性投资所得、利息所得、租金所得、特许权使用费所得、接受捐赠所得和其他所得。

第七条　企业所得税法第三条所称来源于中国境内、境外的所得，按照以下原则确定：

（一）销售货物所得，按照交易活动发生地确定；

（二）提供劳务所得，按照劳务发生地确定；

（三）转让财产所得，不动产转让所得按照不动产所在地确定，动产转让所得按照转让动产的企业或者机构、场所所在地确定，权益性投资资产转让所得按照被投资企业所在地确定；

（四）股息、红利等权益性投资所得，按照分配所得的企业所在地确定；

（五）利息所得、租金所得、特许权使用费所得，按照负担、支付所得的企业或者机构、场所所在地确定，或者按照负担、支付所得的个人的住所地确定；

（六）其他所得，由国务院财政、税务主管部门确定。

……

第七十七条　企业所得税法第二十三条所称已在境外缴纳的所得税税额，是指企业来源于中国境外的所得依照中国境外税收法律以及相关规定应当缴纳并已经实际缴纳的企业所得税性质的税款。

第七十八条　企业所得税法第二十三条所称抵免限额，是指企业来源于中国境外的所得，依照企业所得税法和本条例的规定计算的应纳税额。除国务院财政、税务主管部门另有规定外，该抵免限额应当分国（地区）不分项计算，计算公式如下：

抵免限额 = 中国境内、境外所得依照企业所得税法和本条例的规定计算的应纳税总额 × 来源于某国（地区）的应纳税所得额 ÷ 中国境内、境外应纳税所得总额

第七十九条　企业所得税法第二十三条所称5个年度，是指从企业取得的来源于中国境外的所得，已经在中国境外缴纳的企业所得税性质的税额超过抵免限额的当年的次年起连续5个纳税年度。

……

第一百一十七条　企业所得税法第四十五条所称控制，包括：

（一）居民企业或者中国居民直接或者间接单一持有外国企业10%以上有表决权股份，且由其共同持有该外国企业50%以上股份；

（二）居民企业，或者居民企业和中国居民持股比例没有达到第（一）项规定的标准，但在股份、资金、经营、购销等方面对该外国企业构成实质控制。

第一百一十八条　企业所得税法第四十五条所称实际税负明显低于企业所得税法第四条第一款规定税率水平，是指低于企业所得税法第四条第一款规定税率的50%。

16－3《财政部　国家税务总局关于企业境外所得税收抵免有关问题的通知》第一条、第三条、第五条、第八条、第九条、第十一条至第十三条

2009年12月25日　财税〔2009〕125号

一、居民企业以及非居民企业在中国境内设立的机构、场所（以下统称企业）依照企业所得税法第二十三条、第二十四条的有关规定，应在其应纳税额中抵免在境外缴纳的所得税额的，适用本通知。

……

三、企业应就其按照实施条例第七条规定确定的中国境外所得（境外税前所得），按以下规定计算实施条例第七十八条规定的境外应纳税所得额：

（一）居民企业在境外投资设立不具有独立纳税地位的分支机构，其来源于境外的所得，以境外收入总额扣除与取得境外收入有关的各项合理支出后的余额为应纳税所得额。各项收入、支出按企业所得税法及实施条例的有关规定确定。

居民企业在境外设立不具有独立纳税地位的分支机构取得的各项境外所得，无论是否汇回中国境内，均应计入该企业所属纳税年度的境外应纳税所得额。

（二）居民企业应就其来源于境外的股息、红利等权益性投资收益，以及利息、租金、特许权使用费、转让财产等收入，扣除按照企业所得税法及实施条例等规定计算的与取得该项收入有关的各项合理支出后的余额为应纳税所得额。来源于境外的股息、红利等权益性投资收益，应按被投资方作出利润分配

决定的日期确认收入实现；来源于境外的利息、租金、特许权使用费、转让财产等收入，应按有关合同约定应付交易对价款的日期确认收入实现。

（三）非居民企业在境内设立机构、场所的，应就其发生在境外但与境内所设机构、场所有实际联系的各项应税所得，比照上述第（二）项的规定计算相应的应纳税所得额。

（四）在计算境外应纳税所得额时，企业为取得境内、外所得而在境内、境外发生的共同支出，与取得境外应税所得有关的、合理的部分，应在境内、境外（分国（地区）别，下同）应税所得之间，按照合理比例进行分摊后扣除。

（五）在汇总计算境外应纳税所得额时，企业在境外同一国家（地区）设立不具有独立纳税地位的分支机构，按照企业所得税法及实施条例的有关规定计算的亏损，不得抵减其境内或他国（地区）的应纳税所得额，但可以用同一国家（地区）其他项目或以后年度的所得按规定弥补。

……

五、居民企业在按照企业所得税法第二十四条规定用境外所得间接负担的税额进行税收抵免时，其取得的境外投资收益实际间接负担的税额，是指根据直接或者间接持股方式合计持股 20% 以上（含 20%，下同）的规定层级的外国企业股份，由此应分得的股息、红利等权益性投资收益中，从最低一层外国企业起逐层计算的属于由上一层企业负担的税额，其计算公式如下：

本层企业所纳税额属于由一家上一层企业负担的税额 =（本层企业就利润和投资收益所实际缴纳的税额 + 符合本通知规定的由本层企业间接负担的税额）× 本层企业向一家上一层企业分配的股息（红利）÷ 本层企业所得税后利润额。

……

八、企业应按照企业所得税法及其实施条例和本通知的有关规定分国（地区）别计算境外税额的抵免限额。

某国（地区）所得税抵免限额 = 中国境内、境外所得依照企业所得税法及实施条例的规定计算的应纳税总额 × 来源于某国（地区）的应纳税所得额 ÷ 中国境内、境外应纳税所得总额

据以计算上述公式中“中国境内、境外所得依照企业所得税法及实施条例的规定计算的应纳税总额”的税率，除国务院财政、税务主管部门另有规定外，应为企业所得税法第四条第一款规定的税率。

企业按照企业所得税法及其实施条例和本通知的有关规定计算的当期境内、境外应纳税所得总额小于零的，应以零计算当期境内、境外应纳税所得总额，其当期境外所得税的抵免限额也为零。

九、在计算实际应抵免的境外已缴纳和间接负担的所得税税额时，企业在境外一国（地区）当年缴纳和间接负担的符合规定的所得税税额低于所计算的该国（地区）抵免限额的，应以该项税额作为境外所得税抵免额从企业应纳税总额中据实抵免；超过抵免限额的，当年应以抵免限额作为境外所得税抵免额进行抵免，超过抵免限额的余额允许从次年起在连续五个纳税年度内，用每年度抵免限额抵免当年应抵税额后的余额进行抵补。

……

十一、企业在境外投资设立不具有独立纳税地位的分支机构，其计算生产、经营所得的纳税年度与我国规定的纳税年度不一致的，与我国纳税年度当年度相对应的境外纳税年度，应为在我国有关纳税年度中任何一日结束的境外纳税年度。

企业取得上款以外的境外所得实际缴纳或间接负担的境外所得税，应在该项境外所得实现日所在的我国对应纳税年度的应纳税额中计算抵免。

十二、企业抵免境外所得税额后实际应纳所得税额的计算公式为：

企业实际应纳所得税额 = 企业境内外所得应纳税总额 - 企业所得税减免、抵免优惠税额 - 境外所得税抵免额

十三、本通知所称不具有独立纳税地位，是指根据企业设立地法律不具有独立法人地位或者按照税收协定规定不认定为对方国家（地区）的税收居民。

16－4 《国家税务总局关于发布〈企业境外所得税收抵免操作指南〉的公告》第一条至第三条

2010 年 7 月 2 日　国家税务总局公告 2010 年第 1 号

《通知》第一条　关于适用范围

居民企业以及非居民企业在中国境内设立的机构、场所（以下统称企业）依照企业所得税法第二十三条、第二十四条的有关规定，应在其应纳税额中抵免在境外缴纳的所得税额的，适用本通知。

1. 可以适用境外（包括港澳台地区，以下同）所得税收抵免的纳税人包括两类：

（1）根据企业所得税法第二十三条关于境外税额直接抵免和第二十四条关于境外税额间接抵免的规定，居民企业（包括按境外法律设立但实际管理机构在中国，被判定为中国税收居民的企业）可以就其取得的境外所得直接缴纳和间接负担的境外企业所得税性质的税额进行抵免。

（2）根据企业所得税法第二十三条的规定，非居民企业（外国企业）在中国境内设立的机构（场所）可以就其取得的发生在境外、但与其有实际联系的所得直接缴纳的境外企业所得税性质的税额进行抵免。

为缓解由于国家间对所得来源地判定标准的重叠而产生的国际重复征税，我国税法对非居民企业在中国境内分支机构取得的发生于境外的所得所缴纳的境外税额，给予了与居民企业类似的税额抵免待遇。对此类非居民给予的境外税额抵免仅涉及直接抵免。

所谓实际联系是指，据以取得所得的权利、财产或服务活动由非居民企业在中国境内的分支机构拥有、控制或实施，如外国银行在中国境内分行以其可支配的资金向中国境外贷款，境外借款人就该笔贷款向其支付的利息，即属于发生在境外与该分行有实际联系的所得。

2. 境外税额抵免分为直接抵免和间接抵免。

直接抵免是指，企业直接作为纳税人就其境外所得在境外缴纳的所得税额在我国应纳税额中抵免。直接抵免主要适用于企业就来源于境外的营业利润所得在境外所缴纳的企业所得税，以及就来源于或发生于境外的股息、红利等权益性投资所得、利息、租金、特许权使用费、财产转让等所得在境外被源泉扣缴的预提所得税。

间接抵免是指，境外企业就分配股息前的利润缴纳的外国所得税额中由我国居民企业就该项分得的股息性质的所得间接负担的部分，在我国的应纳税额中抵免。例如我国居民企业（母公司）的境外子公司在所在国（地区）缴纳企业所得税后，将税后利润的一部分作为股息、红利分配给该母公司，子公司在境外就其应税所得实际缴纳的企业所得税税额中按母公司所得股息占全部税后利润之比的部分即属于该母公司间接负担的境外企业所得税额。间接抵免的适用范围为居民企业从其符合《通知》第五、六条规定的境外子公司取得的股息、红利等权益性投资收益所得。

《通知》第二条　关于境外所得税额抵免计算的基本项目

企业应按照企业所得税法及其实施条例、税收协定以及通知的规定，准确计算下列当期与抵免境外所得税有关的项目后，确定当期实际可抵免分国（地区）别的境外所得税税额和抵免限额：

（一）境内所得的应纳税所得额（以下称境内应纳税所得额）和分国（地区）别的境外所得的应纳税所得额（以下称境外应纳税所得额）；

（二）分国（地区）别的可抵免境外所得税税额；

（三）分国（地区）别的境外所得税的抵免限额。

企业不能准确计算上述项目实际可抵免分国（地区）别的境外所得税税额的，在相应国家（地区）缴纳的税收均不得在该企业当期应纳税额中抵免，也不得结转以后年度抵免。

3. 企业取得境外所得，其在中国境外已经实际直接缴纳和间接负担的企业所得税性质的税额，进行境外税额抵免计算的基本项目包括：境内、境外所得分国别（地区）的应纳税所得额、可抵免税额、抵免限额和实际抵免税额。不能按照有关税收法律法规准确计算实际可抵免的境外分国别（地区）的所得税税额的，不应给予税收抵免。

《通知》第三条　关于境外应纳税所得额的计算

第三条　第一款

企业应就其按照实施条例第七条规定确定的中国境外所得（境外税前所得），按以下规定计算实施条例第七十八条规定的境外应纳税所得额。

4. 根据实施条例第七条规定确定的境外所得，在计算适用境外税额直接抵免的应纳税所得额时，应为将该项境外所得直接缴纳的境外所得税额还原计算后的境外税前所得；上述直接缴纳税额还原后的所得中属于股息、红利所得的，在计算适用境外税额间接抵免的境外所得时，应再将该项境外所得间接负担的税额还原计算，即该境外股息、红利所得应为境外股息、红利税后净所得与就该项所得直接缴纳和间接负担的税额之和（参见示例七）。

对上述税额还原后的境外税前所得，应再就计算企业应纳税所得总额时已按税法规定扣除的有关成本费用中与境外所得有关的部分进行对应调整扣除后，计算为境外应纳税所得额。

第三条　第一款第（一）项

（一）居民企业在境外投资设立不具有独立纳税地位的分支机构，其来源于境外的所得，以境外收入总额扣除与取得境外收入有关的各项合理支出后的余额为应纳税所得额。各项收入、支出按企业所得税法及其实施条例的有关规定确定。

居民企业在境外设立不具有独立纳税地位的分支机构取得的各项境外所得，无论是否汇回中国境内，均应计入该企业所属纳税年度的境外应纳税所得额。

5. 本项规定了境外分支机构应纳税所得额的计算。以上所称不具有独立纳税地位含义参见《通知》第十三条规定。

6. 由于分支机构不具有分配利润职能，因此，境外分支机构取得的各项所得，不论是否汇回境内，均应当计入所属年度的企业应纳税所得额。

7. 境外分支机构确认应纳税所得额时的各项收入与支出标准，须符合我国企业所得税法相关规定。

8. 根据实施条例第二十七条规定，确定与取得境外收入有关的合理的支出，应主要考察发生支出的确认和分摊方法是否符合一般经营常规和我国税收法律规定的基本原则。企业已在计算应纳税所得总额时扣除的，但属于应由各分支机构合理分摊的总部管理费等有关成本费用应做出合理的对应调整分摊。

境外分支机构合理支出范围通常包括境外分支机构发生的人员工资、资产折旧、利息、相关税费和应分摊的总机构用于管理分支机构的管理费用等。

第三条　第一款第（二）项

（二）居民企业应就其来源于境外的股息、红利等权益性投资收益，以及利息、租金、特许权使用费、转让财产等收入，扣除按照企业所得税法及实施条例等规定计算的与取得该项收入有关的各项合理支出后的余额为应纳税所得额。来源于境外的股息、红利等权益性投资收益，应按被投资方作出利润分配决定的日期确认收入实现；来源于境外的利息、租金、特许权使用费、转让财产等收入，应按有关合同约定应付交易对价款的日期确认收入实现。

9. 从境外收到的股息、红利、利息等境外投资性所得一般表现为毛所得，应对在计算企业总所得额时已做统一扣除的成本费用中与境外所得有关的部分，在该境外所得中对应调整扣除后，才能作为计算境外税额抵免限额的境外应纳税所得额（参见示例一）。在就境外所得计算应对应调整扣除的有关成本费用时，应对如下成本费用（但不限于）予以特别注意：

（1）股息、红利，应对应调整扣除与境外投资业务有关的项目研究、融资成本和管理费用；

（2）利息，应对应调整扣除为取得该项利息而发生的相应的融资成本和相关费用；

（3）租金，属于融资租赁业务的，应对应调整扣除其融资成本；属于经营租赁业务的，应对应调整扣除租赁物相应的折旧或折耗；

（4）特许权使用费，应对应调整扣除提供特许使用的资产的研发、摊销等费用；

（5）财产转让，应对应调整扣除被转让财产的成本净值和相关费用。

涉及上述所得应纳税所得额中应包含的已间接负担税额的具体还原计算将在《通知》第五条、第六条项下说明。

10. 企业应根据实施条例第二章第二节中关于收入确认时间的规定确认境外所得的实现年度及其税额抵免年度。

（1）企业来源于境外的股息、红利等权益性投资收益所得，若实际收到所得的日期与境外被投资方作出利润分配决定的日期不在同一纳税年度的，应按被投资方作出利润分配日所在的纳税年度确认境外所得。

企业来源于境外的利息、租金、特许权使用费、转让财产等收入，若未能在合同约定的付款日期当年收到上述所得，仍应按合同约定付款日期所属的纳税年度确认境外所得。

（2）属于企业所得税法第四十五条以及实施条例第一百一十七条和第一百一十八条规定情形的，应按照有关法律法规的规定确定境外所得的实现年度。

（3）企业收到某一纳税年度的境外所得已纳税凭证时，凡是迟于次年5月31日汇算清缴终止日的，可以对该所得境外税额抵免追溯计算。

第三条　第一款第（三）项

（三）非居民企业在境内设立机构、场所的，应就其发生在境外但与境内所设机构、场所有实际联系的各项应税所得，比照上述第（二）项的规定计算相应的应纳税所得额。

11. 非居民企业在中国境内设立机构、场所，在享受境外税额抵免时，也应就其发生在境外但与境内所设机构、场所有实际联系的各项应税所得，按企业所得税法和实施条例及《通知》《指南》等相关税收法规规定计算境外所得的应纳税所得额。

第三条　第一款第（四）项

（四）在计算境外应纳税所得额时，企业为取得境内、外所得而在境内、境外发生的共同支出，与取得境外应税所得有关的、合理的部分，应在境内、境外（分国（地区）别，下同）应税所得之间，按照合理比例进行分摊后扣除。

12. 本项所称共同支出，是指与取得境外所得有关但未直接计入境外所得应纳税所得额的成本费用支出，通常包括未直接计入境外所得的营业费用、管理费用和财务费用等支出。

企业应对在计算总所得额时已统一归集并扣除的共同费用，按境外每一国（地区）别数额占企业全部数额的下列一种比例或几种比例的综合比例，在每一国别的境外所得中对应调整扣除，计算来自每一国别的应纳税所得额。

（1）资产比例；

（2）收入比例；

（3）员工工资支出比例；

（4）其他合理比例。

上述分摊比例确定后应报送主管税务机关备案；无合理原因不得改变。

第三条　第一款第（五）项

（五）在汇总计算境外应纳税所得额时，企业在境外同一国家（地区）设立不具有独立纳税地位的分支机构，按照企业所得税法及实施条例的有关规定计算的亏损，不得抵减其境内或他国（地区）的应纳税所得额，但可以用同一国家（地区）其他项目或以后年度的所得按规定弥补。

13. 本项基于分国不分项计算抵免的原则及其要求，对在不同国家的分支机构发生的亏损不得相互弥补做出了规定，以避免出现同一笔亏损重复弥补或须进行繁复的还原弥补、还原抵免的现象。

14. 企业在同一纳税年度的境内外所得加总为正数的，其境外分支机构发生的亏损，由于上述结转弥补的限制而发生的未予弥补的部分（以下称为非实际亏损额），今后在该分支机构的结转弥补期限不受5年期限制（参见示例二）。即：

（1）如果企业当期境内外所得盈利额与亏损额加总后和为零或正数，则其当年度境外分支机构的非实际亏损额可无限期向后结转弥补；

（2）如果企业当期境内外所得盈利额与亏损额加总后和为负数，则以境外分支机构的亏损额超过企业盈利额部分的实际亏损额，按企业所得税法第十八条规定的期限进行亏损弥补，未超过企业盈利额部分的非实际亏损额仍可无限期向后结转弥补。

企业应对境外分支机构的实际亏损额与非实际亏损额不同的结转弥补情况做好记录。

16-5《财政部 国家税务总局完善企业境外所得税收抵免政策问题的通知》

2017年12月28日 财税〔2017〕84号

各省、自治区、直辖市、计划单列市财政厅（局）、国家税务局、地方税务局，新疆生产建设兵团财务局：

根据《中华人民共和国企业所得税法》及其实施条例和《财政部 国家税务总局关于企业境外所得税收抵免有关问题的通知》（财税〔2009〕125号）的有关规定，现就完善我国企业境外所得税收抵免政策问题通知如下：

一、企业可以选择按国（地区）别分别计算（即“分国（地区）不分项”），或者不按国（地区）别汇总计算（即“不分国（地区）不分项”）其来源于境外的应纳税所得额，并按照财税〔2009〕125号文件第八条规定的税率，分别计算其可抵免境外所得税税额和抵免限额。上述方式一经选择，5年内不得改变。

企业选择采用不同于以前年度的方式（以下简称新方式）计算可抵免境外所得税税额和抵免限额时，对该企业以前年度按照财税〔2009〕125号文件规定没有抵免完的余额，可在税法规定结转的剩余年限内，按新方式计算的抵免限额中继续结转抵免。

二、企业在境外取得的股息所得，在按规定计算该企业境外股息所得的可抵免所得税额和抵免限额时，由该企业直接或者间接持有20%以上股份的外国企业，限于按照财税〔2009〕125号文件第六条规定的持股方式确定的五层外国企业，即：

第一层：企业直接持有20%以上股份的外国企业；

第二层至第五层：单一上一层外国企业直接持有20%以上股份，且由该企业直接持有或通过一个或多个符合财税〔2009〕125号文件第六条规定持股方式的外国企业间接持有总和达到20%以上股份的外国企业。

三、企业境外所得税收抵免的其他事项，按照财税〔2009〕125号文件的有关规定执行。

四、本通知自2017年1月1日起执行。

17. 居民企业境外应纳税所得额的计算

适用主体

居民企业。

政策规定

居民企业应就其来源于境外的股息、红利等权益性投资收益，以及利息、租金、特许权使用费、转让财产等收入，扣除按照企业所得税法及实施条例等规定计算的与取得该项收入有关的各项合理支出后的余额为应纳税所得额。

1）在计算境外应纳税所得额时，企业为取得境内、境外所得而在境内、境外发生的共同支出，与取得境外应税所得有关的、合理的部分，应在境内、境外［分国（地区）别，下同］应税所得之间，按照合理比例进行分摊后扣除。

共同支出，是指与取得境外所得有关但未直接计入境外所得应纳税所得额的成本费用支出，通常包括未直接计入境外所得的营业费用、管理费用和财务费用等支出。

企业应对在计算总所得额时已统一归集并扣除的共同费用，按境外每一国（地区）别数额占企业全部数额的下列一种比例或几种比例的综合比例，在每一国别的境外所得中对应调整扣除，计算来自每一国别的应纳税所得额。

（1）资产比例；

（2）收入比例；

（3）员工工资支出比例；

（4）其他合理比例。

上述分摊比例确定后应报送主管税务机关备案，无合理原因不得改变。

2）从境外收到的股息、红利、利息等境外投资性所得一般表现为毛所得，应对在计算企业总所得额时已做统一扣除的成本费用中与境外所得有关的部分，在该境外所得中对应调整扣除后，才能作为计算境外税额抵免限额的境外应纳税所得额。

政策依据

1）《中华人民共和国企业所得税法》第十七条、第十八条

2）《财政部　国家税务总局关于企业境外所得税收抵免有关问题的通知》（财税〔2009〕125 号）第三条、第八条、第九条、第十一条、第十三条

3）《国家税务总局关于发布〈企业境外所得税收抵免操作指南〉的公告》（国家税务总局公告 2010 年第 1 号）第一条至第三条（见 P89　16 -4）

4）《财政部　国家税务总局完善企业境外所得税收抵免政策问题的通知》（财税〔2017〕84 号）（见 P95　16 -5）

延伸阅读

17 -1　《中华人民共和国企业所得税法》第十七条、第十八条

2018 年 12 月 29 日　中华人民共和国主席令第二十三号

第十七条　企业在汇总计算缴纳企业所得税时，其境外营业机构的亏损不得抵减境内营业机构的盈利。

第十八条　企业纳税年度发生的亏损，准予向以后年度结转，用以后年度的所得弥补，但结转年限最长不得超过五年。

17 -2　《财政部　国家税务总局关于企业境外所得税收抵免有关问题的通知》第三条、第八条、第九条、第十一条、第十三条

2009 年 12 月 25 日　财税〔2009〕125 号

三、企业应就其按照实施条例第七条规定确定的中国境外所得（境外税前所得），按以下规定计算实施条例第七十八条规定的境外应纳税所得额：

（一）居民企业在境外投资设立不具有独立纳税地位的分支机构，其来源

于境外的所得，以境外收入总额扣除与取得境外收入有关的各项合理支出后的余额为应纳税所得额。各项收入、支出按企业所得税法及实施条例的有关规定确定。

居民企业在境外设立不具有独立纳税地位的分支机构取得的各项境外所得，无论是否汇回中国境内，均应计入该企业所属纳税年度的境外应纳税所得额。

（二）居民企业应就其来源于境外的股息、红利等权益性投资收益，以及利息、租金、特许权使用费、转让财产等收入，扣除按照企业所得税法及实施条例等规定计算的与取得该项收入有关的各项合理支出后的余额为应纳税所得额。来源于境外的股息、红利等权益性投资收益，应按被投资方作出利润分配决定的日期确认收入实现；来源于境外的利息、租金、特许权使用费、转让财产等收入，应按有关合同约定应付交易对价款的日期确认收入实现。

（三）非居民企业在境内设立机构、场所的，应就其发生在境外但与境内所设机构、场所有实际联系的各项应税所得，比照上述第（二）项的规定计算相应的应纳税所得额。

（四）在计算境外应纳税所得额时，企业为取得境内、外所得而在境内、境外发生的共同支出，与取得境外应税所得有关的、合理的部分，应在境内、境外（分国（地区）别，下同）应税所得之间，按照合理比例进行分摊后扣除。

（五）在汇总计算境外应纳税所得额时，企业在境外同一国家（地区）设立不具有独立纳税地位的分支机构，按照企业所得税法及实施条例的有关规定计算的亏损，不得抵减其境内或他国（地区）的应纳税所得额，但可以用同一国家（地区）其他项目或以后年度的所得按规定弥补。

……

八、企业应按照企业所得税法及其实施条例和本通知的有关规定分国（地区）别计算境外税额的抵免限额。

某国（地区）所得税抵免限额＝中国境内、境外所得依照企业所得税法及实施条例的规定计算的应纳税总额×来源于某国（地区）的应纳税所得额÷中国境内、境外应纳税所得总额

据以计算上述公式中“中国境内、境外所得依照企业所得税法及实施条例的规定计算的应纳税总额”的税率，除国务院财政、税务主管部门另有规定外，应为企业所得税法第四条第一款规定的税率。

企业按照企业所得税法及其实施条例和本通知的有关规定计算的当期境内、境外应纳税所得总额小于零的，应以零计算当期境内、境外应纳税所得总额，其当期境外所得税的抵免限额也为零。

九、在计算实际应抵免的境外已缴纳和间接负担的所得税税额时，企业在境外一国（地区）当年缴纳和间接负担的符合规定的所得税税额低于所计算的该国（地区）抵免限额的，应以该项税额作为境外所得税抵免额从企业应纳税总额中据实抵免；超过抵免限额的，当年应以抵免限额作为境外所得税抵免额进行抵免，超过抵免限额的余额允许从次年起在连续五个纳税年度内，用每年度抵免限额抵免当年应抵税额后的余额进行抵补。

……

十一、企业在境外投资设立不具有独立纳税地位的分支机构，其计算生产、经营所得的纳税年度与我国规定的纳税年度不一致的，与我国纳税年度当年度相对应的境外纳税年度，应为在我国有关纳税年度中任何一日结束的境外纳税年度。

企业取得上款以外的境外所得实际缴纳或间接负担的境外所得税，应在该项境外所得实现日所在的我国对应纳税年度的应纳税额中计算抵免。

……

十三、本通知所称不具有独立纳税地位，是指根据企业设立地法律不具有独立法人地位或者按照税收协定规定不认定为对方国家（地区）的税收居民。

18. 境外分支机构应纳税所得额的计算

适用主体

居民企业在境外投资设立不具有独立纳税地位的分支机构。

政策规定

1）居民企业在境外投资设立不具有独立纳税地位的分支机构，其来源于境外的所得，以境外收入总额扣除与取得境外收入有关的各项合理支出后的余额为应纳税所得额。各项收入、支出按企业所得税法及其实施条例的有关规定确定。

2）由于分支机构不具有分配利润职能，因此，境外分支机构取得的各项所得，不论是否汇回境内，均应当计入所属年度的企业应纳税所得额。

3）确定与取得境外收入有关的合理支出，应主要考察发生支出的确认和分摊方法是否符合一般经营常规和我国税收法律规定的基本原则。企业已在计算应纳税所得总额时扣除的，但属于应由各分支机构合理分摊的总部管理费等有关成本费用应做出合理的对应调整分摊。

4）分国（地区）抵免法下，在汇总计算境外应纳税所得额时，企业在境外同一国家（地区）设立不具有独立纳税地位的分支机构，按照企业所得税法及实施条例的有关规定计算的亏损，不得抵减其境内或他国（地区）的应纳税所得额，但可以用同一国家（地区）其他项目或以后年度的所得按规定弥补。

企业在同一纳税年度的境内外所得加总为正数的，其境外分支机构发生的亏损，由于上述结转弥补的限制而发生的未予弥补的部分，今后在该分支机构的结转弥补期限不受5年期限制。

政策依据

1）《中华人民共和国企业所得税法》第十七条、第十八条（见P97 17－1）

2）《财政部 国家税务总局关于企业境外所得税收抵免有关问题的通知》（财税〔2009〕125号）第三条、第八条、第九条、第十一条、第十三条（见P97 17－2）

3）《国家税务总局关于发布〈企业境外所得税收抵免操作指南〉的公告》（国家税务总局公告2010年第1号）第一条至第三条（见P89 16－4）

4）《财政部 国家税务总局完善企业境外所得税收抵免政策问题的通知》（财税〔2017〕84号）（见P95 16－5）

19. 境外所得税收直接抵免

适用主体

取得特定类型境外所得，并已在境外实际缴纳企业所得税性质税款的居民企业。

政策规定

企业已在境外缴纳的所得税税额，未超过按我国税法规定计算的抵免限额的部分，可以从当期应纳税额中抵免；超过抵免限额的部分，可以在以后5个年度内，用每年度抵免限额抵免当年应抵税额后的余额进行抵补。

抵免限额计算公式如下：

抵免限额 = 中国境内、境外所得依照企业所得税法和企业所得税法实施条例的规定计算的应纳税总额 × 来源于某国（地区）的应纳税所得额 ÷ 中国境内、境外应纳税所得总额

适用条件

1）直接抵免法规定的可抵免境外所得税税额，是指企业依照中国境外税收法律以及相关规定应当缴纳并已实际缴纳的企业所得税性质的税款，主要适用于企业就来源于境外的营业利润所得在境外所缴纳的企业所得税，以及就来源于或发生于境外的股息、红利等权益性投资所得、利息、租金、特许权使用费、财产转让等所得在境外被源泉扣缴的预提所得税。不包括按规定不应作为可抵免境外所得税税额的税款。

2）企业可以选择按国（地区）别分别计算［即“分国（地区）不分项”］，或者不按国（地区）别汇总计算［即“不分国（地区）不分项”］其来源于境外的应纳税所得额，并按照《财政部　国家税务总局关于企业境外所得税收抵免有关问题的通知》（财税〔2009〕125号）第八条规定的税率，分别计算其可抵免境外所得税税额和抵免限额。上述方式一经选择，5年内不

得改变。

企业选择采用不同于以前年度的方式（以下简称新方式）计算可抵免境外所得税税额和抵免限额时，对该企业以前年度按照《财政部　国家税务总局关于企业境外所得税收抵免有关问题的通知》（财税〔2009〕125 号）规定没有抵免完的余额，可在税法规定结转的剩余年限内，按新方式计算的抵免限额中继续结转抵免。

3）企业抵免企业所得税税额时，应当提供中国境外税务机关出具的税款所属年度的有关纳税凭证，收到的某一纳税年度的境外所得已纳税凭证凡是迟于次年 5 月 31 日汇算清缴终止日的，可以对该所得境外税额抵免追溯计算。

情景问答

1）问：我公司取得的境外所得能否享受抵免，是不是要看取得所得的所在国是否跟中国签订了税收协定？

答：不是的。企业可以抵免的境外所得税并不限于在已与我国签订避免双重征税协定的国家（地区）已缴纳的所得税。因此，境外投资企业在还没有与我国政府签订避免双重征税协定的国家（地区）已缴纳的所得税，仍然可以按照有关国内法规定在计算中国应纳税额中抵免。

2）问：如在境外国家缴纳税款的税种名称与我国不同，企业如何确定境外缴纳税款是否属于可抵免的境外所得税？

答：符合以下条件的税款，均可确定为可抵免的境外所得税税额：

（1）企业来源于中国境外的所得，依照中国境外税收法律及相关规定计算而缴纳的税额。

（2）缴纳的属于企业所得税性质的税额，而不拘泥于名称。

不同国家对企业所得税的称呼可能存在不同的表述，如法人所得税、利得税、公司所得税等。判定是否属于企业所得税性质的税额，应根据国内相关法律法规并结合双边税收协定的规定，看其是否是针对企业净所得征收的税额。

例如：《国家税务总局关于哈萨克斯坦超额利润税税收抵免有关问题的公告》（国家税务总局公告 2019 年第 1 号）规定，企业在哈萨克斯坦缴纳的超额利润税，属于企业在境外缴纳的企业所得税性质的税款，属于可抵免的境外所得税。

（3）限于企业应当缴纳且已实际缴纳的税额。

税收抵免旨在解决重复征税问题，仅限于企业应当缴纳且已实际缴纳的税额。

（4）可抵免的企业所得税税额，如果是税收协定非适用所得税项目，或来自非协定国家的所得，无法判定是否属于对企业征收的所得税税额的，应层报国家税务总局裁定。

3）问：企业在别国缴纳的所得税都能回国进行申报抵免吗？

答：有些特殊情况是不能回国申报抵免的，主要有以下情形：

（1）按照境外所得税法律及相关规定属于错缴或错征的境外所得税税款；

（2）按照税收协定规定不应征收的境外所得税税款；

（3）因少缴或迟缴境外所得税而追加的利息、滞纳金或罚款；

（4）境外所得税纳税人或者其利害关系人从境外征税主体得到实际返还或补偿的境外所得税税款；

（5）按照我国企业所得税法及其实施条例规定，已经免征我国企业所得税的境外所得负担的境外所得税税款；

（6）按照国务院财政、税务主管部门有关规定已经从企业境外应纳税所得额中扣除的境外所得税税款。

4）问：我公司 2010 年在 A 国投资成立了一家企业，今年将该企业的部分股权转让给了 A 国 B 公司，取得了一笔收入并被该国扣缴了预提所得税，请问这笔税款可以在国内抵免吗？如何进行抵免？

答：该笔税款可以在境内进行抵免。此类来源于或发生于境外的财产转让所得，如在境外被源泉扣缴预提所得税，可适用直接抵免，按规定计算抵免限额，未超过限额的部分直接从境内当期应纳税额中抵免；超过限额的部分不含按照简易办法计算的超过抵免限额的部分，允许从次年起在连续五个纳税年度内，用每年度抵免限额抵免当年应抵税额后的余额进行抵补。

5）问：我公司是一家境内居民企业，设立在 A 国的分公司在境外提供劳务取得的所得在当地缴纳缴了企业所得税，2017 年我公司亏损，在境外缴纳的税款能否递延至以后盈利年度抵免？

答：根据《国家税务总局关于发布〈企业境外所得税收抵免操作指南〉的公告》（国家税务总局公告 2010 年第 1 号）规定，若企业境内所得为亏损，境外所得为盈利，且企业已使用同期境外盈利全部或部分弥补了境内亏损，则境内已用境外盈利弥补的亏损不得再用以后年度境内盈利重复弥补。由此，在计算境外所得抵免限额时，形成当期境内、外应纳税所得总额小于零的，应以零计算当期境内、外应纳税所得总额，其当期境外所得税的抵免限额也为零。上述境外盈利在境外已纳的可予抵免但未能抵免的税额可以在以后 5 个纳税年度内进行结转抵免。

如果企业当年未选择用境外盈利弥补境内亏损，应按照《国家税务总局关于发布〈企业境外所得税收抵免操作指南〉的公告》（国家税务总局公告 2010 年第 1 号）的相关规定，分别计算其境外所得应纳所得税额、境外所得可抵免税额以及境外所得抵免限额，可抵免税额超过抵免限额的部分可在以后连续 5 个纳税年度延续抵免。

6）问：我公司从 A 国取得的所得按照 A 国税法规定缴纳了税款，但是根据我国与该国签订的税收协定规定，该所得应仅在我国征税，请问该项税款可在境内进行税收抵免吗？

答：该笔税款不能在境内进行税收抵免。你公司应按照税收协定的规定向 A 国申请退还不应征收的税款。

需要注意的是，企业境外所得在来源国纳税时适用税率高于税收协定限定税率所多缴纳的所得税税额，也属于上述申请退还的范围。

政策依据

1）《中华人民共和国企业所得税法》第三条、第四条、第十七条、第二十三条、第二十四条

2）《中华人民共和国企业所得税法实施条例》第六条、第七条、第七十七条至第七十九条、第八十一条

3）《财政部　国家税务总局关于企业境外所得税收抵免有关问题的通知》（财税〔2009〕125 号）第一条至第四条、第十条、第十二条

4）《国家税务总局关于发布〈企业境外所得税收抵免操作指南〉的公告》（国家税务总局公告 2010 年第 1 号）第一条至第四条、第八条、第十条

5）《国家税务总局关于企业境外所得适用简易征收和饶让抵免的核准事项取消后有关后续管理问题的公告》（国家税务总局公告 2015 年第 70 号）

6）《财政部　税务总局关于完善企业境外所得税收抵免政策问题的通知》（财税〔2017〕84 号）第一条、第三条

7）《国家税务总局关于哈萨克斯坦超额利润税税收抵免有关问题的公告》（国家税务总局公告 2019 年第 1 号）

延伸阅读

19－1 《中华人民共和国企业所得税法》第三条、第四条、第十七条、第二十三条、第二十四条

2018年12月29日 中华人民共和国主席令第二十三号

第三条 居民企业应当就其来源于中国境内、境外的所得缴纳企业所得税。

非居民企业在中国境内设立机构、场所的，应当就其所设机构、场所取得的来源于中国境内的所得，以及发生在中国境外但与其所设机构、场所有实际联系的所得，缴纳企业所得税。

非居民企业在中国境内未设立机构、场所的，或者虽设立机构、场所但取得的所得与其所设机构、场所没有实际联系的，应当就其来源于中国境内的所得缴纳企业所得税。

第四条 企业所得税的税率为25%。

非居民企业取得本法第三条第三款规定的所得，适用税率为20%。

……

第十七条 企业在汇总计算缴纳企业所得税时，其境外营业机构的亏损不得抵减境内营业机构的盈利。

……

第二十三条 企业取得的下列所得已在境外缴纳的所得税税额，可以从其当期应纳税额中抵免，抵免限额为该项所得依照本法规定计算的应纳税额；超过抵免限额的部分，可以在以后五个年度内，用每年度抵免限额抵免当年应抵税额后的余额进行抵补：

（一）居民企业来源于中国境外的应税所得；

（二）非居民企业在中国境内设立机构、场所，取得发生在中国境外但与该机构、场所有实际联系的应税所得。

第二十四条 居民企业从其直接或者间接控制的外国企业分得的来源于中国境外的股息、红利等权益性投资收益，外国企业在境外实际缴纳的所得税税

额中属于该项所得负担的部分，可以作为该居民企业的可抵免境外所得税税额，在本法第二十三条规定的抵免限额内抵免。

19－2 《中华人民共和国企业所得税法实施条例》第六条、第七条、第七十七条至第七十九条、第八十一条

2019年4月23日 中华人民共和国国务院令第714号

第六条 企业所得税法第三条所称所得，包括销售货物所得、提供劳务所得、转让财产所得、股息红利等权益性投资所得、利息所得、租金所得、特许权使用费所得、接受捐赠所得和其他所得。

第七条 企业所得税法第三条所称来源于中国境内、境外的所得，按照以下原则确定：

（一）销售货物所得，按照交易活动发生地确定；

（二）提供劳务所得，按照劳务发生地确定；

（三）转让财产所得，不动产转让所得按照不动产所在地确定，动产转让所得按照转让动产的企业或者机构、场所所在地确定，权益性投资资产转让所得按照被投资企业所在地确定；

（四）股息、红利等权益性投资所得，按照分配所得的企业所在地确定；

（五）利息所得、租金所得、特许权使用费所得，按照负担、支付所得的企业或者机构、场所所在地确定，或者按照负担、支付所得的个人的住所地确定；

（六）其他所得，由国务院财政、税务主管部门确定。

……

第七十七条 企业所得税法第二十三条所称已在境外缴纳的所得税税额，是指企业来源于中国境外的所得依照中国境外税收法律以及相关规定应当缴纳并已经实际缴纳的企业所得税性质的税款。

第七十八条 企业所得税法第二十三条所称抵免限额，是指企业来源于中国境外的所得，依照企业所得税法和本条例的规定计算的应纳税额。除国务院财政、税务主管部门另有规定外，该抵免限额应当分国（地区）不分项计算，计算公式如下：

抵免限额 = 中国境内、境外所得依照企业所得税法和本条例的规定计算的应纳税总额 × 来源于某国（地区）的应纳税所得额 ÷ 中国境内、境外应纳税所得总额

第七十九条　企业所得税法第二十三条所称 5 个年度，是指从企业取得的来源于中国境外的所得，已经在中国境外缴纳的企业所得税性质的税额超过抵免限额的当年的次年起连续 5 个纳税年度。

……

第八十一条　企业依照企业所得税法第二十三条、第二十四条的规定抵免企业所得税税额时，应当提供中国境外税务机关出具的税款所属年度的有关纳税凭证。

19－3 《财政部　国家税务总局关于企业境外所得税收抵免有关问题的通知》第一条至第四条、第十条、第十二条①

2009 年 12 月 25 日　财税〔2009〕125 号

一、居民企业以及非居民企业在中国境内设立的机构、场所（以下统称企业）依照企业所得税法第二十三条、第二十四条的有关规定，应在其应纳税额中抵免在境外缴纳的所得税额的，适用本通知。

二、企业应按照企业所得税法及其实施条例、税收协定以及本通知的规定，准确计算下列当期与抵免境外所得税有关的项目后，确定当期实际可抵免分国（地区）别的境外所得税税额和抵免限额：

（一）境内所得的应纳税所得额（以下称境内应纳税所得额）和分国（地区）别的境外所得的应纳税所得额（以下称境外应纳税所得额）；

（二）分国（地区）别的可抵免境外所得税税额；

（三）分国（地区）别的境外所得税的抵免限额。

企业不能准确计算上述项目实际可抵免分国（地区）别的境外所得税税

① 条款废止。第十条中“经企业申请，主管税务机关核准”的规定废止。参见：《国家税务总局关于企业境外所得适用简易征收和饶让抵免的核准事项取消后有关后续管理问题的公告》，国家税务总局公告 2015 年第 70 号。

额的，在相应国家（地区）缴纳的税收均不得在该企业当期应纳税额中抵免，也不得结转以后年度抵免。

三、企业应就其按照实施条例第七条规定确定的中国境外所得（境外税前所得），按以下规定计算实施条例第七十八条规定的境外应纳税所得额：

（一）居民企业在境外投资设立不具有独立纳税地位的分支机构，其来源于境外的所得，以境外收入总额扣除与取得境外收入有关的各项合理支出后的余额为应纳税所得额。各项收入、支出按企业所得税法及实施条例的有关规定确定。

居民企业在境外设立不具有独立纳税地位的分支机构取得的各项境外所得，无论是否汇回中国境内，均应计入该企业所属纳税年度的境外应纳税所得额。

（二）居民企业应就其来源于境外的股息、红利等权益性投资收益，以及利息、租金、特许权使用费、转让财产等收入，扣除按照企业所得税法及实施条例等规定计算的与取得该项收入有关的各项合理支出后的余额为应纳税所得额。来源于境外的股息、红利等权益性投资收益，应按被投资方作出利润分配决定的日期确认收入实现；来源于境外的利息、租金、特许权使用费、转让财产等收入，应按有关合同约定应付交易对价款的日期确认收入实现。

（三）非居民企业在境内设立机构、场所的，应就其发生在境外但与境内所设机构、场所有实际联系的各项应税所得，比照上述第（二）项的规定计算相应的应纳税所得额。

（四）在计算境外应纳税所得额时，企业为取得境内、外所得而在境内、境外发生的共同支出，与取得境外应税所得有关的、合理的部分，应在境内、境外（分国（地区）别，下同）应税所得之间，按照合理比例进行分摊后扣除。

（五）在汇总计算境外应纳税所得额时，企业在境外同一国家（地区）设立不具有独立纳税地位的分支机构，按照企业所得税法及实施条例的有关规定计算的亏损，不得抵减其境内或他国（地区）的应纳税所得额，但可以用同一国家（地区）其他项目或以后年度的所得按规定弥补。

四、可抵免境外所得税税额，是指企业来源于中国境外的所得依照中国境外税收法律以及相关规定应当缴纳并已实际缴纳的企业所得税性质的税款。但不包括：

（一）按照境外所得税法律及相关规定属于错缴或错征的境外所得税

税款；

（二）按照税收协定规定不应征收的境外所得税税款；

（三）因少缴或迟缴境外所得税而追加的利息、滞纳金或罚款；

（四）境外所得税纳税人或者其利害关系人从境外征税主体得到实际返还或补偿的境外所得税税款；

（五）按照我国企业所得税法及其实施条例规定，已经免征我国企业所得税的境外所得负担的境外所得税税款；

（六）按照国务院财政、税务主管部门有关规定已经从企业境外应纳税所得额中扣除的境外所得税税款。

……

十、属于下列情形的，经企业申请，主管税务机关核准，可以采取简易办法对境外所得已纳税额计算抵免：

（一）企业从境外取得营业利润所得以及符合境外税额间接抵免条件的股息所得，虽有所得来源国（地区）政府机关核发的具有纳税性质的凭证或证明，但因客观原因无法真实、准确地确认应当缴纳并已经实际缴纳的境外所得税税额的，除就该所得直接缴纳及间接负担的税额在所得来源国（地区）的实际有效税率低于我国企业所得税法第四条第一款规定税率50%以上的外，可按境外应纳税所得额的12.5%作为抵免限额，企业按该国（地区）税务机关或政府机关核发具有纳税性质凭证或证明的金额，其不超过抵免限额的部分，准予抵免；超过的部分不得抵免。

属于本款规定以外的股息、利息、租金、特许权使用费、转让财产等投资性所得，均应按本通知的其他规定计算境外税额抵免。

（二）企业从境外取得营业利润所得以及符合境外税额间接抵免条件的股息所得，凡就该所得缴纳及间接负担的税额在所得来源国（地区）的法定税率且其实际有效税率明显高于我国的，可直接以按本通知规定计算的境外应纳税所得额和我国企业所得税法规定的税率计算的抵免限额作为可抵免的已在境外实际缴纳的企业所得税税额。具体国家（地区）名单见附件。财政部、国家税务总局可根据实际情况适时对名单进行调整。

属于本款规定以外的股息、利息、租金、特许权使用费、转让财产等投资性所得，均应按本通知的其他规定计算境外税额抵免。

……

十二、企业抵免境外所得税额后实际应纳所得税额的计算公式为：

企业实际应纳所得税额＝企业境内外所得应纳税总额－企业所得税减免、抵免优惠税额－境外所得税抵免额

19－4 《国家税务总局关于发布〈企业境外所得税收抵免操作指南〉的公告》第一条至第四条、第八条、第十条

2010年7月2日 国家税务总局公告2010年第1号

《通知》第一条 关于适用范围

居民企业以及非居民企业在中国境内设立的机构、场所（以下统称企业）依照企业所得税法第二十三条、第二十四条的有关规定，应在其应纳税额中抵免在境外缴纳的所得税额的，适用本通知。

1. 可以适用境外（包括港澳台地区，以下同）所得税收抵免的纳税人包括两类：

（1）根据企业所得税法第二十三条关于境外税额直接抵免和第二十四条关于境外税额间接抵免的规定，居民企业（包括按境外法律设立但实际管理机构在中国，被判定为中国税收居民的企业）可以就其取得的境外所得直接缴纳和间接负担的境外企业所得税性质的税额进行抵免。

（2）根据企业所得税法第二十三条的规定，非居民企业（外国企业）在中国境内设立的机构（场所）可以就其取得的发生在境外、但与其有实际联系的所得直接缴纳的境外企业所得税性质的税额进行抵免。

为缓解由于国家间对所得来源地判定标准的重叠而产生的国际重复征税，我国税法对非居民企业在中国境内分支机构取得的发生于境外的所得所缴纳的境外税额，给予了与居民企业类似的税额抵免待遇。对此类非居民给予的境外税额抵免仅涉及直接抵免。

所谓实际联系是指，据以取得所得的权利、财产或服务活动由非居民企业在中国境内的分支机构拥有、控制或实施，如外国银行在中国境内分行以其可支配的资金向中国境外贷款，境外借款人就该笔贷款向其支付的利息，即属于发生在境外与该分行有实际联系的所得。

2. 境外税额抵免分为直接抵免和间接抵免。

直接抵免是指，企业直接作为纳税人就其境外所得在境外缴纳的所得税额

在我国应纳税额中抵免。直接抵免主要适用于企业就来源于境外的营业利润所得在境外所缴纳的企业所得税，以及就来源于或发生于境外的股息、红利等权益性投资所得、利息、租金、特许权使用费、财产转让等所得在境外被源泉扣缴的预提所得税。

间接抵免是指，境外企业就分配股息前的利润缴纳的外国所得税额中由我国居民企业就该项分得的股息性质的所得间接负担的部分，在我国的应纳税额中抵免。例如我国居民企业（母公司）的境外子公司在所在国（地区）缴纳企业所得税后，将税后利润的一部分作为股息、红利分配给该母公司，子公司在境外就其应税所得实际缴纳的企业所得税税额中按母公司所得股息占全部税后利润之比的部分即属于该母公司间接负担的境外企业所得税额。间接抵免的适用范围为居民企业从其符合《通知》第五、六条规定的境外子公司取得的股息、红利等权益性投资收益所得。

《通知》第二条　关于境外所得税额抵免计算的基本项目

企业应按照企业所得税法及其实施条例、税收协定以及通知的规定，准确计算下列当期与抵免境外所得税有关的项目后，确定当期实际可抵免分国（地区）别的境外所得税税额和抵免限额：

（一）境内所得的应纳税所得额（以下称境内应纳税所得额）和分国（地区）别的境外所得的应纳税所得额（以下称境外应纳税所得额）；

（二）分国（地区）别的可抵免境外所得税税额；

（三）分国（地区）别的境外所得税的抵免限额。

企业不能准确计算上述项目实际可抵免分国（地区）别的境外所得税税额的，在相应国家（地区）缴纳的税收均不得在该企业当期应纳税额中抵免，也不得结转以后年度抵免。

3. 企业取得境外所得，其在中国境外已经实际直接缴纳和间接负担的企业所得税性质的税额，进行境外税额抵免计算的基本项目包括：境内、境外所得分国别（地区）的应纳税所得额、可抵免税额、抵免限额和实际抵免税额。不能按照有关税收法律法规准确计算实际可抵免的境外分国别（地区）的所得税税额的，不应给予税收抵免。

《通知》第三条　关于境外应纳税所得额的计算

第三条　第一款

企业应就其按照实施条例第七条规定确定的中国境外所得（境外税前所得），按以下规定计算实施条例第七十八条规定的境外应纳税所得额。

4. 根据实施条例第七条规定确定的境外所得，在计算适用境外税额直接抵免的应纳税所得额时，应为将该项境外所得直接缴纳的境外所得税额还原计算后的境外税前所得；上述直接缴纳税额还原后的所得中属于股息、红利所得的，在计算适用境外税额间接抵免的境外所得时，应再将该项境外所得间接负担的税额还原计算，即该境外股息、红利所得应为境外股息、红利税后净所得与就该项所得直接缴纳和间接负担的税额之和（参见示例七）。

对上述税额还原后的境外税前所得，应再就计算企业应纳税所得总额时已按税法规定扣除的有关成本费用中与境外所得有关的部分进行对应调整扣除后，计算为境外应纳税所得额。

第三条　第一款第（一）项

（一）居民企业在境外投资设立不具有独立纳税地位的分支机构，其来源于境外的所得，以境外收入总额扣除与取得境外收入有关的各项合理支出后的余额为应纳税所得额。各项收入、支出按企业所得税法及其实施条例的有关规定确定。

居民企业在境外设立不具有独立纳税地位的分支机构取得的各项境外所得，无论是否汇回中国境内，均应计入该企业所属纳税年度的境外应纳税所得额。

5. 本项规定了境外分支机构应纳税所得额的计算。以上所称不具有独立纳税地位含义参见《通知》第十三条规定。

6. 由于分支机构不具有分配利润职能，因此，境外分支机构取得的各项所得，不论是否汇回境内，均应当计入所属年度的企业应纳税所得额。

7. 境外分支机构确认应纳税所得额时的各项收入与支出标准，须符合我国企业所得税法相关规定。

8. 根据实施条例第二十七条规定，确定与取得境外收入有关的合理的支出，应主要考察发生支出的确认和分摊方法是否符合一般经营常规和我国税收法律规定的基本原则。企业已在计算应纳税所得总额时扣除的，但属于应由各分支机构合理分摊的总部管理费等有关成本费用应做出合理的对应调整分摊。

境外分支机构合理支出范围通常包括境外分支机构发生的人员工资、资产折旧、利息、相关税费和应分摊的总机构用于管理分支机构的管理费用等。

第三条　第一款第（二）项

（二）居民企业应就其来源于境外的股息、红利等权益性投资收益，以及利息、租金、特许权使用费、转让财产等收入，扣除按照企业所得税法及实施条例等规定计算的与取得该项收入有关的各项合理支出后的余额为应纳税所得额。来源于境外的股息、红利等权益性投资收益，应按被投资方作出利润分配决定的日期确认收入实现；来源于境外的利息、租金、特许权使用费、转让财产等收入，应按有关合同约定应付交易对价款的日期确认收入实现。

9. 从境外收到的股息、红利、利息等境外投资性所得一般表现为毛所得，应对在计算企业总所得额时已做统一扣除的成本费用中与境外所得有关的部分，在该境外所得中对应调整扣除后，才能作为计算境外税额抵免限额的境外应纳税所得额（参见示例一）。在就境外所得计算应对应调整扣除的有关成本费用时，应对如下成本费用（但不限于）予以特别注意：

（1）股息、红利，应对应调整扣除与境外投资业务有关的项目研究、融资成本和管理费用；

（2）利息，应对应调整扣除为取得该项利息而发生的相应的融资成本和相关费用；

（3）租金，属于融资租赁业务的，应对应调整扣除其融资成本；属于经营租赁业务的，应对应调整扣除租赁物相应的折旧或折耗；

（4）特许权使用费，应对应调整扣除提供特许使用的资产的研发、摊销等费用；

（5）财产转让，应对应调整扣除被转让财产的成本净值和相关费用。

涉及上述所得应纳税所得额中应包含的已间接负担税额的具体还原计算将在《通知》第五条、第六条项下说明。

10. 企业应根据实施条例第二章第二节中关于收入确认时间的规定确认境外所得的实现年度及其税额抵免年度。

（1）企业来源于境外的股息、红利等权益性投资收益所得，若实际收到所得的日期与境外被投资方作出利润分配决定的日期不在同一纳税年度的，应按被投资方作出利润分配日所在的纳税年度确认境外所得。

企业来源于境外的利息、租金、特许权使用费、转让财产等收入，若未能在合同约定的付款日期当年收到上述所得，仍应按合同约定付款日期所属的纳税年度确认境外所得。

（2）属于企业所得税法第四十五条以及实施条例第一百一十七条和第一百一十八条规定情形的，应按照有关法律法规的规定确定境外所得的实现年度。

（3）企业收到某一纳税年度的境外所得已纳税凭证时，凡是迟于次年5月31日汇算清缴终止日的，可以对该所得境外税额抵免追溯计算。

第三条　第一款第（三）项

（三）非居民企业在境内设立机构、场所的，应就其发生在境外但与境内所设机构、场所有实际联系的各项应税所得，比照上述第（二）项的规定计算相应的应纳税所得额。

11. 非居民企业在中国境内设立机构、场所，在享受境外税额抵免时，也应就其发生在境外但与境内所设机构、场所有实际联系的各项应税所得，按企业所得税法和实施条例及《通知》《指南》等相关税收法规规定计算境外所得的应纳税所得额。

第三条　第一款第（四）项

（四）在计算境外应纳税所得额时，企业为取得境内、外所得而在境内、境外发生的共同支出，与取得境外应税所得有关的、合理的部分，应在境内、境外（分国（地区）别，下同）应税所得之间，按照合理比例进行分摊后扣除。

12. 本项所称共同支出，是指与取得境外所得有关但未直接计入境外所得应纳税所得额的成本费用支出，通常包括未直接计入境外所得的营业费用、管理费用和财务费用等支出。

企业应对在计算总所得额时已统一归集并扣除的共同费用，按境外每一国（地区）别数额占企业全部数额的下列一种比例或几种比例的综合比例，在每一国别的境外所得中对应调整扣除，计算来自每一国别的应纳税所得额。

（1）资产比例；

（2）收入比例；

（3）员工工资支出比例；

（4）其他合理比例。

上述分摊比例确定后应报送主管税务机关备案；无合理原因不得改变。

第三条　第一款第（五）项

（五）在汇总计算境外应纳税所得额时，企业在境外同一国家（地区）设立不具有独立纳税地位的分支机构，按照企业所得税法及实施条例的有关规定计算的亏损，不得抵减其境内或他国（地区）的应纳税所得额，但可以用同一国家（地区）其他项目或以后年度的所得按规定弥补。

13. 本项基于分国不分项计算抵免的原则及其要求，对在不同国家的分支机构发生的亏损不得相互弥补做出了规定，以避免出现同一笔亏损重复弥补或须进行繁复的还原弥补、还原抵免的现象。

14. 企业在同一纳税年度的境内外所得加总为正数的，其境外分支机构发生的亏损，由于上述结转弥补的限制而发生的未予弥补的部分（以下称为非实际亏损额），今后在该分支机构的结转弥补期限不受5年期限制（参见示例二）。即：

（1）如果企业当期境内外所得盈利额与亏损额加总后和为零或正数，则其当年度境外分支机构的非实际亏损额可无限期向后结转弥补；

（2）如果企业当期境内外所得盈利额与亏损额加总后和为负数，则以境外分支机构的亏损额超过企业盈利额部分的实际亏损额，按企业所得税法第十八条规定的期限进行亏损弥补，未超过企业盈利额部分的非实际亏损额仍可无限期向后结转弥补。

企业应对境外分支机构的实际亏损额与非实际亏损额不同的结转弥补情况做好记录。

《通知》第四条　关于可予抵免境外所得税额的确认

可抵免境外所得税税额，是指企业来源于中国境外的所得依照中国境外税收法律以及相关规定应当缴纳并已实际缴纳的企业所得税性质的税款。但不包括：

（一）按照境外所得税法律及相关规定属于错缴或错征的境外所得税税款；

（二）按照税收协定规定不应征收的境外所得税税款；

（三）因少缴或迟缴境外所得税而追加的利息、滞纳金或罚款；

（四）境外所得税纳税人或者其利害关系人从境外征税主体得到实际返还或补偿的境外所得税税款；

（五）按照我国企业所得税法及其实施条例规定，已经免征我国企业所得税的境外所得负担的境外所得税税款；

（六）按照国务院财政、税务主管部门有关规定已经从企业境外应纳税所得额中扣除的境外所得税税款。

15. 可抵免的境外所得税税额的基本条件为：

（1）企业来源于中国境外的所得依照中国境外税收法律以及相关规定计算而缴纳的税额；

（2）缴纳的属于企业所得税性质的税额，而不拘泥于名称。在不同的国家，对于企业所得税的称呼有着不同的表述，如法人所得税、公司所得税等。判定是否属于企业所得税性质的税额，主要看其是否是针对企业净所得征收的税额。

（3）限于企业应当缴纳且已实际缴纳的税额。税收抵免旨在解决重复征税问题，仅限于企业应当缴纳且已实际缴纳的税额（除另有饶让抵免或其他规定外）。

(4) 可抵免的企业所得税税额，若是税收协定非适用所得税项目，或来自非协定国家的所得，无法判定是否属于对企业征收的所得税税额的，应层报国家税务总局裁定。

16. 不应作为可抵免境外所得税税额的情形分析：

(1) 本条第一项规定是指，属于境外所得税法律及相关规定适用错误而且企业不应缴纳而错缴的税额，企业应向境外税务机关申请予以退还，而不应作为境外已交税额向中国申请抵免企业所得税。

(2) 本条第二项规定是指，根据中国政府与其他国家（地区）政府签订的税收协定（或安排）的规定不属于对方国家的应税项目，却被对方国家（地区）就其征收的企业所得税，对此，企业应向征税国家申请退还不应征收的税额；该项税额还应包括，企业就境外所得在来源国纳税时适用税率高于税收协定限定税率所多缴纳的所得税税额。

(3) 本条第四项规定是指，如果有关国家为了实现特定目标而规定不同形式和程度的税收优惠，并采取征收后由政府予以返还或补偿方式退还的已缴税额，对此，企业应从其境外所得可抵免税额中剔除该相应部分。

(4) 本条第五项规定是指，如果我国税收法律法规做出对某项境外所得给予免税优惠规定，企业取得免征我国企业所得税的境外所得的，该项所得的应纳税所得额及其缴纳的境外所得税额均应从计算境外所得税额抵免的境外应纳税所得额和境外已纳税额中减除。

(5) 本条第六项规定是指，如果我国税法规定就一项境外所得的已纳所得税额仅作为费用从该项境外所得额中扣除的，就该项所得及其缴纳的境外所得税额不应再纳入境外税额抵免计算。

17. 企业取得的境外所得已直接缴纳和间接负担的税额为人民币以外货币的，在以人民币计算可予抵免的境外税额时，凡企业记账本位币为人民币的，应按企业就该项境外所得记入账内时使用的人民币汇率进行换算；凡企业以人民币以外其他货币作为记账本位币的，应统一按实现该项境外所得对应的我国纳税年度最后一日的人民币汇率中间价进行换算。

……

《通知》第八条　关于抵免限额的计算

企业应按照企业所得税法及其实施条例和本通知的有关规定分国（地区）

别计算境外税额的抵免限额。

某国（地区）所得税抵免限额 = 中国境内、境外所得依照企业所得税法及实施条例的规定计算的应纳税总额 × 来源于某国（地区）的应纳税所得额 ÷ 中国境内、境外应纳税所得总额。

据以计算上述公式中“中国境内、境外所得依照企业所得税法及实施条例的规定计算的应纳税总额”的税率，除国务院财政、税务主管部门另有规定外，应为企业所得税法第四条第一款规定的税率。

企业按照企业所得税法及其实施条例和本通知的有关规定计算的当期境内、境外应纳税所得总额小于零的，应以零计算当期境内、境外应纳税所得总额，其当期境外所得税的抵免限额也为零。

26. 中国境内外所得依照企业所得税法及实施条例的规定计算的应纳税总额的税率是25%，即使企业境内所得按税收法规规定享受企业所得税优惠的，在进行境外所得税额抵免限额计算中的中国境内、外所得应纳税总额所适用的税率也应为25%。今后若国务院财政、税务主管部门规定境外所得与境内所得享受相同企业所得税优惠政策的，应按有关优惠政策的适用税率或税收负担率计算其应纳税总额和抵免限额；简便计算，也可以按该境外应纳税所得额直接乘以其实际适用的税率或税收负担率得出抵免限额（参见示例七）。

27. 若企业境内所得为亏损，境外所得为盈利，且企业已使用同期境外盈利全部或部分弥补了境内亏损，则境内已用境外盈利弥补的亏损不得再用以后年度境内盈利重复弥补。由此，在计算境外所得抵免限额时，形成当期境内、外应纳税所得总额小于零的，应以零计算当期境内、外应纳税所得总额，其当期境外所得税的抵免限额也为零。上述境外盈利在境外已纳的可予抵免但未能抵免的税额可以在以后5个纳税年度内进行结转抵免（参见示例八）。

28. 如果企业境内为亏损，境外盈利分别来自多个国家，则弥补境内亏损时，企业可以自行选择弥补境内亏损的境外所得来源国家（地区）顺序。

……

《通知》第十条　关于简易办法计算抵免

（一）企业从境外取得营业利润所得以及符合境外税额间接抵免条件的股息所得，虽有所得来源国（地区）政府机关核发的具有纳税性质的凭证或证明，但因客观原因无法真实、准确地确认应当缴纳并已经实际缴纳的境外所得税税额的，除就该所得直接缴纳及间接负担的税额在所得来源国（地区）的实际有效税率低于我国企业所得税法第四条第一款规定税率50%以上的外，可按境外应纳税所得额的12.5%作为抵免限额，企业按该国（地区）税务机关或政府机关核发具有纳税性质凭证或证明的金额，其不超过抵免限额的部分，准予抵免；超过的部分不得抵免。

属于本款规定以外的股息、利息、租金、特许权使用费、转让财产等投资性所得，均应按本通知的其他规定计算境外税额抵免。

（二）企业从境外取得营业利润所得以及符合境外税额间接抵免条件的股息所得，凡就该所得缴纳及间接负担的税额在所得来源国（地区）的法定税率且其实际有效税率明显高于我国的，可直接以按本通知规定计算的境外应纳税所得额和我国企业所得税法规定的税率计算的抵免限额作为可抵免的已在境外实际缴纳的企业所得税税额。具体国家（地区）名单见附件。财政部、国家税务总局可根据实际情况适时对名单进行调整。

属于本款规定以外的股息、利息、租金、特许权使用费、转让财产等投资性所得，均应按本通知的其他规定计算境外税额抵免。

32. 采用简易办法也须遵循“分国不分项”原则。

33. 本条第一项中“从所得来源国（地区）政府机关取得具有纳税性质的凭证或证明”是指向境外所在国家政府实际缴纳了具有综合税额（含企业所得税）性质的款项的有效凭证。

34. 本条第二项中“实际有效税率”是指实际缴纳或负担的企业所得税税额与应纳税所得额的比率。

法定税率且实际有效税率明显高于我国（税率）的国家，由财政部和国家税务总局列名单公布；各地税务机关不能自行作出判定，发现名单所列国家抵免异常的，应立即向国家税务总局报告。

35. 本条第一项和第二项中“属于本款规定以外的股息、利息、租金、特许权使用费、转让财产等投资性所得”是指，居民企业从境外未达到直接持股20%条件的境外子公司取得的股息所得，以及取得利息、租金、特许权使用费、转让财产等所得，向所得来源国直接缴纳的预提所得税额，应按《通知》有关直接抵免的规定正常计算抵免。

19－5 《国家税务总局关于企业境外所得适用简易征收和饶让抵免的核准事项取消后有关后续管理问题的公告》

2015年10月10日 国家税务总局公告2015年第70号

根据《国家税务总局关于公布已取消的22项税务非行政许可审批事项的公告》（国家税务总局公告2015年第58号），为加强后续管理，经商财政部同意，现就“企业境外所得适用简易征收和饶让抵免的核准”审批事项取消后有关管理问题公告如下：

一、企业境外所得符合《财政部 国家税务总局关于企业境外所得税收抵免有关问题的通知》（财税〔2009〕125号）第十条第（一）项和第（二）项规定情形的，可以采取简易办法对境外所得已纳税额计算抵免。企业在年度汇算清缴期内，应向主管税务机关报送备案资料，备案资料的具体内容按照《国家税务总局关于发布〈企业境外所得税收抵免操作指南〉的公告》（国家税务总局公告2010年第1号）第30条的规定执行。

二、本公告自公布之日起施行。《财政部 国家税务总局关于企业境外所得税收抵免有关问题的通知》（财税〔2009〕125号）第十条中“经企业申请，主管税务机关核准”的规定同时废止。

特此公告。

19－6 《财政部 税务总局关于完善企业境外所得税收抵免政策问题的通知》第一条、第三条

2017年12月28日 财税〔2017〕84号

一、企业可以选择按国（地区）别分别计算〔即“分国（地区）不分项”〕，或者不按国（地区）别汇总计算〔即“不分国（地区）不分项”〕其来源于境外的应纳税所得额，并按照财税〔2009〕125号文件第八条规定的税率，分别计算其可抵免境外所得税税额和抵免限额。上述方式一经选择，5年

内不得改变。

企业选择采用不同于以前年度的方式（以下简称新方式）计算可抵免境外所得税税额和抵免限额时，对该企业以前年度按照财税〔2009〕125 号文件规定没有抵免完的余额，可在税法规定结转的剩余年限内，按新方式计算的抵免限额中继续结转抵免。

……

三、企业境外所得税收抵免的其他事项，按照财税〔2009〕125 号文件的有关规定执行。

19－7 《国家税务总局关于哈萨克斯坦超额利润税税收抵免有关问题的公告》

2019 年 1 月 3 日　国家税务总局公告 2019 年第 1 号

根据《中华人民共和国企业所得税法》及其实施条例（以下简称企业所得税法及其实施条例）、《财政部　国家税务总局关于企业境外所得税收抵免有关问题的通知》（财税〔2009〕125 号）、《国家税务总局关于发布〈企业境外所得税收抵免操作指南〉的公告》（国家税务总局公告 2010 年第 1 号）和《财政部　税务总局关于完善企业境外所得税收抵免政策问题的通知》（财税〔2017〕84 号）等有关规定，现就企业在哈萨克斯坦缴纳的超额利润税税收抵免有关问题公告如下：

企业在哈萨克斯坦缴纳的超额利润税，属于企业在境外缴纳的企业所得税性质的税款，依据企业所得税法及其实施条例、财税〔2009〕125 号文件、国家税务总局公告 2010 年第 1 号和财税〔2017〕84 号文件等有关规定，应纳入可抵免境外所得税税额范围，计算境外税收抵免。

本公告适用于 2018 年及以后年度企业所得税汇算清缴。

特此公告。

20. 境外所得税收间接抵免

适用主体

取得境外股息、红利等权益性投资收益且满足相关要求的居民企业。

政策规定

1）居民企业从其直接或者间接控制的外国企业分得的来源于中国境外的股息、红利等权益性投资收益，外国企业在境外实际缴纳的所得税税额中属于该项所得负担的部分，可以作为该居民企业的可抵免境外所得税税额，在抵免限额内抵免。

2）居民企业取得的境外投资收益实际间接负担的税额，是指持有符合规定持股条件及层级的外国企业股份，由此应分得的股息、红利等权益性投资收益中，从最低一层外国企业起逐层计算的属于由上一层企业负担的税额，其计算公式如下：

本层企业所纳税额属于由一家上一层企业负担的税额 =（本层企业就利润和投资收益所实际缴纳的税额 + 由本层企业间接负担的税额）×本层企业向一家上一层企业分配的股息（红利）÷本层企业所得税后利润额

本层企业是指实际分配股息（红利）的境外被投资企业；本层企业就利润和投资收益所实际缴纳的税额是指，本层企业按所在国税法就利润缴纳的企业所得税和在被投资方所在国就分得的股息等权益性投资收益被源泉扣缴的预提所得税。

适用条件

1）符合规定的“持股条件”是指，各层企业直接持股、间接持股以及为计算居民企业间接持股总和比例的每一个单一持股，均应达到20% 的持股比例。

2）企业在境外取得的股息、红利等权益性投资收益，在按规定计算该企业境外股息所得的可抵免所得税额和抵免限额时，由该企业直接或者间接持有20%以上股份的外国企业，限于按照以下持股方式确定的*五层*外国企业，即：

第一层：企业直接持有 20% 以上股份的外国企业；

第二层至第五层：单一上一层外国企业直接持有 20% 以上股份，且由该企业直接持有或通过一个或多个符合财税〔2009〕125 号文件第六条规定持股方式的外国企业间接持有总和达到 20% 以上股份的外国企业。

情景问答

1）问：我公司在 X 国设立全资子公司 A，A 公司在 X 国设立全资子公司 B，B 公司在 Y 国设立全资子公司 C，C 公司在 Y 国设立全资子公司 D，D 公司在 Z 国设立全资子公司 E，请问我公司从 A 公司取得的股息适用间接抵免时，可以计算到哪家公司？

答：你公司境外所得间接负担的税额，可以计算到 E 公司对应所得所负担的境外所得税额，即间接抵免限于符合持股条件的五层外国企业。

2）问：我公司在欧洲设立了一家全资子公司，从这家子公司取得的股息来源于它以前年度的累计未分配利润，回国申请税收抵免时怎么对应我国的纳税年度呢？

答：企业取得境外股息所得实现日为被投资方做出利润分配决定的日期，不论该利润分配是否包括以前年度未分配利润，均应作为该股息所得实现日所在的我国纳税年度所得计算抵免。

3）问：我公司在境外 A 国、B 国分别设立甲、乙子公司，2018 年度甲公司应纳税所得额 100 万元，A 国企业所得税税率为 10%，乙公司应纳税所得额 200 万元，B 国企业所得税税率为 35%。2019 年 4 月 1 日，甲、乙公司决定将税后利润分配回我公司（A、B 两国没有扣缴预提所得税相关规定），请问如何就境外缴纳的税款进行抵免？

答：如不考虑你公司经营情况，你公司可以选择按国（地区）别分别计算来源于 A 国的抵免限额：

（100＋200）×25%×100÷（100＋200）＝25（万元）

因此，A 国已缴纳的税款 10 万元人民币可以全部抵免。

来源于 B 国的抵免限额：

（100＋200）×25%×200÷（100＋200）＝50（万元）

B 国已缴纳的税款 70 万元可以抵免 50 万元，剩下的 20 万元可在以后年度进行抵免。

你公司也可以选择不按国（地区）别汇总计算［即“不分国（地区）不分项”］其来源于 A 国和 B 国的抵免限额：

（100 + 200）×25% ×300 ÷（100 + 200）= 75（万元）

A 国和 B 国已缴纳的税款 80 万元可以抵免 75 万元，剩下的 5 万元可在以后年度进行抵免。

但上述方式一经选择，5 年内不得改变。

政策依据

1）《中华人民共和国企业所得税法》第二十三条、第二十四条

2）《中华人民共和国企业所得税法实施条例》第八十条

3）《财政部　国家税务总局关于企业境外所得税收抵免有关问题的通知》（财税〔2009〕125 号）第一条、第五条

4）《国家税务总局关于发布〈企业境外所得税收抵免操作指南〉的公告》（国家税务总局公告 2010 年第 1 号）第一条、第五条

5）《财政部　税务总局关于完善企业境外所得税收抵免政策问题的通知》（财税〔2017〕84 号）第二条

6）《财政部　税务总局关于完善企业境外所得税收抵免政策问题的通知》（财税〔2017〕84 号）第一条

延伸阅读

20 - 1　《中华人民共和国企业所得税法》第二十三条、第二十四条

2018 年 12 月 29 日　中华人民共和国主席令第二十三号

第二十三条　企业取得的下列所得已在境外缴纳的所得税税额，可以从其当期应纳税额中抵免，抵免限额为该项所得依照本法规定计算的应纳税额；超

过抵免限额的部分，可以在以后五个年度内，用每年度抵免限额抵免当年应抵税额后的余额进行抵补：

（一）居民企业来源于中国境外的应税所得；

（二）非居民企业在中国境内设立机构、场所，取得发生在中国境外但与该机构、场所有实际联系的应税所得。

第二十四条　居民企业从其直接或者间接控制的外国企业分得的来源于中国境外的股息、红利等权益性投资收益，外国企业在境外实际缴纳的所得税税额中属于该项所得负担的部分，可以作为该居民企业的可抵免境外所得税税额，在本法第二十三条规定的抵免限额内抵免。

20－2 《中华人民共和国企业所得税法实施条例》第八十条

2019年4月23日　中华人民共和国国务院令第714号

第八十条　企业所得税法第二十四条所称直接控制，是指居民企业直接持有外国企业20%以上股份。

企业所得税法第二十四条所称间接控制，是指居民企业以间接持股方式持有外国企业20%以上股份，具体认定办法由国务院财政、税务主管部门另行制定。

20－3 《财政部　国家税务总局关于企业境外所得税收抵免有关问题的通知》第一条、第五条

2009年12月25日　财税〔2009〕125号

一、居民企业以及非居民企业在中国境内设立的机构、场所（以下统称企业）依照企业所得税法第二十三条、第二十四条的有关规定，应在其应纳税额中抵免在境外缴纳的所得税额的，适用本通知。

……

五、居民企业在按照企业所得税法第二十四条规定用境外所得间接负担的税额进行税收抵免时，其取得的境外投资收益实际间接负担的税额，是指根据直接或者间接持股方式合计持股20%以上（含20%，下同）的规定层级的外国企业股份，由此应分得的股息、红利等权益性投资收益中，从最低一层外国企业起逐层计算的属于由上一层企业负担的税额，其计算公式如下：

本层企业所纳税额属于由一家上一层企业负担的税额 =（本层企业就利润和投资收益所实际缴纳的税额 + 符合本通知规定的由本层企业间接负担的税额）×本层企业向一家上一层企业分配的股息（红利）÷本层企业所得税后利润额。

20-4 《国家税务总局关于发布〈企业境外所得税收抵免操作指南〉的公告》第一条、第五条

2010年7月2日　国家税务总局公告2010年第1号

《通知》第一条　关于适用范围

居民企业以及非居民企业在中国境内设立的机构、场所（以下统称企业）依照企业所得税法第二十三条、第二十四条的有关规定，应在其应纳税额中抵免在境外缴纳的所得税额的，适用本通知。

1. 可以适用境外（包括港澳台地区，以下同）所得税收抵免的纳税人包括两类：

（1）根据企业所得税法第二十三条关于境外税额直接抵免和第二十四条关于境外税额间接抵免的规定，居民企业（包括按境外法律设立但实际管理机构在中国，被判定为中国税收居民的企业）可以就其取得的境外所得直接缴纳和间接负担的境外企业所得税性质的税额进行抵免。

（2）根据企业所得税法第二十三条的规定，非居民企业（外国企业）在中国境内设立的机构（场所）可以就其取得的发生在境外、但与其有实际联系的所得直接缴纳的境外企业所得税性质的税额进行抵免。

为缓解由于国家间对所得来源地判定标准的重叠而产生的国际重复征税，我国税法对非居民企业在中国境内分支机构取得的发生于境外的所得所缴纳的境外税额，给予了与居民企业类似的税额抵免待遇。对此类非居民给予的境外

税额抵免仅涉及直接抵免。

所谓实际联系是指，据以取得所得的权利、财产或服务活动由非居民企业在中国境内的分支机构拥有、控制或实施，如外国银行在中国境内分行以其可支配的资金向中国境外贷款，境外借款人就该笔贷款向其支付的利息，即属于发生在境外与该分行有实际联系的所得。

2. 境外税额抵免分为直接抵免和间接抵免。

直接抵免是指，企业直接作为纳税人就其境外所得在境外缴纳的所得税额在我国应纳税额中抵免。直接抵免主要适用于企业就来源于境外的营业利润所得在境外所缴纳的企业所得税，以及就来源于或发生于境外的股息、红利等权益性投资所得、利息、租金、特许权使用费、财产转让等所得在境外被源泉扣缴的预提所得税。

间接抵免是指，境外企业就分配股息前的利润缴纳的外国所得税额中由我国居民企业就该项分得的股息性质的所得间接负担的部分，在我国的应纳税额中抵免。例如我国居民企业（母公司）的境外子公司在所在国（地区）缴纳企业所得税后，将税后利润的一部分作为股息、红利分配给该母公司，子公司在境外就其应税所得实际缴纳的企业所得税税额中按母公司所得股息占全部税后利润之比的部分即属于该母公司间接负担的境外企业所得税额。间接抵免的适用范围为居民企业从其符合《通知》第五、六条规定的境外子公司取得的股息、红利等权益性投资收益所得。

……

《通知》第五条　关于境外所得间接负担税额的计算

居民企业在按照企业所得税法第二十四条规定用境外所得间接负担的税额进行税收抵免时，其取得的境外投资收益实际间接负担的税额，是指根据直接或者间接持股方式合计持股20%以上（含20%，下同）的规定层级的外国企业股份，由此应分得的股息、红利等权益性投资收益中，从最低一层外国企业起逐层计算的属于由上一层企业负担的税额，其计算公式如下：

本层企业所纳税额属于由一家上一层企业负担的税额 =（本层企业就利润和投资收益所实际缴纳的税额 + 符合本通知规定的由本层企业间接负担的税额）× 本层企业向一家上一层企业分配的股息（红利）÷ 本层企业所得税后利润额。

18. 本条规定了境外所得间接负担的符合《通知》第六条规定条件的下层企业税额的计算方式及公式（参见示例三），公式中：

（1）本层企业是指实际分配股息（红利）的境外被投资企业；

（2）本层企业就利润和投资收益所实际缴纳的税额是指，本层企业按所在国税法就利润缴纳的企业所得税和在被投资方所在国就分得的股息等权益性投资收益被源泉扣缴的预提所得税；

（3）符合《通知》规定的由本层企业间接负担的税额是指该层企业由于从下一层企业分回股息（红利）而间接负担的由下一层企业就其利润缴纳的企业所得税税额；

（4）本层企业向一家上一层企业分配的股息（红利）是指该层企业向上一层企业实际分配的扣缴预提所得税前的股息（红利）数额；

（5）本层企业所得税后利润额是指该层企业实现的利润总额减去就其利润实际缴纳的企业所得税后的余额；

19. 每一层企业从其持股的下一层企业在一个年度中分得的股息（红利），若是由该下一层企业不同年度的税后未分配利润组成，则应按该股息（红利）对应的每一年度未分配利润，分别计算就该项分配利润所间接负担的税额；按各年度计算的间接负担税额之和，即为取得股息（红利）的企业该一个年度中分得的股息（红利）所得所间接负担的所得税额。

20. 境外第二层及以下层级企业归属不同国家的，在计算居民企业负担境外税额时，均以境外第一层企业所在国（地区）为国别划分进行归集计算，而不论该第一层企业的下层企业归属何国（地区）。

20－5 《财政部 税务总局关于完善企业境外所得税收抵免政策问题的通知》第二条

2017年12月28日 财税〔2017〕84号

二、企业在境外取得的股息所得，在按规定计算该企业境外股息所得的可抵免所得税额和抵免限额时，由该企业直接或者间接持有20%以上股份的外国企业，限于按照财税〔2009〕125号文件第六条规定的持股方式确定的五层外国企业，即：

第一层：企业直接持有20%以上股份的外国企业；

第二层至第五层：单一上一层外国企业直接持有20%以上股份，且由该企业直接持有或通过一个或多个符合财税〔2009〕125 号文件第六条规定持股方式的外国企业间接持有总和达到 20% 以上股份的外国企业。

20－6 《财政部 税务总局关于完善企业境外所得税收抵免政策问题的通知》第一条

2017 年 12 月 28 日 财税〔2017〕84 号

一、企业可以选择按国（地区）别分别计算（即“分国（地区）不分项”），或者不按国（地区）别汇总计算（即“不分国（地区）不分项”）其来源于境外的应纳税所得额，并按照财税〔2009〕125 号文件第八条规定的税率，分别计算其可抵免境外所得税税额和抵免限额。上述方式一经选择，5 年内不得改变。

企业选择采用不同于以前年度的方式（以下简称新方式）计算可抵免境外所得税税额和抵免限额时，对该企业以前年度按照财税〔2009〕125 号文件规定没有抵免完的余额，可在税法规定结转的剩余年限内，按新方式计算的抵免限额中继续结转抵免。

21. 企业境外承包工程税收抵免凭证

适用主体

以总分包或联合体方式在境外实施工程项目的企业。

政策规定

企业以总分包或联合体方式在境外实施工程项目（包括但不限于工程建设、基础设施建设等项目，下同），其来源于境外所得已在境外缴纳的企业所得税税额，可按国家税务总局公告 2017 年第 41 号规定以总承包企业或联合体主导方企业开具的《境外承包工程项目完税凭证分割单（总分包方式）》［以下简称《分割单（总分包方式）》］或《境外承包工程项目完税凭证分割单（联合体方式）》［以下简称《分割单（联合体方式）》］作为境外所得完税证明或纳税凭证进行税收抵免。

企业以总分包方式在境外承包工程，除总承包企业自行施工的部分外，发生分包（再分包，下同）的，其分包部分来源于境外所得已由总承包企业在境外缴纳的企业所得税税额，总承包企业可按实际取得的收入、工作量等因素确定的合理比例进行分配，开具《分割单（总分包方式）》，并将《分割单（总分包方式）》复印件提供给分包企业，分包企业据此申报抵免。总承包企业按分配后的余额申报抵免。同一项目分配方法应当一致，且在项目存续期内不得改变。

企业以联合体方式中标境外工程，该联合体在境外缴纳的企业所得税税额可由主导方企业按实际取得的收入、工作量等因素确定的合理比例进行分配，开具《分割单（联合体方式）》，并将《分割单（联合体方式）》复印件提供给联合体各方企业，联合体各方企业据此申报抵免。

情景问答

问：居民企业 A 公司中标某国基建工程，A 公司将该基建工程分包给居民企业 B 公司进行工程实施，B 公司取得 A 公司支付的工程分包款，该部分来源于境外的工程施工所得已由总承包方 A 公司在境外缴纳了企业所得税性质的税额，B 公司无法取得完税凭证，请问 B 公司如何办理境外所得税收抵免？

答：B 公司可按国家税务总局公告 2017 年第 41 号规定以总承包方即 A 公司开具的《境外承包工程项目完税凭证分割单（总分包方式）》作为境外所得完税证明或纳税凭证进行税收抵免。总承包企业、分包企业应向主管税务机关备案规定材料。

政策依据

《国家税务总局关于企业境外承包工程税收抵免凭证有关问题的公告》（国家税务总局公告 2017 年第 41 号）

延伸阅读

21-1 《国家税务总局关于企业境外承包工程税收抵免凭证有关问题的公告》

2017年11月21日 国家税务总局公告2017年第41号

根据《中华人民共和国企业所得税法》及其实施条例、《财政部 国家税务总局关于企业境外所得税收抵免有关问题的通知》(财税〔2009〕125号)和《国家税务总局关于发布〈企业境外所得税收抵免操作指南〉的公告》(国家税务总局公告2010年第1号)的有关规定,现就企业境外承包工程税收抵免凭证有关问题公告如下:

一、企业以总分包或联合体方式在境外实施工程项目(包括但不限于工程建设、基础设施建设等项目,下同),其来源于境外所得已在境外缴纳的企业所得税税额,可按本公告规定以总承包企业或联合体主导方企业开具的《境外承包工程项目完税凭证分割单(总分包方式)》(附件1,以下简称《分割单(总分包方式)》)或《境外承包工程项目完税凭证分割单(联合体方式)》(附件2,以下简称《分割单(联合体方式)》)作为境外所得完税证明或纳税凭证进行税收抵免。

二、企业以总分包方式在境外承包工程,除总承包企业自行施工的部分外,发生分包(再分包,下同)的,其分包部分来源于境外所得已由总承包企业在境外缴纳的企业所得税税额,总承包企业可按实际取得的收入、工作量等因素确定的合理比例进行分配,开具《分割单(总分包方式)》,并将《分割单(总分包方式)》复印件提供给分包企业,分包企业据此申报抵免。总承包企业按分配后的余额申报抵免。同一项目分配方法应当一致,且在项目存续期内不得改变。

三、企业以联合体方式中标境外工程,该联合体在境外缴纳的企业所得税税额可由主导方企业按实际取得的收入、工作量等因素确定的合理比例进行分配,开具《分割单(联合体方式)》,并将《分割单(联合体方式)》复印件提供给联合体各方企业,联合体各方企业据此申报抵免。

联合体主导方可按合同收入占比孰高原则或事先约定进行确定。

四、总承包企业作为境外纳税主体，应就其在境外缴纳的企业所得税税额，填制《分割单（总分包方式）》后提交主管税务机关备案，并将以下资料留存备查：

1. 总承包企业与境外发包方签订的总承包合同；

2. 总承包企业与分包企业签订的分包合同，如建设项目再分包的，还需留存备查分包企业与再分包企业签订的再分包合同；

3. 总承包企业境外所得相关完税证明或纳税凭证；

4. 境外所得缴纳的企业所得税税额按收入、工作量等因素确定的合理比例分配的计算过程及相关说明。

五、联合体作为境外纳税主体，应就其在境外缴纳的企业所得税税额，由主导方企业填制《分割单（联合体方式）》后提交主管税务机关备案，并将以下资料留存备查：

1. 联合体与境外发包方签订的工程承包合同；

2. 各方企业组建联合体合同或协议；

3. 联合体境外所得相关完税证明或纳税凭证；

4. 境外所得缴纳的企业所得税税额按收入、工作量等因素确定的合理比例分配的计算过程及相关说明。

六、总承包企业或联合体主导方企业应按项目分别建立分割单台账，准确记录境外所得缴纳税额分配情况。

七、分包企业或联合体各方企业申报抵免时，应将《分割单（总分包方式）》或《分割单（联合体方式）》复印件提交主管税务机关备案。主管税务机关对企业有关境外所得抵免有异议的，可以向总承包企业或联合体主导方企业的主管税务机关提出书面复核建议，总承包企业或联合体主导方企业的主管税务机关在收到复核建议后30日内函复复核结果。

八、总承包企业、分包企业及联合体各方企业主管税务机关在后续管理过程中发现企业存在多抵免税款情况的，应及时将信息告知相关各方企业的主管税务机关。

九、本公告适用于2017年度及以后年度企业所得税汇算清缴。以前年度尚未进行境外税收抵免处理的，可按本公告规定执行。

特此公告。

附件：1. 境外承包工程项目完税凭证分割单（总分包方式）（编者略）

2. 境外承包工程项目完税凭证分割单（联合体方式）（编者略）

22. 企业境外购进货物或劳务支出税前扣除

适用主体

居民企业。

政策规定

在境外购进货物或者劳务（包含企业员工代表企业在境外从事差旅、会议等商务活动）所发生支出，在计算企业所得税应纳税所得额时可以进行税前扣除。

适用条件

税前扣除凭证，是指企业在计算企业所得税应纳税所得额时，证明与取得收入有关的、合理的支出实际发生，并据以税前扣除的各类凭证。企业发生支出，应取得税前扣除凭证，作为计算企业所得税应纳税所得额时扣除相关支出的依据。

企业应在当年度企业所得税法规定的汇算清缴期结束前取得税前扣除凭证。企业应将与税前扣除凭证相关的资料，包括合同协议、支出依据、付款凭证等留存备查，以证实税前扣除凭证的真实性。

企业从境外购进货物或者劳务发生的支出，以对方开具的发票或者具有发票性质的收款凭证、相关税费缴纳凭证作为税前扣除凭证。

情景问答

问：某居民企业 B 公司因研发需要直接从境外 Y 国购进某台专用技术设备，发生支出 20 万美元，折合人民币 120 万元，并取得对方开具的收款收据，在 Y 国缴纳相关税费 6 万元，在设备进入国内报关时缴纳相关税费 8 万元，请问 B 公司对此项费用在所得税汇算清缴时，哪些凭证可作为税前扣除凭证？

答：企业从境外购进货物或者劳务等所发生的支出，原则上以对方开具的发票或者具有发票性质的收款凭证作为税前扣除凭证。由于购进境外货物时，除本身价格外，还伴随发生一些税费，故企业从境外购进货物或者劳务等支出的税前扣除凭证，还应包括相关税费缴纳凭证。B 公司可凭境外 Y 国销货商开具的具有发票性质的收款收据，以及购进货物所伴随缴纳的相关税费缴纳凭证一同作为企业所得税税前扣除凭证。

政策依据

《国家税务总局关于发布〈企业所得税税前扣除凭证管理办法〉的公告》（国家税务总局公告 2018 年第 28 号）

延伸阅读

22－1 《国家税务总局关于发布〈企业所得税税前扣除凭证管理办法〉的公告》

2018 年 6 月 6 日　国家税务总局公告 2018 年第 28 号

为加强企业所得税税前扣除凭证管理，规范税收执法，优化营商环境，国家税务总局制定了《企业所得税税前扣除凭证管理办法》，现予以发布。

特此公告。

企业所得税税前扣除凭证管理办法

第一条　为规范企业所得税税前扣除凭证（以下简称“税前扣除凭证”）管理，根据《中华人民共和国企业所得税法》（以下简称“企业所得税法”）及其实施条例、《中华人民共和国税收征收管理法》及其实施细则、《中华人民共和国发票管理办法》及其实施细则等规定，制定本办法。

第二条　本办法所称税前扣除凭证，是指企业在计算企业所得税应纳税所得额时，证明与取得收入有关的、合理的支出实际发生，并据以税前扣除的各类凭证。

第三条　本办法所称企业是指企业所得税法及其实施条例规定的居民企业和非居民企业。

第四条　税前扣除凭证在管理中遵循真实性、合法性、关联性原则。真实性是指税前扣除凭证反映的经济业务真实，且支出已经实际发生；合法性是指税前扣除凭证的形式、来源符合国家法律、法规等相关规定；关联性是指税前扣除凭证与其反映的支出相关联且有证明力。

第五条　企业发生支出，应取得税前扣除凭证，作为计算企业所得税应纳税所得额时扣除相关支出的依据。

第六条　企业应在当年度企业所得税法规定的汇算清缴期结束前取得税前扣除凭证。

第七条　企业应将与税前扣除凭证相关的资料，包括合同协议、支出依据、付款凭证等留存备查，以证实税前扣除凭证的真实性。

第八条　税前扣除凭证按照来源分为内部凭证和外部凭证。

内部凭证是指企业自制用于成本、费用、损失和其他支出核算的会计原始凭证。内部凭证的填制和使用应当符合国家会计法律、法规等相关规定。

外部凭证是指企业发生经营活动和其他事项时，从其他单位、个人取得的用于证明其支出发生的凭证，包括但不限于发票（包括纸质发票和电子发票）、财政票据、完税凭证、收款凭证、分割单等。

第九条　企业在境内发生的支出项目属于增值税应税项目（以下简称“应税项目”）的，对方为已办理税务登记的增值税纳税人，其支出以发票（包括按照规定由税务机关代开的发票）作为税前扣除凭证；对方为依法无需办理税务登记的单位或者从事小额零星经营业务的个人，其支出以税务机关代开的发票或者收款凭证及内部凭证作为税前扣除凭证，收款凭证应载明收款单位名称、个人姓名及身份证号、支出项目、收款金额等相关信息。

小额零星经营业务的判断标准是个人从事应税项目经营业务的销售额不超过增值税相关政策规定的起征点。

税务总局对应税项目开具发票另有规定的，以规定的发票或者票据作为税前扣除凭证。

第十条　企业在境内发生的支出项目不属于应税项目的，对方为单位的，以对方开具的发票以外的其他外部凭证作为税前扣除凭证；对方为个人的，以内部凭证作为税前扣除凭证。

企业在境内发生的支出项目虽不属于应税项目，但按税务总局规定可以开具发票的，可以发票作为税前扣除凭证。

第十一条　企业从境外购进货物或者劳务发生的支出，以对方开具的发票或者具有发票性质的收款凭证、相关税费缴纳凭证作为税前扣除凭证。

第十二条　企业取得私自印制、伪造、变造、作废、开票方非法取得、虚开、填写不规范等不符合规定的发票（以下简称"不合规发票"），以及取得不符合国家法律、法规等相关规定的其他外部凭证（以下简称"不合规其他外部凭证"），不得作为税前扣除凭证。

第十三条　企业应当取得而未取得发票、其他外部凭证或者取得不合规发票、不合规其他外部凭证的，若支出真实且已实际发生，应当在当年度汇算清缴期结束前，要求对方补开、换开发票、其他外部凭证。补开、换开后的发票、其他外部凭证符合规定的，可以作为税前扣除凭证。

第十四条　企业在补开、换开发票、其他外部凭证过程中，因对方注销、撤销、依法被吊销营业执照、被税务机关认定为非正常户等特殊原因无法补开、换开发票、其他外部凭证的，可凭以下资料证实支出真实性后，其支出允许税前扣除：

（一）无法补开、换开发票、其他外部凭证原因的证明资料（包括工商注销、机构撤销、列入非正常经营户、破产公告等证明资料）；

（二）相关业务活动的合同或者协议；

（三）采用非现金方式支付的付款凭证；

（四）货物运输的证明资料；

（五）货物入库、出库内部凭证；

（六）企业会计核算记录以及其他资料。

前款第一项至第三项为必备资料。

第十五条　汇算清缴期结束后，税务机关发现企业应当取得而未取得发票、其他外部凭证或者取得不合规发票、不合规其他外部凭证并且告知企业的，企业应当自被告知之日起60日内补开、换开符合规定的发票、其他外部凭证。其中，因对方特殊原因无法补开、换开发票、其他外部凭证的，企业应当按照本办法第十四条的规定，自被告知之日起60日内提供可以证实其支出真实性的相关资料。

第十六条　企业在规定的期限未能补开、换开符合规定的发票、其他外部凭证，并且未能按照本办法第十四条的规定提供相关资料证实其支出真实性的，相应支出不得在发生年度税前扣除。

第十七条　除发生本办法第十五条规定的情形外，企业以前年度应当取得而未取得发票、其他外部凭证，且相应支出在该年度没有税前扣除的，在以后年度取得符合规定的发票、其他外部凭证或者按照本办法第十四条的规定提供可以证实其支出真实性的相关资料，相应支出可以追补至该支出发生年度税前扣除，但追补年限不得超过五年。

第十八条　企业与其他企业（包括关联企业）、个人在境内共同接受应纳增值税劳务（以下简称“应税劳务”）发生的支出，采取分摊方式的，应当按照独立交易原则进行分摊，企业以发票和分割单作为税前扣除凭证，共同接受应税劳务的其他企业以企业开具的分割单作为税前扣除凭证。

企业与其他企业、个人在境内共同接受非应税劳务发生的支出，采取分摊方式的，企业以发票外的其他外部凭证和分割单作为税前扣除凭证，共同接受非应税劳务的其他企业以企业开具的分割单作为税前扣除凭证。

第十九条　企业租用（包括企业作为单一承租方租用）办公、生产用房等资产发生的水、电、燃气、冷气、暖气、通讯线路、有线电视、网络等费用，出租方作为应税项目开具发票的，企业以发票作为税前扣除凭证；出租方采取分摊方式的，企业以出租方开具的其他外部凭证作为税前扣除凭证。

第二十条　本办法自 2018 年 7 月 1 日起施行。

23. 境外税收抵免简易办法（定率计算）

适用主体

居民企业。

政策规定

企业从境外取得营业利润所得及符合境外税额间接抵免条件的股息所得，虽有所得来源国（地区）政府机关核发的具有纳税性质的凭证或证明，但因客观原因无法真实、准确地确认应当缴纳并已经实际缴纳的境外所得税税额的，除就该所得直接缴纳及间接负担的税额在所得来源国（地区）的实际有效税率低于我国企业所得税法第四条第一款规定税率50%以上的外，可按境外应纳税所得额的12.5%作为抵免限额，企业按该国（地区）税务机关或政府机关核发具有纳税性质凭证或证明的金额，其不超过抵免限额的部分，准予抵免。超过的部分不得抵免。

企业境外所得符合《财政部　国家税务总局关于企业境外所得税收抵免有关问题的通知》（财税〔2009〕125号）第十条第（一）项和第（二）项规定情形的，可以采取简易办法对境外所得已纳税额计算抵免。企业在年度汇算清缴期内，应向主管税务机关报送备案资料，备案资料的具体内容按照《国家税务总局关于发布〈企业境外所得税收抵免操作指南〉的公告》（国家税务总局公告2010年第1号）第30条的规定执行。

适用条件

居民企业从境外未达到直接持股20%条件的境外子公司取得的股息所得，以及取得利息、租金、特许权使用费、转让财产等所得，向所得来源国直接缴纳的预提所得税额，应按直接抵免有关规定正常计算抵免，不适用简易办法计算抵免。

政策依据

1）《财政部　国家税务总局关于企业境外所得税收抵免有关问题的通知》（财税〔2009〕125号）第十条

2）《国家税务总局关于发布〈企业境外所得税收抵免操作指南〉的公告》（国家税务总局公告2010年第1号）第十条

3）《国家税务总局关于企业境外所得适用简易征收和饶让抵免的核准事项取消后有关后续管理问题的公告》（国家税务总局公告2015年第70号）第一条、第二条

4）《财政部　国家税务总局完善企业境外所得税收抵免政策问题的通知》（财税〔2017〕84号）（见P95　16-5）

延伸阅读

23 - 1 《财政部　国家税务总局关于企业境外所得税收抵免有关问题的通知》第十条[①]

2009年12月25日　财税〔2009〕125号

十、属于下列情形的，经企业申请，主管税务机关核准，可以采取简易办法对境外所得已纳税额计算抵免：

（一）企业从境外取得营业利润所得以及符合境外税额间接抵免条件的股息所得，虽有所得来源国（地区）政府机关核发的具有纳税性质的凭证或证明，但因客观原因无法真实、准确地确认应当缴纳并已经实际缴纳的境外所得税税额的，除就该所得直接缴纳及间接负担的税额在所得来源国（地区）的实际有效税率低于我国企业所得税法第四条第一款规定税率50%以上的外，可按境外应纳税所得额的12.5%作为抵免限额，企业按该国（地区）税务机关或政府机关核发具有纳税性质凭证或证明的金额，其不超过抵免限额的部分，准予抵免；超过的部分不得抵免。

属于本款规定以外的股息、利息、租金、特许权使用费、转让财产等投资性所得，均应按本通知的其他规定计算境外税额抵免。

（二）企业从境外取得营业利润所得以及符合境外税额间接抵免条件的股息所得，凡就该所得缴纳及间接负担的税额在所得来源国（地区）的法定税率且其实际有效税率明显高于我国的，可直接以按本通知规定计算的境外应纳税所得额和我国企业所得税法规定的税率计算的抵免限额作为可抵免的已在境外实际缴纳的企业所得税税额。具体国家（地区）名单见附件。财政部、国家税务总局可根据实际情况适时对名单进行调整。

属于本款规定以外的股息、利息、租金、特许权使用费、转让财产等投资性所得，均应按本通知的其他规定计算境外税额抵免。

---

① 条款废止。第十条中"经企业申请，主管税务机关核准"的规定废止。参见：《国家税务总局关于企业境外所得适用简易征收和饶让抵免的核准事项取消后有关后续管理问题的公告》，国家税务总局公告2015年第70号。

23-2 《国家税务总局关于发布〈企业境外所得税收抵免操作指南〉的公告》第十条

2010年7月2日 国家税务总局公告2010年第1号

《通知》第十条 关于简易办法计算抵免

（一）企业从境外取得营业利润所得以及符合境外税额间接抵免条件的股息所得，虽有所得来源国（地区）政府机关核发的具有纳税性质的凭证或证明，但因客观原因无法真实、准确地确认应当缴纳并已经实际缴纳的境外所得税税额的，除就该所得直接缴纳及间接负担的税额在所得来源国（地区）的实际有效税率低于我国企业所得税法第四条第一款规定税率50%以上的外，可按境外应纳税所得额的12.5%作为抵免限额，企业按该国（地区）税务机关或政府机关核发具有纳税性质凭证或证明的金额，其不超过抵免限额的部分，准予抵免；超过的部分不得抵免。

属于本款规定以外的股息、利息、租金、特许权使用费、转让财产等投资性所得，均应按本通知的其他规定计算境外税额抵免。

（二）企业从境外取得营业利润所得以及符合境外税额间接抵免条件的股息所得，凡就该所得缴纳及间接负担的税额在所得来源国（地区）的法定税率且其实际有效税率明显高于我国的，可直接以按本通知规定计算的境外应纳税所得额和我国企业所得税法规定的税率计算的抵免限额作为可抵免的已在境外实际缴纳的企业所得税税额。具体国家（地区）名单见附件。财政部、国家税务总局可根据实际情况适时对名单进行调整。

属于本款规定以外的股息、利息、租金、特许权使用费、转让财产等投资性所得，均应按本通知的其他规定计算境外税额抵免。

32. 采用简易办法也须遵循“分国不分项”原则。

33. 本条第一项中“从所得来源国（地区）政府机关取得具有纳税性质的凭证或证明”是指向境外所在国家政府实际缴纳了具有综合税额（含企业所得税）性质的款项的有效凭证。

34. 本条第二项中“实际有效税率”是指实际缴纳或负担的企业所得税税额与应纳税所得额的比率。

法定税率且实际有效税率明显高于我国（税率）的国家，由财政部和国家税务总局列名单公布；各地税务机关不能自行作出判定，发现名单所列国家抵免异常的，应立即向国家税务总局报告。

35. 本条第一项和第二项中“属于本款规定以外的股息、利息、租金、特许权使用费、转让财产等投资性所得”是指，居民企业从境外未达到直接持股20%条件的境外子公司取得的股息所得，以及取得利息、租金、特许权使用费、转让财产等所得，向所得来源国直接缴纳的预提所得税额，应按《通知》有关直接抵免的规定正常计算抵免。

23－3 《国家税务总局关于企业境外所得适用简易征收和饶让抵免的核准事项取消后有关后续管理问题的公告》第一条、第二条

2015 年 10 月 10 日　国家税务总局公告 2015 年第 70 号

一、企业境外所得符合《财政部　国家税务总局关于企业境外所得税收抵免有关问题的通知》（财税〔2009〕125 号）第十条第（一）项和第（二）项规定情形的，可以采取简易办法对境外所得已纳税额计算抵免。企业在年度汇算清缴期内，应向主管税务机关报送备案资料，备案资料的具体内容按照《国家税务总局关于发布〈企业境外所得税收抵免操作指南〉的公告》（国家税务总局公告 2010 年第 1 号）第 30 条的规定执行。

二、本公告自公布之日起施行。《财政部　国家税务总局关于企业境外所得税收抵免有关问题的通知》（财税〔2009〕125 号）第十条中“经企业申请，主管税务机关核准”的规定同时废止。

24. 境外税收抵免简易办法（“白名单”）

适用主体

从财政部和国家税务总局列名单（即“白名单”）公布的国家取得符合条件的境外所得的居民企业。

政策规定

1）企业从境外取得营业利润所得以及符合境外税额间接抵免条件的股息所得，凡是所得来源国（地区）的法定税率且其实际有效税率明显高于25%的，可直接按照25%计算抵免限额。

2）法定税率且实际有效税率明显高于我国（税率）的国家（即“白名单”国家），目前包括美国、阿根廷、布隆迪、喀麦隆、古巴、法国、日本、摩洛哥、巴基斯坦、赞比亚、科威特、孟加拉国、叙利亚、约旦、老挝。

适用条件

1）“白名单”由财政部和国家税务总局公布。

2）居民企业从境外未达到直接持股20%条件的境外子公司取得的股息所得，以及取得利息、租金、特许权使用费、转让财产等所得，向所得来源国直接缴纳的预提所得税额，应按直接抵免有关规定正常计算抵免，不适用简易办法计算抵免。

情景问答

问：我公司申报2016年境外所得时，采用了简易方法计算抵免税额，请问这种情形下是否还能够适用饶让抵免？

答：你公司该所得不能适用饶让抵免。根据《国家税务总局关于发布〈企业境外所得税收抵免操作指南〉的公告》（国家税务总局公告2010年第1号）的规定，境外所得采用简易办法计算抵免额的，不适用饶让抵免。

政策依据

1）《财政部　国家税务总局关于企业境外所得税收抵免有关问题的通知》（财税〔2009〕125号）第十条（见P138　23－1）

2）《国家税务总局关于发布〈企业境外所得税收抵免操作指南〉的公告》（国家税务总局公告2010年第1号）第十条（见P139　23－2）

3）《国家税务总局关于企业境外所得适用简易征收和饶让抵免的核准事项取消后有关后续管理问题的公告》（国家税务总局公告2015年第70号）第二条

4）《财政部　国家税务总局完善企业境外所得税收抵免政策问题的通知》（财税〔2017〕84号）（见P95　16－5）

延伸阅读

24－1 《国家税务总局关于企业境外所得适用简易征收和饶让抵免的核准事项取消后有关后续管理问题的公告》第二条

2015年10月10日　国家税务总局公告2015年第70号

二、本公告自公布之日起施行。《财政部　国家税务总局关于企业境外所得税收抵免有关问题的通知》（财税〔2009〕125号）第十条中“经企业申请，主管税务机关核准”的规定同时废止。

（四）所得税优惠政策

25. 企业所得税优惠政策事项办理

为优化税收环境，有效落实企业所得税各项优惠政策，国家税务总局修订了新的企业所得税优惠事项办理办法。“走出去”企业向境外转让技术、通过沪港通投资持有H股享受所得税优惠及委托境外研究开发费用税前加计扣除等优惠政策，适用新的企业所得税优惠事项办理办法规定。

适用主体

居民企业。

政策规定

1）优惠事项是指企业所得税法规定的优惠事项，以及国务院和民族自治地方根据企业所得税法授权制定的企业所得税优惠事项。包括免税收入、减计收入、加计扣除、加速折旧、所得减免、抵扣应纳税所得额、减低税率、税额抵免等。对“走出去”企业而言，向境外转让技术或通过沪港通投资持有 H 股享受企业所得税优惠政策要适用新的办理办法。

2）企业享受优惠事项采取“自行判别、申报享受、相关资料留存备查”的办理方式。企业应当根据经营情况以及相关税收规定自行判断是否符合优惠事项规定的条件，符合条件的可以按照《企业所得税优惠事项管理目录（2017 年版）》（国家税务总局公告 2018 年第 23 号）列示的时间自行计算减免税额，并通过填报企业所得税纳税申报表享受税收优惠。同时，按照《企业所得税优惠事项管理目录（2017 年版）》的规定归集和留存相关资料备查。

3）所称留存备查资料是指与企业享受优惠事项有关的合同、协议、凭证、证书、文件、账册、说明等资料。留存备查资料分为主要留存备查资料和其他留存备查资料两类。主要留存备查资料由企业按照《企业所得税优惠事项管理目录（2017 年版）》列示的资料清单准备，其他留存备查资料由企业根据享受优惠事项情况自行补充准备。

4）企业享受优惠事项的，应当在完成年度汇算清缴后，将留存备查资料归集齐全并整理完成，以备税务机关核查。企业同时享受多项优惠事项或者享受的优惠事项按照规定分项目进行核算的，应当按照优惠事项或者项目分别归集留存备查资料。

5）设有非法人分支机构的居民企业以及实行汇总纳税的非居民企业机构、场所享受优惠事项的，由居民企业的总机构以及汇总纳税的主要机构、场所负责统一归集并留存备查资料。分支机构以及被汇总纳税的非居民企业机构、场所按照规定可独立享受优惠事项的，由分支机构以及被汇总纳税的非居民企业机构、场所负责归集并留存备查资料，同时分支机构以及被汇总纳税的非居民企业机构、场所应在当完成年度汇算清缴后将留存的备查资料清单送总机构以及汇总纳税的主要机构、场所汇总。

6）企业对优惠事项留存备查资料的真实性、合法性承担法律责任，留存备查资料应从企业享受优惠事项当年的企业所得税汇算清缴期结束次日起保留10 年。

情景问答

问：我公司是内地居民企业，通过沪港通投资且连续持有 H 股满 12 个月，我公司取得的股息红利所得享受免征企业所得税该如何办理？

答：你公司应该采用“自行判别、申报享受、相关资料留存备查”的办理方式，并根据经营情况以及相关税收规定自行判断是否符合优惠事项规定的条件，符合条件的可以按照《企业所得税优惠事项管理目录（2017 年版）》列示的时间自行计算减免税额，通过填报企业所得税纳税申报表享受税收优惠。你公司要在完成年度汇算清缴后将留存备查资料归集齐全并整理完成，以备税务机关核查，企业对优惠事项留存备查资料的真实性、合法性承担法律责任。

政策依据

1）《财政部　国家税务总局关于企业境外所得税收抵免有关问题的通知》（财税〔2009〕125 号）第十条（见 P138　23－1）

2）《国家税务总局关于发布〈企业所得税优惠政策事项办理办法〉的公告》（国家税务总局公告 2018 年第 23 号）

延伸阅读

25－1 《国家税务总局关于发布〈企业所得税优惠政策事项办理办法〉的公告》

2018 年 4 月 25 日　国家税务总局公告 2018 年第 23 号

为优化税收环境，有效落实企业所得税各项优惠政策，根据《国家税务总局关于进一步深化税务系统“放管服”改革　优化税收环境的若干意见》（税总发〔2017〕101 号）有关精神，现将修订后的《企业所得税优惠政策事项办理办法》予以发布。

特此公告。

附件：企业所得税优惠事项管理目录（2017 年版）（编者略）

企业所得税优惠政策事项办理办法

第一条　为落实国务院简政放权、放管结合、优化服务要求，规范企业所得税优惠政策事项（以下简称“优惠事项”）办理，根据《中华人民共和国企业所得税法》（以下简称“企业所得税法”）及其实施条例、《中华人民共和国税收征收管理法》（以下简称“税收征管法”）及其实施细则，制定本办法。

第二条　本办法所称优惠事项是指企业所得税法规定的优惠事项，以及国务院和民族自治地方根据企业所得税法授权制定的企业所得税优惠事项。包括免税收入、减计收入、加计扣除、加速折旧、所得减免、抵扣应纳税所得额、减低税率、税额抵免等。

第三条　优惠事项的名称、政策概述、主要政策依据、主要留存备查资料、享受优惠时间、后续管理要求等，见本公告附件《企业所得税优惠事项管理目录（2017 年版）》（以下简称《目录》）。

《目录》由税务总局编制、更新。

第四条　企业享受优惠事项采取“自行判别、申报享受、相关资料留存备查”的办理方式。企业应当根据经营情况以及相关税收规定自行判断是否符合优惠事项规定的条件，符合条件的可以按照《目录》列示的时间自行计算减免税额，并通过填报企业所得税纳税申报表享受税收优惠。同时，按照本办法的规定归集和留存相关资料备查。

第五条 本办法所称留存备查资料是指与企业享受优惠事项有关的合同、协议、凭证、证书、文件、账册、说明等资料。留存备查资料分为主要留存备查资料和其他留存备查资料两类。主要留存备查资料由企业按照《目录》列示的资料清单准备，其他留存备查资料由企业根据享受优惠事项情况自行补充准备。

第六条 企业享受优惠事项的，应当在完成年度汇算清缴后，将留存备查资料归集齐全并整理完成，以备税务机关核查。

第七条 企业同时享受多项优惠事项或者享受的优惠事项按照规定分项目进行核算的，应当按照优惠事项或者项目分别归集留存备查资料。

第八条 设有非法人分支机构的居民企业以及实行汇总纳税的非居民企业机构、场所享受优惠事项的，由居民企业的总机构以及汇总纳税的主要机构、场所负责统一归集并留存备查资料。分支机构以及被汇总纳税的非居民企业机构、场所按照规定可独立享受优惠事项的，由分支机构以及被汇总纳税的非居民企业机构、场所负责归集并留存备查资料，同时分支机构以及被汇总纳税的非居民企业机构、场所应在当完成年度汇算清缴后将留存的备查资料清单送总机构以及汇总纳税的主要机构、场所汇总。

第九条 企业对优惠事项留存备查资料的真实性、合法性承担法律责任。

第十条 企业留存备查资料应从企业享受优惠事项当年的企业所得税汇算清缴期结束次日起保留10年。

第十一条 税务机关应当严格按照本办法规定的方式管理优惠事项，严禁擅自改变优惠事项的管理方式。

第十二条 企业享受优惠事项后，税务机关将适时开展后续管理。在后续管理时，企业应当根据税务机关管理服务的需要，按照规定的期限和方式提供留存备查资料，以证实享受优惠事项符合条件。其中，享受集成电路生产企业、集成电路设计企业、软件企业、国家规划布局内的重点软件企业和集成电路设计企业等优惠事项的企业，应当在完成年度汇算清缴后，按照《目录》“后续管理要求”项目中列示的清单向税务机关提交资料。

第十三条 企业享受优惠事项后发现其不符合优惠事项规定条件的，应当依法及时自行调整并补缴税款及滞纳金。

第十四条　企业未能按照税务机关要求提供留存备查资料，或者提供的留存备查资料与实际生产经营情况、财务核算情况、相关技术领域、产业、目录、资格证书等不符，无法证实符合优惠事项规定条件的，或者存在弄虚作假情况的，税务机关将依法追缴其已享受的企业所得税优惠，并按照税收征管法等相关规定处理。

第十五条　本办法适用于2017年度企业所得税汇算清缴及以后年度企业所得税优惠事项办理工作。《国家税务总局关于发布〈企业所得税优惠政策事项办理办法〉的公告》（国家税务总局公告2015年第76号）同时废止。

26. 通过沪港通或深港通投资H股税收优惠

为鼓励境内企业通过沪港通或深港通投资H股，内地居民企业持有H股取得的股息红利所得，符合条件的，可免征企业所得税。内地居民个人投资者通过深港通投资香港联交所上市股票取得的转让差价所得，在规定时间范围内，暂免征收个人所得税。

适用主体

通过沪港通或深港通投资香港联交所上市股票并取得股息红利所得的内地企业投资者。

通过沪港通或深港通投资香港联交所上市股票取得的转让差价所得的内地个人投资者。

政策规定

内地企业投资者通过沪港通或深港通投资香港联交所上市股票取得的股息红利所得，符合条件的，可免征企业所得税。

对内地个人投资者通过沪港通或深港通投资香港联交所上市股票取得的转让差价所得，自2017年11月17日起至2019年12月4日止，暂免征收个人所得税。

适用条件

对内地个人投资者通过沪港通、深港通投资香港联交所上市 H 股取得的股息红利，H 股公司应向中国证券登记结算有限责任公司（以下简称中国结算）提出申请，由中国结算向 H 股公司提供内地个人投资者名册，H 股公司按照20%的税率代扣个人所得税。内地个人投资者通过沪港通、深港通投资香港联交所上市的非 H 股取得的股息红利，由中国结算按照20%的税率代扣个人所得税。个人投资者在国外已缴纳的预提税，可持有效扣税凭证到中国结算的主管税务机关申请税收抵免。

对内地企业投资者通过沪港通、深港通投资香港联交所上市股票取得的股息红利所得，计入其收入总额，依法计征企业所得税。其中，内地居民企业连续持有 H 股满 12 个月取得的股息红利所得，依法免征企业所得税。

情景问答

问：2016 年 4 月 28 日，我公司通过沪港通购买在香港联交所上市的某内地居民企业 A 公司股票 10 万股并持续持有。2017 年 5 月 1 日，我公司取得该 A 公司所派发的股息收入 15 万元。请问 A 公司的股息红利如何确认应税收入？

答：对内地企业投资者通过沪港通投资香港联交所上市股票取得的股息红利所得，计入其收入总额，依法计征企业所得税。其中，内地居民企业连续持有 H 股满 12 个月取得的股息红利所得，依法免征企业所得税。

A 公司派发红利时，你公司已连续持有 A 公司股票满 12 个月。因此你公司从 A 公司取得的这笔 15 万元的股息所得免征企业所得税。

政策依据

1）《中华人民共和国企业所得税法》第二十六条

2）《中华人民共和国企业所得税法实施条例》第八十三条

3）《财政部　国家税务总局　证监会关于沪港股票市场交易互联互通机制试点有关税收政策的通知》（财税〔2014〕81 号）第一条

4）《财政部　国家税务总局　证监会关于深港股票市场交易互联互通机

制试点有关税收政策的通知》（财税〔2016〕127号）第一条

5）《财政部　国家税务总局　中国证券监督管理委员会关于继续执行沪港股票市场交易互联互通机制有关个人所得税政策的通知》（财税〔2017〕78号）

延伸阅读

26-1 《中华人民共和国企业所得税法》第二十六条

2018年12月29日　中华人民共和国主席令第二十三号

第二十六条　企业的下列收入为免税收入：

（一）国债利息收入；

（二）符合条件的居民企业之间的股息、红利等权益性投资收益；

（三）在中国境内设立机构、场所的非居民企业从居民企业取得与该机构、场所有实际联系的股息、红利等权益性投资收益；

（四）符合条件的非营利组织的收入。

26-2 《中华人民共和国企业所得税法实施条例》第八十三条

2019年4月23日　中华人民共和国国务院令第714号

第八十三条　企业所得税法第二十六条第（二）项所称符合条件的居民企业之间的股息、红利等权益性投资收益，是指居民企业直接投资于其他居民企业取得的投资收益。企业所得税法第二十六条第（二）项和第（三）项所称股息、红利等权益性投资收益，不包括连续持有居民企业公开发行并上市流通的股票不足12个月取得的投资收益。

26－3 《财政部　国家税务总局　证监会关于沪港股票市场交易互联互通机制试点有关税收政策的通知》第一条

2014年10月31日　财税〔2014〕81号

一、关于内地投资者通过沪港通投资香港联合交易所有限公司（以下简称香港联交所）上市股票的所得税问题

（一）内地个人投资者通过沪港通投资香港联交所上市股票的转让差价所得税。

对内地个人投资者通过沪港通投资香港联交所上市股票取得的转让差价所得，自2014年11月17日起至2017年11月16日止，暂免征收个人所得税。

（二）内地企业投资者通过沪港通投资香港联交所上市股票的转让差价所得税。

对内地企业投资者通过沪港通投资香港联交所上市股票取得的转让差价所得，计入其收入总额，依法征收企业所得税。

（三）内地个人投资者通过沪港通投资香港联交所上市股票的股息红利所得税。

对内地个人投资者通过沪港通投资香港联交所上市H股取得的股息红利，H股公司应向中国证券登记结算有限责任公司（以下简称中国结算）提出申请，由中国结算向H股公司提供内地个人投资者名册，H股公司按照20%的税率代扣个人所得税。内地个人投资者通过沪港通投资香港联交所上市的非H股取得的股息红利，由中国结算按照20%的税率代扣个人所得税。个人投资者在国外已缴纳的预提税，可持有效扣税凭证到中国结算的主管税务机关申请税收抵免。

对内地证券投资基金通过沪港通投资香港联交所上市股票取得的股息红利所得，按照上述规定计征个人所得税。

（四）内地企业投资者通过沪港通投资香港联交所上市股票的股息红利所得税。

1. 对内地企业投资者通过沪港通投资香港联交所上市股票取得的股息红利所得，计入其收入总额，依法计征企业所得税。其中，内地居民企业连续持有H股满12个月取得的股息红利所得，依法免征企业所得税。

2. 香港联交所上市H股公司应向中国结算提出申请，由中国结算向H股公司提供内地企业投资者名册，H股公司对内地企业投资者不代扣股息红利所得税款，应纳税款由企业自行申报缴纳。

3. 内地企业投资者自行申报缴纳企业所得税时，对香港联交所非H股上市公司已代扣代缴的股息红利所得税，可依法申请税收抵免。

26-4 《财政部　国家税务总局　证监会关于深港股票市场交易互联互通机制试点有关税收政策的通知》第一条

2016年11月5日　财税〔2016〕127号

一、关于内地投资者通过深港通投资香港联合交易所有限公司（以下简称香港联交所）上市股票的所得税问题

（一）内地个人投资者通过深港通投资香港联交所上市股票的转让差价所得税。

对内地个人投资者通过深港通投资香港联交所上市股票取得的转让差价所得，自2016年12月5日起至2019年12月4日止，暂免征收个人所得税。

（二）内地企业投资者通过深港通投资香港联交所上市股票的转让差价所得税。

对内地企业投资者通过深港通投资香港联交所上市股票取得的转让差价所得，计入其收入总额，依法征收企业所得税。

（三）内地个人投资者通过深港通投资香港联交所上市股票的股息红利所得税。

对内地个人投资者通过深港通投资香港联交所上市H股取得的股息红利，H股公司应向中国证券登记结算有限责任公司（以下简称中国结算）提出申请，由中国结算向H股公司提供内地个人投资者名册，H股公司按照20%的税率代扣个人所得税。内地个人投资者通过深港通投资香港联交所上市的非H股取得的股息红利，由中国结算按照20%的税率代扣个人所得税。个人投资者在国外已缴纳的预提税，可持有效扣税凭证到中国结算的主管税务机关申请税收抵免。

对内地证券投资基金通过深港通投资香港联交所上市股票取得的股息红利

所得，按照上述规定计征个人所得税。

（四）内地企业投资者通过深港通投资香港联交所上市股票的股息红利所得税。

1. 对内地企业投资者通过深港通投资香港联交所上市股票取得的股息红利所得，计入其收入总额，依法计征企业所得税。其中，内地居民企业连续持有H股满12个月取得的股息红利所得，依法免征企业所得税。

2. 香港联交所上市H股公司应向中国结算提出申请，由中国结算向H股公司提供内地企业投资者名册，H股公司对内地企业投资者不代扣股息红利所得税款，应纳税款由企业自行申报缴纳。

3. 内地企业投资者自行申报缴纳企业所得税时，对香港联交所非H股上市公司已代扣代缴的股息红利所得税，可依法申请税收抵免。

26－5《财政部　国家税务总局　中国证券监督管理委员会关于继续执行沪港股票市场交易互联互通机制有关个人所得税政策的通知》

2017年11月1日　财税〔2017〕78号

各省、自治区、直辖市、计划单列市财政厅（局）、国家税务局、地方税务局，新疆生产建设兵团财务局，上海、深圳证券交易所，中国证券登记结算公司：

现就沪港股票市场交易互联互通机制（以下简称沪港通）有关个人所得税政策明确如下：

对内地个人投资者通过沪港通投资香港联交所上市股票取得的转让差价所得，自2017年11月17日起至2019年12月4日止，继续暂免征收个人所得税。

27. 创新企业 CDR 税收优惠政策

适用主体

符合条件的境内单位投资者和个人投资者。

政策规定

1）个人所得税政策

（1）自试点开始之日起，对个人投资者转让创新企业 CDR 取得的差价所得，3 年（36 个月，下同）内暂免征收个人所得税。

（2）自试点开始之日起，对个人投资者持有创新企业 CDR 取得的股息红利所得，3 年内实施股息红利差别化个人所得税政策，由创新企业在其境内的存托机构代扣代缴税款，并向存托机构所在地税务机关办理全员全额明细申报。对于个人投资者取得的股息红利在境外已缴纳的税款，可按照个人所得税法以及双边税收协定（安排）的相关规定予以抵免。

2）企业所得税政策

（1）对企业投资者转让创新企业 CDR 取得的差价所得和持有创新企业 CDR 取得的股息红利所得，按转让股票差价所得和持有股票的股息红利所得政策规定征免企业所得税。

（2）对公募证券投资基金（封闭式证券投资基金、开放式证券投资基金）转让创新企业 CDR 取得的差价所得和持有创新企业 CDR 取得的股息红利所得，按公募证券投资基金税收政策规定暂不征收企业所得税。

（3）对合格境外机构投资者（QFII）、人民币合格境外机构投资者（RQFII）转让创新企业 CDR 取得的差价所得和持有创新企业 CDR 取得的股息红利所得，视同转让或持有据以发行创新企业 CDR 的基础股票取得的权益性资产转让所得和股息红利所得征免企业所得税。

适用条件

创新企业 CDR，是指符合《国务院办公厅转发证监会关于开展创新企业境内发行股票或存托凭证试点若干意见的通知》（国办发〔2018〕21 号）规定的试点企业，以境外股票为基础证券，由存托人签发并在中国境内发行，代表境外基础证券权益的证券。

政策依据

1）《中华人民共和国企业所得税法》第二十六条（见 P149　26－1）

2）《中华人民共和国企业所得税法实施条例》第八十三条（见 P149　26－2）

3）《财政部　税务总局　证监会关于创新企业境内发行存托凭证试点阶段有关税收政策的公告》（财政部　税务总局　证监会公告 2019 年第 52 号）第一条、第二条

延伸阅读

27－1 《财政部　税务总局　证监会关于创新企业境内发行存托凭证试点阶段有关税收政策的公告》第一条、第二条

2019 年 4 月 3 日

财政部　税务总局　证监会公告 2019 年第 52 号

一、个人所得税政策

1. 自试点开始之日起，对个人投资者转让创新企业 CDR 取得的差价所得，三年（36 个月，下同）内暂免征收个人所得税。

2. 自试点开始之日起，对个人投资者持有创新企业 CDR 取得的股息红利所得，三年内实施股息红利差别化个人所得税政策，具体参照《财政部　国家税务总局　证监会关于实施上市公司股息红利差别化个人所得税政策有关问

题的通知》(财税〔2012〕85 号)、《财政部　国家税务总局　证监会关于上市公司股息红利差别化个人所得税政策有关问题的通知》(财税〔2015〕101 号)的相关规定执行，由创新企业在其境内的存托机构代扣代缴税款，并向存托机构所在地税务机关办理全员全额明细申报。对于个人投资者取得的股息红利在境外已缴纳的税款，可按照个人所得税法以及双边税收协定（安排）的相关规定予以抵免。

二、企业所得税政策

1. 对企业投资者转让创新企业 CDR 取得的差价所得和持有创新企业 CDR 取得的股息红利所得，按转让股票差价所得和持有股票的股息红利所得政策规定征免企业所得税。

2. 对公募证券投资基金（封闭式证券投资基金、开放式证券投资基金）转让创新企业 CDR 取得的差价所得和持有创新企业 CDR 取得的股息红利所得，按公募证券投资基金税收政策规定暂不征收企业所得税。

3. 对合格境外机构投资者（QFII）、人民币合格境外机构投资者（RQFII）转让创新企业 CDR 取得的差价所得和持有创新企业 CDR 取得的股息红利所得，视同转让或持有据以发行创新企业 CDR 的基础股票取得的权益性资产转让所得和股息红利所得征免企业所得税。

28. 居民企业向境外转让技术的企业所得税政策优惠

适用主体

有向境外企业或个人转让相关技术或者 5 年以上（含 5 年）全球独占许可使用权的行为的居民企业。

政策规定

企业所得税法第二十七条第（四）项规定，符合条件的技术转让所得免征、减征企业所得税，是指一个纳税年度内，居民企业技术转让所得不超过 500 万元的部分，免征企业所得税；超过 500 万元的部分，减半征收企业所得税。

需要说明的是，居民企业从直接或间接持有股权之和达到 100% 的关联方取得的技术转让所得，不享受技术转让减免企业所得税优惠政策。

适用条件

1）技术转让的范围

技术转让的范围，是指居民企业转让专利技术、计算机软件著作权、集成电路布图设计权、植物新品种、生物医药新品种，以及财政部和国家税务总局确定的其他技术。其中：专利技术，是指法律授予独占权的发明、实用新型和非简单改变产品图案的外观设计。

技术转让，是指居民企业转让其拥有符合上述范围规定技术的所有权或 5 年以上（含 5 年）全球独占许可使用权的行为。自 2015 年 10 月 1 日起，全国范围内的居民企业转让 5 年（含，下同）以上非独占许可使用权取得的技术转让所得，纳入享受企业所得税优惠的技术转让所得范围。

所称技术包括专利（含国防专利）、计算机软件著作权、集成电路布图设计专有权、植物新品种权、生物医药新品种，以及财政部和国家税务总局确定的其他技术。其中，专利是指法律授予独占权的发明、实用新型以及非简单改变产品图案和形状的外观设计。

企业转让符合条件的 5 年以上非独占许可使用权的技术，限于其拥有所有权的技术。技术所有权的权属由国务院行政主管部门确定。其中，专利由国家知识产权局确定权属；国防专利由总装备部确定权属；计算机软件著作权由国家版权局确定权属；集成电路布图设计专有权由国家知识产权局确定权属；植物新品种权由农业部确定权属；生物医药新品种由国家食品药品监督管理总局确定权属。

2）技术转让所得的计算方法

符合范围规定技术的所有权技术转让所得的计算方法：

（1）技术转让所得 = 技术转让收入 - 技术转让成本 - 相关税费

技术转让收入是指当事人履行技术转让合同后获得的价款，不包括销售或转让设备、仪器、零部件、原材料等非技术性收入。不属于与技术转让项目密不可分的技术咨询、技术服务、技术培训等收入，不得计入技术转让收入。技术转让成本是指转让的无形资产的净值，即该无形资产的计税基础减除在资产使用期间按照规定计算的摊销扣除额后的余额。相关税费是指技术转让过程中实际发生的有关税费，包括除企业所得税和允许抵扣的增值税以外的各项税金及其附加、合同签订费用、律师费等相关费用及其他支出。

（2）符合条件的5年以上非独占许可使用权技术转让所得的计算方法：

技术转让所得＝技术转让收入－无形资产摊销费用－相关税费－应分摊期间费用

技术许可使用权转让收入，应按转让协议约定的许可使用权人应付许可使用权使用费的日期确认收入的实现。无形资产摊销费用是指该无形资产按税法规定当年计算摊销的费用。涉及自用和对外许可使用的，应按照受益原则合理划分。相关税费是指技术转让过程中实际发生的有关税费，包括除企业所得税和允许抵扣的增值税以外的各项税金及其附加、合同签订费用、律师费等相关费用。应分摊期间费用（不含无形资产摊销费用和相关税费）是指技术转让按照当年销售收入占比分摊的期间费用。

3）企业向境外转让技术，企业应当根据经营情况以及相关税收规定自行判断是否符合优惠事项规定的条件，符合条件的可以按照《企业所得税优惠事项管理目录（2017年版）》列示的时间自行计算减免税额，并通过填报企业所得税纳税申报表享受税收优惠。同时，按照《国家税务总局关于发布修订后的〈企业所得税优惠政策事项办理办法〉的公告》（国家税务总局公告2018年第23号）规定归集和留存相关资料备查。企业主要留存备查资料为：

（1）技术出口合同（副本）；

（2）技术出口合同登记证书或技术出口许可证；

（3）技术出口合同数据表；

（4）技术转让所得归集、分摊、计算的相关资料；

（5）实际缴纳相关税费的证明资料；

（6）有关部门按照商务部、科技部发布的《中国禁止出口限制出口技术目录》出具的审查意见；

（7）所转让的技术产权证明；

（8）转让技术所有权的，其成本费用情况；转让使用权的，其无形资产费用摊销情况；

（9）技术转让年度，转让双方股权关联情况。

情景问答

问：居民企业A公司一家从事新产品开发和新技术研究的技术服务公司，该公司将自身研发的新产品生产专利技术（已获国家认证）的所有权以合同价 500 万元转让给境外一家企业。A 公司该专利的无形资产净值合计 200 万元，花费印花税、律师费等税费合计 20 万元。请问该 A 公司能否享受企业所得税优惠？

答：首先该项专利技术应该属于技术转让属于财政部、国家税务总局规定的范围，且向境外转让技术经省级以上商务部门认定后可以享受优惠。具体计算方法如下：

转让所得 = 技术转让收入 - 技术转让成本 - 相关税费 = 500 - 200 - 20 = 280（万元）

A 公司在当年汇算清缴居民企业技术转让所得不超过 500 万元的部分，免征企业所得税。A 公司可以按照《企业所得税优惠事项管理目录（2017 年版）》（国家税务总局公告 2018 年第 23 号）列示的时间自行计算减免税额，并通过填报企业所得税纳税申报表享受税收优惠。同时，按照《企业所得税优惠事项管理目录（2017 年版）》规定归集和留存相关资料备查。

政策依据

1）《中华人民共和国企业所得税法》第二十七条第四项

2）《中华人民共和国企业所得税法实施条例》第九十条

3）《财政部　国家税务总局关于居民企业技术转让有关企业所得税政策问题的通知》（财税〔2010〕111 号）

4）《财政部　国家税务总局关于将国家自主创业示范区有关税收试点政策推广到全国范围实施的通知》（财税〔2015〕116 号）

5）《国家税务总局关于技术转让所得减免企业所得税有关问题的通知》（国税函〔2009〕212 号）

6）《国家税务总局关于技术转让所得减免企业所得税有关问题的公告》（国家税务总局公告 2013 年第 62 号）

7）《国家税务总局关于许可使用权技术转让所得企业所得税有关问题的公告》（国家税务总局公告 2015 年第 82 号）

8）《国家税务总局关于发布修订后的〈企业所得税优惠政策事项办理办法〉的公告》（国家税务总局公告 2018 年第 23 号）（见 P145　25 - 1）

9）《国家税务总局关于公布失效废止的税务部门规章和税收规范性文件目录的决定》（国家税务总局令第 42 号）

延伸阅读

28－1 《中华人民共和国企业所得税法》第二十七条第四项

2018 年 12 月 29 日　中华人民共和国主席令第二十三号

第二十七条　企业的下列所得，可以免征、减征企业所得税：

……

（四）符合条件的技术转让所得；

28－2 《中华人民共和国企业所得税法实施条例》第九十条

2019 年 4 月 23 日　中华人民共和国国务院令第 714 号

第九十条　企业所得税法第二十七条第（四）项所称符合条件的技术转让所得免征、减征企业所得税，是指一个纳税年度内，居民企业技术转让所得不超过 500 万元的部分，免征企业所得税；超过 500 万元的部分，减半征收企业所得税。

28－3 《财政部　国家税务总局关于居民企业技术转让有关企业所得税政策问题的通知》

2010 年 12 月 31 日　财税〔2010〕111 号

各省、自治区、直辖市、计划单列市财政厅（局）、国家税务局、地方税务局，新疆生产建设兵团财务局：

根据《中华人民共和国企业所得税法》（以下简称企业所得税法）及《中华人民共和国企业所得税法实施条例》（国务院令第 512 号，以下简称实施条例）的有关规定，现就符合条件的技术转让所得减免企业所得税有关问题通知如下：

一、技术转让的范围，包括居民企业转让专利技术、计算机软件著作权、集成电路布图设计权、植物新品种、生物医药新品种，以及财政部和国家税务总局确定的其他技术。

其中：专利技术，是指法律授予独占权的发明、实用新型和非简单改变产品图案的外观设计。

二、本通知所称技术转让，是指居民企业转让其拥有符合本通知第一条规定技术的所有权或5年以上（含5年）全球独占许可使用权的行为。

三、技术转让应签订技术转让合同。其中，境内的技术转让须经省级以上（含省级）科技部门认定登记，跨境的技术转让须经省级以上（含省级）商务部门认定登记，涉及财政经费支持产生技术的转让，需省级以上（含省级）科技部门审批。

居民企业技术出口应由有关部门按照商务部、科技部发布的《中国禁止出口限制出口技术目录》（商务部、科技部令2008年第12号）进行审查。居民企业取得禁止出口和限制出口技术转让所得，不享受技术转让减免企业所得税优惠政策。

四、居民企业从直接或间接持有股权之和达到100%的关联方取得的技术转让所得，不享受技术转让减免企业所得税优惠政策。

五、本通知自2008年1月1日起执行。

28－4 《财政部　国家税务总局关于将国家自主创业示范区有关税收试点政策推广到全国范围实施的通知》

2015年10月23日　财税〔2015〕116号

各省、自治区、直辖市、计划单列市财政厅（局）、国家税务局、地方税务局，新疆生产建设兵团财务局：

根据国务院常务会议决定精神，将国家自主创新示范区试点的四项所得税政策推广至全国范围实施。现就有关税收政策问题明确如下：

一、关于有限合伙制创业投资企业法人合伙人企业所得税政策

1. 自2015年10月1日起，全国范围内的有限合伙制创业投资企业采取股权投资方式投资于未上市的中小高新技术企业满2年（24个月）的，该有限合伙制创业投资企业的法人合伙人可按照其对未上市中小高新技术企业投资额的70%抵扣该法人合伙人从该有限合伙制创业投资企业分得的应纳税所得额，当年不足抵扣的，可以在以后纳税年度结转抵扣。

2. 有限合伙制创业投资企业的法人合伙人对未上市中小高新技术企业的投资额，按照有限合伙制创业投资企业对中小高新技术企业的投资额和合伙协议约定的法人合伙人占有限合伙制创业投资企业的出资比例计算确定。

二、关于技术转让所得企业所得税政策

1. 自2015年10月1日起，全国范围内的居民企业转让5年以上非独占许可使用权取得的技术转让所得，纳入享受企业所得税优惠的技术转让所得范围。居民企业的年度技术转让所得不超过500万元的部分，免征企业所得税；超过500万元的部分，减半征收企业所得税。

2. 本通知所称技术，包括专利（含国防专利）、计算机软件著作权、集成电路布图设计专有权、植物新品种权、生物医药新品种，以及财政部和国家税务总局确定的其他技术。其中，专利是指法律授予独占权的发明、实用新型以及非简单改变产品图案和形状的外观设计。

三、关于企业转增股本个人所得税政策

1. 自2016年1月1日起，全国范围内的中小高新技术企业以未分配利润、盈余公积、资本公积向个人股东转增股本时，个人股东一次缴纳个人所得税确有困难的，可根据实际情况自行制定分期缴税计划，在不超过5个公历年度内（含）分期缴纳，并将有关资料报主管税务机关备案。

2. 个人股东获得转增的股本，应按照“利息、股息、红利所得”项目，适用20%税率征收个人所得税。

3. 股东转让股权并取得现金收入的，该现金收入应优先用于缴纳尚未缴清的税款。

4. 在股东转让该部分股权之前，企业依法宣告破产，股东进行相关权益处置后没有取得收益或收益小于初始投资额的，主管税务机关对其尚未缴纳的个人所得税可不予追征。

5. 本通知所称中小高新技术企业，是指注册在中国境内实行查账征收的、经认定取得高新技术企业资格，且年销售额和资产总额均不超过2亿元、从业

人数不超过500人的企业。

6. 上市中小高新技术企业或在全国中小企业股份转让系统挂牌的中小高新技术企业向个人股东转增股本，股东应纳的个人所得税，继续按照现行有关股息红利差别化个人所得税政策执行，不适用本通知规定的分期纳税政策。

四、关于股权奖励个人所得税政策

1. 自2016年1月1日起，全国范围内的高新技术企业转化科技成果，给予本企业相关技术人员的股权奖励，个人一次缴纳税款有困难的，可根据实际情况自行制定分期缴税计划，在不超过5个公历年度内（含）分期缴纳，并将有关资料报主管税务机关备案。

2. 个人获得股权奖励时，按照“工资薪金所得”项目，参照《财政部 国家税务总局关于个人股票期权所得征收个人所得税问题的通知》（财税〔2005〕35号）有关规定计算确定应纳税额。股权奖励的计税价格参照获得股权时的公平市场价格确定。

3. 技术人员转让奖励的股权（含奖励股权孳生的送、转股）并取得现金收入的，该现金收入应优先用于缴纳尚未缴清的税款。

4. 技术人员在转让奖励的股权之前企业依法宣告破产，技术人员进行相关权益处置后没有取得收益或资产，或取得的收益和资产不足以缴纳其取得股权尚未缴纳的应纳税款的部分，税务机关可不予追征。

5. 本通知所称相关技术人员，是指经公司董事会和股东大会决议批准获得股权奖励的以下两类人员：

（1）对企业科技成果研发和产业化作出突出贡献的技术人员，包括企业内关键职务科技成果的主要完成人、重大开发项目的负责人、对主导产品或者核心技术、工艺流程作出重大创新或者改进的主要技术人员。

（2）对企业发展作出突出贡献的经营管理人员，包括主持企业全面生产经营工作的高级管理人员，负责企业主要产品（服务）生产经营合计占主营业务收入（或者主营业务利润）50%以上的中、高级经营管理人员。

企业面向全体员工实施的股权奖励，不得按本通知规定的税收政策执行。

6. 本通知所称股权奖励，是指企业无偿授予相关技术人员一定份额的股权或一定数量的股份。

7. 本通知所称高新技术企业，是指实行查账征收、经省级高新技术企业认定管理机构认定的高新技术企业。

28－5 《国家税务总局关于技术转让所得减免企业所得税有关问题的通知》①

2009年4月24日 国税函〔2009〕212号

各省、自治区、直辖市和计划单列市国家税务局、地方税务局：

根据《中华人民共和国企业所得税法》（以下简称企业所得税法）及其实施条例和相关规定，现就符合条件的技术转让所得减免企业所得税有关问题通知如下：

一、根据企业所得税法第二十七条第（四）项规定，享受减免企业所得税优惠的技术转让应符合以下条件：

（一）享受优惠的技术转让主体是企业所得税法规定的居民企业；

（二）技术转让属于财政部、国家税务总局规定的范围；

（三）境内技术转让经省级以上科技部门认定；

（四）向境外转让技术经省级以上商务部门认定；

（五）国务院税务主管部门规定的其他条件。

二、符合条件的技术转让所得应按以下方法计算：

技术转让所得＝技术转让收入－技术转让成本－相关税费

技术转让收入是指当事人履行技术转让合同后获得的价款，不包括销售或转让设备、仪器、零部件、原材料等非技术性收入。不属于与技术转让项目密不可分的技术咨询、技术服务、技术培训等收入，不得计入技术转让收入。

技术转让成本是指转让的无形资产的净值，即该无形资产的计税基础减除在资产使用期间按照规定计算的摊销扣除额后的余额。

相关税费是指技术转让过程中实际发生的有关税费，包括除企业所得税和

---

① 条款废止。第四条废止。参见：《国家税务总局关于公布失效废止的税务部门规章和税收规范性文件目录的决定》，国家税务总局令第42号。

政策调整。“企业取得的符合条件的技术转让所得享受所得税优惠核准”取消。参见：1.《国家税务总局关于贯彻落实〈国务院关于第一批取消62项中央指定地方实施行政审批事项的决定〉的通知》，税总发〔2015〕141号。2.《国务院关于第一批取消62项中央指定地方实施行政审批事项的决定》，国发〔2015〕57号。3.《国家税务总局关于公布已取消的22项税务非行政许可审批事项的公告》，国家税务总局公告2015年第58号。

允许抵扣的增值税以外的各项税金及其附加、合同签订费用、律师费等相关费用及其他支出。

三、享受技术转让所得减免企业所得税优惠的企业，应单独计算技术转让所得，并合理分摊企业的期间费用；没有单独计算的，不得享受技术转让所得企业所得税优惠。

四、企业发生技术转让，应在纳税年度终了后至报送年度纳税申报表以前，向主管税务机关办理减免税备案手续。

（一）企业发生境内技术转让，向主管税务机关备案时应报送以下资料：

1. 技术转让合同（副本）；

2. 省级以上科技部门出具的技术合同登记证明；

3. 技术转让所得归集、分摊、计算的相关资料；

4. 实际缴纳相关税费的证明资料；

5. 主管税务机关要求提供的其他资料。

（二）企业向境外转让技术，向主管税务机关备案时应报送以下资料：

1. 技术出口合同（副本）；

2. 省级以上商务部门出具的技术出口合同登记证书或技术出口许可证；

3. 技术出口合同数据表；

4. 技术转让所得归集、分摊、计算的相关资料；

5. 实际缴纳相关税费的证明资料；

6. 主管税务机关要求提供的其他资料。

五、本通知自2008年1月1日起执行。

28-6 《国家税务总局关于技术转让所得减免企业所得税有关问题的公告》

2013年10月21日　国家税务总局公告2013年第62号

为加强技术转让所得减免企业所得税的征收管理，现将《国家税务总局关于技术转让所得减免企业所得税有关问题的通知》（国税函〔2009〕212号）中技术转让收入计算的有关问题，公告如下：

一、可以计入技术转让收入的技术咨询、技术服务、技术培训收入，是指转让方为使受让方掌握所转让的技术投入使用、实现产业化而提供的必要的技术咨询、技术服务、技术培训所产生的收入，并应同时符合以下条件：

（一）在技术转让合同中约定的与该技术转让相关的技术咨询、技术服务、技术培训；

（二）技术咨询、技术服务、技术培训收入与该技术转让项目收入一并收取价款。

二、本公告自2013年11月1日起施行。此前已进行企业所得税处理的相关业务，不作纳税调整。

28－7 《国家税务总局关于许可使用权技术转让所得企业所得税有关问题的公告》

2015年11月16日　国家税务总局公告2015年第82号

根据《中华人民共和国企业所得税法》及其实施条例、《财政部　国家税务总局关于将国家自主创新示范区有关税收试点政策推广到全国范围实施的通知》（财税〔2015〕116号）规定，现就许可使用权技术转让所得企业所得税有关问题公告如下：

一、自2015年10月1日起，全国范围内的居民企业转让5年（含，下同）以上非独占许可使用权取得的技术转让所得，纳入享受企业所得税优惠的技术转让所得范围。居民企业的年度技术转让所得不超过500万元的部分，免征企业所得税；超过500万元的部分，减半征收企业所得税。

所称技术包括专利（含国防专利）、计算机软件著作权、集成电路布图设计专有权、植物新品种权、生物医药新品种，以及财政部和国家税务总局确定的其他技术。其中，专利是指法律授予独占权的发明、实用新型以及非简单改变产品图案和形状的外观设计。

二、企业转让符合条件的5年以上非独占许可使用权的技术，限于其拥有所有权的技术。技术所有权的权属由国务院行政主管部门确定。其中，专利由国家知识产权局确定权属；国防专利由总装备部确定权属；计算机软件著作权由国家版权局确定权属；集成电路布图设计专有权由国家知识产权局确定权属；植物新品种权由农业部确定权属；生物医药新品种由国家食品药品监督管理总局确定权属。

三、符合条件的5年以上非独占许可使用权技术转让所得应按以下方法计算：

技术转让所得=技术转让收入－无形资产摊销费用－相关税费－应分摊期间费用

技术转让收入是指转让方履行技术转让合同后获得的价款，不包括销售或转让设备、仪器、零部件、原材料等非技术性收入。不属于与技术转让项目密不可分的技术咨询、服务、培训等收入，不得计入技术转让收入。技术许可使用权转让收入，应按转让协议约定的许可使用权人应付许可使用权使用费的日期确认收入的实现。

无形资产摊销费用是指该无形资产按税法规定当年计算摊销的费用。涉及自用和对外许可使用的，应按照受益原则合理划分。

相关税费是指技术转让过程中实际发生的有关税费，包括除企业所得税和允许抵扣的增值税以外的各项税金及其附加、合同签订费用、律师费等相关费用。

应分摊期间费用（不含无形资产摊销费用和相关税费）是指技术转让按照当年销售收入占比分摊的期间费用。

四、企业享受技术转让所得企业所得税优惠的其他相关问题，仍按照《国家税务总局关于技术转让所得减免企业所得税有关问题的通知》（国税函〔2009〕212号）、《财政部　国家税务总局关于居民企业技术转让有关企业所得税政策问题的通知》（财税〔2010〕111号）、《国家税务总局关于技术转让所得减免企业所得税有关问题的公告》（国家税务总局公告2013年第62号）规定执行。

五、本公告自2015年10月1日起施行。本公告实施之日起，企业转让5年以上非独占许可使用权确认的技术转让收入，按本公告执行。

特此公告。

28－8《国家税务总局关于公布失效废止的税务部门规章和税收规范性文件目录的决定》

2017年12月29日　国家税务总局令第42号

根据国务院办公厅关于做好"放管服"改革涉及的部门规章、规范性文件清理工作的有关要求，国家税务总局对现行有效的税务部门规章和税收规范性文件进行了清理。清理结果已经2017年11月30日国家税务总局2017年度第2次局务会议审议通过。现将《全文废止的税务部门规章目录》《全文失效废止的税收规范性文件目录》《部分条款废止的税收规范性文件目录》予以公布。

国家税务总局局长：王军

2017年12月29日

一、全文废止的税务部门规章目录

序号	制定机关	标题	发文日期	文号
1	国家税务总局	注册税务师管理暂行办法	2005年12月30日	国家税务总局令第14号公布

二、全文失效废止的税收规范性文件目录

序号	制定机关	标题	发文日期	文号
1	国家税务总局	国家税务总局关于地质矿产部所属地勘单位征税问题的通知	1995年8月16日	国税函发〔1995〕453号
2	国家税务总局	国家税务总局关于地质矿产部所属地勘单位征税问题的补充通知	1996年11月12日	国税函〔1996〕656号
3	国家税务总局	国家税务总局关于税务稽查工作中几个具体问题的批复	1997年3月13日	国税函〔1997〕147号
4	国家税务总局	国家税务总局关于印发《注册税务师注册管理暂行办法》的通知	1999年4月29日	国税发〔1999〕79号
5	国家税务总局	国家税务总局关于印发《有限责任税务师事务所设立及审批暂行办法》和《合伙税务师事务所设立及审批暂行办法》的通知	1999年10月11日	国税发〔1999〕192号
6	国家税务总局	国家税务总局关于在税收工作中发挥注册税务师作用的通知	2000年3月6日	国税发〔2000〕43号

续表

序号	制定机关	标题	发文日期	文号
7	国家税务总局	国家税务总局关于协税员不得核发《税务检查证》的批复	2001年1月2日	国税函〔2001〕41号
8	国家税务总局	国家税务总局关于加强国家税务局地方税务局协作的意见	2004年1月7日	国税发〔2004〕4号
9	国家税务总局	国家税务总局关于严厉打击虚开增值税专用发票等涉税违法行为的紧急通知	2004年4月30日	国税函〔2004〕536号
10	国家税务总局	国家税务总局关于合并、变更、注销税务师事务所实行备案管理的通知	2004年6月28日	国税函〔2004〕850号
11	国家税务总局	国家税务总局关于进一步规范税收执法和税务代理工作的通知	2004年8月11日	国税函〔2004〕957号
12	国家税务总局	国家税务总局关于转发《专业技术人员资格考试违纪违规行为处理规定》的通知	2004年12月13日	国税函〔2004〕1363号
13	国家税务总局	国家税务总局关于解决办税服务厅排队拥挤问题的通知	2005年9月19日	国税发〔2005〕161号
14	国家税务总局	国家税务总局关于加强房地产税收分析工作的通知	2005年9月22日	国税发〔2005〕151号
15	国家税务总局	国家税务总局关于进一步加强重大税收违法案件管理工作的意见	2007年4月5日	国税发〔2007〕39号
16	国家税务总局	国家税务总局关于有限责任税务师事务所设立分所有关问题的通知	2007年4月16日	国税发〔2007〕47号
17	国家税务总局	国家税务总局关于落实"两个减负"优化纳税服务工作的意见	2007年8月30日	国税发〔2007〕106号
18	国家税务总局	国家税务总局办公厅关于调整税务师事务所设立审批管理方式的通知	2009年1月16日	国税办发〔2009〕5号
19	国家税务总局	国家税务总局关于税务师事务所设立审批有关问题的批复	2009年3月16日	国税函〔2009〕137号
20	国家税务总局	国家税务总局关于建筑企业所得税征管有关问题的通知	2010年1月26日	国税函〔2010〕39号
21	国家税务总局	国家税务总局关于新办文化企业企业所得税有关政策问题的通知	2010年3月2日	国税函〔2010〕86号
22	国家税务总局	国家税务总局关于转变职能改进作风更好为广大纳税人服务的公告	2013年7月4日	国家税务总局公告2013年第37号
23	国家税务总局	国家税务总局关于发布《税收减免管理办法》的公告	2015年6月8日	国家税务总局公告2015年第43号

三、部分条款废止的税收规范性文件目录

序号	制定机关	标题	发文日期	文号	废止条款
1	国家税务局	关于检发《关于土地使用税若干具体问题的解释和暂行规定》的通知	1988年10月24日	（88）国税地字第015号	废止第十七条
2	国家税务局	关于印花税若干具体问题的规定	1988年12月12日	（88）国税地字第025号	废止第十三条
3	国家税务局	关于对保险公司征收印花税有关问题的通知	1988年12月31日	（88）国税地字第037号	废止第三条
4	国家税务总局	国家税务总局关于实行税务检查计划制度的通知	1999年11月12日	国税发〔1999〕211号	废止第四条
5	国家税务总局	国家税务总局关于耕地占用税征收管理有关问题的通知	2007年12月12日	国税发〔2007〕129号	废止第四条
6	国家税务总局	国家税务总局关于实施国家重点扶持的公共基础设施项目企业所得税优惠问题的通知	2009年4月16日	国税发〔2009〕80号	废止第七条
7	国家税务总局	国家税务总局关于境外注册中资控股企业依据实际管理机构标准认定为居民企业有关问题的通知	2009年4月22日	国税发〔2009〕82号	废止第七条第一款“境外中资企业可向其实际管理机构所在地或中国主要投资者所在地主管税务机关提出居民企业申请，主管税务机关对其居民企业身份进行初步审核后，层报国家税务总局确认。”的内容
8	国家税务总局	国家税务总局关于技术转让所得减免企业所得税有关问题的通知	2009年4月24日	国税函〔2009〕212号	废止第四条
9	国家税务总局	国家税务总局关于实施创业投资企业所得税优惠问题的通知	2009年4月30日	国税发〔2009〕87号	废止第四条

续表

序号	制定机关	标题	发文日期	文号	废止条款
10	国家税务总局	国家税务总局关于发布《企业境外所得税收抵免操作指南》的公告	2010年7月2日	国家税务总局公告2010年第1号	废止“22.我国企业所得税法目前尚未单方面规定税收饶让抵免，……，经企业主管税务机关确认，可在其申报境外所得税额时视为已缴税额（参见示例六）。”中“经企业主管税务机关确认”的内容
11	国家税务总局	国家税务总局关于发布《出口货物劳务增值税和消费税管理办法》的公告	2012年6月14日	国家税务总局公告2012年第24号	废止第三条第（一）（二）（四）（五）项，第十一条第（三）项
12	国家税务总局	国家税务总局关于《出口货物劳务增值税和消费税管理办法》有关问题的公告	2013年3月13日	国家税务总局公告2013年第12号	废止第五条第（一）（十）项
13	国家税务总局	国家税务总局关于电网企业电网新建项目享受所得税优惠政策问题的公告	2013年5月24日	国家税务总局公告2013年第26号	废止第二条
14	国家税务总局	国家税务总局关于执行软件企业所得税优惠政策有关问题的公告	2013年7月25日	国家税务总局公告2013年第43号	废止第一条“经认定并”及“所称经认定，是指经国家规定的软件企业认定机构按照软件企业认定管理的有关规定进行认定并取得软件企业认定证书”的内容，废止第四条、第五条
15	国家税务总局国家发展改革委	国家税务总局国家发展改革委关于落实节能服务企业合同能源管理项目企业所得税优惠政策有关征收管理问题的公告	2013年12月17日	国家税务总局国家发展改革委公告2013年第77号	废止第六条
16	国家税务总局	国家税务总局关于非居民企业间接转让财产企业所得税若干问题的公告	2015年2月3日	国家税务总局公告2015年第7号	废止第十三条

29. 企业委托境外研究开发费用税前加计扣除政策

适用主体

有委托境外进行研发活动发生的研究开发费用企业所得税税前加计扣除的企业，不包括委托境外个人进行的研发活动。

政策规定

委托境外进行研发活动所发生的费用，按照费用实际发生额的 80% 计入委托方的委托境外研发费用。委托境外研发费用不超过境内符合条件的研发费用 2/3 的部分，可以按规定在企业所得税税前加计扣除。

上述费用实际发生额应按照独立交易原则确定。委托方与受托方存在关联关系的，受托方应向委托方提供研发项目费用支出明细情况。

适用条件

1）委托境外进行研发活动应签订技术开发合同，并由委托方到科技行政主管部门进行登记。相关事项按技术合同认定登记管理办法及技术合同认定规则执行。

2）企业应在年度申报享受优惠时，按照《国家税务总局关于发布修订后的〈企业所得税优惠政策事项办理办法〉的公告》（国家税务总局公告 2018 年第 23 号）的规定办理有关手续，并留存备查以下资料：

（1）企业委托研发项目计划书和企业有权部门立项的决议文件；

（2）委托研究开发专门机构或项目组的编制情况和研发人员名单；

（3）经科技行政主管部门登记的委托境外研发合同；

（4）“研发支出”辅助账及汇总表；

（5）委托境外研发银行支付凭证和受托方开具的收款凭据；

（6）当年委托研发项目的进展情况等资料

企业如果已取得地市级（含）以上科技行政主管部门出具的鉴定意见，

应作为资料留存备查。

3）企业对委托境外研发费用以及留存备查资料的真实性、合法性承担法律责任。

4）委托境外进行研发活动不包括境外个人进行的研发活动。

情景问答

问：某企业为非科技型中小企业，委托境外机构进行研发活动，共支付研发活动费用50万元，该委托境外研发费用能否在企业所得税税前加计扣除？

答：根据《财政部　税务总局　科技部关于企业委托境外研究开发费用税前加计扣除有关政策问题的通知》（财税〔2018〕64号）的相关规定，企业委托境外进行研发活动所发生的费用，按照费用实际发生额的80%计入委托方的委托境外研发费用，只要委托境外研发费用不超过境内符合条件的研发费用2/3的部分，可以按规定在企业所得税税前加计扣除。

因此，你公司应按费用实际发生额的80%，即50×80%＝40（万元）计入委托方的委托境外研发费用，且不超过境内符合条件的研发费用2/3的部分。企业在年度申报享受优惠时，应按照《国家税务总局关于发布修订后的〈企业所得税优惠政策事项办理办法〉的公告》（国家税务总局公告2018年第23号）的规定办理有关手续，并留存备查相关资料。

政策依据

1）《财政部　国家税务总局　科技部关于完善研究开发费用税前加计扣除政策的通知》（财税〔2015〕119号）

2）《财政部　税务总局　科技部关于提高科技型中小型企业研究开发费用税前扣除比例的通知》（财税〔2017〕34号）

3）《国家税务总局关于企业研究开发费用税前加计扣除政策有关问题的公告》（国家税务总局公告2015年第97号）

4）《财政部　税务总局　科技部关于企业委托境外研究开发费用税前加计扣除有关政策问题的通知》（财税〔2018〕64号）

延伸阅读

29－1 《财政部　国家税务总局　科技部关于完善研究开发费用税前加计扣除政策的通知》[1]

2015年11月2日　财税〔2015〕119号

各省、自治区、直辖市、计划单列市财政厅（局）、国家税务局、地方税务局、科技厅（局），新疆生产建设兵团财务局、科技局：

根据《中华人民共和国企业所得税法》及其实施条例有关规定，为进一步贯彻落实《中共中央　国务院关于深化体制机制改革加快实施创新驱动发展战略的若干意见》精神，更好地鼓励企业开展研究开发活动（以下简称研发活动）和规范企业研究开发费用（以下简称研发费用）加计扣除优惠政策执行，现就企业研发费用税前加计扣除有关问题通知如下：

一、研发活动及研发费用归集范围。

本通知所称研发活动，是指企业为获得科学与技术新知识，创造性运用科学技术新知识，或实质性改进技术、产品（服务）、工艺而持续进行的具有明确目标的系统性活动。

（一）允许加计扣除的研发费用。

企业开展研发活动中实际发生的研发费用，未形成无形资产计入当期损益的，在按规定据实扣除的基础上，按照本年度实际发生额的50%，从本年度应纳税所得额中扣除；形成无形资产的，按照无形资产成本的150%在税前摊销。研发费用的具体范围包括：

1. 人员人工费用。

直接从事研发活动人员的工资薪金、基本养老保险费、基本医疗保险费、失业保险费、工伤保险费、生育保险费和住房公积金，以及外聘研发人员的劳务费用。

---

① 条款废止。第二条中“企业委托境外机构或个人进行研发活动所发生的费用，不得加计扣除”的规定废止。自2018年1月1日起废止。参见：《财政部　税务总局　科技部关于企业委托境外研究开发费用税前加计扣除有关政策问题的通知》，财税〔2018〕64号。

2. 直接投入费用。

（1）研发活动直接消耗的材料、燃料和动力费用。

（2）用于中间试验和产品试制的模具、工艺装备开发及制造费，不构成固定资产的样品、样机及一般测试手段购置费，试制产品的检验费。

（3）用于研发活动的仪器、设备的运行维护、调整、检验、维修等费用，以及通过经营租赁方式租入的用于研发活动的仪器、设备租赁费。

3. 折旧费用。

用于研发活动的仪器、设备的折旧费。

4. 无形资产摊销。

用于研发活动的软件、专利权、非专利技术（包括许可证、专有技术、设计和计算方法等）的摊销费用。

5. 新产品设计费、新工艺规程制定费、新药研制的临床试验费、勘探开发技术的现场试验费。

6. 其他相关费用。

与研发活动直接相关的其他费用，如技术图书资料费、资料翻译费、专家咨询费、高新科技研发保险费，研发成果的检索、分析、评议、论证、鉴定、评审、评估、验收费用，知识产权的申请费、注册费、代理费，差旅费、会议费等。此项费用总额不得超过可加计扣除研发费用总额的10%。

7. 财政部和国家税务总局规定的其他费用。

（二）下列活动不适用税前加计扣除政策。

1. 企业产品（服务）的常规性升级。

2. 对某项科研成果的直接应用，如直接采用公开的新工艺、材料、装置、产品、服务或知识等。

3. 企业在商品化后为顾客提供的技术支持活动。

4. 对现存产品、服务、技术、材料或工艺流程进行的重复或简单改变。

5. 市场调查研究、效率调查或管理研究。

6. 作为工业（服务）流程环节或常规的质量控制、测试分析、维修维护。

7. 社会科学、艺术或人文学方面的研究。

二、特别事项的处理

1. 企业委托外部机构或个人进行研发活动所发生的费用，按照费用实际发生额的80%计入委托方研发费用并计算加计扣除，受托方不得再进行加计扣除。委托外部研究开发费用实际发生额应按照独立交易原则确定。

委托方与受托方存在关联关系的，受托方应向委托方提供研发项目费用支出明细情况。

企业委托境外机构或个人进行研发活动所发生的费用，不得加计扣除。

2. 企业共同合作开发的项目，由合作各方就自身实际承担的研发费用分别计算加计扣除。

3. 企业集团根据生产经营和科技开发的实际情况，对技术要求高、投资数额大，需要集中研发的项目，其实际发生的研发费用，可以按照权利和义务相一致、费用支出和收益分享相配比的原则，合理确定研发费用的分摊方法，在受益成员企业间进行分摊，由相关成员企业分别计算加计扣除。

4. 企业为获得创新性、创意性、突破性的产品进行创意设计活动而发生的相关费用，可按照本通知规定进行税前加计扣除。

创意设计活动是指多媒体软件、动漫游戏软件开发，数字动漫、游戏设计制作；房屋建筑工程设计（绿色建筑评价标准为三星）、风景园林工程专项设计；工业设计、多媒体设计、动漫及衍生产品设计、模型设计等。

三、会计核算与管理

1. 企业应按照国家财务会计制度要求，对研发支出进行会计处理；同时，对享受加计扣除的研发费用按研发项目设置辅助账，准确归集核算当年可加计扣除的各项研发费用实际发生额。企业在一个纳税年度内进行多项研发活动的，应按照不同研发项目分别归集可加计扣除的研发费用。

2. 企业应对研发费用和生产经营费用分别核算，准确、合理归集各项费用支出，对划分不清的，不得实行加计扣除。

四、不适用税前加计扣除政策的行业

1. 烟草制造业。

2. 住宿和餐饮业。

3. 批发和零售业。

4. 房地产业。

5. 租赁和商务服务业。

6. 娱乐业。

7. 财政部和国家税务总局规定的其他行业。

上述行业以《国民经济行业分类与代码（GB/4754 - 2011）》为准，并随之更新。

五、管理事项及征管要求

1. 本通知适用于会计核算健全、实行查账征收并能够准确归集研发费用的居民企业。

2. 企业研发费用各项目的实际发生额归集不准确、汇总额计算不准确的，税务机关有权对其税前扣除额或加计扣除额进行合理调整。

3. 税务机关对企业享受加计扣除优惠的研发项目有异议的，可以转请地市级（含）以上科技行政主管部门出具鉴定意见，科技部门应及时回复意见。企业承担省部级（含）以上科研项目的，以及以前年度已鉴定的跨年度研发项目，不再需要鉴定。

4. 企业符合本通知规定的研发费用加计扣除条件而在2016年1月1日以后未及时享受该项税收优惠的，可以追溯享受并履行备案手续，追溯期限最长为3年。

5. 税务部门应加强研发费用加计扣除优惠政策的后续管理，定期开展核查，年度核查面不得低于20%。

六、执行时间

本通知自2016年1月1日起执行。《国家税务总局关于印发〈企业研究开发费用税前扣除管理办法（试行）〉的通知》（国税发〔2008〕116号）和《财政部　国家税务总局关于研究开发费用税前加计扣除有关政策问题的通知》（财税〔2013〕70号）同时废止。

29-2 《财政部　税务总局　科技部关于提高科技型中小型企业研究开发费用税前扣除比例的通知》

2017年5月2日　财税〔2017〕34号

各省、自治区、直辖市、计划单列市财政厅（局）、国家税务局、地方税务局、科技厅（局），新疆生产建设兵团财务局、科技局：

为进一步激励中小企业加大研发投入，支持科技创新，现就提高科技型中小企业研究开发费用（以下简称研发费用）税前加计扣除比例有关问题通知如下：

一、科技型中小企业开展研发活动中实际发生的研发费用，未形成无形资产计入当期损益的，在按规定据实扣除的基础上，在2017年1月1日至2019年12月31日期间，再按照实际发生额的75%在税前加计扣除；形成无形资产的，在上述期间按照无形资产成本的175%在税前摊销。

二、科技型中小企业享受研发费用税前加计扣除政策的其他政策口径按照《财政部 国家税务总局 科技部关于完善研究开发费用税前加计扣除政策的通知》（财税〔2015〕119号）规定执行。

三、科技型中小企业条件和管理办法由科技部、财政部和国家税务总局另行发布。科技、财政和税务部门应建立信息共享机制，及时共享科技型中小企业的相关信息，加强协调配合，保障优惠政策落实到位。

29-3 《国家税务总局关于企业研究开发费用税前加计扣除政策有关问题的公告》①

2015年12月29日　国家税务总局公告2015年第97号

根据《中华人民共和国企业所得税法》及其实施条例（以下简称税法）、《财政部 国家税务总局 科技部关于完善研究开发费用税前加计扣除政策的通知》（财税〔2015〕119号，以下简称《通知》）规定，现就落实完善研究开发费用（以下简称研发费用）税前加计扣除政策有关问题公告如下：

一、研究开发人员范围

企业直接从事研发活动人员包括研究人员、技术人员、辅助人员。研究人员是指主要从事研究开发项目的专业人员；技术人员是指具有工程技术、自然科学和生命科学中一个或一个以上领域的技术知识和经验，在研究人员指导下参与研发工作的人员；辅助人员是指参与研究开发活动的技工。

企业外聘研发人员是指与本企业签订劳务用工协议（合同）和临时聘用的研究人员、技术人员、辅助人员。

---

① 条款废止。第一条、第二条第（一）项、第二条第（二）项、第二条第（四）项废止。参见：《国家税务总局关于研发费用税前加计扣除归集范围有关问题的公告》，国家税务总局公告2017年第40号。

二、研发费用归集

（一）加速折旧费用的归集

企业用于研发活动的仪器、设备，符合税法规定且选择加速折旧优惠政策的，在享受研发费用税前加计扣除时，就已经进行会计处理计算的折旧、费用的部分加计扣除，但不得超过按税法规定计算的金额。

（二）多用途对象费用的归集

企业从事研发活动的人员和用于研发活动的仪器、设备、无形资产，同时从事或用于非研发活动的，应对其人员活动及仪器设备、无形资产使用情况做必要记录，并将其实际发生的相关费用按实际工时占比等合理方法在研发费用和生产经营费用间分配，未分配的不得加计扣除。

（三）其他相关费用的归集与限额计算

企业在一个纳税年度内进行多项研发活动的，应按照不同研发项目分别归集可加计扣除的研发费用。在计算每个项目其他相关费用的限额时应当按照以下公式计算：

其他相关费用限额 = 《通知》第一条第一项允许加计扣除的研发费用中的第1项至第5项的费用之和 ×10%/（1 - 10%）。

当其他相关费用实际发生数小于限额时，按实际发生数计算税前加计扣除数额；当其他相关费用实际发生数大于限额时，按限额计算税前加计扣除数额。

（四）特殊收入的扣减

企业在计算加计扣除的研发费用时，应扣减已按《通知》规定归集计入研发费用，但在当期取得的研发过程中形成的下脚料、残次品、中间试制品等特殊收入；不足扣减的，允许加计扣除的研发费用按零计算。

企业研发活动直接形成产品或作为组成部分形成的产品对外销售的，研发费用中对应的材料费用不得加计扣除。

（五）财政性资金的处理

企业取得作为不征税收入处理的财政性资金用于研发活动所形成的费用或无形资产，不得计算加计扣除或摊销。

（六）不允许加计扣除的费用

法律、行政法规和国务院财税主管部门规定不允许企业所得税前扣除的费用和支出项目不得计算加计扣除。

已计入无形资产但不属于《通知》中允许加计扣除研发费用范围的，企业摊销时不得计算加计扣除。

三、委托研发

企业委托外部机构或个人开展研发活动发生的费用，可按规定税前扣除；加计扣除时按照研发活动发生费用的80%作为加计扣除基数。委托个人研发的，应凭个人出具的发票等合法有效凭证在税前加计扣除。

企业委托境外研发所发生的费用不得加计扣除，其中受托研发的境外机构是指依照外国和地区（含港澳台）法律成立的企业和其他取得收入的组织。受托研发的境外个人是指外籍（含港澳台）个人。

四、不适用加计扣除政策行业的判定

《通知》中不适用税前加计扣除政策行业的企业，是指以《通知》所列行业业务为主营业务，其研发费用发生当年的主营业务收入占企业按税法第六条规定计算的收入总额减除不征税收入和投资收益的余额50%（不含）以上的企业。

五、核算要求

企业应按照国家财务会计制度要求，对研发支出进行会计处理。研发项目立项时应设置研发支出辅助账，由企业留存备查；年末汇总分析填报研发支出辅助账汇总表，并在报送《年度财务会计报告》的同时随附注一并报送主管税务机关。研发支出辅助账、研发支出辅助账汇总表可参照本公告所附样式（见附件）编制。

六、申报及备案管理

（一）企业年度纳税申报时，根据研发支出辅助账汇总表填报研发项目可加计扣除研发费用情况归集表（见附件），在年度纳税申报时随申报表一并报送。

（二）研发费用加计扣除实行备案管理，除“备案资料”和“主要留存备查资料”按照本公告规定执行外，其他备案管理要求按照《国家税务总局关于发布〈企业所得税优惠政策事项办理办法〉的公告》（国家税务总局公告2015年第76号）的规定执行。

（三）企业应当不迟于年度汇算清缴纳税申报时，向税务机关报送《企业所得税优惠事项备案表》和研发项目文件完成备案，并将下列资料留存备查：

1. 自主、委托、合作研究开发项目计划书和企业有权部门关于自主、委托、合作研究开发项目立项的决议文件；

2. 自主、委托、合作研究开发专门机构或项目组的编制情况和研发人员名单；

3. 经科技行政主管部门登记的委托、合作研究开发项目的合同；

4. 从事研发活动的人员和用于研发活动的仪器、设备、无形资产的费用分配说明（包括工作使用情况记录）；

5. 集中研发项目研发费决算表、集中研发项目费用分摊明细情况表和实际分享收益比例等资料；

6. “研发支出”辅助账；

7. 企业如果已取得地市级（含）以上科技行政主管部门出具的鉴定意见，应作为资料留存备查；

8. 省税务机关规定的其他资料。

七、后续管理与核查

税务机关应加强对享受研发费用加计扣除优惠企业的后续管理和监督检查。每年汇算清缴期结束后应开展核查，核查面不得低于享受该优惠企业户数的20%。省级税务机关可根据实际情况制订具体核查办法或工作措施。

八、执行时间

本公告适用于2016年度及以后年度企业所得税汇算清缴。

特此公告。

附件：1. 自主研发“研发支出”辅助账（编者略）

2. 委托研发“研发支出”辅助账（编者略）

3. 合作研发“研发支出”辅助账（编者略）

4. 集中研发“研发支出”辅助账（编者略）

5. “研发支出”辅助账汇总表（编者略）

6. 研发项目可加计扣除研究开发费用情况归集表（编者略）

29-4《财政部 税务总局 科技部关于企业委托境外研究开发费用税前加计扣除有关政策问题的通知》

2018年6月25日 财税〔2018〕64号

各省、自治区、直辖市、计划单列市财政厅（局）、科技厅（局），国家税务总局各省、自治区、直辖市、计划单列市税务局，新疆生产建设兵团财政局、科技局：

为进一步激励企业加大研发投入，加强创新能力开放合作，现就企业委托境外进行研发活动发生的研究开发费用（以下简称研发费用）企业所得税前加计扣除有关政策问题通知如下：

一、委托境外进行研发活动所发生的费用，按照费用实际发生额的80%计入委托方的委托境外研发费用。委托境外研发费用不超过境内符合条件的研发费用2/3的部分，可以按规定在企业所得税前加计扣除。

上述费用实际发生额应按照独立交易原则确定。委托方与受托方存在关联关系的，受托方应向委托方提供研发项目费用支出明细情况。

二、委托境外进行研发活动应签订技术开发合同，并由委托方到科技行政主管部门进行登记。相关事项按技术合同认定登记管理办法及技术合同认定规则执行。

三、企业应在年度申报享受优惠时，按照《国家税务总局关于发布修订后的〈企业所得税优惠政策事项办理办法〉的公告》（国家税务总局公告2018年第23号）的规定办理有关手续，并留存备查以下资料：

（一）企业委托研发项目计划书和企业有权部门立项的决议文件；

（二）委托研究开发专门机构或项目组的编制情况和研发人员名单；

（三）经科技行政主管部门登记的委托境外研发合同；

（四）“研发支出”辅助账及汇总表；

（五）委托境外研发银行支付凭证和受托方开具的收款凭据；

（六）当年委托研发项目的进展情况等资料。

企业如果已取得地市级（含）以上科技行政主管部门出具的鉴定意见，应作为资料留存备查。

四、企业对委托境外研发费用以及留存备查资料的真实性、合法性承担法律责任。

五、委托境外研发费用加计扣除其他政策口径和管理要求按照《财政部　国家税务总局　科技部关于完善研究开发费用税前加计扣除政策的通知》（财税〔2015〕119号）、《财政部　税务总局　科技部关于提高科技型中小企业研究开发费用税前加计扣除比例的通知》（财税〔2017〕34号）、《国家税务总局关于企业研究开发费用税前加计扣除政策有关问题的公告》（国家税务总局公告2015年第97号）等文件规定执行。

六、本通知所称委托境外进行研发活动不包括委托境外个人进行的研发活动。

七、本通知自 2018 年 1 月 1 日起执行。财税〔2015〕119 号文件第二条中"企业委托境外机构或个人进行研发活动所发生的费用，不得加计扣除"的规定同时废止。

30. 高新技术企业境外所得享受优惠税率

为支持科技创新，鼓励国内高新技术企业走出去，公平税负，增强高新技术企业的国际竞争力，自 2010 年 1 月 1 日起，符合规定的高新技术企业取得的境外所得可以按照 15% 的优惠税率缴纳企业所得税。

适用主体

取得境外所得的高新技术企业。

政策规定

高新技术企业境外所得可以享受高新技术企业所得税优惠政策，按照 15% 的优惠税率缴纳企业所得税，在计算境外抵免限额时，可按照 15% 的优惠税率计算境内外应纳税总额。

适用条件

1）高新技术企业是指在《国家重点支持的高新技术领域》内，持续进行研究开发与技术成果转化，形成企业核心自主知识产权，并以此为基础开展经营活动，在中国境内（不包括港、澳、台地区）注册的居民企业。

2）以境内、境外全部生产经营活动有关的研究开发费用总额、总收入、销售收入总额、高新技术产品（服务）收入等指标申请并经认定为高新技术企业。

政策依据

1）《中华人民共和国企业所得税法》第二十三条、第二十八条

2）《中华人民共和国企业所得税法实施条例》第七十七条至第七十九条、第九十三条

3）《财政部　国家税务总局关于高新技术企业境外所得适用税率及税收抵免问题的通知》（财税〔2011〕47号）

4）《科技部　财政部　国家税务总局关于修订印发〈高新技术企业认定管理办法〉的通知》（国科发火〔2016〕32号）

5）《科技部　财政部　国家税务总局关于修订印发〈高新技术企业认定管理工作指引〉的通知》（国科发火〔2016〕195号）

延伸阅读

30－1　《中华人民共和国企业所得税法》第二十三条、第二十八条

2018年12月29日　中华人民共和国主席令第二十三号

第二十三条　企业取得的下列所得已在境外缴纳的所得税税额，可以从其当期应纳税额中抵免，抵免限额为该项所得依照本法规定计算的应纳税额；超过抵免限额的部分，可以在以后五个年度内，用每年度抵免限额抵免当年应抵税额后的余额进行抵补：

（一）居民企业来源于中国境外的应税所得；

（二）非居民企业在中国境内设立机构、场所，取得发生在中国境外但与该机构、场所有实际联系的应税所得。

……

第二十八条　符合条件的小型微利企业，减按20%的税率征收企业所得税。

国家需要重点扶持的高新技术企业，减按15%的税率征收企业所得税。

30－2 《中华人民共和国企业所得税法实施条例》第七十七条至第七十九条、第九十三条

2019年4月23日 中华人民共和国国务院令第714号

第七十七条 企业所得税法第二十三条所称已在境外缴纳的所得税税额，是指企业来源于中国境外的所得依照中国境外税收法律以及相关规定应当缴纳并已经实际缴纳的企业所得税性质的税款。

第七十八条 企业所得税法第二十三条所称抵免限额，是指企业来源于中国境外的所得，依照企业所得税法和本条例的规定计算的应纳税额。除国务院财政、税务主管部门另有规定外，该抵免限额应当分国（地区）不分项计算，计算公式如下：

抵免限额＝中国境内、境外所得依照企业所得税法和本条例的规定计算的应纳税总额×来源于某国（地区）的应纳税所得额÷中国境内、境外应纳税所得总额

第七十九条 企业所得税法第二十三条所称5个年度，是指从企业取得的来源于中国境外的所得，已经在中国境外缴纳的企业所得税性质的税额超过抵免限额的当年的次年起连续5个纳税年度。

……

第九十三条 企业所得税法第二十八条第二款所称国家需要重点扶持的高新技术企业，是指拥有核心自主知识产权，并同时符合下列条件的企业：

（一）产品（服务）属于《国家重点支持的高新技术领域》规定的范围；

（二）研究开发费用占销售收入的比例不低于规定比例；

（三）高新技术产品（服务）收入占企业总收入的比例不低于规定比例；

（四）科技人员占企业职工总数的比例不低于规定比例；

（五）高新技术企业认定管理办法规定的其他条件。

《国家重点支持的高新技术领域》和高新技术企业认定管理办法由国务院科技、财政、税务主管部门商国务院有关部门制定，报国务院批准后公布施行。

30－3 《财政部 国家税务总局关于高新技术企业境外所得适用税率及税收抵免问题的通知》

2011年5月31日 财税〔2011〕47号

各省、自治区、直辖市、计划单列市财政厅（局）、国家税务局、地方税务局，新疆生产建设兵团财务局：

根据《中华人民共和国企业所得税法》及其实施条例，以及《财政部、国家税务总局关于企业境外所得税收抵免有关问题的通知》（财税〔2009〕125号）的有关规定，现就高新技术企业境外所得适用税率及税收抵免有关问题补充明确如下：

一、以境内、境外全部生产经营活动有关的研究开发费用总额、总收入、销售收入总额、高新技术产品（服务）收入等指标申请并经认定的高新技术企业，其来源于境外的所得可以享受高新技术企业所得税优惠政策，即对其来源于境外所得可以按照15%的优惠税率缴纳企业所得税，在计算境外抵免限额时，可按照15%的优惠税率计算境内外应纳税总额。

二、上述高新技术企业境外所得税收抵免的其他事项，仍按照财税〔2009〕125号文件的有关规定执行。

三、本通知所称高新技术企业，是指依照《中华人民共和国企业所得税法》及其实施条例规定，经认定机构按照《高新技术企业认定管理办法》（国科发火〔2008〕172号）和《高新技术企业认定管理工作指引》（国科发火〔2008〕362号）认定取得高新技术企业证书并正在享受企业所得税15%税率优惠的企业。

四、本通知自2010年1月1日起执行。

30-4《科技部　财政部　国家税务总局关于修订印发〈高新技术企业认定管理办法〉的通知》

2016年1月29日　国科发火〔2016〕32号

各省、自治区、直辖市及计划单列市科技厅（委、局）、财政厅（局）、国家税务局、地方税务局：

根据《中华人民共和国企业所得税法》及其实施条例有关规定，为加大对科技型企业特别是中小企业的政策扶持，有力推动“大众创业、万众创新”，培育创造新技术、新业态和提供新供给的生力军，促进经济升级发展，科技部、财政部、国家税务总局对《高新技术企业认定管理办法》进行了修订完善。经国务院批准，现将新修订的《高新技术企业认定管理办法》印发给你们，请遵照执行。

高新技术企业认定管理办法

第一章　总　则

第一条　为扶持和鼓励高新技术企业发展，根据《中华人民共和国企业所得税法》（以下称《企业所得税法》）、《中华人民共和国企业所得税法实施条例》（以下称《实施条例》）有关规定，特制定本办法。

第二条　本办法所称的高新技术企业是指：在《国家重点支持的高新技术领域》内，持续进行研究开发与技术成果转化，形成企业核心自主知识产权，并以此为基础开展经营活动，在中国境内（不包括港、澳、台地区）注册的居民企业。

第三条　高新技术企业认定管理工作应遵循突出企业主体、鼓励技术创新、实施动态管理、坚持公平公正的原则。

第四条　依据本办法认定的高新技术企业，可依照《企业所得税法》及其《实施条例》《中华人民共和国税收征收管理法》（以下称《税收征管法》）及《中华人民共和国税收征收管理法实施细则》（以下称《实施细则》）等有关规定，申报享受税收优惠政策。

第五条　科技部、财政部、税务总局负责全国高新技术企业认定工作的指导、管理和监督。

第二章 组织与实施

第六条 科技部、财政部、税务总局组成全国高新技术企业认定管理工作领导小组（以下称“领导小组”），其主要职责为：

（一）确定全国高新技术企业认定管理工作方向，审议高新技术企业认定管理工作报告；

（二）协调、解决认定管理及相关政策落实中的重大问题；

（三）裁决高新技术企业认定管理事项中的重大争议，监督、检查各地区认定管理工作，对发现的问题指导整改。

第七条 领导小组下设办公室，由科技部、财政部、税务总局相关人员组成，办公室设在科技部，其主要职责为：

（一）提交高新技术企业认定管理工作报告，研究提出政策完善建议；

（二）指导各地区高新技术企业认定管理工作，组织开展对高新技术企业认定管理工作的监督检查，对发现的问题提出整改处理建议；

（三）负责各地区高新技术企业认定工作的备案管理，公布认定的高新技术企业名单，核发高新技术企业证书编号；

（四）建设并管理“高新技术企业认定管理工作网”；

（五）完成领导小组交办的其他工作。

第八条 各省、自治区、直辖市、计划单列市科技行政管理部门同本级财政、税务部门组成本地区高新技术企业认定管理机构（以下称“认定机构”）。认定机构下设办公室，由省级、计划单列市科技、财政、税务部门相关人员组成，办公室设在省级、计划单列市科技行政主管部门。认定机构主要职责为：

（一）负责本行政区域内的高新技术企业认定工作，每年向领导小组办公室提交本地区高新技术企业认定管理工作报告；

（二）负责将认定后的高新技术企业按要求报领导小组办公室备案，对通过备案的企业颁发高新技术企业证书；

（三）负责遴选参与认定工作的评审专家（包括技术专家和财务专家），并加强监督管理；

（四）负责对已认定企业进行监督检查，受理、核实并处理复核申请及有关举报等事项，落实领导小组及其办公室提出的整改建议；

（五）完成领导小组办公室交办的其他工作。

第九条 通过认定的高新技术企业，其资格自颁发证书之日起有效期为三年。

第十条 企业获得高新技术企业资格后，自高新技术企业证书颁发之日所在年度起享受税收优惠，可依照本办法第四条的规定到主管税务机关办理税收优惠手续。

第三章 认定条件与程序

第十一条 认定为高新技术企业须同时满足以下条件：

（一）企业申请认定时须注册成立一年以上；

（二）企业通过自主研发、受让、受赠、并购等方式，获得对其主要产品（服务）在技术上发挥核心支持作用的知识产权的所有权；

（三）对企业主要产品（服务）发挥核心支持作用的技术属于《国家重点支持的高新技术领域》规定的范围；

（四）企业从事研发和相关技术创新活动的科技人员占企业当年职工总数的比例不低于10%；

（五）企业近三个会计年度（实际经营期不满三年的按实际经营时间计算，下同）的研究开发费用总额占同期销售收入总额的比例符合如下要求：

1. 最近一年销售收入小于5000万元（含）的企业，比例不低于5%；

2. 最近一年销售收入在5000万元至2亿元（含）的企业，比例不低于4%；

3. 最近一年销售收入在2亿元以上的企业，比例不低于3%。

其中，企业在中国境内发生的研究开发费用总额占全部研究开发费用总额的比例不低于60%；

（六）近一年高新技术产品（服务）收入占企业同期总收入的比例不低于60%；

（七）企业创新能力评价应达到相应要求；

（八）企业申请认定前一年内未发生重大安全、重大质量事故或严重环境违法行为。

第十二条 高新技术企业认定程序如下：

（一）企业申请

企业对照本办法进行自我评价。认为符合认定条件的在“高新技术企业认定管理工作网”注册登记，向认定机构提出认定申请。申请时提交下列材料：

1. 高新技术企业认定申请书；

2. 证明企业依法成立的相关注册登记证件；

3. 知识产权相关材料、科研项目立项证明、科技成果转化、研究开发的组织管理等相关材料；

4. 企业高新技术产品（服务）的关键技术和技术指标、生产批文、认证认可和相关资质证书、产品质量检验报告等相关材料；

5. 企业职工和科技人员情况说明材料；

6. 经具有资质的中介机构出具的企业近三个会计年度研究开发费用和近一个会计年度高新技术产品（服务）收入专项审计或鉴证报告，并附研究开发活动说明材料；

7. 经具有资质的中介机构鉴证的企业近三个会计年度的财务会计报告（包括会计报表、会计报表附注和财务情况说明书）；

8. 近三个会计年度企业所得税年度纳税申报表。

（二）专家评审

认定机构应在符合评审要求的专家中，随机抽取组成专家组。专家组对企业申报材料进行评审，提出评审意见。

（三）审查认定

认定机构结合专家组评审意见，对申请企业进行综合审查，提出认定意见并报领导小组办公室。认定企业由领导小组办公室在"高新技术企业认定管理工作网"公示10个工作日，无异议的，予以备案，并在"高新技术企业认定管理工作网"公告，由认定机构向企业颁发统一印制的"高新技术企业证书"；有异议的，由认定机构进行核实处理。

第十三条　企业获得高新技术企业资格后，应每年5月底前在"高新技术企业认定管理工作网"填报上一年度知识产权、科技人员、研发费用、经营收入等年度发展情况报表。

第十四条　对于涉密企业，按照国家有关保密工作规定，在确保涉密信息安全的前提下，按认定工作程序组织认定。

第四章　监督管理

第十五条　科技部、财政部、税务总局建立随机抽查和重点检查机制，加强对各地高新技术企业认定管理工作的监督检查。对存在问题的认定机构提出整改意见并限期改正，问题严重的给予通报批评，逾期不改的暂停其认定管理工作。

第十六条　对已认定的高新技术企业，有关部门在日常管理过程中发现其不符合认定条件的，应提请认定机构复核。复核后确认不符合认定条件的，由认定机构取消其高新技术企业资格，并通知税务机关追缴其不符合认定条件年度起已享受的税收优惠。

第十七条　高新技术企业发生更名或与认定条件有关的重大变化（如分立、合并、重组以及经营业务发生变化等）应在三个月内向认定机构报告。经认定机构审核符合认定条件的，其高新技术企业资格不变，对于企业更名的，重新核发认定证书，编号与有效期不变；不符合认定条件的，自更名或条件变化年度起取消其高新技术企业资格。

第十八条　跨认定机构管理区域整体迁移的高新技术企业，在其高新技术企业资格有效期内完成迁移的，其资格继续有效；跨认定机构管理区域部分搬迁的，由迁入地认定机构按照本办法重新认定。

第十九条　已认定的高新技术企业有下列行为之一的，由认定机构取消其高新技术企业资格：

（一）在申请认定过程中存在严重弄虚作假行为的；

（二）发生重大安全、重大质量事故或有严重环境违法行为的；

（三）未按期报告与认定条件有关重大变化情况，或累计两年未填报年度发展情况报表的。

对被取消高新技术企业资格的企业，由认定机构通知税务机关按《税收征管法》及有关规定，追缴其自发生上述行为之日所属年度起已享受的高新技术企业税收优惠。

第二十条　参与高新技术企业认定工作的各类机构和人员对所承担的有关工作负有诚信、合规、保密义务。违反高新技术企业认定工作相关要求和纪律的，给予相应处理。

第五章　附　　则

第二十一条　科技部、财政部、税务总局根据本办法另行制定《高新技术企业认定管理工作指引》。

第二十二条　本办法由科技部、财政部、税务总局负责解释。

第二十三条　本办法自2016年1月1日起实施。原《高新技术企业认定管理办法》（国科发火〔2008〕172号）同时废止。

附件：国家重点支持的高新技术领域（编者略）

30－5《科技部 财政部 国家税务总局关于修订印发〈高新技术企业认定管理工作指引〉的通知》

2016年6月22日 国科发火〔2016〕195号

各省、自治区、直辖市及计划单列市科技厅（委、局）、财政厅（局）、国家税务局、地方税务局：

根据《高新技术企业认定管理办法》（国科发火〔2016〕32号，以下称《认定办法》）第二十一条的规定，现将《高新技术企业认定管理工作指引》（以下称《工作指引》）印发给你们，并就有关事项通知如下：

一、2016年1月1日前已按《高新技术企业认定管理办法》（国科发火〔2008〕172号，以下称2008版《认定办法》）认定的仍在有效期内的高新技术企业，其资格依然有效，可依照《企业所得税法》及其实施条例等有关规定享受企业所得税优惠政策。

二、按2008版《认定办法》认定的高新技术企业，在2015年12月31日前发生2008版《认定办法》第十五条规定情况，且有关部门在2015年12月31日前已经做出处罚决定的，仍按2008版《认定办法》相关规定进行处理，认定机构5年内不再受理企业认定申请的处罚执行至2015年12月31日止。

三、本指引自2016年1月1日起实施。原《高新技术企业认定管理工作指引》（国科发火〔2008〕362号）、《关于高新技术企业更名和复审等有关事项的通知》（国科火字〔2011〕123号）同时废止。

高新技术企业认定管理工作指引（编者略）

31. 非境内注册居民企业的税收优惠政策

适用主体

非境内注册居民企业及其投资者。

政策规定

1）境外中资企业是指由中国境内的企业或企业集团作为主要控股投资者，在境外依据外国（地区）法律注册成立的企业。

2）境外中资企业同时符合以下条件的，根据企业所得税法第二条第二款和实施条例第四条的规定，应判定其为实际管理机构在中国境内的居民企业（以下简称非境内注册居民企业），并实施相应的税收管理，就其来源于中国境内、境外的所得征收企业所得税。

（1）企业负责实施日常生产经营管理运作的高层管理人员及其高层管理部门履行职责的场所主要位于中国境内；

（2）企业的财务决策（如借款、放款、融资、财务风险管理等）和人事决策（如任命、解聘和薪酬等），由位于中国境内的机构或人员决定，或需要得到位于中国境内的机构或人员批准；

（3）企业的主要财产、会计账簿、公司印章、董事会和股东会议纪要档案等位于或存放于中国境内；

（4）企业至少 1/2 有投票权的董事或高层管理人员经常居住在中国境内。

3）非境内注册居民企业从中国境内其他居民企业取得的股息、红利等权益性投资收益，按照企业所得税法第二十六条和实施条例第八十三条的规定，作为其免税收入。非境内注册居民企业的投资者从该居民企业分得的股息红利等权益性投资收益，根据实施条例第七条第（四）款的规定，属于来源于中国境内的所得，应当征收企业所得税；该权益性投资收益中符合企业所得税法第二十六条和实施条例第八十三条规定的部分，可作为收益人的免税收入。

4）境外中资企业居民身份的认定，采用企业自行判定提请税务机关认定和税务机关调查发现予以认定两种形式。

适用条件

符合条件的股息、红利等权益性投资收益，是指非境内注册居民企业直接投资于境内其他居民企业取得的股息、红利或非境内注册居民企业的投资者从该居民企业分得的股息红利等权益性投资收益，但不包括连续持有该非境内注册居民企业公开发行并上市流通的股票不足 12 个月取得的投资收益。

情景问答

问：我公司是一家内地企业，从中国移动（香港）公司取得的股息，是免税的吗？

答：该股息不一定免税。中国移动（香港）公司属于国家税务总局认定过的非境内注册居民企业，你公司从中国移动（香港）公司分得的股息红利等权益性投资收益，属于来源于中国境内的所得，应当缴纳企业所得税；该权益性投资收益中符合企业所得税法第二十六条和实施条例第八十三条规定的部分，可作为免税收入，即你公司直接投资于中国移动（香港）公司取得的投资收益，但不包括连续持有中国移动（香港）公司公开发行并上市流通的股票不足 12 个月取得的投资收益。

政策依据

1）《中华人民共和国企业所得税法》第二条、第二十六条

2）《中华人民共和国企业所得税法实施条例》第四条、第八十三条

3）《国家税务总局关于境外注册中资控股企业依据实际管理机构标准认定为居民企业有关问题的通知》（国税发〔2009〕82 号）第一条、第二条、第四条

4）《国家税务总局关于印发〈境外注册中资控股居民企业所得税管理办法（试行）〉的公告》（国家税务总局公告 2011 年第 45 号）

延伸阅读

31 -1 《中华人民共和国企业所得税法》第二条、第二十六条

2018 年 12 月 29 日　中华人民共和国主席令第二十三号

第二条　企业分为居民企业和非居民企业。

本法所称居民企业，是指依法在中国境内成立，或者依照外国（地区）

法律成立但实际管理机构在中国境内的企业。

本法所称非居民企业，是指依照外国（地区）法律成立且实际管理机构不在中国境内，但在中国境内设立机构、场所的，或者在中国境内未设立机构、场所，但有来源于中国境内所得的企业。

……

第二十六条　企业的下列收入为免税收入：

（一）国债利息收入；

（二）符合条件的居民企业之间的股息、红利等权益性投资收益；

（三）在中国境内设立机构、场所的非居民企业从居民企业取得与该机构、场所有实际联系的股息、红利等权益性投资收益；

（四）符合条件的非营利组织的收入。

31－2　《中华人民共和国企业所得税法实施条例》第四条、第八十三条

2019年4月23日　中华人民共和国国务院令第714号

第四条　企业所得税法第二条所称实际管理机构，是指对企业的生产经营、人员、账务、财产等实施实质性全面管理和控制的机构。

……

第八十三条　企业所得税法第二十六条第（二）项所称符合条件的居民企业之间的股息、红利等权益性投资收益，是指居民企业直接投资于其他居民企业取得的投资收益。企业所得税法第二十六条第（二）项和第（三）项所称股息、红利等权益性投资收益，不包括连续持有居民企业公开发行并上市流通的股票不足12个月取得的投资收益。

31－3 《国家税务总局关于境外注册中资控股企业依据实际管理机构标准认定为居民企业有关问题的通知》第一条、第二条、第四条

2009年4月22日　国税发〔2009〕82号

一、境外中资企业是指由中国境内的企业或企业集团作为主要控股投资者，在境外依据外国（地区）法律注册成立的企业。

二、境外中资企业同时符合以下条件的，根据企业所得税法第二条第二款和实施条例第四条的规定，应判定其为实际管理机构在中国境内的居民企业（以下称非境内注册居民企业），并实施相应的税收管理，就其来源于中国境内、境外的所得征收企业所得税。

（一）企业负责实施日常生产经营管理运作的高层管理人员及其高层管理部门履行职责的场所主要位于中国境内；

（二）企业的财务决策（如借款、放款、融资、财务风险管理等）和人事决策（如任命、解聘和薪酬等）由位于中国境内的机构或人员决定，或需要得到位于中国境内的机构或人员批准；

（三）企业的主要财产、会计账簿、公司印章、董事会和股东会议纪要档案等位于或存放于中国境内；

（四）企业1/2（含1/2）以上有投票权的董事或高层管理人员经常居住于中国境内。

……

四、非境内注册居民企业从中国境内其他居民企业取得的股息、红利等权益性投资收益，按照企业所得税法第二十六条和实施条例第八十三条的规定，作为其免税收入。非境内注册居民企业的投资者从该居民企业分得的股息红利等权益性投资收益，根据实施条例第七条第（四）款的规定，属于来源于中国境内的所得，应当征收企业所得税；该权益性投资收益中符合企业所得税法第二十六条和实施条例第八十三条规定的部分，可作为收益人的免税收入。

31－4 《国家税务总局关于印发〈境外注册中资控股居民企业所得税管理办法（试行）〉的公告》[①]

2011年7月27日 国家税务总局公告2011年第45号

为规范和加强对依据实际管理机构标准被认定为居民企业的境外注册中资控股企业的所得税管理，国家税务总局制定了《境外注册中资控股居民企业所得税管理办法（试行）》，现予以发布，自2011年9月1日起施行。

特此公告。

附件：1. 境外注册中资控股企业居民身份认定书（编者略）

2. 境外注册中资控股居民企业所得税管理情况汇总表（编者略）

境外注册中资控股居民企业所得税管理办法（试行）

第一章 总 则

第一条 为规范和加强境外注册中资控股居民企业的所得税税收管理，根据《中华人民共和国企业所得税法》（以下简称企业所得税法）及其实施条例、《中华人民共和国税收征收管理法》（以下简称税收征管法）及其实施细

① 条款修改。第三十一条已修改。参见：《国家税务总局关于修改部分税收规范性文件的公告》，国家税务总局公告2018年第31号。

条款废止。第二十八条废止。自2016年10月1日起废止。参见：《国家税务总局关于开具〈中国税收居民身份证明〉有关事项的公告》，国家税务总局公告2016年第40号。

政策调整。“境外注册中资控股居民企业主管税务机关的变更审批”取消。参见：1.《国家税务总局关于贯彻落实〈国务院关于第一批取消62项中央指定地方实施行政审批事项的决定〉的通知》，税总发〔2015〕141号。2.《国务院关于第一批取消62项中央指定地方实施行政审批事项的决定》，国发〔2015〕57号。3.《国务院关于取消和调整一批行政审批项目等事项的决定》，国发〔2015〕11号。

条款修改。第五条修改为：“本办法所称主管税务机关是指境外注册中资控股居民企业中国境内主要投资者登记注册地主管税务机关。”自2015年6月1日起施行。参见：《国家税务总局关于修改〈非居民企业所得税核定征收管理办法〉等文件的公告》，国家税务总局公告2015年第22号。

政策调整。“非境内注册居民企业选择主管税务机关批准”取消。参见：1.《国家税务总局贯彻落实〈国务院关于第二批取消152项中央指定地方实施行政审批事项的决定〉的通知》，税总发〔2016〕23号。2.《国务院关于第二批取消152项中央指定地方实施行政审批事项的决定》，国发〔2016〕9号。3.《国务院关于取消和调整一批行政审批项目等事项的决定》，国发〔2015〕11号。

则、中国政府对外签署的避免双重征税协定（含与香港、澳门特别行政区签署的税收安排，以下简称税收协定）、《国家税务总局关于境外注册中资控股企业依据实际管理机构标准认定为居民企业有关问题的通知》（国税发〔2009〕82号，以下简称《通知》）和其他有关规定，制定本办法。

第二条　本办法所称境外注册中资控股企业（以下简称境外中资企业）是指由中国内地企业或者企业集团作为主要控股投资者，在中国内地以外国家或地区（含香港、澳门、台湾）注册成立的企业。

第三条　本办法所称境外注册中资控股居民企业（以下简称非境内注册居民企业）是指因实际管理机构在中国境内而被认定为中国居民企业的境外注册中资控股企业。

第四条　非境内注册居民企业应当按照企业所得税法及其实施条例和相关管理规定的要求，履行居民企业所得税纳税义务，并在向非居民企业支付企业所得税法第三条第三款规定的款项时，依法代扣代缴企业所得税。

第五条　本办法所称主管税务机关包括：

（一）非境内注册居民企业的实际管理机构所在地与境内主要控股投资者所在地一致的，为境内主要控股投资者的企业所得税主管税务机关。

（二）非境内注册居民企业的实际管理机构所在地与境内主要控股投资者所在地不一致的，为实际管理机构所在地的国税局主管机关；经共同的上级税务机关批准，企业也可以选择境内主要控股投资者的企业所得税主管税务机关为其主管税务机关。

（三）非境内注册居民企业存在多个实际管理机构所在地的，由相关税务机关报共同的上级税务机关确定。

主管税务机关确定后，不得随意变更；确需变更的，应当层报税务总局批准。

第二章　居民身份认定管理

第六条　境外中资企业居民身份的认定，采用企业自行判定提请税务机关认定和税务机关调查发现予以认定两种形式。

第七条　境外中资企业应当根据生产经营和管理的实际情况，自行判定实际管理机构是否设立在中国境内。如其判定符合《通知》第二条规定的居民企业条件，应当向其主管税务机关书面提出居民身份认定申请，同时提供以下资料：

（一）企业法律身份证明文件；

（二）企业集团组织结构说明及生产经营概况；

（三）企业上一个纳税年度的公证会计师审计报告；

（四）负责企业生产经营等事项的高层管理机构履行职责场所的地址证明；

（五）企业上一年度及当年度董事及高层管理人员在中国境内居住的记录；

（六）企业上一年度及当年度重大事项的董事会决议及会议记录；

（七）主管税务机关要求提供的其他资料。

第八条　主管税务机关发现境外中资企业符合《通知》第二条规定但未申请成为中国居民企业的，可以对该境外中资企业的实际管理机构所在地情况进行调查，并要求境外中资企业提供本办法第七条规定的资料。调查过程中，主管税务机关有权要求该企业的境内投资者提供相关资料。

第九条　主管税务机关依法对企业提供的相关资料进行审核，提出初步认定意见，将据以做出初步认定的相关事实（资料）、认定理由和结果层报税务总局确认。

税务总局认定境外中资企业居民身份的，应当将相关认定结果同时书面告知境内投资者、境内被投资者的主管税务机关。

第十条　非境内注册居民企业的主管税务机关收到税务总局关于境外中资企业居民身份的认定结果后，应当在10日内向该企业下达《境外注册中资控股企业居民身份认定书》（见附件1），通知其从企业居民身份确认年度开始按照我国居民企业所得税管理规定及本办法规定办理有关税收事项。

第十一条　非境内注册居民企业发生下列重大变化情形之一的，应当自变化之日起15日内报告主管税务机关，主管税务机关应当按照本办法规定层报税务总局确定是否取消其居民身份。

（一）企业实际管理机构所在地变更为中国境外的；

（二）中方控股投资者转让企业股权，导致中资控股地位发生变化的。

第十二条　税务总局认定终止非境内注册居民企业居民身份的，应当将相关认定结果同时书面告知境内投资者、境内被投资者的主管税务机关。企业应当自主管税务机关书面告知之日起停止履行中国居民企业的所得税纳税义务与扣缴义务，同时停止享受中国居民企业税收待遇。上述主管税务机关应当依法做好减免税款追缴等后续管理工作。

第三章 税务登记管理

第十三条 非境内注册居民企业应当自收到居民身份认定书之日起30日内向主管税务机关提供以下资料申报办理税务登记，主管税务机关核发临时税务登记证及副本：

（一）居民身份认定书；

（二）境外注册登记证件；

（三）税务机关要求提供的其他资料。

第十四条 非境内注册居民企业经税务总局确认终止居民身份的，应当自收到主管税务机关书面通知之日起15日内向主管税务机关申报办理注销税务登记。

第十五条 发生本办法第四条扣缴义务的非境内注册居民企业应当自扣缴义务发生之日起30日内，向主管税务机关申报办理扣缴税款登记。

第四章 账簿凭证管理

第十六条 非境内注册居民企业应当按照中国有关法律、法规和国务院财政、税务主管部门的规定，编制财务、会计报表，并在领取税务登记证件之日起15日内将企业的财务、会计制度或者财务会计、处理办法及有关资料报送主管税务机关备案。

第十七条 非境内注册居民企业存放在中国境内的会计账簿和境内税务机关要求提供的报表等资料，应当使用中文。

第十八条 发生扣缴义务的非境内注册居民企业应当设立代扣代缴税款账簿和合同资料档案，准确记录扣缴企业所得税情况。

第十九条 非境内注册居民企业与境内单位或者个人发生交易的，应当按照发票管理办法规定使用发票，发票存根应当保存在中国境内，以备税务机关查验。

第五章 申报征收管理

第二十条 非境内注册居民企业按照分季预缴、年度汇算清缴方法申报缴纳所得税。

第二十一条 非境内注册居民企业发生终止生产经营或者居民身份变化情形的，应当自停止生产经营之日或者税务总局取消其居民企业之日起60日内，向其主管税务机关办理当期企业所得税汇算清缴。

非境内注册居民企业需要申报办理注销税务登记的，应在注销税务登记前，就其清算所得向主管税务机关申报缴纳企业所得税。

第二十二条　非境内注册居民企业应当以人民币计算缴纳企业所得税；所得以人民币以外的货币计算的，应当按照企业所得税法及其实施条例有关规定折合成人民币计算并缴纳企业所得税。

第二十三条　对非境内注册居民企业未依法履行居民企业所得税纳税义务的，主管税务机关应依据税收征管法及其实施细则的有关规定追缴税款、加收滞纳金，并处罚款。

主管税务机关应当在非境内注册居民企业年度申报和汇算清缴结束后两个月内，判定其构成居民身份的条件是否发生实质性变化。对实际管理机构转移至境外或者企业中资控股地位发生变化的，主管税务机关应层报税务总局终止其居民身份。

对于境外中资企业频繁转换企业身份，又无正当理由的，主管税务机关应层报国家税务总局核准后追回其已按居民企业享受的股息免税待遇。

第二十四条　主管税务机关应按季度核查非境内注册居民企业向非居民企业支付股息、利息、租金、特许权使用费、转让财产收入及其他收入依法扣缴企业所得税的情况，发现该企业未依法履行相关扣缴义务的，应按照税收征管法及其实施细则和企业所得税法及其实施条例等有关规定对其进行处罚，并向非居民企业追缴税款。

第六章　特定事项管理

第二十五条　非境内注册居民企业取得来源于中国境内的股息、红利等权益性投资收益和利息、租金、特许权使用费所得、转让财产所得以及其他所得，应当向相关支付方出具本企业的《境外注册中资控股企业居民身份认定书》复印件。

相关支付方凭上述复印件不予履行该所得的税款扣缴义务，并在对外支付上述外汇资金时凭该复印件向主管税务机关申请开具相关税务证明。其中涉及个人所得税、营业税等其他税种纳税事项的，仍按对外支付税务证明开具的有关规定办理。

第二十六条　非居民企业转让非境内注册居民企业股权所得，属于来源于中国境内所得，被转让的非境内注册居民企业应当自股权转让协议签订之日起30日内，向其主管税务机关报告并提供股权转让合同及相关资料。

第二十七条　非境内注册居民企业应当按照企业所得税法及其实施条例以及《特别纳税调整实施办法（试行）》（国税发〔2009〕2号）的相关规定，履行关联申报及同期资料准备等义务。

第二十八条　非境内注册居民企业同时被我国与其注册所在国家（地区）税务当局确认为税收居民的，应当按照双方签订的税收协定的有关规定确定其居民身份；如经确认为我国税收居民，可适用我国与其他国家（地区）签订的税收协定，并按照有关规定办理享受税收协定优惠待遇手续；需要证明其中国税收居民身份的，可向其主管税务机关申请开具《中国税收居民身份证明》，主管税务机关应在受理申请之日起10个工作日内办结。

第二十九条　境外税务当局拒绝给予非境内注册居民企业税收协定待遇，或者将其认定为所在国家（地区）税收居民的，该企业可按有关规定书面申请启动税务相互协商程序。

主管税务机关受理企业提请协商的申请后，应当及时将申请及有关资料层报税务总局，由税务总局与有关国家（地区）税务当局进行协商。

第七章　附　　则

第三十条　主管税务机关应当做好非境内注册居民企业所得税管理情况汇总统计工作，于每年8月15日前向税务总局层报《境外注册中资控股居民企业所得税管理情况汇总表》（见附件2）。税务总局不定期对各地相关管理工作进行检查，并将检查情况通报各地。

第三十一条　本办法由税务总局负责解释。各省、自治区、直辖市和计划单列市国家税务局、地方税务局可根据本办法制定具体操作规程。

第三十二条　本办法自2011年9月1日起施行。此前根据《通知》规定已经被认定为非境内注册居民企业的，适用本办法相关规定处理。

32. 跨境资产重组特殊性税务处理

为鼓励企业境外上市融资及跨境并购重组，居民企业向境外企业进行投资所产生的资产转让、股权转让所得，可适用特殊性税务处理。

适用主体

以其拥有的资产或股权向其100%直接控股的非居民企业进行投资的居民企业。

政策规定

居民企业以其拥有的资产或股权向其 100% 直接控股的非居民企业进行投资，其资产或股权转让收益如选择特殊性税务处理，可以在 10 个纳税年度内均匀计入各年度应纳税所得额。

适用条件

企业发生涉及中国境内与境外之间（包括港澳台地区）的股权和资产收购交易适用特殊性税务处理规定，必须同时符合下列条件：

1）具有合理的商业目的，且不以减少、免除或者推迟缴纳税款为主要目的。

2）被收购、合并或分立部分的资产或股权比例符合规定的比例。

3）企业重组后的连续 12 个月内不改变重组资产原来的实质性经营活动。

4）重组交易对价中涉及股权支付金额符合规定比例。

5）企业重组中取得股权支付的原主要股东，在重组后连续 12 个月内，不得转让所取得的股权。

6）以其拥有的资产或股权向其 100% 直接控股的非居民企业进行投资。

情景问答

问：我公司计划将持有的账面价值为 800 万元、公允价值为 1000 万元的境外 A 公司的股权，投资于境外 100% 控股的子公司 B，请问该股权转让收益是否适用特殊性税务处理？如适用，应如何进行税务处理？

答：企业重组同时符合下列条件的，适用特殊性税务处理规定：

1）具有合理的商业目的，且不以减少、免除或者推迟缴纳税款为主要目的。

2）被收购、合并或分立部分的资产或股权比例符合规定的比例。

3）企业重组后的连续 12 个月内不改变重组资产原来的实质性经营活动。

4）重组交易对价中涉及股权支付金额符合规定比例。

5）企业重组中取得股权支付的原主要股东，在重组后连续 12 个月内，不得转让所取得的股权。

居民企业发生涉及中国境内与境外之间（包括港、澳、台地区）的股权和资产收购交易，还必须同时符合一个条件：即以其拥有的资产或股权向其100% 直接控股的非居民企业进行投资。

如你公司符合上述规定，该项收益可选择特殊性税务处理，在 10 个纳税年度内均匀计入各年度应纳税所得额。

政策依据

1）《中华人民共和国企业所得税法》第二十条

2）《中华人民共和国企业所得税法实施条例》第七十五条

3）《财政部　国家税务总局关于企业重组业务企业所得税处理若干问题的通知》（财税〔2009〕59 号）第五条、第七条、第八条

4）《国家税务总局关于发布〈企业重组业务企业所得税管理办法〉的公告》（国家税务总局公告 2010 年第 4 号）第四章

5）《国家税务总局关于企业重组业务企业所得税征收管理若干问题的公告》（国家税务总局公告 2015 年第 48 号）第九条、第十条

延伸阅读

32 –1 《中华人民共和国企业所得税法》第二十条

2018 年 12 月 29 日　中华人民共和国主席令第二十三号

第二十条　本章规定的收入、扣除的具体范围、标准和资产的税务处理的具体办法，由国务院财政、税务主管部门规定。

32－2 《中华人民共和国企业所得税法实施条例》第七十五条

2019年4月23日 中华人民共和国国务院令第714号

第七十五条 除国务院财政、税务主管部门另有规定外，企业在重组过程中，应当在交易发生时确认有关资产的转让所得或者损失，相关资产应当按照交易价格重新确定计税基础。

32－3 《财政部 国家税务总局关于企业重组业务企业所得税处理若干问题的通知》第五条、第七条、第八条

2009年4月30日 财税〔2009〕59号

五、企业重组同时符合下列条件的，适用特殊性税务处理规定：

（一）具有合理的商业目的，且不以减少、免除或者推迟缴纳税款为主要目的。

（二）被收购、合并或分立部分的资产或股权比例符合本通知规定的比例。

（三）企业重组后的连续12个月内不改变重组资产原来的实质性经营活动。

（四）重组交易对价中涉及股权支付金额符合本通知规定比例。

（五）企业重组中取得股权支付的原主要股东，在重组后连续12个月内，不得转让所取得的股权。

……

七、企业发生涉及中国境内与境外之间（包括港澳台地区）的股权和资产收购交易，除应符合本通知第五条规定的条件外，还应同时符合下列条件，才可选择适用特殊性税务处理规定：

（一）非居民企业向其100%直接控股的另一非居民企业转让其拥有的居民企业股权，没有因此造成以后该项股权转让所得预提税负担变化，且转让方

非居民企业向主管税务机关书面承诺在3年（含3年）内不转让其拥有受让方非居民企业的股权；

（二）非居民企业向与其具有100%直接控股关系的居民企业转让其拥有的另一居民企业股权；

（三）居民企业以其拥有的资产或股权向其100%直接控股的非居民企业进行投资；

（四）财政部、国家税务总局核准的其他情形。

八、本通知第七条第（三）项所指的居民企业以其拥有的资产或股权向其100%直接控股关系的非居民企业进行投资，其资产或股权转让收益如选择特殊性税务处理，可以在10个纳税年度内均匀计入各年度应纳税所得额。

32－4 《国家税务总局关于发布〈企业重组业务企业所得税管理办法〉的公告》第四章①

2010年7月26日　国家税务总局公告2010年第4号

第四章　跨境重组税收管理

第三十五条　发生《通知》第七条规定的重组，凡适用特殊性税务处理规定的，应按照本办法第三章相关规定执行。

第三十六条　发生《通知》第七条第（一）、（二）项规定的重组，适用特殊税务处理的，应按照《国家税务总局关于印发〈非居民企业所得税源泉扣缴管理暂行办法〉的通知》（国税发〔2009〕3号）和《国家税务总局关于加强非居民企业股权转让所得企业所得税管理的通知》（国税函〔2009〕698号）要求，准备资料。

第三十七条　发生《通知》第七条第（三）项规定的重组，居民企业应向其所在地主管税务机关报送以下资料：

1. 当事方的重组情况说明，申请文件中应说明股权转让的商业目的；

2. 双方所签订的股权转让协议；

① 条款废止。第三十六条废止。自2017年12月1日起废止。参见：《国家税务总局关于非居民企业所得税源泉扣缴有关问题的公告》，国家税务总局公告2017年第37号。

3. 双方控股情况说明；

4. 由评估机构出具的资产或股权评估报告。报告中应分别列示涉及的各单项被转让资产和负债的公允价值；

5. 证明重组符合特殊性税务处理条件的资料，包括股权或资产转让比例，支付对价情况，以及12个月内不改变资产原来的实质性经营活动、不转让所取得股权的承诺书等；

6. 税务机关要求的其他材料。

32-5 《国家税务总局关于企业重组业务企业所得税征收管理若干问题的公告》第九条、第十条

2015年6月24日　国家税务总局公告2015年第48号

九、企业发生财税〔2009〕59号文件第七条第（三）项规定的重组，居民企业应准确记录应予确认的资产或股权转让收益总额，并在相应年度的企业所得税汇算清缴时对当年确认额及分年结转额的情况做出说明。

主管税务机关应建立台账，对居民企业取得股权的计税基础和每年确认的资产或股权转让收益进行比对分析，加强后续管理。

十、适用特殊性税务处理的企业，在以后年度转让或处置重组资产（股权）时，应在年度纳税申报时对资产（股权）转让所得或损失情况进行专项说明，包括特殊性税务处理时确定的重组资产（股权）计税基础与转让或处置时的计税基础的比对情况，以及递延所得税负债的处理情况等。

适用特殊性税务处理的企业，在以后年度转让或处置重组资产（股权）时，主管税务机关应加强评估和检查，将企业特殊性税务处理时确定的重组资产（股权）计税基础与转让或处置时的计税基础及相关的年度纳税申报表比对，发现问题的，应依法进行调整。

33. 向我国银行境外分行支付来源于境内的利息免于扣缴所得税

适用主体

向我国银行境外分行贷款并支付利息的境内机构。

政策规定

1）境外分行开展境内业务，并从境内机构取得的利息，为该分行的收入，计入境外分行营业利润，与总机构汇总缴纳企业所得税。境内机构对外支付该笔利息时不用扣缴所得税。

2）境外分行所收取利息的相关债权如属于其境内总行（包括境内总行的其他境内分行）的，则该利息收入应计入境内总行及其他境内分行的收入总额。境内机构对外支付该笔利息时不用扣缴所得税。

3）境外分行所收取的利息如果只是代收性质，例如背对背贷款、银团贷款中行使牵头行职能等情况，据以产生利息的债权属于境外非居民企业，该笔利息收入的实际取得方是境外的非居民企业，境内机构在对外支付该笔利息时，仍需依法扣缴企业所得税。

情景问答

问：中国某居民企业A向我国某银行W国分行贷款1000万元，为期5年，利率6%，利息每年底支付一次。请问当年底A公司第一次向境外W国支付60万元的利息时，是否需要代扣代缴企业所得税？

答：根据《国家税务总局关于境内机构向我国银行的境外分行支付利息扣缴企业所得税有关问题的公告》（国家税务总局公告2015年第47号）规定，我国银行境外分行开展境内业务，并从境内机构取得的利息，为该分行的收入，计入分行的营业利润，按《财政部　国家税务总局关于企业境外所得税收抵免有关问题的通知》（财税〔2009〕125号）的相关规定，与总机构汇总缴纳企业所得税。在此情况下，境内机构向我国银行境外分行支付利息时，不代扣代缴企业所得税。

政策依据

1）《财政部　国家税务总局关于企业境外所得税收抵免有关问题的通知》（财税〔2009〕125 号）

2）《国家税务总局关于境内机构向我国银行的境外分行支付利息扣缴企业所得税有关问题的公告》（国家税务总局公告 2015 年第 47 号）

延伸阅读

33 -1 《财政部　国家税务总局关于企业境外所得税收抵免有关问题的通知》①

2009 年 12 月 25 日　财税〔2009〕125 号

各省、自治区、直辖市、计划单列市财政厅（局）、国家税务局、地方税务局，新疆生产建设兵团财务局：

根据《中华人民共和国企业所得税法》（以下简称企业所得税法）及《中华人民共和国企业所得税法实施条例》（以下简称实施条例）的有关规定，现就企业取得境外所得计征企业所得税时抵免境外已纳或负担所得税额的有关问题通知如下：

一、居民企业以及非居民企业在中国境内设立的机构、场所（以下统称企业）依照企业所得税法第二十三条、第二十四条的有关规定，应在其应纳税额中抵免在境外缴纳的所得税额的，适用本通知。

二、企业应按照企业所得税法及其实施条例、税收协定以及本通知的规定，准确计算下列当期与抵免境外所得税有关的项目后，确定当期实际可抵免

① 条款废止。第十条中“经企业申请，主管税务机关核准”的规定废止。参见：《国家税务总局关于企业境外所得适用简易征收和饶让抵免的核准事项取消后有关后续管理问题的公告》，国家税务总局公告 2015 年第 70 号。

分国（地区）别的境外所得税税额和抵免限额：

（一）境内所得的应纳税所得额（以下称境内应纳税所得额）和分国（地区）别的境外所得的应纳税所得额（以下称境外应纳税所得额）；

（二）分国（地区）别的可抵免境外所得税税额；

（三）分国（地区）别的境外所得税的抵免限额。

企业不能准确计算上述项目实际可抵免分国（地区）别的境外所得税税额的，在相应国家（地区）缴纳的税收均不得在该企业当期应纳税额中抵免，也不得结转以后年度抵免。

三、企业应就其按照实施条例第七条规定确定的中国境外所得（境外税前所得），按以下规定计算实施条例第七十八条规定的境外应纳税所得额：

（一）居民企业在境外投资设立不具有独立纳税地位的分支机构，其来源于境外的所得，以境外收入总额扣除与取得境外收入有关的各项合理支出后的余额为应纳税所得额。各项收入、支出按企业所得税法及实施条例的有关规定确定。

居民企业在境外设立不具有独立纳税地位的分支机构取得的各项境外所得，无论是否汇回中国境内，均应计入该企业所属纳税年度的境外应纳税所得额。

（二）居民企业应就其来源于境外的股息、红利等权益性投资收益，以及利息、租金、特许权使用费、转让财产等收入，扣除按照企业所得税法及实施条例等规定计算的与取得该项收入有关的各项合理支出后的余额为应纳税所得额。来源于境外的股息、红利等权益性投资收益，应按被投资方作出利润分配决定的日期确认收入实现；来源于境外的利息、租金、特许权使用费、转让财产等收入，应按有关合同约定应付交易对价款的日期确认收入实现。

（三）非居民企业在境内设立机构、场所的，应就其发生在境外但与境内所设机构、场所有实际联系的各项应税所得，比照上述第（二）项的规定计算相应的应纳税所得额。

（四）在计算境外应纳税所得额时，企业为取得境内、外所得而在境内、境外发生的共同支出，与取得境外应税所得有关的、合理的部分，应在境内、境外（分国（地区）别，下同）应税所得之间，按照合理比例进行分摊后扣除。

（五）在汇总计算境外应纳税所得额时，企业在境外同一国家（地区）设立不具有独立纳税地位的分支机构，按照企业所得税法及实施条例的有关规定计算的亏损，不得抵减其境内或他国（地区）的应纳税所得额，但可以用同一国家（地区）其他项目或以后年度的所得按规定弥补。

四、可抵免境外所得税税额，是指企业来源于中国境外的所得依照中国境外税收法律以及相关规定应当缴纳并已实际缴纳的企业所得税性质的税款。但不包括：

（一）按照境外所得税法律及相关规定属于错缴或错征的境外所得税税款；

（二）按照税收协定规定不应征收的境外所得税税款；

（三）因少缴或迟缴境外所得税而追加的利息、滞纳金或罚款；

（四）境外所得税纳税人或者其利害关系人从境外征税主体得到实际返还或补偿的境外所得税税款；

（五）按照我国企业所得税法及其实施条例规定，已经免征我国企业所得税的境外所得负担的境外所得税税款；

（六）按照国务院财政、税务主管部门有关规定已经从企业境外应纳税所得额中扣除的境外所得税税款。

五、居民企业在按照企业所得税法第二十四条规定用境外所得间接负担的税额进行税收抵免时，其取得的境外投资收益实际间接负担的税额，是指根据直接或者间接持股方式合计持股20%以上（含20%，下同）的规定层级的外国企业股份，由此应分得的股息、红利等权益性投资收益中，从最低一层外国企业起逐层计算的属于由上一层企业负担的税额，其计算公式如下：

本层企业所纳税额属于由一家上一层企业负担的税额＝（本层企业就利润和投资收益所实际缴纳的税额＋符合本通知规定的由本层企业间接负担的税额）×本层企业向一家上一层企业分配的股息（红利）÷本层企业所得税后利润额。

六、除国务院财政、税务主管部门另有规定外，按照实施条例第八十条规定由居民企业直接或者间接持有20%以上股份的外国企业，限于符合以下持股方式的三层外国企业：

第一层：单一居民企业直接持有20%以上股份的外国企业；

第二层：单一第一层外国企业直接持有20%以上股份，且由单一居民企业直接持有或通过一个或多个符合本条规定持股条件的外国企业间接持有总和达到20%以上股份的外国企业；

第三层：单一第二层外国企业直接持有20%以上股份，且由单一居民企业直接持有或通过一个或多个符合本条规定持股条件的外国企业间接持有总和达到20%以上股份的外国企业。

七、居民企业从与我国政府订立税收协定（或安排）的国家（地区）取得的所得，按照该国（地区）税收法律享受了免税或减税待遇，且该免税或减税的数额按照税收协定规定应视同已缴税额在中国的应纳税额中抵免的，该免税或减税数额可作为企业实际缴纳的境外所得税额用于办理税收抵免。

八、企业应按照企业所得税法及其实施条例和本通知的有关规定分国（地区）别计算境外税额的抵免限额。

某国（地区）所得税抵免限额 = 中国境内、境外所得依照企业所得税法及实施条例的规定计算的应纳税总额 × 来源于某国（地区）的应纳税所得额 ÷ 中国境内、境外应纳税所得总额

据以计算上述公式中“中国境内、境外所得依照企业所得税法及实施条例的规定计算的应纳税总额”的税率，除国务院财政、税务主管部门另有规定外，应为企业所得税法第四条第一款规定的税率。

企业按照企业所得税法及其实施条例和本通知的有关规定计算的当期境内、境外应纳税所得总额小于零的，应以零计算当期境内、境外应纳税所得总额，其当期境外所得税的抵免限额也为零。

九、在计算实际应抵免的境外已缴纳和间接负担的所得税税额时，企业在境外一国（地区）当年缴纳和间接负担的符合规定的所得税税额低于所计算的该国（地区）抵免限额的，应以该项税额作为境外所得税抵免额从企业应纳税总额中据实抵免；超过抵免限额的，当年应以抵免限额作为境外所得税抵免额进行抵免，超过抵免限额的余额允许从次年起在连续五个纳税年度内，用每年度抵免限额抵免当年应抵税额后的余额进行抵补。

十、属于下列情形的，经企业申请，主管税务机关核准，可以采取简易办法对境外所得已纳税额计算抵免：

（一）企业从境外取得营业利润所得以及符合境外税额间接抵免条件的股息所得，虽有所得来源国（地区）政府机关核发的具有纳税性质的凭证或证明，但因客观原因无法真实、准确地确认应当缴纳并已经实际缴纳的境外所得税税额的，除就该所得直接缴纳及间接负担的税额在所得来源国（地区）的实际有效税率低于我国企业所得税法第四条第一款规定税率 50% 以上的外，可按境外应纳税所得额的 12.5% 作为抵免限额，企业按该国（地区）税务机关或政府机关核发具有纳税性质凭证或证明的金额，其不超过抵免限额的部分，准予抵免；超过的部分不得抵免。

属于本款规定以外的股息、利息、租金、特许权使用费、转让财产等投资性所得，均应按本通知的其他规定计算境外税额抵免。

（二）企业从境外取得营业利润所得以及符合境外税额间接抵免条件的股息所得，凡就该所得缴纳及间接负担的税额在所得来源国（地区）的法定税率且其实际有效税率明显高于我国的，可直接以按本通知规定计算的境外应纳税所得额和我国企业所得税法规定的税率计算的抵免限额作为可抵免的已在境外实际缴纳的企业所得税税额。具体国家（地区）名单见附件。财政部、国家税务总局可根据实际情况适时对名单进行调整。

属于本款规定以外的股息、利息、租金、特许权使用费、转让财产等投资性所得，均应按本通知的其他规定计算境外税额抵免。

十一、企业在境外投资设立不具有独立纳税地位的分支机构，其计算生产、经营所得的纳税年度与我国规定的纳税年度不一致的，与我国纳税年度当年度相对应的境外纳税年度，应为在我国有关纳税年度中任何一日结束的境外纳税年度。

企业取得上款以外的境外所得实际缴纳或间接负担的境外所得税，应在该项境外所得实现日所在的我国对应纳税年度的应纳税额中计算抵免。

十二、企业抵免境外所得税额后实际应纳所得税额的计算公式为：

企业实际应纳所得税额 = 企业境内外所得应纳税总额 - 企业所得税减免、抵免优惠税额 - 境外所得税抵免额

十三、本通知所称不具有独立纳税地位，是指根据企业设立地法律不具有独立法人地位或者按照税收协定规定不认定为对方国家（地区）的税收居民。

十四、企业取得来源于中国香港、澳门、台湾地区的应税所得，参照本通知执行。

十五、中华人民共和国政府同外国政府订立的有关税收的协定与本通知有不同规定的，依照协定的规定办理。

十六、本通知自 2008 年 1 月 1 日起执行。

附件：法定税率明显高于我国的境外所得来源国（地区）名单

附件

法定税率明显高于我国的境外所得来源国（地区）名单

美国、阿根廷、布隆迪、喀麦隆、古巴、法国、日本、摩洛哥、巴基斯坦、赞比亚、科威特、孟加拉国、叙利亚、约旦、老挝。

33－2 《国家税务总局关于境内机构向我国银行的境外分行支付利息扣缴企业所得税有关问题的公告》

2015年6月19日　国家税务总局公告2015年第47号

根据《中华人民共和国企业所得税法》及其实施条例的有关规定，现对我国银行的境外分行业务活动中涉及从境内取得的利息收入有关企业所得税问题，公告如下：

一、本公告所称境外分行是指我国银行在境外设立的不具备所在国家（地区）法人资格的分行。境外分行作为中国居民企业在境外设立的分支机构，与其总机构属于同一法人。境外分行开展境内业务，并从境内机构取得的利息，为该分行的收入，计入分行的营业利润，按《财政部　国家税务总局关于企业境外所得税收抵免有关问题的通知》（财税〔2009〕125号）的相关规定，与总机构汇总缴纳企业所得税。境内机构向境外分行支付利息时，不代扣代缴企业所得税。

二、境外分行从境内取得的利息，如果据以产生利息的债权属于境内总行或总行其他境内分行的，该项利息应为总行或其他境内分行的收入。总行或其他境内分行和境外分行之间应严格区分此类收入，不得将本应属于总行或其他境内分行的境内业务及收入转移到境外分行。

三、境外分行从境内取得的利息如果属于代收性质，据以产生利息的债权属于境外非居民企业，境内机构向境外分行支付利息时，应代扣代缴企业所得税。

四、主管税务机关应加强监管，严格审核相关资料，并利用第三方信息进行比对分析，对违反本公告相关规定的，应按照有关法律法规处理。

五、本公告自2015年7月19日起施行。《国家税务总局关于加强非居民企业来源于我国利息所得扣缴企业所得税工作的通知》（国税函〔2008〕955号）第二条同时废止。

特此公告。

二、税收协定

关于对所得和财产避免双重征税和防止偷漏税的协定（以下称税收协定），是两个或两个以上主权国家（或税收管辖区），为协调相互之间的税收管辖关系和处理有关税务问题，通过谈判缔结的书面协议。税收协定主要是通过降低所得来源国税率或提高征税门槛，来限制其按照国内税收法律征税的权利，同时规定居民国对境外已纳税所得给予税收抵免。税收协定的主要作用包括降低“走出去”纳税人在东道国的税负、有效消除双重征税、提高税收确定性和通过相互协商机制妥善解决涉税争议等。

“走出去”企业通过不同组织形式开展境外投资，需要关注的协定条款也有所差异。如，设立境外子公司的，境外所得可享受的税收协定待遇主要涉及境外子公司利润分回、向境外融通资金、对外提供特许权（出租设备）等，应关注股息、利息、特许权使用费等条款；设立境外分公司、办事处、在境外承包工程、提供劳务的，应重点关注常设机构、非歧视待遇和营业利润等条款。

“走出去”个人在境外提供劳务、担任董事、进行演出、研究开发、实习等情况下，以及在境外取得的股息、利息、特许权使用费、财产转让等所得涉及的征税权问题，我国签署的税收协定（安排）也在相应条款里进行了规定。

截至2019年10月，我国政府共签署107个税收协定，内地和香港、澳门签署了税收安排，大陆与台湾签署了税收协议，已形成了比较完善的税收协定网络（见表1—表6）。

表1 **我国与亚洲国家签署税收协定情况**

（亚洲国家建交45个，签署协定35个，生效35个）

序号	国家	签署日期	签署地点	生效日期	执行日期	所在地区
1	日本	1983.9.6	北京	1984.6.26	1985.1.1	亚洲
2	马来西亚	1985.11.23	北京	1986.9.14	1987.1.1	亚洲
3	新加坡	1986.4.18	新加坡	1986.12.11	1987.1.1	亚洲
		2007.7.11	新加坡	2007.9.18	2008.1.1	亚洲
4	泰国	1986.10.27	曼谷	1986.12.29	1987.1.1	亚洲
5	巴基斯坦	1989.11.15	伊斯兰堡	1989.12.27	1989.1.1/7.1	亚洲
6	科威特	1989.12.25	科威特	1990.7.20	1989.1.1	亚洲
7	蒙古	1991.8.26	乌兰巴托	1992.6.23	1993.1.1	亚洲
8	阿拉伯联合酋长国	1993.7.1	阿布扎比	1994.7.14	1995.1.1	亚洲
9	韩国	1994.3.28	北京	1994.9.27	1995.1.1	亚洲
10	印度	1994.7.18	新德里	1994.11.19	1995.1.1	亚洲
11	以色列	1995.4.8	北京	1995.12.22	1996.1.1	亚洲
12	越南	1995.5.17	北京	1996.10.18	1997.1.1	亚洲
13	土耳其	1995.5.23	北京	1997.1.20	1998.1.1	亚洲
14	亚美尼亚	1996.5.5	北京	1996.11.28	1997.1.1	亚洲
15	乌兹别克斯坦	1996.7.3	塔什干	1996.7.3	1997.1.1	亚洲
16	孟加拉国	1996.9.12	北京	1997.4.10	中：1998.1.1 孟：1998.7.1	亚洲
17	老挝	1999.1.25	北京	1999.6.22	2000.1.1	亚洲
18	菲律宾	1999.11.18	北京	2001.3.23	2002.1.1	亚洲
19	卡塔尔	2001.4.2	北京	2008.10.21	2009.1.1	亚洲
20	尼泊尔	2001.5.14	加德满都	2010.12.31	2011.1.1	亚洲
21	哈萨克斯坦	2001.9.12	阿斯塔纳	2003.7.27	2004.1.1	亚洲
22	印度尼西亚	2001.11.7	雅加达	2003.8.25	2004.1.1	亚洲
23	阿曼	2002.3.25	马斯喀特	2002.7.20	2003.1.1	亚洲
24	伊朗	2002.4.20	德黑兰	2003.8.14	2004.1.1	亚洲
25	巴林	2002.5.16	北京	2002.8.8	2003.1.1	亚洲
26	吉尔吉斯斯坦	2002.6.24	北京	2003.3.29	2004.1.1	亚洲
27	斯里兰卡	2003.8.11	北京	2005.5.22	2006.1.1	亚洲

续表

序号	国家	签署日期	签署地点	生效日期	执行日期	所在地区
28	文莱	2004. 9. 21	北京	2006. 12. 29	2007. 1. 1	亚洲
29	阿塞拜疆	2005. 3. 17	北京	2005. 8. 17	2006. 1. 1	亚洲
30	格鲁吉亚	2005. 6. 22	北京	2005. 11. 10	2006. 1. 1	亚洲
31	沙特阿拉伯	2006. 1. 23	北京	2006. 9. 1	2007. 1. 1	亚洲
32	塔吉克斯坦	2008. 8. 27	杜尚别	2009. 3. 28	2010. 1. 1	亚洲
33	土库曼斯坦	2009. 12. 13	阿什哈巴德	2010. 5. 30	2011. 1. 1	亚洲
34	叙利亚	2010. 10. 31	大马士革	2011. 9. 1	2012. 1. 1	亚洲
35	柬埔寨	2016. 10. 13	金边	2018. 1. 26	2019. 1. 1	亚洲

表2　　我国与欧洲国家签署税收协定情况

（欧洲国家建交44个，签署协定39个，生效39个）

序号	国家	签署日期	签署地点	生效日期	执行日期	所在地区
1	法国	1984. 5. 30	巴黎	1985. 2. 21	1986. 1. 1	欧洲
		2013. 11. 26	北京	2014. 12. 28	2015. 1. 1	欧洲
2	英国	1984. 7. 26	北京	1984. 12. 23	1985. 1. 1	欧洲
		2011. 6. 27	伦敦	2013. 12. 13	中：2014. 1. 1 英：所得税和财产收益税，2014. 4. 6； 公司税，2014. 4. 1	欧洲
3	比利时	1985. 4. 18	北京	1987. 9. 11	1988. 1. 1	欧洲
		2009. 10. 7	布鲁塞尔	2013. 12. 29	2014. 1. 1	欧洲
4	德国	1985. 6. 10	波恩	1986. 5. 14	1985. 1. 1/7. 1	欧洲
		2014. 3. 28	柏林	2016. 4. 6	2017. 1. 1	欧洲
5	挪威	1986. 2. 25	北京	1986. 12. 21	1987. 1. 1	欧洲
6	丹麦	1986. 3. 26	北京	1986. 10. 22	1987. 1. 1	欧洲
		2012. 6. 16	哥本哈根	2012. 12. 27	2013. 1. 1	欧洲
7	芬兰	1986. 5. 12	赫尔辛基	1987. 12. 18	1988. 1. 1	欧洲
		2010. 5. 25	北京	2010. 11. 25	2011. 1. 1	欧洲
8	瑞典	1986. 5. 16	斯德哥尔摩	1987. 1. 3	1987. 1. 1	欧洲

续表

序号	国家	签署日期	签署地点	生效日期	执行日期	所在地区
9	意大利	1986. 10. 31	北京	1989. 11. 14	1990. 1. 1	欧洲
		2019. 3. 23	罗马	（尚未生效）		欧洲
10	荷兰	1987. 5. 13	北京	1988. 3. 5	1989. 1. 1	欧洲
		2013. 5. 31	北京	2014. 8. 31	2015. 1. 1	欧洲
11	捷克斯洛伐克（适用于斯洛伐克）	1987. 6. 11	布拉格	1987. 12. 23	1988. 1. 1	欧洲
12	波兰	1988. 6. 7	北京	1989. 1. 7	1990. 1. 1	欧洲
13	前南斯拉夫（适用于波斯尼亚和黑塞哥维那）	1988. 12. 2	北京	1989. 12. 16	1990. 1. 1	欧洲
14	保加利亚	1989. 11. 6	北京	1990. 5. 25	1991. 1. 1	欧洲
15	瑞士	1990. 7. 6	北京	1991. 9. 27	1990. 1. 1	欧洲
		2013. 9. 25	北京	2014. 11. 15	2015. 1. 1	欧洲
16	塞浦路斯	1990. 10. 25	北京	1991. 10. 5	1992. 1. 1	欧洲
17	西班牙	1990. 11. 22	北京	1992. 5. 20	1993. 1. 1	欧洲
		2018. 11. 28	马德里	（尚未生效）		欧洲
18	罗马尼亚	1991. 1. 16	北京	1992. 3. 5	1993. 1. 1	欧洲
		2016. 7. 4	布加勒斯特	2017. 6. 17	2018. 1. 1	欧洲
19	奥地利	1991. 4. 10	北京	1992. 11. 1	1993. 1. 1	欧洲
20	匈牙利	1992. 6. 17	北京	1994. 12. 31	1995. 1. 1	欧洲
21	马耳他	1993. 2. 2	北京	1994. 3. 20	1995. 1. 1	欧洲
		2010. 10. 18	瓦莱塔	2011. 8. 25	2012. 1. 1	欧洲
22	卢森堡	1994. 3. 12	北京	1995. 7. 28	1996. 1. 1	欧洲
23	俄罗斯	1994. 5. 27	北京	1997. 4. 10	1998. 1. 1	欧洲
		2014. 10. 13	莫斯科	2016. 4. 9	2017. 1. 1	欧洲
24	克罗地亚	1995. 1. 9	北京	2001. 5. 18	2002. 1. 1	欧洲
25	白俄罗斯	1995. 1. 17	北京	1996. 10. 3	1997. 1. 1	欧洲
26	斯洛文尼亚	1995. 2. 13	北京	1995. 12. 27	1996. 1. 1	欧洲
27	乌克兰	1995. 12. 4	北京	1996. 10. 18	中：1997. 1. 1 乌：股利特个人，1996. 12. 17； 企业所得税，1997. 1. 1	欧洲
28	冰岛	1996. 6. 3	北京	1997. 2. 5	1998. 1. 1	欧洲

续表

序号	国家	签署日期	签署地点	生效日期	执行日期	所在地区
29	立陶宛	1996. 6. 3	维尔纽斯	1996. 10. 18	1997. 1. 1	欧洲
30	拉脱维亚	1996. 6. 7	里加	1997. 1. 27	1998. 1. 1	欧洲
31	原南斯拉夫联盟（适用于塞尔维亚和黑山）	1997. 3. 21	贝尔格莱德	1998. 1. 1	1998. 1. 1	欧洲
32	马其顿	1997. 6. 9	北京	1997. 11. 29	1998. 1. 1	欧洲
33	葡萄牙	1998. 4. 21	北京	2000. 6. 7	2001. 1. 1	欧洲
34	爱沙尼亚	1998. 5. 12	北京	1999. 1. 8	2000. 1. 1	欧洲
35	爱尔兰	2000. 4. 19	都柏林	2000. 12. 29	中：2001. 1. 1 爱：2001. 4. 6	欧洲
36	摩尔多瓦	2000. 6. 7	北京	2001. 5. 26	2002. 1. 1	欧洲
37	希腊	2002. 6. 3	北京	2005. 11. 11	2006. 1. 1	欧洲
38	阿尔巴尼亚	2004. 9. 13	北京	2005. 7. 28	2006. 1. 1	欧洲
39	捷克	2009. 8. 28	北京	2011. 5. 4	2012. 1. 1	欧洲

表 3　　我国与非洲国家签署税收协定情况

（非洲国家建交 53 个，签署协定 18 个，生效 12 个）

序号	国家	签署日期	签署地点	生效日期	执行日期	所在地区
1	毛里求斯	1994. 8. 1	北京	1995. 5. 4	1996. 1. 1	非洲
2	苏丹	1997. 5. 30	北京	1999. 2. 9	2000. 1. 1	非洲
3	埃及	1997. 8. 13	开罗	1999. 3. 24	2000. 1. 1	非洲
4	塞舌尔	1999. 8. 26	北京	1999. 12. 17	2000. 1. 1	非洲
5	南非	2000. 4. 25	比勒陀利亚	2001. 1. 7	2002. 1. 1	非洲
6	尼日利亚	2002. 4. 15	阿布贾	2009. 3. 21	2010. 1. 1	非洲
7	突尼斯	2002. 4. 16	突尼斯	2003. 9. 23	2004. 1. 1	非洲
8	摩洛哥	2002. 8. 27	拉巴特	2006. 8. 16	2007. 1. 1	非洲
9	阿尔及利亚	2006. 11. 6	北京	2007. 7. 27	2008. 1. 1	非洲
10	埃塞俄比亚	2009. 5. 14	北京	2012. 12. 25	2013. 1. 1	非洲
11	赞比亚	2010. 7. 26	卢萨卡	2011. 6. 30	2012. 1. 1	非洲
12	乌干达	2012. 1. 11	坎帕拉	（尚未生效）		非洲
13	博茨瓦纳	2012. 4. 11	哈博罗内	（尚未生效）		非洲

续表

序号	国家	签署日期	签署地点	生效日期	执行日期	所在地区
14	津巴布韦	2015. 12. 1	哈拉雷	2016. 9. 29	2017. 1. 1	非洲
15	肯尼亚	2017. 9. 21	内罗毕	（尚未生效）		非洲
16	加蓬	2018. 9. 1	北京	（尚未生效）		非洲
17	刚果（布）	2018. 9. 5	北京	（尚未生效）		非洲
18	安哥拉	2018. 10. 9	北京	（尚未生效）		非洲

表 4 **我国与美洲国家签署税收协定情况**

（美洲国家建交 25 个，签署协定 12 个，生效 11 个）

序号	国家	签署日期	签署地点	生效日期	执行日期	所在地区
1	美国	1984. 4. 30	北京	1986. 11. 21	1987. 1. 1	美洲
2	加拿大	1986. 5. 12	北京	1986. 12. 29	1987. 1. 1	美洲
3	牙买加	1996. 6. 3	北京	1997. 3. 15	1998. 1. 1	美洲
4	巴巴多斯	2000. 5. 15	北京	2000. 10. 27	2001. 1. 1	美洲
5	古巴	2001. 4. 13	哈瓦那	2003. 10. 17	2004. 1. 1	美洲
6	特立尼达和多巴哥	2003. 9. 18	西班牙港	2005. 5. 22	预提税：2005. 6. 1 其他：2006. 1. 1	美洲
7	墨西哥	2005. 9. 12	墨西哥城	2006. 3. 1	2007. 1. 1	美洲
8	巴西	1991. 8. 5	北京	1993. 1. 6	1994. 1. 1	美洲
9	委内瑞拉	2001. 4. 17	加拉加斯	2004. 12. 23	2005. 1. 1	美洲
10	厄瓜多尔	2013. 1. 21	基多	2014. 3. 6	2015. 1. 1	美洲
11	智利	2015. 5. 25	圣地亚哥	2016. 8. 8	2017. 1. 1	美洲
12	阿根廷	2018. 12. 2	布宜诺斯艾利斯	（尚未生效）		美洲

表 5 **我国与大洋洲国家签署税收协定情况**

（大洋洲国家建交 10 个，签署协定 3 个，生效 3 个）

序号	国家	签署日期	签署地点	生效日期	执行日期	所在地区
1	新西兰	1986. 9. 16	惠灵顿	1986. 12. 17	1987. 1. 1	大洋洲
		2019. 4. 1	北京	（尚未生效）		大洋洲
2	澳大利亚	1988. 11. 17	堪培拉	1990. 12. 28	1991. 1. 1	大洋洲
3	巴布亚新几内亚	1994. 7. 14	北京	1995. 8. 16	1996. 1. 1	大洋洲

表 6　　内地与港澳签署税收安排及大陆与台湾签署税收协议情况

（签署税收安排和税收协议 3 个，生效 2 个）

序号	地区	签署日期	签署地点	生效日期	执行日期	所在地区
1	中国澳门	2003. 12. 27	澳门	2003. 12. 30	2004. 1. 1	中国
2	中国香港	2006. 8. 21	香港	2006. 12. 8	内地：2007. 1. 1 香港：2007. 4. 1	中国
3	中国台湾	2015. 8. 25	福州	（尚未生效）		中国

税收协定的税种范围主要包括所得税，部分协定中还包括财产税。原则上，协定仅适用于协定税种范围条款所规定的税种，但也有例外。比如，有些协定的国际运输条款、情报交换条款或非歧视待遇条款，规定的内容涉及税种范围条款规定之外的其他税种，或规定不受税种范围条款的限制，具体需要看具体的协定。税收协定中人的范围主要包括个人、公司和其他团体，部分协定中还包括合伙企业等。

34. 居民

协定意义上的居民是指税收居民，即居民应是在一国负有全面纳税义务的人，这是判定居民身份的必要条件。这里所指的“纳税义务”并不等同于事实上的征税。例如，符合一定条件的基金会、慈善组织可能被一国免予征税，但他们如果属于该国税法规定的纳税义务范围，受该国税法的规范，则仍被认为负有纳税义务，可视为协定意义上的居民。

一国负有纳税义务的人未必都是该国居民。例如，某中国公民因工作需要，到新加坡境内工作产生了新加坡个人所得税纳税义务，但不应仅因其负有纳税义务而判定该个人为新加坡居民，而应根据协定关于个人居民的判定标准进一步确定其居民身份。

适用主体

走出去的个人、公司和其他团体。

协定规定

我国对外签订的税收协定，对居民一般性条款主要表述为：在本协定中，“缔约国一方居民”一语是指按照该缔约国法律，由于住所、居所、成立地、管理机构所在地，或者其他类似的标准，在该缔约国负有纳税义务的人，并且包括该缔约国及其行政区或地方当局。但是，这一用语不包括仅因来源于该缔约国的所得或财产收益而在该缔约国负有纳税义务的人。

适用条件

同一人有可能同时为缔约国双方居民。为了解决这种情况下个人最终居民身份的归属，税收协定普遍采取“加比规则”，加比规则的使用是有先后顺序的，只有当使用前一标准无法解决问题时，才使用后一标准。公司及其他团体的双重居民身份冲突协调规则，一般以实际管理机构为依据判定。有些协定没有加比原则，需要根据协定条款的其他规定，如根据协商条款进行处理。

1）个人居民身份判定依据

（1）永久性住所

永久性住所包括任何形式的住所，例如由个人租用的住宅或公寓、租用的房间等，但该住所必须具有永久性，即个人已安排长期居住，而不是为了某些原因（如旅游、商务考察等）临时逗留。

（2）重要利益中心

重要利益中心要参考个人家庭和社会关系、职业、政治、文化和其他活动、营业地点、管理财产所在地等因素综合评判。其中特别注重的是个人的行为，即个人一直居住、工作并且拥有家庭和财产的国家通常为其重要利益中心之所在。

（3）习惯性居处

在出现以下两种情况之一时，应采用习惯性居处的标准来判定个人居民身份的归属：一是个人在缔约国双方均有永久性住所且无法确定重要经济利益中心所在国；二是个人的永久性住所不在缔约国任何一方，比如该个人不断地穿梭于缔约国一方和另一方旅馆之间。

第一种情况下对习惯性居处的判定，要注意其在双方永久性住所的停留时间，同时还应考虑其在同一个国家不同地点停留的时间；第二种情况下对习惯性居处的判定，要将此人在一个国家所有的停留时间加总考虑，而不问其停留的原因。

（4）国籍

如果该个人在缔约国双方都有或都没有习惯性居处，应以该人的国籍作为判定居民身份的标准。

当采用上述标准依次判断仍然无法确定其身份时，可由缔约国双方主管当局按照协定相互协商程序条款规定的程序，通过相互协商解决。

2）公司及其他团体居民身份判定依据

实际管理机构所在地是指实质上作出有关企业整体经营关键性的管理与商业决策之地。通常理解为最高层人员如董事会作出决策所在地。一个实体可以有多个管理机构所在地，但是只能有一个实际管理机构所在地。

走出去企业要了解对方国家对于实际管理机构所在地的定义。

情景问答

问：中国个人在中国有永久性住所，经济活动和社会活动都在中国，但因在 B 国有房产，被 B 国税务机关认定为构成 B 国的税收居民，请问这种情况下如何判定居民身份？

答：个人在中国拥有永久性住所，其经济活动、社会活动、重要利益中心在中国，并且习惯性居住在中国，一般应认定为中国税收居民，但也应根据与 B 国签订的税收协定条款的具体内容加以判断。

政策依据

1）《中华人民共和国企业所得税法》第二条

2）《中华人民共和国个人所得税法》第一条

3）《中华人民共和国个人所得税法实施条例》第二条

4）中华人民共和国政府对外签署的避免双重征税协定（含内地与香港、澳门特别行政区签署的税收安排、大陆与台湾签署的税收协议）（编者略）

5）《国家税务总局关于印发〈中华人民共和国政府和新加坡共和国政府关于对所得避免双重征税和防止偷漏税的协定〉及议定书条文解释的通知》（国税发〔2010〕75 号）第四条

延伸阅读

34－1 《中华人民共和国企业所得税法》第二条

2018年12月29日 中华人民共和国主席令第二十三号

第二条 企业分为居民企业和非居民企业。

本法所称居民企业，是指依法在中国境内成立，或者依照外国（地区）法律成立但实际管理机构在中国境内的企业。

本法所称非居民企业，是指依照外国（地区）法律成立且实际管理机构不在中国境内，但在中国境内设立机构、场所的，或者在中国境内未设立机构、场所，但有来源于中国境内所得的企业。

34－2 《中华人民共和国个人所得税法》第一条

2018年8月31日 中华人民共和国主席令第九号

第一条 在中国境内有住所，或者无住所而在境内居住满一年的个人，从中国境内和境外取得的所得，依照本法规定缴纳个人所得税。

在中国境内无住所又不居住或者无住所而在境内居住不满一年的个人，从中国境内取得的所得，依照本法规定缴纳个人所得税。

34－3 《中华人民共和国个人所得税法实施条例》第二条

2018年12月18日 中华人民共和国国务院令第707号

第二条 个人所得税法所称在中国境内有住所，是指因户籍、家庭、经济利益关系而在中国境内习惯性居住；所称从中国境内和境外取得的所得，分别是指来源于中国境内的所得和来源于中国境外的所得。

34－4 《国家税务总局关于印发〈中华人民共和国政府和新加坡共和国政府关于对所得避免双重征税和防止偷漏税的协定〉及议定书条文解释的通知》第四条

2010年7月26日　国税发〔2010〕75号

第四条　居民

一、第一款说明“居民”的定义应遵从缔约国国内税收法律规定，并应从以下几个方面理解：

（一）居民应是在一国负有全面纳税义务的人，这是判定居民身份的必要条件。这里所指的“纳税义务”并不等同于事实上的征税，例如，符合一定条件的基金会、慈善组织可能被一国免予征税，但他们如果属于该国税法规定的纳税义务范围，受该国税法的规范，则仍被认为负有纳税义务，可视为协定意义上的居民。

但是，在一国负有纳税义务的人未必都是该国居民。例如，某新加坡公民因工作需要，来中国境内工作产生了中国个人所得税纳税义务，但不应仅因其负有纳税义务而判定该个人为中国居民，而应根据协定关于个人居民的判定标准进一步确定其居民身份。

另外，本款特别说明，缔约国一方居民也包括“该缔约国、地方当局或法定机构”。其中“法定机构”一语是按新加坡方面的要求根据新加坡国内法的规定列入的，指依照新加坡议会法案设立，并执行政府职能的机构，如“新加坡经济发展局”和“新加坡旅游局”等机构。

（二）中国国内法对居民的判定标准如下：

1. 居民个人

根据《中华人民共和国个人所得税法》及其实施条例的相关规定，我国的个人居民包括：

（1）在中国境内有住所的中国公民和外国侨民。但不包括虽具有中国国籍，却并未在中国大陆定居，而是侨居海外的华侨和居住在香港、澳门、台湾的同胞。

（2）在中国境内居住，且在一个纳税年度内，一次离境不超过30日，或多次离境累计不超过90日的外国人、海外侨民和香港、澳门、台湾同胞。

2. 居民企业

根据《中华人民共和国企业所得税法》及其实施条例的相关规定，我国的居民企业是指依法在中国境内成立，或者依照外国（地区）法律成立但实际管理机构在中国的企业。

中国居民从新加坡取得所得，若新方主管当局要求其提供中国居民身份证明以享受本协定待遇的，按《国家税务总局关于做好〈中国税收居民身份证明〉开具工作的通知》（国税函〔2008〕829号）执行。

（三）对新加坡居民身份的判定，根据第一款的规定，应按照新加坡的法律确定的标准进行。新加坡税务当局开具的居民身份证明为信函方式。信函使用的样式可参见《国家税务总局关于印发部分国家（地区）税收居民证明样式的通知》（国税函〔2009〕395号）。但如新加坡税务当局开具证明时间是年末（11月以后），其信函表述则与样式略有不同，较样式简单，但确认性更强。各地在执行时，如对纳税人提供的证明有疑问，导致确认居民身份困难，可层报税务总局向对方国家主管当局确认。

（四）缔约国一方居民到第三国从事经营活动时，应根据情况判断是否可适用本协定，例如：

1. 新加坡个人到第三国从事劳务活动，凡依照第三国税收法律以及第三国与新加坡之间的税收协定已构成第三国居民的，其在第三国从事劳务活动时如与中国发生业务往来并从中国取得的所得则不再适用本协定规定，应适用该第三国与中国的税收协定的规定。如果该第三国与中国没有税收协定，则适用中国国内法规定。

2. 新加坡居民企业设在第三国的常设机构（关于常设机构的定义参见下文第五条解释）是该居民企业的组成部分，与该居民企业属同一法律实体，不属于第三国居民，其从中国取得的所得适用本协定的规定。

3. 中国居民企业设在第三国的常设机构是该居民企业的组成部分，不属于第三国居民，其从新加坡取得的所得适用本协定的规定。

4. 同样，中国居民企业设在新加坡的常设机构是该居民企业的组成部分，其从第三国取得的所得，涉及交纳第三国税款时适用中国与该第三国的协定。值得注意的是，上述中国居民企业设在新加坡的常设机构取得来源于中国境内的所得，在按我国国国内法相关规定纳税时，该常设机构不能以新加坡居民身份对上述来源于中国境内的所得，向中国税务机关要求享受中新协定待遇。

二、根据第一款的规定，同一人有可能同时为中国和新加坡居民。为了解决这种情况下个人最终居民身份的归属，第二款进一步规定了确定标准。需特别注意的是，这些标准的使用是有先后顺序的，只有当使用前一标准无法解决问题时，才使用后一的标准。

（一）永久性住所

永久性住所包括任何形式的住所，例如由个人租用的住宅或公寓、租用的房间等，但该住所必须具有永久性，即个人已安排长期居住，而不是为了某些原因（如旅游、商务考察等）临时逗留。

（二）重要利益中心

重要利益中心要参考个人家庭和社会关系、职业、政治、文化和其他活动、营业地点、管理财产所在地等因素综合评判。其中特别注重的是个人的行为，即个人一直居住、工作并且拥有家庭和财产的国家通常为其重要利益中心之所在。

（三）习惯性居处

在出现以下两种情况之一时，应采用习惯性居处的标准来判定个人居民身份的归属：一是个人在缔约国双方均有永久性住所且无法确定重要经济利益中心所在国；二是个人的永久性住所不在缔约国任何一方，比如该个人不断地穿梭于缔约国一方和另一方旅馆之间。

第一种情况下对习惯性居处的判定，要注意其在双方永久性住所的停留时间，同时还应考虑其在同一个国家不同地点停留的时间；第二种情况下对习惯性居处的判定，要将此人在一个国家所有的停留时间加总考虑，而不问其停留的原因。

（四）国籍

如果该个人在缔约国双方都有或都没有习惯性居处，应以该人的国籍作为判定居民身份的标准。

当采用上述标准依次判断仍然无法确定其身份时，可由缔约国双方主管当局按照协定第二十四条规定的程序，通过相互协商解决。

三、第三款规定，除个人以外（即公司和其他团体），同时为缔约国双方居民的人，应认定其是“实际管理机构”所在国的居民。如果缔约国双方因判定实际管理机构的标准不同而不能达成一致意见的，应由缔约国双方主管当局按照协定第二十四条规定的程序，通过相互协商解决。

35. 常设机构

常设机构条款是税收协定的重要条款，它主要与营业利润条款结合，组成对缔约一方所取得营业利润的征税规则，以限制所得来源国的征税权，避免双重征税。

常设机构主要用来确定企业是否在某国或地区具有纳税义务，从而使该国或地区能对归属于常设机构的所得进行征税。常设机构规则不仅是征税的前提条件，还是辨别应税所得征收方式的基础。一般来说，对归属于常设机构的所得要按照常设机构营业利润征税，对不归属于常设机构的所得则按照其他条款处理。

适用主体

从缔约对方国家（地区）取得营业利润所得的居民。

协定规定

我国对外签订的税收协定，对常设机构一般性条款主要表述为：协定中“常设机构”一语是指企业进行全部或部分营业的固定营业场所。“常设机构”一语特别包括：管理场所；分支机构；办事处；工厂；车间（作业场所）；矿场、油井或气井、采石场或者其他开采自然资源的场所。除上述列举外，我国与部分国家还增列了部分项目，例如澳大利亚、泰国、印度等国家增加农场、种植园、林场等特殊规定。

其次，在常设机构一般性条款之外，通常还对承包工程、提供劳务构成常设机构以及代理型常设机构的标准进行了专门规定。

此外，我国同部分国家签订的税收协定还增加了有关保险业务构成常设机构的特殊规定。

适用条件

1）一般常设机构。一般常设机构具有固定性、持续性和经营性的营业场所，但不包括从事协定所列举的专门从事准备性、辅助性活动的机构。即缔约国一方企业在缔约国另一方仅由于仓储、展览、采购及信息收集等活动的目的设立的具有准备性或辅助性的固定场所，不应被认定为常设机构。

2）工程型常设机构。承包工程构成常设机构的一般表述为：“常设机构”一语包括建筑工地，建筑、装配或安装工程，或者与其有关的监督管理活动，但仅以该工地、工程或活动连续达到规定时间（通常为6个月）以上的为限，未达到该规定时间的则不构成常设机构。我国与不同国家签订的协定，通常以一般表述为基准，但在项目的持续时间上，会存在几种不同的形式。此外，少数协定没有纳入“有关的监督管理活动”。不同协定中有关承包工程构成常设机构的表述存在差异（见表7）。

表7　税收协定（安排）缔约国（地区）工程型常设机构一览

序号	内容	时限	适用国家或地区
1	建筑工地，建筑、装配或安装工程，或者与其有关的监督管理活动，仅以该工地、工程或活动连续（ ）以上的为限。	6个月	日本、美国、瑞典、意大利、马来西亚、挪威、加拿大、新西兰、泰国、芬兰、斯洛伐克、波兰、澳大利亚、保加利亚、巴基斯坦、科威特、西班牙、巴西、奥地利、韩国、巴布亚新几内亚、卢森堡、越南、孟加拉国、葡萄牙、菲律宾、爱尔兰、巴巴多斯、印度尼西亚、突尼斯、摩洛哥、特立尼达和多巴哥、文莱、墨西哥、沙特阿拉伯、新加坡、尼日利亚、乌干达、中国香港、中国澳门、加蓬、波黑
		183天	印度、斯里兰卡、尼泊尔
		9个月	委内瑞拉、阿曼、阿尔巴尼亚、卡塔尔国、赞比亚、叙利亚、柬埔寨
		12个月	英国、法国、比利时、德国、芬兰、丹麦、瑞士、塞浦路斯、匈牙利、罗马尼亚、毛里求斯、克罗地亚、以色列、斯洛文尼亚、土耳其、亚美尼亚、牙买加、冰岛、乌兹别克斯坦、马其顿、老挝、塞舌尔、南非、摩尔多瓦、古巴、哈萨克斯坦、伊朗、巴林、希腊、吉尔吉斯、塞尔维亚、黑山、阿塞拜疆、塔吉克斯坦、土库曼斯坦、捷克、博茨瓦纳、厄瓜多尔、荷兰、津巴布韦、智利、肯尼亚、马耳他、中国台湾
		24个月内12个月	埃及
		18个月	俄罗斯、白俄罗斯、乌克兰、苏丹、蒙古
		24个月	阿联酋

续表

序号	内容	时限	适用国家或地区
2	建筑工地，建筑、装配或安装工程构成常设机构，但仅以（）以上的为限。	6个月	爱尔兰、阿尔及利亚、埃塞尔比亚、格鲁吉亚（无装配）、刚果（布）（无装配）、阿根廷（无装配）
3	建筑工地，建筑、装配或安装工程，或者与其有关的监督管理或咨询活动，仅以该工地、工程或活动连续（）以上的为限。	12个月	立陶宛、拉脱维亚、爱沙尼亚

备注：1. 速查信息仅供参考，详细情况以税收协定文本规定为准。

2. 西班牙（重签协定）、新西兰（重签协定）、意大利（重签协定）、乌干达、博茨瓦纳、肯尼亚、加蓬、刚果（布）、阿根廷、中国台湾尚未生效。

3）劳务型常设机构。提供劳务构成常设机构的一般表述为：缔约国一方企业通过雇员或者其他人员，在缔约国另一方为同一个项目或相关联的项目提供劳务，包括咨询劳务，仅以在任何____个月中连续或累计超过____天/月为限，未达到该规定时间的则不构成常设机构。不同协定对时间长度的计算方法有所不同，通常为任何12个月中连续或累计超过6个月或183天。此外，我国家与巴基斯坦、立陶宛、爱沙尼亚等一些国家并没有对劳务型常设机构条款进行约定（见表8）。

表8　税收协定（安排）缔约国（地区）劳务型常设机构一览

序号	内容	时限	适用国家或地区
1	企业通过雇员或者其他人员，在该国内为同一个项目或有关项目提供的劳务，包括咨询劳务，仅以在任何12个月中连续或累计超过（）的为限。	6个月	日本、美国、比利时、马来西亚、挪威、丹麦、芬兰、加拿大、瑞典、新西兰、意大利、荷兰、斯洛伐克、波兰、澳大利亚、保加利亚、科威特（没有12个月限制）、瑞士、西班牙、罗马尼亚、奥地利、奥地利、巴西、卢森堡、韩国、越南、冰岛、葡萄牙、菲律宾、巴布亚新几内亚、孟加拉国、巴巴多斯、印度尼西亚、特立尼达和多巴哥、摩洛哥、沙特阿拉伯、文莱、塞尔维亚、黑山、津巴布韦、波黑
		183天	斯里兰卡、泰国、尼泊尔、丹麦、中国香港、中国澳门、新加坡、塔吉克斯坦、土库曼斯坦、赞比亚、英国、法国、德国、马耳他、罗马尼亚、厄瓜多尔（含技术和管理劳务）、乌干达、博茨瓦纳、中国台湾、肯尼亚、加蓬、阿根廷（增加有关纳税年度开始或结束的任何12个月）、印度
		9个月	阿曼、阿尔巴尼亚、捷克

续表

序号	内容	时限	适用国家或地区
2	企业通过雇员或者其他人员，在该国内为同一个项目或有关项目提供的劳务，包括咨询劳务，仅以在任何 24 个月中连续或累计超过（ ）的为限。	12 个月	塞浦路斯、毛里求斯、以色列、牙买加、苏丹、埃及、南非、克罗地亚、塞舌尔、古巴
3	企业通过雇员或者其他人员，在该国内为同一个项目或有关项目提供的劳务，包括咨询劳务，仅以连续或累计超过（ ）的为限。	12 个月	匈牙利、斯洛文尼亚、土耳其、亚美尼亚、哈萨克斯坦、吉尔吉斯斯坦、乌克兰
		18 个月	蒙古、俄罗斯、白俄罗斯
		24 个月	阿联酋
4	缔约国一方企业通过雇员或者其他人员，在缔约国另一方提供第十二条（特许权使用费和技术服务费）所规定的技术服务以外的劳务，但仅以该项活动在该缔约国另一方连续或累计超过（）天的为限。	183 天	印度

备注：1. 速查信息仅供参考，详细情况以税收协定文本规定为准。

2. 西班牙（重签协定）、新西兰（重签协定）、意大利（重签协定）、乌干达、博茨瓦纳、肯尼亚、加蓬、刚果（布）、阿根廷、中国台湾尚未生效。

4）代理型常设机构。当一个人（除适用第五条第六款的独立代理人外）在缔约国一方代表缔约国另一方的企业进行活动，有权以该企业的名义签订合同并经常行使这种权力，这个人为该企业进行的任何活动，应认为该企业在该缔约国一方设有常设机构。

5）保险业务常设机构。我国同突尼斯、墨西哥、芬兰、文莱、斯里兰卡、摩洛哥、印度尼西亚、尼泊尔、埃及、越南、巴基斯坦、泰国增加有关保险行业构成常设机构的内容。

情景问答

问：我公司向新加坡企业派员提供咨询劳务，请问在什么情况下会被新加坡税务机关认定为构成新加坡的常设机构？

答：我国企业通过雇员或者其他人员到新加坡提供劳务，仅以在任何 12 个月中连续或累计超过 183 天时构成新加坡的常设机构。

判定常设机构时要注意以下问题：

1）从你公司第一次派雇员到新加坡实施服务项目之日起，至完成并交付服务项目的日期止作为计算期间，计算派出人员在新加坡境内的停留天数。

2）具体计算时应按所有雇员为同一个项目提供劳务活动不同时期内在新加坡境内连续或累计停留的时间来掌握，对同一时间段内的同一批人员的工作时间不分别计算。

比如，境内企业派遣 10 名员工为一个项目在新加坡境内工作 3 天，这些员工在新加坡境内的工作时间为 3 天，而不是按每人 3 天共 30 天来计算。

3）如果同一个项目历经多年，境内企业仅在某一个“12 个月”期间派雇员到新加坡境内提供劳务超过 183 天，而在其他期间内派员到新加坡境内提供劳务未超过 183 天，仍会被判定为在新加坡构成常设机构。

政策依据

1）《中华人民共和国企业所得税法》第二条（见 P223　34 - 1）

2）《中华人民共和国企业所得税法实施条例》第四条、第五条

3）《中华人民共和国个人所得税法》第一条（见 P223　34 - 2）

4）《中华人民共和国个人所得税法实施条例》第二条、第四条

5）中华人民共和国政府对外签署的避免双重征税协定（含内地与香港、澳门特别行政区签署的税收安排、大陆与台湾签署的税收协议）（编者略）

6）《国家税务总局关于印发〈中华人民共和国政府和新加坡共和国政府关于对所得避免双重征税和防止偷漏税的协定〉及议定书条文解释的通知》（国税发〔2010〕75 号）第五条

7）《国家税务总局关于税收协定执行若干问题的公告》（国家税务总局公告 2018 年第 11 号）

延伸阅读

35-1 《中华人民共和国企业所得税法实施条例》第四条、第五条

2019年4月23日　中华人民共和国国务院令第714号

第四条　企业所得税法第二条所称实际管理机构，是指对企业的生产经营、人员、账务、财产等实施实质性全面管理和控制的机构。

第五条　企业所得税法第二条第三款所称机构、场所，是指在中国境内从事生产经营活动的机构、场所，包括：

（一）管理机构、营业机构、办事机构；

（二）工厂、农场、开采自然资源的场所；

（三）提供劳务的场所；

（四）从事建筑、安装、装配、修理、勘探等工程作业的场所；

（五）其他从事生产经营活动的机构、场所。

非居民企业委托营业代理人在中国境内从事生产经营活动的，包括委托单位或者个人经常代其签订合同，或者储存、交付货物等，该营业代理人视为非居民企业在中国境内设立的机构、场所。

35-2 《中华人民共和国个人所得税法实施条例》第二条、第四条

2018年12月18日　中华人民共和国国务院令第707号

第二条　企业所得税法第一条所称个人独资企业、合伙企业，是指依照中国法律、行政法规成立的个人独资企业、合伙企业。

……

第四条　企业所得税法第二条所称实际管理机构，是指对企业的生产经营、人员、账务、财产等实施实质性全面管理和控制的机构。

35－3 《国家税务总局关于印发〈中华人民共和国政府和新加坡共和国政府关于对所得避免双重征税和防止偷漏税的协定〉及议定书条文解释的通知》第五条

2010年7月26日 国税发〔2010〕75号

第五条 常设机构

常设机构的概念主要用于确定缔约国一方对缔约国另一方企业利润的征税权。即，按此确定在什么情况下中国税务机关可以对新加坡的企业征税。根据协定第七条的规定，中国不得对新加坡企业的利润征税，除非该企业通过其设在中国的常设机构进行营业。

处理本条与其他相关条款关系时，通常应遵循常设机构条款优先的原则。例如，若据以支付股息（第十条）、利息（第十一条）或特许权使用费（第十二条）的股权、债权、权利或财产等与常设机构有实际联系的，有关所得应该归属于常设机构的利润征税。

一、第一款对“常设机构”一语做一般定义。即，常设机构是指一个相对固定的营业场所。通常情况下，具备以下特点：

（一）该营业场所是实质存在的。但这类场所没有规模或范围上的限制，如机器、仓库、摊位等；且不论是企业自有的，还是租用的；也不管房屋、场地、设施或设备是否有一部分被用于其他活动。一个场所可能仅占用市场一角，或是长期租用的仓库的一部分（用于存放应税商品），或设在另一企业内部等等；只要有一定可支配的空间，即可视为具有营业场所。

（二）该营业场所是相对固定的，并且在时间上具有一定的持久性。该特征应从以下几个方面理解：

1. 固定的营业场所包括缔约国一方企业在缔约国另一方从事经营活动经登记注册设立的办事处、分支机构等固定场所，也包括为缔约国一方企业提供服务而使用的办公室或其他类似的设施，如在某酒店长期租用的房间。

2. 对某些经常在相邻的地点之间移动的营业活动，虽然营业场所看似不固定，但如果这种在一定区域内的移动是该营业活动的固有性质，一般可认定为存在单一固定场所。例如，某办事处根据需要在一个宾馆内租用不同的房间、或租用不同的楼层，该宾馆可被视为一个营业场所；又如，某商人在同一个商场或集市内的不同地点设立摊位，该商场或集市也可构成该商人的营业场所。

3. 该营业场所应在时间上具有一定程度的持久性，而不是临时的。同时，营业活动暂时的间断或者停顿并不影响场所时间上的持久性。

4. 如果某一营业场所是基于短期使用目的而设立，但实际存在时间却超出了临时性的范围，则可构成固定场所并可追溯性地构成常设机构。反之，一个以持久性为目的的营业场所如果发生特殊情况，例如投资失败提前清算，即使实际只存在了一段很短的时间，同样可以判定自其设立起就构成常设机构。

（三）全部或部分的营业活动是通过该营业场所进行的。即，一方企业通过在另一方设立常设机构进行营业活动，将其全部或部分活动延伸到另一方，不包括其在常设机构之外的地方直接从事的活动。如果一方企业通过在另一方的常设机构在另一方不同地点进行营业活动，则应判定其只有单一常设机构存在，且应将不同地点的营业活动产生的利润归属于该常设机构。如果一方企业在另一方不同地点直接从事营业活动，则该一方企业有可能在另一方不同地点构成多个常设机构。

“营业”一语的实际含义不仅仅包括生产经营活动，还包括非营利机构从事的业务活动，为该机构进行准备性或辅助性的活动除外。但此等非营利机构在中国的常设机构是否获得“营业利润”，则需要根据本协定第七条的规定再做判断。

“通过”该营业场所进行活动应作广义理解，包括企业在其可支配的地点从事活动的任何情形。例如，某道路修筑企业应被认为“通过”修筑行为发生地从事营业活动。当新加坡企业与中国不同城市的客户直接订立合同，如果合同是由新方企业设在中方的营业场所履行的，应认为该新方企业“通过”该场所从事营业活动。另外，如果该场所为新方企业与中方企业形成客户关系做出实质贡献，即使合同是两个企业间直接订立的，也应认为该新方企业“通过”该场所从事营业活动。

二、第二款列举了在通常情况下构成常设机构的场所。这些列举并非是穷尽的，并不影响对其他场所按照第一款概括性的定义进行常设机构判定。在理解时应注意：

（一）列举中第一项“管理场所”是指代表企业负有部分管理职责的办事处或事务所等场所，不同于总机构，也不同于作为判定居民公司标准的“实际管理机构”。

（二）列举中最后一项“矿场、油井或气井、采石场或者其他开采自然资源的场所”是指经过投资，拥有开采经营权或与之相关的合同权益，并从事生产经营的场所。至于为勘探或开发上述矿藏资源的承包工程作业，则应按照本协定第五条第三款（一）项的规定，根据作业持续的时间是否超过六个月来判断其是否构成常设机构。

三、第三款规定了承包工程和提供劳务两种情况下常设机构的判定标准。

（一）第（一）项规定，对于缔约国一方企业在缔约对方的建筑工地，建筑、装配或安装工程，或者与其有关的监督管理活动，仅在此类工地、工程或活动持续时间为六个月以上的，构成常设机构。未达到该规定时间的则不构成常设机构，即使这些活动按照第一款或第二款规定可能构成常设机构。执行时应注意：

1. 从事本款规定的工程活动，仅以本款规定的时间标准判定是否构成常设机构；

2. 确定上述活动的起止日期，可以按其所签订的合同从实施合同（包括一切准备活动）开始之日起，至作业（包括试运行作业）全部结束交付使用之日止进行计算。凡上述活动时间持续六个月以上的（不含六个月，跨年度的应连续计算），应视该企业在活动所在国构成常设机构。

3. “与其有关的监督管理活动”是指伴随建筑工地，建筑、装配或安装工程发生的监督管理活动，既包括在项目分包情况时，由分承包商进行作业，总承包商负责指挥监督的活动；也包括独立监理企业从事的监督管理活动。对由总承包商负责的监督管理活动，其时间的计算与整个工地、工程的持续时间一致；对由独立监理企业承包的监督管理活动，应视其为独立项目，并根据其负责监理的工地、工程或项目的持续时间进行活动时间的判定。

4. 如果新加坡企业在中国一个工地或同一工程连续承包两个及两个以上作业项目，应从第一个项目作业开始至最后完成的作业项目止计算其在中国进行工程作业的连续日期，不以每个工程作业项目分别计算。所谓为一个工地或同一工程连续承包两个及两个以上作业项目，是指在商务关系和地理上是同一整体的几个合同项目，不包括该企业承包的或者是以前承包的与本工地或工程没有关联的其他作业项目。例如一个建筑工地从商务关系和地理位置上形成不可分割的整体时，即使分别签订几个合同，该建筑工地仍为单一的整体。再如一些修建公路、挖掘运河、安装水管、铺设管道等活动，其工程作业地点是随工程进展不断改变或迁移的，虽然在某一特定地点工作时间连续未达到规定时间，但要视整体工程看是否达到构成常设机构的时间。一般来说，同一企业在同一工地上承包的项目可认为是商务关系相关联的项目。

5. 对工地、工程或者与其有关的监督管理活动开始计算其连续日期以后，因故（如设备、材料未运到或季节气候等原因）中途停顿作业，但工程作业项目并未终止或结束，人员和设备物资等也未全部撤出，应持续计算其连续日期，不得扣除中间停顿作业的日期。

6. 如果企业将承包工程作业的一部分转包给其他企业，分包商在建筑工地施工的时间应算作总包商在建筑工程上的施工时间。如果分包商实施合同的日期在前，可自分包商开始实施合同之日起计算该企业承包工程作业的连续日期。同时，不影响分包商就其所承担的工程作业单独判定其是否构成常设机构。

（二）根据第（二）项以及第二议定书第一条的规定，缔约国一方企业派其雇员或其雇佣的其他人员到缔约对方提供劳务，仅以任何十二个月内这些人员为从事劳务活动在对方停留连续或累计超过 183 天的，构成常设机构。

该项规定针对的是缔约国一方企业派其雇员到缔约国另一方从事劳务活动的行为。该行为按本条第一款和第二款规定不构成常设机构，但按本项规定，如活动持续时间达到规定标准，仍构成常设机构。本项规定应从以下几个方面理解：

1. “雇员或雇佣的其他人员”是指本企业的员工，或者该企业聘用的在其控制下按照其指示向缔约对方提供劳务的个人。

2. 本款所称的劳务活动，指从事工程、技术、管理、设计、培训、咨询等专业服务活动。例如：

（1）对工程作业项目的实施提供技术指导、协助、咨询等服务（不负责具体的施工和作业）；

（2）对生产技术的使用和改革、经营管理的改进、项目可行性分析以及设计方案的选择等提供的服务；

（3）在企业经营、管理等方面提供的专业服务，等。

3. 同一企业从事的有商业相关性或连贯性的若干个项目应视为“同一项目或相关联的项目”。这里所说的“商业相关性或连贯性”，需视具体情况而定，在判断若干个项目是否为关联项目时，应考虑下列因素：

（1）这些项目是否被包含在同一个总合同里；

（2）如果这些项目分属于不同的合同，这些合同是否与同一人或相关联的人所签订；前一项目的实施是否是后一项目实施的必要条件；

（3）这些项目的性质是否相同；

（4）这些项目是否由相同的人员实施；等。

4. 对劳务活动在任何十二个月中连续或累计超过183天的规定，应从以下几个方面掌握：

（1）若某新加坡企业为中国境内某项目提供劳务（包括咨询劳务），以该企业派其雇员为实施服务项目第一次抵达中国之日期起至完成并交付服务项目的日期止作为计算期间，计算相关人员在中国境内的停留天数。

（2）具体计算时，应按所有雇员为同一个项目提供劳务活动不同时期在中国境内连续或累计停留的时间来掌握，对同一时间段内的同一批人员的工作不分别计算。例如，新加坡企业派遣10名员工为某项目在中国境内工作3天，这些员工在中国境内的工作时间为3天，而不是按每人3天共30天来计算。

（3）如果同一个项目历经数年，新加坡企业只在某一个"十二个月"期间派雇员来中国境内提供劳务超过183天，而在其他期间内派人到中国境内提供劳务未超过183天，仍应判定该企业在中国构成常设机构。常设机构是针对该企业在中国境内为整个项目提供的所有劳务而言，而不是针对某一个"十二个月"期间内提供的劳务。所以，在整个项目进行中，如果新加坡企业于其中一个"十二个月"期间在中国境内提供劳务超过183天，则应认为该企业在中国构成常设机构。

5. 如果新加坡企业在向中国客户转让专有技术使用权的同时，也委派人员到中国境内为该项技术的使用提供有关支持、指导等服务并收取服务费，无论其服务费是单独收取还是包括在技术价款中，该服务费均应视为特许权使用费，适用协定第十二条特许权使用费条款的规定。但如果上述人员提供的服务是通过该新加坡企业设在中国的某固定场所进行的或通过其他场所进行，但服务时间达到协定规定构成常设机构的时间标准的，按本款规定，则构成了常设机构，对归属于常设机构部分的服务所得应执行协定第七条的规定。

四、第四款是对第一款常设机构的定义范围作出的例外规定，即缔约国一方企业在缔约国另一方仅由于仓储、展览、采购及信息收集等活动的目的设立的具有准备性或辅助性的固定场所，不应被认定为常设机构。从事"准备性或辅助性"活动的场所通常具备以下特点：一是该场所不独立从事经营活动，并其活动也不构成企业整体活动基本的或重要的组成部分；二是该场所进行第四款列举的活动时，仅为本企业服务，不为其他企业服务；三是其职责限于事务性服务，且不起直接营利作用。

有些情况下，一些机构场所形式上符合本款的规定，但从其业务实质看仍应认定为常设机构。例如：

（一）某新加坡企业的主营业务是为客户提供采购服务并收取服务费，该企业在中国设立办事处，为其在中国进行采购活动。这种情况下，该中国办事处的采购活动看似属于本款第（四）项所说的“专为本企业采购货物或商品”的范围，但由于该办事处业务性质与新加坡企业总部的业务性质完全相同，所以该办事处的活动不是准备性或辅助性的。

（二）某新加坡企业在中国境内设立固定场所，维修、保养该企业销售给中国客户的机器设备，或专为中国客户提供零配件。这种情况下，因其从事的活动是企业总部为客户服务的基本及重要组成部分，所以该固定场所的活动不是准备性或辅助性的。

（三）某新加坡企业在中国设立从事宣传活动的办事处，该办事处不仅为本企业进行业务宣传，同时也为其他企业进行业务宣传。这种情况下，该办事处的活动不是准备性或辅助性的。

此外，如果某固定场所既从事第四款规定的不构成常设机构的活动，也从事构成常设机构的活动，则应视其构成常设机构，并对这两项营业活动的所得合并征税。例如，企业用于交付货物的仓库同时也兼营商品销售，应判定为常设机构并征税。

五、第五款规定，缔约国一方企业通过代理人在另一方进行活动，如果代理人有权并经常行使这种权力以该企业的名义签订合同，则该企业在缔约国另一方构成常设机构。执行时应从如下几个方面理解：

（一）其活动使一方企业在另一方构成常设机构的代理人，通常被称为“非独立代理人”。非独立代理人可以是个人，也可以是办事处、公司或其他任何形式的组织，不一定被企业正式授予代表权，也不一定是企业的雇员或部门。此外，非独立代理人不一定是代理活动所在国家的居民，也不一定在该国拥有营业场所。

（二）对“以该企业的名义签订合同”应做广义理解，包括不是以企业名义签订合同，但其所签合同仍对企业具有约束力的情形。“签订”不仅指合同的签署行为本身，也包括代理人有权代表被代理企业参与合同谈判，商定合同条文等。

（三）本款所称“合同”是指与被代理企业经营活动本身相关的业务合同。如果代理人有权签订的是仅涉及企业内部事务的合同，例如，以企业名义聘用员工以协助代理人为企业工作等，则不能仅凭此认定其构成企业的常设机构。

（四）对于“经常”一语并无精确统一的标准，要结合合同性质、企业的业务性质以及代理人相关活动的频率等综合判断。在某些情况下，企业的业务性质决定了其交易数量不大，但合同签订的相关工作却要花费大量时间，如飞机、巨型轮船或其他高价值商品的销售。如果代理人为这类企业在一国境内寻找买商、参与销售谈判等，即使该人仅代表企业签订了一单销售合同，也应认为该代理人满足“经常”标准，构成企业的非独立代理人。

（五）所谓“行使”权力应以实质重于形式的原则来理解。如果代理人在该缔约国另一方进行合同细节谈判等各项与合同签订相关的活动，且对企业有约束力，即使该合同最终由其他人在企业所在国或其他国家签订，也应认为该代理人在该缔约国另一方行使合同签署权力。

（六）如果代理人在缔约国另一方的活动仅限于本条第四款的准备性或辅助性范围，则不构成企业的非独立代理人（或常设机构）。

（七）判断一方企业是否通过非独立代理人在另一方构成常设机构时，不受本条第三款关于时间要求的限制。

六、并不是所有代理人进行第五款规定的活动都将使其构成代理企业的常设机构，第六款规定的独立代理人即为例外。第六款规定，缔约国一方企业通过代理人在缔约国另一方进行营业时，如果该代理人是专门从事代理业务的，则不应因此视其代理的企业在缔约国另一方构成常设机构。这类专门从事代理业务的代理人一般称做独立代理人，其不仅为某一个企业代理业务，也为其他企业提供代理服务。经纪人、中间商等一般佣金代理人等属于独立代理人。

虽有此款规定，为防止独立代理人条款被滥用（比如，某些企业自身的代理人自称为独立代理人以避免构成常设机构），协定执行中要对代理人身份或代理人地位是否独立进行判定。如果代理人的活动全部或几乎全部代表被代理企业，并且该代理人和企业之间在商业和财务上有密切及依附关系，则不应认定该代理人为本款所指的独立代理人。

代理人的活动同时符合下列两个条件的，才属于本款规定的独立代理人，即不构成被代理企业的常设机构。

（一）该代理人在法律上和经济上独立于被代理企业。在判定独立性时，可考虑如下几个因素：

1. 代理人商务活动的自由度。如果代理人在被代理企业的具体指导和全面控制下为企业进行商务活动，而不是自行决定工作方式，那么该代理人一般不具有独立地位。

2. 代理人商务活动的风险由谁承担。如果由被代理企业承担而非由代理人承担，则该代理人一般不能被认为具有独立地位。

3. 代理人代表的企业的数量。如果在相当长一段经营期或时间内，代理人全部或几乎全部仅为一家企业进行活动，该代理人很可能不是独立代理人。

4. 被代理企业对代理人专业知识的依赖程度。一般来说，独立代理人具备独立从事商务活动的专门知识或技术，不需要依赖企业的帮助。相反，被代理企业通常借助代理人的专门知识或技术扩展自己的业务或推销自己的产品，等。

（二）独立代理人在代表企业进行活动时，一般按照常规进行自身业务活动，不从事其他经济上归属于被代理企业的活动。例如，某销售代理人以自己的名义出售某企业的货物或商品，这一行为是销售代理人的常规经营业务。如果该销售代理人在从事上述活动的同时，还经常作为企业的有权签约的代理人进行活动，那么因为这些活动已在自身贸易或营业常规之外，代理人将被视为被代理企业的非独立代理人而构成企业的常设机构。

七、根据第七款的规定，母公司通过投资设立子公司，拥有子公司的股权等形成的控制或被控制关系，不会使子公司构成母公司的常设机构。从税收角度看，子公司本身是一个独立的法人实体，即使它在业务上受母公司管理，也不应仅凭此而被视为母公司的常设机构。

但是，由于母子公司之间的特殊关系，现实经济活动中，母子公司之间常存在较为复杂的跨境人员及业务往来。这种情况下，母公司在子公司的活动是否导致母公司在子公司所在国构成常设机构，应从以下几个方面掌握：

（一）应子公司要求，由母公司派人员到子公司为子公司工作，这些人员受雇于子公司，子公司对其工作有指挥权，工作责任及风险与母公司无关，由子公司承担，那么，这些人员的活动不导致母公司在子公司所在国构成常设机构。此种情况下，子公司向此类人员支付的费用，不论是直接支付还是通过母公司转支付，都应视为子公司内部人员收入分配，对支付的人员费用予以列支，其所支付的人员费用应为个人所得，按子公司所在国有关个人所得税法相关规定，以及协定第十五条的有关规定征收个人所得税。

（二）母公司派人员到子公司为母公司工作时，应按本条第一款或第三款的规定判断母公司是否在子公司所在国构成常设机构。符合下列标准之一时，可判断这些人员为母公司工作：

1. 母公司对上述人员的工作拥有指挥权，并承担风险和责任；

2. 被派往子公司工作的人员的数量和标准由母公司决定；

3. 上述人员的工资由母公司负担；

4. 母公司因派人员到子公司从事活动而从子公司获取利润。

此种情况下，母公司向子公司收取有关服务费时，应按独立企业公平交易原则，确认母子公司上述费用的合理性后，再对子公司上述费用予以列支。如果上述活动使母公司在子公司所在国构成常设机构，则该子公司所在国可按本协定第七条的规定，对母公司向子公司收取的费用征收企业所得税。

（三）子公司有权并经常以母公司名义签订合同，符合上述第五款关于“非独立代理人”有关条件的，子公司构成母公司的常设机构。

35－4 《国家税务总局关于税收协定执行若干问题的公告》

2018年2月9日　国家税务总局公告2018年第11号

为统一和规范我国政府对外签署的避免双重征税协定（简称“税收协定”）的执行，现对税收协定中常设机构、海运和空运、演艺人员和运动员条款，以及合伙企业适用税收协定等有关事项公告如下：

一、不具有法人资格的中外合作办学机构，以及中外合作办学项目中开展教育教学活动的场所构成税收协定缔约对方居民在中国的常设机构。

常设机构条款中关于劳务活动构成常设机构的表述为“在任何十二个月中连续或累计超过六个月”的，按照“在任何十二个月中连续或累计超过183天”的表述执行。

二、海运和空运条款与《中华人民共和国政府和新加坡共和国政府关于对所得避免双重征税和防止偷漏税的协定》及议定书（以下简称“中新税收协定”）第八条（海运和空运）规定内容一致的，按照以下原则执行：

（一）缔约国一方企业以船舶或飞机从事国际运输业务从缔约国另一方取得的收入，在缔约国另一方免予征税。

从事国际运输业务取得的收入，是指企业以船舶或飞机经营客运或货运取得的收入，以及以程租、期租形式出租船舶或以湿租形式出租飞机（包括所有设备、人员及供应）取得的租赁收入。

（二）上述第（一）项的免税规定也适用于参加合伙经营、联合经营或参加国际经营机构取得的收入。对于多家公司联合经营国际运输业务的税务处理，应由各参股或合作企业就其分得利润分别在其所属居民国纳税。

（三）中新税收协定第八条第三款中“缔约国一方企业从附属于以船舶或飞机经营国际运输业务有关的存款中取得的利息收入”，是指缔约国双方从事国际运输业务的海运或空运企业，从对方取得的运输收入存于对方产生的利息。该利息不适用中新税收协定第十一条（利息）的规定，应视为国际运输业务附带发生的收入，在来源国免予征税。

（四）企业从事以光租形式出租船舶或以干租形式出租飞机，以及使用、保存或出租用于运输货物或商品的集装箱（包括拖车和运输集装箱的有关设备）等租赁业务取得的收入不属于国际运输收入，但根据中新税收协定第八条第四款，附属于国际运输业务的上述租赁业务收入应视同国际运输收入处理。

“附属”是指与国际运输业务有关且服务于国际运输业务，属于支持和附带性质。企业就其从事附属于国际运输业务的上述租赁业务取得的收入享受海运和空运条款协定待遇，应满足以下三个条件：

1. 企业工商登记及相关凭证资料能够证明企业主营业务为国际运输；

2. 企业从事的附属业务是其在经营国际运输业务时，从事的对主营业务贡献较小但与主营业务联系非常紧密、不能作为一项单独业务或所得来源的活动；

3. 在一个会计年度内，企业从事附属业务取得的收入占其国际运输业务总收入的比例原则上不超过10%。

（五）下列与国际运输业务紧密相关的收入应作为国际运输收入的一部分：

1. 为其他国际运输企业代售客票取得的收入；

2. 从市区至机场运送旅客取得的收入；

3. 通过货车从事货仓至机场、码头或者后者至购货者间的运输，以及直接将货物发送至购货者取得的运输收入；

4. 企业仅为其承运旅客提供中转住宿而设置的旅馆取得的收入。

（六）非专门从事国际运输业务的企业，以其拥有的船舶或飞机经营国际运输业务取得的收入属于国际运输收入。

三、海运和空运条款中没有中新税收协定第八条第四款规定的，有关税收协定缔约对方居民从事本公告第二条第（四）项所述租赁业务取得的收入的处理，参照本公告第二条第（四）项执行。

四、演艺人员和运动员条款与中新税收协定第十七条（艺术家和运动员）规定内容一致的，按照以下原则执行：

（一）演艺人员活动包括演艺人员从事的舞台、影视、音乐等各种艺术形式的活动；以演艺人员身份开展的其他个人活动（例如演艺人员开展的电影宣传活动，演艺人员或运动员参加广告拍摄、企业年会、企业剪彩等活动）；具有娱乐性质的涉及政治、社会、宗教或慈善事业的活动。

演艺人员活动不包括会议发言，以及以随行行政、后勤人员（例如摄影师、制片人、导演、舞蹈设计人员、技术人员以及流动演出团组的运送人员等）身份开展的活动。

在商业活动中进行具有演出性质的演讲不属于会议发言。

（二）运动员活动包括参加赛跑、跳高、游泳等传统体育项目的活动；参加高尔夫球、赛马、足球、板球、网球、赛车等运动项目的活动；参加台球、象棋、桥牌比赛、电子竞技等具有娱乐性质的赛事的活动。

（三）以演艺人员或运动员身份开展个人活动取得的所得包括开展演出活动取得的所得（例如出场费），以及与开展演出活动有直接或间接联系的所得（例如广告费）。

对于从演出活动音像制品出售产生的所得中分配给演艺人员或运动员的所得，以及与演艺人员或运动员有关的涉及版权的所得，按照中新税收协定第十二条（特许权使用费）的规定处理。

（四）在演艺人员或运动员直接或间接取得所得的情况下，依据中新税收协定第十七条第一款规定，演出活动发生的缔约国一方可以根据其国内法，对演艺人员或运动员取得的所得征税，不受到中新税收协定第十四条（独立个人劳务）和第十五条（非独立个人劳务）规定的限制。

（五）在演出活动产生的所得全部或部分由其他人（包括个人、公司和其他团体）收取的情况下，如果依据演出活动发生的缔约国一方国内法规定，由其他人收取的所得应被视为由演艺人员或运动员取得，则依据中新税收协定第十七条第一款规定，演出活动发生的缔约国一方可以根据其国内法，向演艺人员或运动员就演出活动产生的所得征税，不受到中新税收协定第十四条（独立个人劳务）和第十五条（非独立个人劳务）规定的限制；如果演出活动发生的缔约国一方不能依据其国内法将由其他人收取的所得视为由演艺人员或运动员取得，则依据中新税收协定第十七条第二款规定，该国可以根据其国内法，向收取所得的其他人就演出活动产生的所得征税，不受到中新税收协定第七条（营业利润）、第十四条（独立个人劳务）和第十五条（非独立个人劳务）规定的限制。

五、有关合伙企业及其他类似实体（以下简称"合伙企业"）适用税收协定的问题，应按以下原则执行：

（一）依照中国法律在中国境内成立的合伙企业，其合伙人为税收协定缔约对方居民的，该合伙人在中国负有纳税义务的所得被缔约对方视为其居民的所得的部分，可以在中国享受协定待遇。

（二）依照外国（地区）法律成立的合伙企业，其实际管理机构不在中国境内，但在中国境内设立机构、场所的，或者在中国境内未设立机构、场所，但有来源于中国境内所得的，是中国企业所得税的非居民企业纳税人。除税收协定另有规定的以外，只有当该合伙企业是缔约对方居民的情况下，其在中国负有纳税义务的所得才能享受协定待遇。该合伙企业根据《非居民纳税人享受税收协定待遇管理办法》（国家税务总局公告2015年第60号发布）第七条报送的由缔约对方税务主管当局开具的税收居民身份证明，应能证明其根据缔约对方国内法，因住所、居所、成立地、管理机构所在地或其他类似标准，在缔约对方负有纳税义务。

税收协定另有规定的情况是指，税收协定规定，当根据缔约对方国内法，合伙企业取得的所得被视为合伙人取得的所得，则缔约对方居民合伙人应就其从合伙企业取得所得中分得的相应份额享受协定待遇。

六、内地与香港、澳门特别行政区签署的避免双重征税安排执行的有关问题适用本公告。

七、本公告自2018年4月1日起施行。《〈中华人民共和国政府和新加坡共和国政府关于对所得避免双重征税和防止偷漏税的协定〉及议定书条文解释》（国税发〔2010〕75号）第八条和第十七条同时废止。

特此公告。

36. 营业利润

税收协定规定，只有在构成常设机构的情况下，来源国才有权对营业利润征税。因此，营业利润条款是与“常设机构”密切相关的条款。“常设机构”条款主要起界定作用，明确哪些活动在何种情况下构成“常设机构”，从而确定来源国拥有对该“常设机构”的征税权。而“营业利润”条款是指一旦构成“常设机构”，企业从事跨国经营产生的利润如何在国家间划分征税权。

要注意常设机构优先原则，除营业利润外，当其他所得与常设机构有实际联系时，应将有关的部分所得归属于常设机构征税，余下所得再按照其他条款处理。

适用主体

通过设在缔约对方国家（地区）的常设机构取得营业利润所得的居民企业。

协定规定

缔约国一方企业的利润应仅在该国征税，但该企业通过设在缔约国另一方的常设机构进行营业的除外。如果该企业通过在缔约国另一方的常设机构进行营业，其利润可以在另一国征税，但应仅以归属于该常设机构的利润为限。

适用条件

我国居民企业在缔约对方国家（地区）设立常设机构进行营业，归属于该常设机构的利润，在缔约对方国家（地区）按照营业利润纳税。

情景问答

1）问：我公司到新加坡开展业务，由于持续时间较长，构成了常设机构，请问我们哪部分利润需要在新加坡缴税？

答：中国企业在新加坡境内构成常设机构，新加坡对该常设机构取得的利润拥有征税权，但应仅以归属于该常设机构的利润为限。这里所称的"归属于该常设机构的利润"不仅包括该常设机构取得的来源于新加坡境内的利润，还包括其在新加坡境外取得的与该常设机构有实际联系的各类所得，包括股息、利息、租金和特许权使用费等所得。这里所说实际联系一般是指对股份、债权、知识产权、设备及相关活动等具有直接拥有或实际经营管理等关系。

2）问：我公司在境外开展业务，被境外税务机关判定为在该国构成常设机构，并被要求就该常设机构取得的利润缴税，鉴于我公司在境外未进行独立核算，计划将企业总体利润的一定比例分配给境外常设机构，请问此做法合规吗？

答：我国对外签订的税收协定通常规定，企业可以按照此种分配方法确定其境外常设机构的应税利润，但采用该分配方法所得到的结果，应与独立企业交易原则相一致。

"独立原则"，是指要将常设机构作为一个独立的纳税实体对待，常设机构不论是与其总机构的营业往来，还是与该企业其他常设机构之间的营业往来，都应按公平交易原则，以公平市场价格为依据计算归属于该常设机构的利润。

需要注意的是：我国与土耳其签订的税收协定第七条中无此项规定。我国与马来西亚、澳大利亚的税收协定规定，如果得到的情报不足以确定归属利润，一方有权按国内法执行，但在情报允许的情况下，按协定原则执行。

政策依据

1）《中华人民共和国企业所得税法》第二条（见 P223　34－1）

2）《中华人民共和国企业所得税法实施条例》第三条、第四条

3）中华人民共和国政府对外签署的避免双重征税协定（含内地与香港、澳门特别行政区签署的税收安排、大陆与台湾签署的税收协议）（编者略）

4）《国家税务总局关于印发〈中华人民共和国政府和新加坡共和国政府关于对所得避免双重征税和防止偷漏税的协定〉及议定书条文解释的通知》（国税发〔2010〕75 号）第七条第二款

5）《国家税务总局关于税收协定执行若干问题的公告》（国家税务总局公告 2018 年第 11 号）（见 P241　35－4）

延伸阅读

36－1 《中华人民共和国企业所得税法实施条例》第三条、第四条

2019 年 4 月 23 日　中华人民共和国国务院令第 714 号

第三条　企业所得税法第二条所称依法在中国境内成立的企业，包括依照中国法律、行政法规在中国境内成立的企业、事业单位、社会团体以及其他取得收入的组织。

企业所得税法第二条所称依照外国（地区）法律成立的企业，包括依照外国（地区）法律成立的企业和其他取得收入的组织。

第四条　企业所得税法第二条所称实际管理机构，是指对企业的生产经营、人员、账务、财产等实施实质性全面管理和控制的机构。

36－2 《国家税务总局关于印发〈中华人民共和国政府和新加坡共和国政府关于对所得避免双重征税和防止偷漏税的协定〉及议定书条文解释的通知》第七条第二款

2010 年 7 月 26 日　国税发〔2010〕75 号

第七条　营业利润

……

二、协定并没有明确规定计算营业利润的具体方法，只是规定了在计算时应遵守的若干原则。第二款就确立了独立企业原则，即对常设机构要作为一个独立的纳税实体对待，常设机构不论是同其总机构的营业往来，还是同该企业的其他常设机构之间的营业往来，都应按公平交易原则，以公平市场价格为依据计算归属于该常设机构的利润。

37. 国际运输

我国对外签订的税收协定中，除美国外，都有海运和空运等涉及国际运输的条款。海运和空运一般为税收协定的第八条，共两款，分别规定了对国际运输所得的征税和国际合作形式下国际运输所得的税收处理。

我国签订的大多数税收协定对国际运输所得采用居民国独占征税权原则和总机构或实际管理机构所在国独占征税权原则，少部分采用来源国拥有部分征税权原则。

适用主体

以船舶或飞机从事国际运输业务取得收入的居民企业。

协定规定

我国对外签订的税收协定，大多数采用居民国独占征税权原则。一般表述为：“缔约国一方企业以船舶或飞机经营国际运输业务取得的利润，应仅在该缔约国征税。”

部分协定采用总机构所在国独占征税权原则，一般表述为：“以船舶或飞机经营国际运输业务所取得的利润，应仅在企业总机构所在缔约国征税”，并且通常增加第二款母港确定规则：“船运企业的总机构设在船舶上的，应以船舶母港所在缔约国为所在国；没有母港的，以船舶经营者为其居民的缔约国为所在国。”需要说明的是，我国与比利时的协定虽然对国际运输所得也采用总机构所在国独占征税权原则，并且使用上述一般表述，但却没有母港确定规则。

部分协定采用实际管理机构所在国独占征税权原则，一般表述为：“以船舶或飞机经营国际运输的利润，应仅在企业实际管理机构所在缔约国征税”，并且通常增加第二款母港确定规则，一般表述为：“船运企业的实际管理机构设在船舶上的，应以船舶母港所在缔约国为所在国；没有母港的，以船舶经营者为其居民的缔约国为所在国。”

部分协定采用总机构或实际管理机构所在国独占征税权原则，一般表述为："以船舶或飞机经营国际运输业务所取得的利润，应仅在企业总机构或实际管理机构所在缔约国征税"，并且通常增加第二款母港确定规则："船运企业的总机构或实际管理机构设在船舶上的，应以船舶母港所在缔约国为所在国；没有母港的，以船舶经营者为其居民的缔约国为所在国。"

此外，在我国与少数国家（地区）的税收协定（安排）中，国际运输所得的范围还包括以船舶或飞机以外的其他方式经营国际运输业务所取得的收入，其中与土耳其、哈萨克斯坦、吉尔吉斯斯坦、蒙古、中国香港、中国澳门的税收协定（安排）中，国际运输方式包括陆运车辆；与乌兹别克斯坦、土库曼斯坦、老挝的税收协定中包括公路车辆；与塔吉克斯坦的税收协定则包括公路或铁路车辆。

需要注意的是，虽然我国签订的大部分税收协定都规定国际运输所得适用的税种是所得税，但我国与部分国家的税收协定及议定书，或者其他协议、换函中也涉及间接税。

适用条件

以船舶或飞机经营，取得属于税收协定或其他协议、换函规定的国际运输收入的居民企业。

情景问答

问：我公司用汽车或火车将货物运至塔吉克斯坦算不算税收协定中的国际运输？

答：我国与少数国家（地区）的税收协定（安排）中，国际运输所得的范围还包括以船舶或飞机以外的其他方式经营国际运输业务所取得的收入，其中与塔吉克斯坦的税收协定包括公路或铁路车辆。

政策依据

1）《中华人民共和国企业所得税法》第二条（见 P223　34－1）

2）《中华人民共和国企业所得税法实施条例》第三条、第四条（见 P247

36－1）

3）中华人民共和国政府对外签署的避免双重征税协定（含内地与香港、澳门特别行政区签署的税收安排、大陆与台湾签署的税收协议）（编者略）

4）《国家税务总局关于税收协定执行若干问题的公告》（国家税务总局公告 2018 年第 11 号）（见 P241　35－4）

38. 股息优惠税率

我国签订的税收协定中明确了居民国和来源国对股息都有征税权，来源国即指分配股息的公司所在国。一般而言，来源国基于税收协定对股息所得实行限制性税率（具体税率与持股比例相关，一般低于来源国国内税法规定的税率）。

取得股息的人在具有该所得受益所有人身份的情况下，才能在来源国享受协定规定的优惠税率，否则将按来源国的国内法进行征税。“受益所有人”是指对所得和所得据以产生的权利或财产具有所有权和支配权的人，一般从事实质性的经营活动，可以是个人、公司或其他任何团体。在判定“受益所有人”身份时，应按照实质重于形式的原则，结合具体的实际情况，在综合考虑各种相关因素的基础上，进行分析判断。

需要注意的是，对所支付的股息同常设机构有实际联系的不适用股息条款，而应按营业利润处理。

适用主体

从缔约对方国家（地区）取得股息所得的我国居民。

协定规定

股息条款一般表述为：“如果该项股息的受益所有人是缔约国另一方居民，则所征税款不应超过股息总额的____%。”我国与其他国家或地区所签订税收协定的股息限制税率存在差异，部分协定税率见表 9。

表 9　　税收协定（安排）股息条款部分协定税率速查

序号	国家（地区）名称	税种	协定税率（%）	适用条件
1	埃及	个人所得税	8	
		企业所得税	8	
2	中国澳门	个人所得税	10	
		企业所得税	5	持股 25% 以上，合伙企业除外
3	巴林	个人所得税	10	
4	巴西	个人所得税	15	
5	冰岛	个人所得税	10	
		企业所得税	5	持股 25% 以上，合伙企业除外
6	波黑	个人所得税	10	
7	波兰	个人所得税	10	
8	丹麦	个人所得税	10	
		企业所得税	5	持股 25% 以上，合伙企业除外
9	德国	个人所得税	10	
		企业所得税	5	持股 25% 以上，合伙企业除外
10	法国	个人所得税	10	
		企业所得税	5	持股 25% 以上，合伙企业除外
		企业所得税	0	出于宏观经济目的而成立并全资拥有的主权财富基金
11	芬兰	个人所得税	10	
		企业所得税	5	持股 25% 以上，合伙企业除外
12	古巴	个人所得税	10	
		企业所得税	5	持股 25% 以上，合伙企业除外
13	韩国	个人所得税	10	
		企业所得税	5	持股 25% 以上，合伙企业除外
14	荷兰	个人所得税	10	
		企业所得税	5	持股 25% 以上，合伙企业除外
15	黑山	个人所得税	5	
		企业所得税	5	
16	捷克	个人所得税	10	
		企业所得税	5	持股 25% 以上，合伙企业除外
17	老挝	个人所得税	5	
		企业所得税	5	

续表

序号	国家（地区）名称	税种	协定税率（%）	适用条件
18	美国	个人所得税	10	
19	蒙古	个人所得税	5	
		企业所得税	5	
20	南非	个人所得税	5	
		企业所得税	5	
21	挪威	个人所得税	15	
22	日本	个人所得税	10	
23	瑞典	个人所得税	10	
		企业所得税	5	持股 25% 以上，合伙企业除外
24	瑞士	个人所得税	10	
		企业所得税	0	(1) 政府、政府机构；(2) 缔约对方政府全资拥有的机构或基金；(3) 中央银行
			5	持股 25% 以上，合伙企业除外
25	苏丹	个人所得税	5	
		企业所得税	5	
26	中国台湾	个人所得税	10	
		企业所得税	5	持股 25% 以上，公司
27	泰国	个人所得税	20	备注：不享受协定
28	文莱	个人所得税	5	
		企业所得税	5	
29	希腊	个人所得税	10	
		企业所得税	5	持股 25% 以上，合伙企业除外
30	中国香港	个人所得税	10	
		企业所得税	5	持股 25% 以上，合伙企业除外
31	伊朗	个人所得税	10	
32	印度	个人所得税	10	
33	英国	个人所得税	10	
		企业所得税	0	(1) 政府、政府机构；(2) 税收协定缔约对方政府直接或间接全部拥有资本的其他实体
			5	持股 25% 以上
34	越南	个人所得税	10	
35	智利	个人所得税	10	

续表

序号	国家（地区）名称	税种	协定税率（%）	适用条件
36	阿联酋	个人所得税	7	
		企业所得税	0	（1）政府、政府机构；（2）税收协定缔约对方政府直接或间接全部拥有资本的其他实体；（3）税收协定缔约对方政府直接或间接拥有至少 20% 股份的缔约对方居民公司；（4）双方认可的其他机构
			7	其他
37	爱尔兰	个人所得税	10	
		企业所得税	5	持股 25% 以上
38	奥地利	个人所得税	10	
		企业所得税	7	持股 25% 以上
39	比利时	个人所得税	10	
		企业所得税	5	支付股息前至少连续 12 个月内曾经直接拥有支付股息的公司至少 25% 资本，合伙企业除外
40	俄罗斯	个人所得税	10	
		企业所得税	5	直接持股比例达到 25% 且持股金额至少达 8 万欧元或等值的其他货币，合伙企业除外
41	菲律宾	个人所得税	15	
42	加拿大	个人所得税	15	
43	卡塔尔	个人所得税	10	
44	科威特	个人所得税	5	
		企业所得税	0	（1）政府、政府机构；（2）税收协定缔约对方政府直接或间接拥有至少 20% 股份的缔约对方居民公司；（3）税收协定缔约对方政府直接或间接全部拥有资本的其他实体
			5	其他
45	立陶宛	个人所得税	10	
		企业所得税	5	持股 25% 以上，合伙企业除外
46	卢森堡	个人所得税	10	
		企业所得税	5	持股 25% 以上，合伙企业除外
47	马耳他	个人所得税	10	
		企业所得税	5	持股 25% 以上，合伙企业除外
48	马其顿	个人所得税	5	
		企业所得税	5	
49	摩洛哥	个人所得税	10	

续表

序号	国家（地区）名称	税种	协定税率（%）	适用条件
50	墨西哥	个人所得税	5	
		企业所得税	5	
51	尼泊尔	个人所得税	10	
52	葡萄牙	个人所得税	10	
53	塞舌尔	个人所得税	5	
		企业所得税	5	
54	突尼斯	个人所得税	8	
		企业所得税	8	
55	土耳其	个人所得税	10	
56	乌干达	个人所得税	7.5	
		企业所得税	7.5	
57	乌克兰	个人所得税	10	
		企业所得税	5	持股 25% 以上，合伙企业除外
58	西班牙	个人所得税	10	
		企业所得税	5	持股 25% 以上，合伙企业除外
		企业所得税	0	（1）政府、其行政区或地方当局；（2）中央银行；（3）由政府直接或间接全资拥有的实体
59	新加坡	个人所得税	10	
		企业所得税	5	持股 25% 以上，合伙企业除外
60	新西兰	个人所得税	15	
		企业所得税	5	365 天内持股 25% 以上
		企业所得税	0	（1）不超过 25% 的表决权的缔约国另一方政府、新西兰养老基金、新西兰养老基金监管人、地震委员会、意外伤害赔偿局；（2）不超过 25% 的表决权的政府全资拥有且履行政府职能的法定机构或实体
61	匈牙利	个人所得税	10	
62	叙利亚	个人所得税	10	
		企业所得税	5	持股 25% 以上，合伙企业除外
63	牙买加	个人所得税	5	
		企业所得税	5	
64	以色列	个人所得税	10	
65	意大利	个人所得税	10	
		企业所得税	5	365 天内持股 25% 以上

续表

序号	国家（地区）名称	税种	协定税率（%）	适用条件
66	赞比亚	个人所得税	5	
		企业所得税	5	
67	阿曼	个人所得税	5	
		企业所得税	5	
68	阿塞拜疆	个人所得税	10	
69	爱沙尼亚	个人所得税	10	
		企业所得税	5	持股25%以上，合伙企业除外
70	澳大利亚	个人所得税	15	
71	巴巴多斯	个人所得税	10	
		企业所得税	5	持股25%以上，合伙企业除外
72	巴基斯坦	个人所得税	10	
73	白俄罗斯	个人所得税	10	
74	保加利亚	个人所得税	10	
75	博茨瓦纳	个人所得税	5	
		企业所得税	5	
76	厄瓜多尔	个人所得税	5	
		企业所得税	5	
77	格鲁吉亚	个人所得税	0	直接或间接持股50%以上，并在分配股息的公司投资超过200万欧元
			5	直接或间接持股10%以上，并在分配股息的公司投资超过10万欧元
			10	其他
		企业所得税	0	直接或间接持股50%以上，并在分配股息的公司投资超过200万欧元
			5	直接或间接持股10%以上，并在分配股息的公司投资超过10万欧元
78	津巴布韦	个人所得税	7.5	
		企业所得税	2.5	在受益所有人是公司，直接或间接持股25%以上
			7.5	其他
79	克罗地亚	个人所得税	5	
		企业所得税	5	
80	拉脱维亚	个人所得税	10	
		企业所得税	5	持股25%以上，合伙企业除外

续表

序号	国家（地区）名称	税种	协定税率（%）	适用条件
81	罗马尼亚	个人所得税	3	
		企业所得税	3	
		企业所得税	0	（1）政府、行政区、地方当局；（2）政府全部或主要拥有的任何实体
82	马来西亚	个人所得税	10	
83	毛里求斯	个人所得税	5	
		企业所得税	5	
84	孟加拉国	个人所得税	10	
85	摩尔多瓦	个人所得税	10	
		企业所得税	5	持股25%以上，合伙企业除外
86	尼日利亚	个人所得税	7.5	
		企业所得税	7.5	
87	塞尔维亚	个人所得税	5	
		企业所得税	5	
88	塞浦路斯	个人所得税	10	
89	斯里兰卡	个人所得税	10	
90	斯洛伐克	个人所得税	10	
91	委内瑞拉	个人所得税	10	
		企业所得税	5	持股10%以上，合伙企业除外
92	亚美尼亚	个人所得税	10	
		企业所得税	5	持股25%以上，合伙企业除外
93	阿尔巴尼亚	个人所得税	10	
94	阿尔及利亚	个人所得税	10	
		企业所得税	5	持股25%以上，合伙企业除外
95	埃塞俄比亚	个人所得税	5	
		企业所得税	5	
96	哈萨克斯坦	个人所得税	10	
97	沙特阿拉伯	个人所得税	5	
		企业所得税	0	（1）政府、政府机构；（2）税收协定缔约对方政府、所属机构直接或间接全部拥有资本的其他实体
			5	其他
98	斯洛文尼亚	个人所得税	5	
		企业所得税	5	

续表

序号	国家（地区）名称	税种	协定税率（%）	适用条件
99	塔吉克斯坦	个人所得税	10	
		企业所得税	5	持股 25% 以上，合伙企业除外
100	土库曼斯坦	个人所得税	10	
		企业所得税	5	持股 25% 以上，合伙企业除外
101	印度尼西亚	个人所得税	10	
102	吉尔吉斯斯坦	个人所得税	10	
103	乌兹别克斯坦	个人所得税	10	
104	巴布亚新几内亚	个人所得税	15	
105	特立尼达和多巴哥	个人所得税	10	
		企业所得税	5	持股 25% 以上
106	肯尼亚	个人所得税	5	
		企业所得税	5	
107	加蓬	个人所得税	5	
		企业所得税	5	
108	刚果（布）	个人所得税	10	
		企业所得税	5	持股 25% 以上，合伙企业除外
			0	（1）缔约国另一方政府、其行政区或地方当局、中央银行；（2）由缔约国另一方直接或间接全资拥有的任何机构
109	柬埔寨	个人所得税	10	
110	阿根廷	个人所得税	15	
		企业所得税	5	缔约国另一方拥有或控制的机构

备注：1. 速查信息仅供参考，详细情况以税收协定文本规定为准。

2. 西班牙（重签协定）、新西兰（重签协定）、意大利（重签协定）、乌干达、博茨瓦纳、肯尼亚、加蓬、刚果（布）、阿根廷、中国台湾尚未生效。

3. 本表中企业所得税协定税率仅列出 <10% 栏次。

适用条件

从缔约对方国家（地区）取得股息所得、符合税收协定股息条款有关持股比例等特定要求。

情景问答

问：中新税收协定中对于股息有 5%、10% 两档税率，我们公司在新加坡设立了一家公司，股息分回时是否可以享受 5% 的优惠税率？

答：只有在满足一定条件的情况下才可以享受 5% 的优惠税率。根据中国和新加坡签订的税收协定，如果直接拥有新加坡居民公司资本比例在取得股息前连续 12 个月以内任何时候均达到至少 25% 的，且你公司为股息的受益所有人时，可以享受 5% 的优惠税率。

政策依据

1）《中华人民共和国企业所得税法》第二条（见 P223　34－1）

2）《中华人民共和国企业所得税法实施条例》第三条、第四条（见 P247　36－1）

3）中华人民共和国政府对外签署的避免双重征税协定（含内地与香港、澳门特别行政区签署的税收安排、大陆与台湾签署的税收协议）（编者略）

4）《国家税务总局关于印发〈中华人民共和国政府和新加坡共和国政府关于对所得避免双重征税和防止偷漏税的协定〉及议定书条文解释的通知》（国税发〔2010〕75 号）第十条第二款

延伸阅读

38－1　《国家税务总局关于印发〈中华人民共和国政府和新加坡共和国政府关于对所得避免双重征税和防止偷漏税的协定〉及议定书条文解释的通知》第十条第二款

2010 年 7 月 26 日　国税发〔2010〕75 号

第十条　股息

……

二、第二款为股息的来源国即支付股息的公司为其居民的国家保留了征税权。但是，这种征税权受到限制。即来源国仅能就股息征收一定比例的税收。具体为：在股息受益所有人是公司，并直接拥有支付股息公司至少25%资本的情况下，限制税率为5%；其他情况下，限制税率为10%。执行该款时应注意：

（一）判定受益所有人拥有公司资本的比例通常可视其在公司的出资份额情况。一般情况下，出资份额体现为在注册资本中所占份额。此外，当向公司以提供贷款或其他形式的出资产生的所得，已按规定（如防止资本弱化的规则）被当作股息处理时，这种贷款或出资也将被视为“资本”。

（二）按照本款规定，享受5%税率的股息限于直接拥有资本比例达到25%以上的情形。即符合此低税率的股息应属于符合条件的受益所有人拥有资本比例达到25%以上的期间的利润所形成的股息。但在准确跟踪和计算时，可能会涉及以往多年且频繁变化情况（特别是对于上市公司），执行难度较大。为此，从企业分配年度利润的一般情况考虑，税务总局以《国家税务总局关于执行税收协定股息条款有关问题的通知》（国税函〔2009〕81号）规定，非居民直接拥有中国居民公司资本比例在取得股息前连续十二个月以内任何时候均至少达到25%的，可以享受该协定待遇。如分配的股息涉及十二个月以前的企业未分配利润，则不再考虑股息受益所有人在所分配利润所属年度的持股比例是否满足要求。据此，如新加坡居民直接拥有中国居民公司资本比例在取得股息前连续十二个月以内任何时候均达到至少25%的，可以享受该协定待遇。这里“取得股息”的日期是指按照国内法规定该项股息在中国发生纳税义务或扣缴义务的日期。

（三）只有受益所有人为公司，且符合上述条件的，才能适用5%的限制税率；受益所有人为个人或其他主体的，仍适用10%的限制税率。

关于受益所有人的理解与判断，按照《国家税务总局关于如何理解和认定税收协定中“受益所有人”的通知》（国税函〔2009〕601号）的规定执行。

39. 股息免税

我国签订的税收协定中，对于个别国家，来源国放弃股息所得征税权，即我国居民取得的股息所得享受协定免税待遇。

在适用股息条款时，存在受益所有人的问题。当股息所得的居民符合协定关于“受益所有人”的规定，并满足一定条件时，来源国才会放弃对该股息所得的征税权。

适用主体

从特定缔约对方国家（地区）取得股息所得的居民。

协定规定

我国与科威特、阿联酋签订的税收协定规定：“虽有第一款和第二款的规定，由缔约国一方居民公司支付给缔约国另一方居民的股息，应仅在该缔约国另一方征税，如果该项股息的受益所有人是：（一）缔约国另一方政府、其政府机构、或为该缔约国另一方政府直接或间接全部拥有的其他实体；或（二）由该缔约国另一方政府直接或间接拥有至少 20% 股份的该缔约国另一方居民公司。”

我国与沙特阿拉伯签订的税收协定规定：“虽有第一款和第二款的规定，如果股息的受益所有人是缔约国另一方政府、其所属机构或其直接或间接完全拥有的其他实体，缔约国一方的居民公司支付给缔约国另一方居民的股息仅应在该缔约国另一方征税。”

我国与英国签订的税收协定规定：“虽有第一款和第二款的规定，由缔约国一方居民公司支付给缔约国另一方居民的股息，如果受益所有人是缔约国另一方政府及其机构，或者是缔约国另一方政府直接或间接全资所有的其他实体，应仅在该缔约国另一方征税。”

我国与格鲁吉亚签订的税收协定规定：“如果该受益所有人直接或间接拥有支付股息公司至少百分之五十股份，并在该公司投资超过 200 万欧元，为股息总额的百分之零。”

适用条件

从科威特、阿联酋、沙特阿拉伯、英国、格鲁吉亚等国家或地区取得股息所得并符合我国与对方签订的税收协定股息条款相关规定。

情景问答

问：我公司完全为政府拥有，在沙特阿拉伯设立了全资子公司，投资总额达到300万欧元，现子公司拟分配利润，请问我公司取得来自沙特阿拉伯的股息需要在当地缴税吗？

答：根据我国与沙特阿拉伯的税收协定，如果你公司完全为政府拥有，且属于该股息的受益所有人，在沙特阿拉伯当地不需要缴税。

政策依据

1）《中华人民共和国企业所得税法》第二条（见 P223 34－1）

2）《中华人民共和国企业所得税法实施条例》第三条、第四条（见 P247 36－1）

3）中华人民共和国政府对外签署的避免双重征税协定（含内地与香港、澳门特别行政区签署的税收安排、大陆与台湾签署的税收协议）（编者略）

40. 利息优惠税率

我国已签税收协定或安排中的利息条款通常表述为："利息"一语是指从各种债权取得的所得，不论其有无抵押担保或者是否有权分享债务人的利润；特别是从公债、债券或者信用债券取得的所得，包括其溢价和奖金。由于延期支付的罚款，不应视为本条所规定的利息。

一般而言，来源国基于税收协定对利息所得实行限制性税率。

需要注意的是，对所支付的利息同常设机构有实际联系的不适用利息条款，而应按营业利润处理。

在适用利息条款时，同样存在受益所有人的问题。来源国没有义务仅因利息所得是由与其缔约的另一方国家的某个居民所直接接受而放弃对该利息所得的征税权。

适用主体

从缔约对方国家（地区）取得利息所得的居民。

协定规定

利息条款一般表述为：“如果收款人是该利息受益所有人，则所征税款不应超过利息总额的____%。”

关于利息税收协定还存在特殊规定，如部分国家（地区）体现为对税基进行限制，如奥地利支付给我国银行或金融机构的利息，应仅按该利息总额的百分之七十征税。

我国与部分国家（地区）签订的税收协定中对利息来源国的限制税率存在差异，部分协定税率见表 10。

表 10　　税收协定（安排）利息条款部分协定税率速查

序号	国家（地区）名称	税种	协定税率（%）	适用条件
1	阿曼	个人所得税	10	
		企业所得税	0	（1）政府、行政区、地方当局；（2）阿曼中央银行、国家总储备基金、阿曼发展银行；（3）完全为政府所有的其他金融机构
2	埃及	个人所得税	0	由税收协定缔约对方符合条件的政府或机构间接提供资金
			10	其他
		企业所得税	0	（1）政府、行政区、地方当局；（2）中央银行；（3）完全为政府所有的金融机构；（4）由税收协定缔约对方符合条件的政府或机构间接提供资金
3	中国澳门	个人所得税	0	由税收协定缔约对方符合条件的政府或机构间接提供资金
			7	其他
		企业所得税	0	（1）政府、行政区、地方当局；（2）完全为政府所有的金融机构；（3）由税收协定缔约对方符合条件的政府或机构间接提供资金；（4）澳门金融管理局、退休基金会、社会保障基金
			7	其他

续表

序号	国家（地区）名称	税种	协定税率（%）	适用条件
4	巴林	个人所得税	0	由税收协定缔约对方符合条件的政府或机构间接提供资金
			10	其他
		企业所得税	0	(1) 政府、行政区、地方当局；(2) 中央银行；(3) 完全为政府所有的金融机构；(4) 由税收协定缔约对方符合条件的政府或机构间接提供资金
5	巴西	个人所得税	15	
		企业所得税	0	(1) 政府、行政区、地方当局；(2) 中央银行；(3) 完全为政府所有的金融机构
6	冰岛	个人所得税	10	
		企业所得税	0	(1) 冰岛政府；(2) 冰岛中央银行、工业贷款基金、工业开发基金；(3) 双方认同的其他机构
7	波黑	个人所得税	10	
8	波兰	个人所得税	0	由税收协定缔约对方符合条件的政府或机构间接提供资金
			10	其他
		企业所得税	0	(1) 政府、行政区、地方当局；(2) 中央银行；(3) 完全为政府所有的金融机构；(4) 由税收协定缔约对方符合条件的政府或机构间接提供资金
9	丹麦	个人所得税	0	(1) 由税收协定缔约对方符合条件的政府或机构提供资金；(2) 由税收协定缔约对方符合条件的政府或机构提供担保；(3) 由税收协定缔约对方符合条件的政府或机构提供保险
			10	其他
		企业所得税	0	(1) 政府、行政区、地方当局；(2) 中央银行；(3) 政府的任何机构；(4) 由税收协定缔约对方符合条件的政府或机构提供资金；(5) 由税收协定缔约对方符合条件的政府或机构提供担保；(6) 由税收协定缔约对方符合条件的政府或机构提供保险
10	德国	个人所得税	0	(1) 缔约国另一方或其全资拥有的任何金融机构担保或保险的贷款；(2) 双方同意的、由德意志联邦共和国拥有的其他公共信贷机构；(3) 利息的支付与赊销商业设备或科学设备有关
			10	其他
		企业所得税	0	(1) 政府；(2) 缔约国另一方或其全资拥有的任何金融机构担保或保险的贷款；(3) 德意志联邦银行、重建贷款银行、德国投资与开发公司；(4) 双方同意的、由德意志联邦共和国拥有的其他公共信贷机构；(5) 利息的支付与赊销商业设备或科学设备有关

续表

序号	国家（地区）名称	税种	协定税率（%）	适用条件
11	法国	个人所得税	0	因对外贸易公共援助框架内由法国政府直接或间接提供资金或资助，或由法国对外贸易保险公司担保或保险，而提供的贷款
			10	其他
		企业所得税	0	（1）法国政府或其地方当局；（2）法兰西银行、法国国家投资银行、储蓄信托局；（3）因对外贸易公共援助框架内由法国政府直接或间接提供资金或资助，或由法国对外贸易保险公司担保或保险，而提供的贷款；（4）双方认同的其他金融机构
12	芬兰	个人所得税	0	（1）由税收协定缔约对方符合条件的政府或机构提供担保；（2）由税收协定缔约对方符合条件的政府或机构提供保险
			10	其他
		企业所得税	0	（1）政府、行政区、地方当局；（2）中央银行；（3）完全为政府所有的机构；（4）由税收协定缔约对方符合条件的政府或机构提供担保；（5）由税收协定缔约对方符合条件的政府或机构提供保险
13	古巴	个人所得税	0	由税收协定缔约对方符合条件的政府或机构间接提供资金
			7.5	
		企业所得税	0	（1）政府、行政区、地方当局；（2）中央银行；（3）完全为政府所有的金融机构；（4）由税收协定缔约对方符合条件的政府或机构间接提供资金
			7.5	其他
14	韩国	个人所得税	0	（1）由税收协定缔约对方符合条件的政府或机构间接提供资金；（2）由税收协定缔约对方符合条件的政府或机构提供担保
			10	其他
		企业所得税	0	（1）政府、行政区、地方当局；（2）中央银行或行使政府功能的金融机构；（3）由税收协定缔约对方符合条件的政府或机构间接提供资金；（4）由税收协定缔约对方符合条件的政府或机构提供担保
15	荷兰	个人所得税	0	（1）由税收协定缔约对方符合条件的政府或机构提供担保；（2）由税收协定缔约对方符合条件的政府或机构提供保险
			10	其他
		企业所得税	0	（1）政府或其地方当局；（2）中央银行；（3）荷兰发展中国家金融公司、荷兰发展中国家投资银行；（4）由税收协定缔约对方符合条件的政府或机构提供担保；（5）由税收协定缔约对方符合条件的政府或机构提供保险；（6）双方认同的机构

续表

序号	国家（地区）名称	税种	协定税率（%）	适用条件
16	黑山	个人所得税	10	
		企业所得税	0	（1）政府、行政区、地方当局；（2）完全为政府所有的银行
17	捷克	个人所得税	0	（1）由税收协定缔约对方符合条件的政府或机构提供资金；（2）由税收协定缔约对方符合条件的政府或机构提供担保；（3）由税收协定缔约对方符合条件的政府或机构提供保险
			7.5	其他
		企业所得税	0	（1）政府、行政区、地方当局；（2）中央银行；（3）捷克出口银行、出口担保和保险公司；（4）由税收协定缔约对方符合条件的政府或机构提供资金；（5）由税收协定缔约对方符合条件的政府或机构提供担保；（6）由税收协定缔约对方符合条件的政府或机构提供保险；（7）双方认同的机构
			7.5	其他
18	老挝	个人所得税	10	
		企业所得税	0	（1）政府、行政区、地方当局；（2）老挝银行、老挝对外贸易银行；（3）完全为政府所有的金融机构
19	美国	个人所得税	0	由税收协定缔约对方符合条件的政府或机构间接提供资金
			10	其他
		企业所得税	0	（1）政府、行政区、地方当局；（2）中央银行；（3）完全为政府所有的金融机构；（4）由税收协定缔约对方符合条件的政府或机构间接提供资金
20	蒙古	个人所得税	0	由税收协定缔约对方符合条件的政府或机构间接提供资金
			10	其他
		企业所得税	0	（1）政府、行政区、地方当局；（2）中央银行；（3）完全为政府所有的金融机构；（4）由税收协定缔约对方符合条件的政府或机构间接提供资金
21	南非	个人所得税	0	由税收协定缔约对方符合条件的政府或机构间接提供资金
			10	其他
		企业所得税	0	（1）政府、行政区、地方当局；（2）中央银行；（3）完全为政府所有的金融机构；（4）由税收协定缔约对方符合条件的政府或机构间接提供资金

续表

序号	国家（地区）名称	税种	协定税率（%）	适用条件
22	挪威	个人所得税	0	(1) 由税收协定缔约对方符合条件的政府或机构间接提供资金；(2) 由税收协定缔约对方符合条件的政府或机构提供担保
			10	其他
		企业所得税	0	(1) 政府、行政区、地方当局；(2) 中央银行；(3) 完全为政府所有的金融机构；(4) 由税收协定缔约对方符合条件的政府或机构间接提供资金；(5) 由税收协定缔约对方符合条件的政府或机构提供担保
23	日本	个人所得税	0	由税收协定缔约对方符合条件的政府或机构间接提供资金
			10	其他
		企业所得税	0	(1) 政府、行政区、地方当局；(2) 中央银行；(3) 完全为政府所有的金融机构；(4) 日本银行、日本输出入银行、日本金融公司、日本政策金融公库、日本国际协力机构；(5) 由税收协定缔约对方符合条件的政府或机构间接提供资金
24	瑞典	个人所得税	0	因直接或间接贷款或担保贷款的瑞典出口信贷担保局、国家债务局、瑞典国际基金会（瑞典基金会）或瑞典国际发展合作署
			10	其他
		企业所得税	0	(1) 瑞典政府；(2) 瑞典银行；(3) 因直接或间接贷款或担保贷款的瑞典出口信贷担保局、国家债务局、瑞典国际基金会（瑞典基金会）或瑞典国际发展合作署；(4) 双方认同的机构
25	瑞士	个人所得税	0	(1) 由税收协定缔约对方符合条件的政府或机构间接提供资金；(2) 由税收协定缔约对方符合条件的政府或机构提供担保；(3) 由税收协定缔约对方符合条件的政府或机构提供保险
			10	其他
		企业所得税	0	(1) 政府、行政区、地方当局；(2) 中央银行；(3) 政府全资拥有的任何实体；(4) 由税收协定缔约对方符合条件的政府或机构间接提供资金；(5) 由税收协定缔约对方符合条件的政府或机构提供担保；(6) 由税收协定缔约对方符合条件的政府或机构提供保险
26	苏丹	个人所得税	0	由税收协定缔约对方符合条件的政府或机构间接提供资金
			10	其他
		企业所得税	0	(1) 政府、行政区、地方当局；(2) 中央银行；(3) 完全为政府所有的金融机构；(4) 由税收协定缔约对方符合条件的政府或机构间接提供资金

续表

序号	国家（地区）名称	税种	协定税率（%）	适用条件
27	中国台湾	个人所得税	0	公司服务部门或其完全所有的金融机构为促进出口所担保或保险的贷款
			7	其他
		企业所得税	0	（1）公共服务部门完全所有的金融机构；（2）公司服务部门或其完全所有的金融机构为促进出口所提供、担保或保险的贷款
			7	其他
28	泰国	企业所得税	0	（1）泰王国政府、地方当局；（2）泰国银行；（3）完全为政府所有的金融机构
29	文莱	个人所得税	10	
		企业所得税	0	（1）政府、行政区、地方当局；（2）文莱货币管理委员会、文莱投资局、雇员信托基金会；（3）完全为政府所有的金融机构
30	希腊	个人所得税	10	
		企业所得税	0	（1）政府、行政区、地方当局；（2）中央银行；（3）完全为政府所有的金融机构
31	中国香港	个人所得税	7	
		企业所得税	0	香港金融管理局
			7	其他
32	伊朗	个人所得税	10	
		企业所得税	0	（1）政府、行政区、地方当局；（2）中央银行；（3）完全为政府所有的银行；（4）其他政府机构
33	印度	个人所得税	0	由税收协定缔约对方符合条件的政府或机构间接提供资金
			0	（1）由税收协定缔约对方符合条件的政府或机构提供担保；（2）由税收协定缔约对方符合条件的政府或机构提供保险
			10	其他
		企业所得税	0	（1）政府、行政区、地方当局；（2）中央银行；（3）完全为政府所有的金融机构；（4）由税收协定缔约对方符合条件的政府或机构提供担保；（5）由税收协定缔约对方符合条件的政府或机构提供保险

续表

序号	国家（地区）名称	税种	协定税率（%）	适用条件
34	英国	个人所得税	0	（1）由税收协定缔约对方符合条件的政府或机构间接提供资金；（2）由税收协定缔约对方符合条件的政府或机构提供担保；（3）由税收协定缔约对方符合条件的政府或机构提供保险
			10	其他
		企业所得税	0	（1）政府、行政区、地方当局；（2）中央银行；（3）政府全资拥有的实体；（4）由税收协定缔约对方符合条件的政府或机构间接提供资金；（5）由税收协定缔约对方符合条件的政府或机构提供担保；（6）由税收协定缔约对方符合条件的政府或机构提供保险
35	越南	企业所得税	0	（1）政府、行政区、地方当局；（2）越南国有银行；（3）完全为政府所有的金融机构
		个人所得税	10	
36	智利	个人所得税	10	
		企业所得税	4	银行、保险公司和其他金融机构；赊销机械或设备产生的利息；主要通过与非关联方进行积极、经常性的贷款或融资业务取得总收入的企业
			5	因经常并主要在被认可的证券交易所交易的债券或证券而产生的利息
37	阿联酋	个人所得税	0	由税收协定缔约对方符合条件的政府或机构间接提供资金
			7	其他
		企业所得税	0	（1）政府、行政区、地方当局；（2）政府全部拥有的中央银行、当局、公司、基金会、发展基金会或任何其他金融机构；（3）由税收协定缔约对方符合条件的政府或机构间接提供资金；（4）缔约对方政府直接或间接拥有至少20%股份的缔约对方居民公司
			7	其他
38	爱尔兰	个人所得税	0	由税收协定缔约对方符合条件的政府或机构间接提供资金
			10	其他
		企业所得税	0	（1）政府、行政区、地方当局；（2）中央银行；（3）完全为政府所有的金融机构；（4）由税收协定缔约对方符合条件的政府或机构间接提供资金
39	奥地利	个人所得税	10	
		企业所得税	0	奥地利共和国政府、奥地利国家银行、奥地利控制银行公司
			7	银行或金融机构

续表

序号	国家（地区）名称	税种	协定税率（%）	适用条件
40	比利时	个人所得税	0	（1）由税收协定缔约对方符合条件的政府或机构提供担保；（2）由税收协定缔约对方符合条件的政府或机构提供保险
			10	其他
		企业所得税	0	（1）政府、行政区、地方当局；（2）中央银行；（3）完全为政府所有的金融机构；（4）由税收协定缔约对方符合条件的政府或机构提供担保；（5）由税收协定缔约对方符合条件的政府或机构提供保险
41	俄罗斯	个人所得税	0	
		企业所得税	0	
42	菲律宾	个人所得税	0	由税收协定缔约对方符合条件的政府或机构间接提供资金
			10	其他
		企业所得税	0	（1）政府、行政区、地方当局；（2）中央银行；（3）完全为政府所有的金融机构；（4）由税收协定缔约对方符合条件的政府或机构间接提供资金
43	加拿大	个人所得税	0	因直接或间接贷款或担保贷款的加拿大出口开发公司
			10	其他
		企业所得税	0	（1）加拿大政府；（2）加拿大银行；（3）因直接或间接贷款或担保贷款的加拿大出口开发公司；（4）加拿大政府拥有且双方认可的金融机构
44	卡塔尔	个人所得税	0	由税收协定缔约对方符合条件的政府或机构间接提供资金
			10	其他
		企业所得税	0	（1）政府、行政区、地方当局；（2）中央银行；（3）完全为政府所有的金融机构；（4）由税收协定缔约对方符合条件的政府或机构间接提供资金
45	科威特	个人所得税	0	由税收协定缔约对方符合条件的政府或机构间接提供资金
			5	其他
		企业所得税	0	（1）政府、其行政区或地方当局；（2）政府全部拥有的中央银行、当局、公司、基金会、发展基金会或任何其他金融机构；（3）由税收协定缔约对方符合条件的政府或机构间接提供资金；（4）缔约对方政府直接或间接拥有至少 20% 股份的缔约国对方居民公司；（5）双方认可的任何其他实体
			5	其他

续表

序号	国家（地区）名称	税种	协定税率（%）	适用条件
46	立陶宛	个人所得税	0	由税收协定缔约对方符合条件的政府或机构提供担保
			10	其他
		企业所得税	0	（1）政府、行政区、地方当局；（2）中央银行；（3）完全为政府所有的金融机构；（4）由税收协定缔约对方符合条件的政府或机构提供担保
47	卢森堡	个人所得税	0	（1）由税收协定缔约对方符合条件的政府或机构间接提供资金；（2）由税收协定缔约对方符合条件的政府或机构提供担保；（3）由税收协定缔约对方符合条件的政府或机构提供保险
			10	其他
		企业所得税	0	（1）政府、行政区、地方当局；（2）国家信贷投资公司；（3）由税收协定缔约对方符合条件的政府或机构间接提供资金；（4）由税收协定缔约对方符合条件的政府或机构提供担保；（5）由税收协定缔约对方符合条件的政府或机构提供保险
48	马耳他	个人所得税	10	
		企业所得税	0	（1）政府、行政区、地方当局；（2）由政府、其地方当局完全拥有或控制的机构
49	马其顿	个人所得税	0	由税收协定缔约对方符合条件的政府或机构间接提供资金
			10	其他
		企业所得税	0	（1）政府、行政区、地方当局；（2）中央银行；（3）完全为政府所有的金融机构；（4）由税收协定缔约对方符合条件的政府或机构间接提供资金
50	孟加拉	个人所得税	0	由税收协定缔约对方符合条件的政府或机构间接提供资金
			10	其他
		企业所得税	0	（1）政府、行政区、地方当局；（2）中央银行；（3）完全为政府所有的金融机构；（4）由税收协定缔约对方符合条件的政府或机构间接提供资金
51	摩洛哥	个人所得税	10	
		企业所得税	0	（1）摩洛哥政府；（2）摩洛哥中央银行；（3）完全或主要由摩洛哥政府所拥有的机构，并且由摩洛哥政府担保

续表

序号	国家（地区）名称	税种	协定税率（%）	适用条件
52	墨西哥	个人所得税	0	（1）由税收协定缔约对方符合条件的政府或机构提供担保；（2）由税收协定缔约对方符合条件的政府或机构提供保险
			10	其他
		企业所得税	0	（1）政府、行政区、地方当局；（2）中央银行；（3）墨西哥银行、国家外贸银行、国家财务银行、国家公共建设和服务银行；（4）由税收协定缔约对方符合条件的政府或机构提供担保；（5）由税收协定缔约对方符合条件的政府或机构提供保险；（6）墨西哥政府完全拥有的任何机构
53	尼泊尔	个人所得税	0	由税收协定缔约对方符合条件的政府或机构间接提供资金
			10	其他
		企业所得税	0	（1）政府、行政区、地方当局；（2）中央银行；（3）完全为政府所有的金融机构；（4）由税收协定缔约对方符合条件的政府或机构间接提供资金
54	葡萄牙	个人所得税	10	
		企业所得税	0	（1）政府、行政区、地方当局；（2）储蓄总行、国家海外银行、葡萄牙投资、贸易和旅游协会；（3）由葡萄牙政府、其行政区或地方当局完全拥有的任何其他机构
55	塞舌尔	个人所得税	0	由税收协定缔约对方符合条件的政府或机构间接提供资金
			10	其他
		企业所得税	0	（1）政府、行政区、地方当局；（2）中央银行；（3）完全为政府所有的金融机构；（4）由税收协定缔约对方符合条件的政府或机构间接提供资金
56	突尼斯	个人所得税	0	由税收协定缔约对方符合条件的政府或机构间接提供资金
			10	其他
		企业所得税	0	（1）政府、行政区、地方当局；（2）中央银行；（3）完全为政府所有的金融机构；（4）由税收协定缔约对方符合条件的政府或机构间接提供资金
57	土耳其	个人所得税	10	
		企业所得税	0	土耳其政府、土耳其中央银行、土耳其进出口银行、土耳其发展银行

续表

序号	国家（地区）名称	税种	协定税率（%）	适用条件
58	乌干达	个人所得税	0	（1）由税收协定缔约对方符合条件的政府或机构间接提供资金；（2）由税收协定缔约对方符合条件的政府或机构提供担保；（3）由税收协定缔约对方符合条件的政府或机构提供保险
			10	其他
		企业所得税	0	（1）政府、行政区、地方当局；（2）中央银行；（3）政府拥有的金融机构（乌干达发展银行、全国社会保障基金）；（4）由税收协定缔约对方符合条件的政府或机构间接提供资金；（5）由税收协定缔约对方符合条件的政府或机构提供担保；（6）由税收协定缔约对方符合条件的政府或机构提供保险
59	乌克兰	个人所得税	10	
		企业所得税	0	（1）政府、行政区、地方当局；（2）中央银行；（3）完全为政府所有的金融机构
60	西班牙	个人所得税	10	
			0	（1）由税收协定缔约对方符合条件的政府或机构提供担保；（2）由税收协定缔约对方符合条件的政府或机构提供保险；（3）与赊销商业或科学设备有关
		企业所得税	0	（1）政府、行政区、地方当局；（2）中央银行；（3）政府直接或间接全资拥有的实体；（4）由税收协定缔约对方符合条件的政府或机构提供担保；（5）由税收协定缔约对方符合条件的政府或机构提供保险；（6）与赊销商业或科学设备有关
61	新加坡	个人所得税	10	
		企业所得税	0	（1）新加坡共和国政府、新加坡金融管理局、新加坡政府投资有限公司、法定机构；（2）由新加坡政府拥有的任何机构
			7	银行和金融机构
62	新西兰	个人所得税	0	（1）由税收协定缔约对方符合条件的政府或机构提供资金；（2）由税收协定缔约对方符合条件的政府或机构提供担保；（3）由税收协定缔约对方符合条件的政府或机构提供保险
			10	其他
		企业所得税	0	（1）政府、行政区、地方当局；（2）中央银行；（3）新西兰出口信用局、新西兰养老基金、新西兰养老基金监管人、地震委员会、意外伤害赔偿局；（4）全部或主要由新西兰政府拥有的任何其他机构；（5）履行政府职能的任何其他法定机构

续表

序号	国家（地区）名称	税种	协定税率（%）	适用条件
63	匈牙利	个人所得税	0	由税收协定缔约对方符合条件的政府或机构间接提供资金
			10	其他
		企业所得税	0	（1）政府、行政区、地方当局；（2）中央银行；（3）完全为政府所有的金融机构；（4）由税收协定缔约对方符合条件的政府或机构间接提供资金
64	叙利亚	个人所得税	0	（1）由税收协定缔约对方符合条件的政府或机构提供担保；（2）由税收协定缔约对方符合条件的政府或机构提供保险
			10	
		企业所得税	0	（1）政府、行政区、地方当局；（2）中央银行；（3）完全为政府所有的金融机构；（4）由税收协定缔约对方符合条件的政府或机构提供担保；（5）由税收协定缔约对方符合条件的政府或机构提供保险
65	牙买加	个人所得税	0	（1）由税收协定缔约对方符合条件的政府或机构提供资金；（2）由税收协定缔约对方符合条件的政府或机构提供担保；（3）由税收协定缔约对方符合条件的政府或机构提供保险
			7.5	其他
		企业所得税	0	（1）政府、行政区、地方当局；（2）中央银行；（3）政府全资拥有的金融机构；（4）由税收协定缔约对方符合条件的政府或机构提供资金；（5）由税收协定缔约对方符合条件的政府或机构提供担保；（6）由税收协定缔约对方符合条件的政府或机构提供保险
			7.5	其他
66	以色列	个人所得税	10	
		企业所得税	7	银行和金融机构
67	意大利	个人所得税	0	（1）由税收协定缔约对方符合条件的政府或机构提供担保；（2）由税收协定缔约对方符合条件的政府或机构提供保险
			10	其他
		企业所得税	0	（1）政府、行政区、地方当局；（2）中央银行；（3）完全为政府所有的金融机构；（4）由税收协定缔约对方符合条件的政府或机构间接提供资金
			8	向金融机构支付的3年期及以上的用于投资项目的贷款利息
			0	（1）政府、行政区、地方当局；（2）中央银行；（3）任何公共机构或政府全资拥有的任何机构；（4）由税收协定缔约对方符合条件的政府或机构提供担保；（5）由税收协定缔约对方符合条件的政府或机构提供保险

续表

序号	国家（地区）名称	税种	协定税率（%）	适用条件
68	赞比亚	个人所得税	0	(1) 由税收协定缔约对方符合条件的政府或机构提供担保；(2) 由税收协定缔约对方符合条件的政府或机构提供保险
			10	
		企业所得税	0	(1) 政府、行政区、地方当局；(2) 中央银行；(3) 完全为政府所有的金融机构；(4) 由税收协定缔约对方符合条件的政府或机构提供担保；(5) 由税收协定缔约对方符合条件的政府或机构提供保险
69	阿塞拜疆	个人所得税	0	由税收协定缔约对方符合条件的政府或机构提供但保
			10	其他
		企业所得税	0	(1) 政府、行政区、地方当局；(2) 中央银行；(3) 完全为政府所有的金融机构；(4) 由税收协定缔约对方符合条件的政府或机构提供担保；(5) 阿塞拜疆共和国国家银行、阿塞拜疆共和国国家石油基金会
70	爱沙尼亚	个人所得税	0	由税收协定缔约对方符合条件的政府或机构提供担保
			10	其他
		企业所得税	0	(1) 政府、行政区、地方当局；(2) 中央银行；(3) 完全为政府所有的金融机构；(4) 由税收协定缔约对方符合条件的政府或机构提供担保
71	澳大利亚	个人所得税	10	
72	巴巴多斯	个人所得税	10	
		企业所得税	0	(1) 政府；(2) 巴巴多斯中央银行；(3) 政府完全拥有的任何其他类似机构
73	巴基斯坦	个人所得税	10	
		企业所得税	0	(1) 政府、行政区、地方当局；(2) 巴基斯坦国家银行；(3) 双方认可的金融机构或代理机构
74	白俄罗斯	个人所得税	10	
		企业所得税	0	(1) 政府、行政区、地方当局；(2) 中央银行；(3) 完全为政府所有的金融机构
75	保加利亚	个人所得税	0	由税收协定缔约对方符合条件的政府或机构间接提供资金
			10	其他
		企业所得税	0	(1) 政府、行政区、地方当局；(2) 中央银行；(3) 完全为政府所有的金融机构；(4) 由税收协定缔约对方符合条件的政府或机构间接提供资金

续表

序号	国家（地区）名称	税种	协定税率（%）	适用条件
76	博茨瓦纳	个人所得税	0	(1) 由税收协定缔约对方符合条件的政府或机构提供担保；(2) 由税收协定缔约对方符合条件的政府或机构提供保险
			7.5	其他
		企业所得税	0	(1) 政府、行政区、地方当局；(2) 中央银行；(3) 政府全资拥有的金融机构；(4) 由税收协定缔约对方符合条件的政府或机构提供担保；(5) 由税收协定缔约对方符合条件的政府或机构提供保险
			7.5	其他
77	厄瓜多尔	个人所得税	0	由税收协定缔约对方符合条件的政府或机构担保或保险、与出口或投融资项目相关的贷款
			10	
		企业所得税	0	(1) 政府、行政区、地方当局；(2) 中央银行；(3) 政府全资拥有的机构；(4) 金融机构；(5) 由税收协定缔约对方符合条件的政府或机构担保或保险、与出口或投融资项目相关的贷款
78	格鲁吉亚	个人所得税	10	
		企业所得税	0	(1) 政府、行政区、地方当局；(2) 中央银行；(3) 完全为政府所有的金融机构
79	津巴布韦	个人所得税	0	由税收协定缔约对方符合条件的政府或机构间接提供资金
			7.5	其他
		企业所得税	0	(1) 政府、行政区、地方当局；(2) 中央银行；(3) 完全为政府所有的金融机构；(4) 由税收协定缔约对方符合条件的政府或机构间接提供资金
			7.5	其他
80	克罗地亚	个人所得税	0	由税收协定缔约对方符合条件的政府或机构间接提供资金
			10	其他
		企业所得税	0	(1) 政府、行政区、地方当局；(2) 中央银行；(3) 完全为政府所有的金融机构；(4) 由税收协定缔约对方符合条件的政府或机构间接提供资金

续表

序号	国家（地区）名称	税种	协定税率（%）	适用条件
81	拉脱维亚	个人所得税	0	(1) 由税收协定缔约对方符合条件的政府或机构提供担保；(2) 由税收协定缔约对方符合条件的政府或机构提供担保（此小点新增，尚未生效）
			10	其他
		企业所得税	0	(1) 政府、行政区、地方当局；(2) 中央银行；(3) 完全为政府所有的金融机构；(4) 由税收协定缔约对方符合条件的政府或机构提供担保；(5) 由税收协定缔约对方符合条件的政府或机构提供担保（此小点新增，尚未生效）
82	罗马尼亚	个人所得税	0	赊销任何设备、商品或服务而导致的负债支付利息
			3	其他
		企业所得税	0	(1) 政府、行政区、地方当局；(2) 政府全部或主要拥有的任何实体；(3) 赊销任何设备、商品或服务而导致的负债支付利息；(4) 金融机构批准的任何形式的贷款
			3	其他
83	马来西亚	个人所得税	10	
		企业所得税	0	(1) 马来西亚政府、州政府、地方当局；(2) 中央银行（马来西亚挪格拉银行）；(3) 由马来西亚政府、州政府或地方当局拥有其全部资本的机构
84	毛里求斯	个人所得税	0	由税收协定缔约对方符合条件的政府或机构间接提供资金
			10	其他
		企业所得税	0	(1) 政府、行政区、地方当局；(2) 中央银行；(3) 完全为政府所有的金融机构；(4) 由税收协定缔约对方符合条件的政府或机构间接提供资金
85	摩尔多瓦	个人所得税	0	由税收协定缔约对方符合条件的政府或机构间接提供资金
			10	其他
		企业所得税	0	(1) 政府、行政区、地方当局；(2) 中央银行；(3) 完全为政府所有的金融机构；(4) 由税收协定缔约对方符合条件的政府或机构间接提供资金
86	尼日利亚	个人所得税	7.5	
		企业所得税	0	(1) 政府、行政区、地方当局；(2) 中央银行；(3) 完全为政府所有的金融机构
			7.5	其他

续表

序号	国家（地区）名称	税种	协定税率（%）	适用条件
87	塞尔维亚	个人所得税	10	
		企业所得税	0	（1）政府、行政区、地方当局；（2）完全为政府所有的银行
88	塞浦路斯	个人所得税	10	
89	斯里兰卡	个人所得税	0	由税收协定缔约对方符合条件的政府或机构间接提供资金
			10	其他
		企业所得税	0	（1）政府、行政区、地方当局；（2）中央银行；（3）完全为政府所有的金融机构；（4）由税收协定缔约对方符合条件的政府或机构间接提供资金
90	斯洛伐克	个人所得税	0	由税收协定缔约对方符合条件的政府或机构间接提供资金
			10	其他
		企业所得税	0	（1）政府、行政区、地方当局；（2）中央银行；（3）完全为政府所有的金融机构；（4）由税收协定缔约对方符合条件的政府或机构间接提供资金
91	委内瑞拉	个人所得税	10	
		企业所得税	0	（1）政府、行政区、地方当局；（2）委内瑞拉中央银行；（3）由委内瑞拉政府完全拥有的任何其他类似机构
			5	银行
92	亚美尼亚	个人所得税	10	
		企业所得税	0	（1）政府、行政区、地方当局；（2）中央银行；（3）完全为政府所有的金融机构
93	阿尔巴尼亚	个人所得税	10	
		企业所得税	0	（1）政府、行政区、地方当局；（2）中央银行；（3）完全为政府所有的金融机构
94	阿尔及利亚	个人所得税	0	由税收协定缔约对方符合条件的政府或机构间接提供资金
			7	其他
		企业所得税	0	（1）政府、行政区、地方当局；（2）中央银行；（3）完全为政府所有的金融机构；（4）由税收协定缔约对方符合条件的政府或机构间接提供资金
			7	其他

续表

序号	国家（地区）名称	税种	协定税率（%）	适用条件
95	埃塞俄比亚	个人所得税	0	（1）由税收协定缔约对方符合条件的政府或机构提供担保；（2）由税收协定缔约对方符合条件的政府或机构提供保险
			7	其他
		企业所得税	0	（1）政府、行政区、地方当局；（2）中央银行；（3）由税收协定缔约对方符合条件的政府或机构提供担保；（4）由税收协定缔约对方符合条件的政府或机构提供保险
			7	其他
96	哈萨克斯坦	个人所得税	0	由税收协定缔约对方符合条件的政府或机构间接提供资金
			10	
		企业所得税	0	（1）政府、行政区、地方当局；（2）中央银行；（3）完全为政府所有的金融机构；（4）由税收协定缔约对方符合条件的政府或机构间接提供资金
97	沙特阿拉伯	个人所得税	0	由税收协定缔约对方符合条件的政府或机构间接提供资金
			10	其他
		企业所得税	0	（1）政府、行政区、地方当局；（2）中央银行；（3）完全为政府所有的金融机构；（4）由税收协定缔约对方符合条件的政府或机构间接提供资金
98	斯洛文尼亚	个人所得税	10	
99	塔吉克斯坦	个人所得税	0	（1）由税收协定缔约对方符合条件的政府或机构提供担保；（2）由税收协定缔约对方符合条件的政府或机构提供保险
			8	其他
		企业所得税	0	（1）政府、行政区、地方当局；（2）中央银行；（3）完全为政府所有的金融机构（塔吉克斯坦国家银行、塔吉克斯坦共和国国家储蓄银行、阿马纳银行）；（4）由税收协定缔约对方符合条件的政府或机构提供担保；（5）由税收协定缔约对方符合条件的政府或机构提供保险
			8	其他

续表

序号	国家（地区）名称	税种	协定税率（%）	适用条件
100	土库曼斯坦	个人所得税	0	（1）由税收协定缔约对方符合条件的政府或机构提供担保；（2）由税收协定缔约对方符合条件的政府或机构提供保险
			10	
		企业所得税	0	（1）政府、行政区、地方当局；（2）中央银行；（3）完全为政府所有的金融机构；（4）由税收协定缔约对方符合条件的政府或机构提供担保；（5）由税收协定缔约对方符合条件的政府或机构提供保险；（6）土库曼斯坦政府完全拥有的任何机构
101	印度尼西亚	个人所得税	10	
		企业所得税	0	（1）政府、行政区、地方当局；（2）中央银行；（3）完全为政府所有并控制的金融机构
102	吉尔吉斯斯坦	个人所得税	10	
		企业所得税	0	（1）政府、行政区、地方当局；（2）中央银行；（3）完全为政府所有的金融机构
103	乌兹别克斯坦	个人所得税	10	
		企业所得税	0	（1）政府、行政区、地方当局；（2）中央银行；（3）履行政府职责、完全为其政府所有的金融机构
104	巴布亚新几内亚	个人所得税	10	
		企业所得税	0	（1）政府、行政区、地方当局；（2）中央银行；（3）完全为政府所有并行使政府职能的金融机构
105	特立尼达和多巴哥	个人所得税	10	
		企业所得税	0	（1）特立尼达和多巴哥政府；（2）特立尼达和多巴哥中央银行、农业发展银行、出口保险公司、国家住房管理局、国家保险管理委员会、住房抵押银行、存款保险公司、小企业发展公司、发展融资有限公司、特立尼达和多巴哥抵押金融公司；（3）政府完全拥有的其他类似机构
106	肯尼亚	个人所得税	10	
			0	（1）由税收协定缔约对方符合条件的政府或机构提供担保；（2）由税收协定缔约对方符合条件的政府或机构提供保险
		企业所得税	0	（1）政府、行政区、地方当局；（2）中央银行；（3）完全为政府所有的金融机构；（4）由税收协定缔约对方符合条件的政府或机构提供担保；（5）由税收协定缔约对方符合条件的政府或机构提供保险

续表

序号	国家（地区）名称	税种	协定税率（%）	适用条件
107	加蓬	个人所得税	10	（1）由税收协定缔约对方符合条件的政府或机构提供担保；（2）由税收协定缔约对方符合条件的政府或机构提供保险
		企业所得税	0	（1）政府、行政区、地方当局；（2）中央银行；（3）完全为政府所有的金融机构；（4）由税收协定缔约对方符合条件的政府或机构提供担保；（5）由税收协定缔约对方符合条件的政府或机构提供保险
108	刚果（布）	个人所得税	10	
		企业所得税	0	（1）政府、行政区、地方当局；（2）中央银行；（3）完全为政府所有的金融机构；（4）由税收协定缔约对方符合条件的政府或机构提供担保；（5）由税收协定缔约对方符合条件的政府或机构提供保险
109	柬埔寨	企业所得税	0	（1）政府、行政区、地方当局；（2）中央银行；（3）主要为政府所有的金融机构和法定主体
110	阿根廷	个人所得税	12	
		企业所得税	0	（1）政府、行政区、地方当局；（2）中央银行；（3）政府拥有或控制的金融机构；（4）基于商业债权支付的利息；（5）基于银行企业提供的至少3年期限的任何性质的优惠贷款（不包括不记名票据）而支付的利息

备注：1. 速查信息仅供参考，详细情况以税收协定文本规定为准。

2. 西班牙（重签协定）、新西兰（重签协定）、意大利（重签协定）、乌干达、博茨瓦纳、肯尼亚、加蓬、刚果（布）、阿根廷、中国台湾尚未生效。

3. 本表中企业所得税协定税率仅列出<10%栏次。

适用条件

从缔约对方国家（地区）取得利息所得、符合税收协定利息限制税率规定的具体要求。

情景问答

问：我公司是一家商业银行，向中国香港一家企业提供了贷款，现打算向该企业收取利息，金额500万元，是否要在中国香港缴税？

答：你公司这笔利息所得需要在中国香港缴税。内地和香港的税收安排规定，“发生于一方而支付给另一方居民的利息，可以在该另一方征税，这些利息也可以在该利息发生的一方，按照该一方的法律征税。但是，如果利息受益所有人是另一方的居民，则所征税款不应超过利息总额的7%。”

政策依据

1）《中华人民共和国企业所得税法》第二条（见P223　34－1）

2）《中华人民共和国企业所得税法实施条例》第三条、第四条（见P247　36－1）

3）中华人民共和国政府对外签署的避免双重征税协定（含内地与香港、澳门特别行政区签署的税收安排、大陆与台湾签署的税收协议）（编者略）

4）《国家税务总局关于印发〈中华人民共和国政府和新加坡共和国政府关于对所得避免双重征税和防止偷漏税的协定〉及议定书条文解释的通知》（国税发〔2010〕75号）第十一条

延伸阅读

40－1　《国家税务总局关于印发〈中华人民共和国政府和新加坡共和国政府关于对所得避免双重征税和防止偷漏税的协定〉及议定书条文解释的通知》第十一条

2010年7月26日　国税发〔2010〕75号

第十一条　利息

一、第一款规定，居民国对本国居民取得的来自缔约国另一方的利息拥有征税权，但这种征税权并不是独占的。

二、第二款规定，利息来源国对利息也有征税的权利，但对征税权的行使进行了限制，即设定了最高税率，且限制税率与受益所有人自身性质有关，受益所有人为银行或金融机构情况下，利息的征税税率为7%；其他情况下利息的征税税率为10%。

关于受益所有人的理解与判断，同样按照《国家税务总局关于如何理解和认定税收协定中“受益所有人”的通知》（国税函〔2009〕601 号）的规定执行。在判断利息受益所有人时，要特别注意在利息据以产生和支付的贷款合同之外，是否存在债权人与第三人之间在数额、利率和签订时间等方面相近的其他贷款或存款合同。

三、第三款是对特定的受益所有人取得的利息在来源国免税的规定。在执行时应注意把关，即取得利息收入的新加坡居民必须是该款所列机构，任何商业组织通过上述机构取得的利息不得享受免税待遇。另外，根据协定第二议定书第二条的规定，所列免税机构应依照新加坡议会法案规定设立或完全由新加坡政府拥有。

四、第四款明确了利息一语的含义，具体可从以下三个方面理解：

（一）利息一般是指从各种债权取得的所得。“各种债权”应包括现金、货币形态的有价证券，以及政府公债、债券或者信用债券。

（二）对于与利息相关的其他所得是否应属于“利息”的范畴，应根据其性质区别对待：

1. 附属债券取得的所得，如发行债券的溢价和奖金构成利息，但债券持有者出售债券发生的盈亏不属于利息范围；

2. 与贷款业务相关的并附属于债权的所得可认定为利息，对独立发生于债权方以外的，如单独收取的担保费等，原则上不应认定为利息。

五、第五款规定，若利息受益所有人是缔约国一方居民，在缔约国另一方拥有常设机构，或者通过固定基地从事独立个人劳务，且支付利息的债权构成常设机构或固定基地资产的一部分，或与该机构或固定基地有其他方面的实际联系，则来源国可将利息并入常设机构的利润予以征税。

应予注意的是，只有当取得利息的相关营业活动通过常设机构进行，且债权与常设机构有上述实际联系的情况下，才可适用本条款。仅以滥用协定为目的，将贷款转移到为利息提供优惠税收待遇的常设机构的，不应适用本款规定。

六、第六款明确了利息支付人为其居民的国家是利息的来源国这一原则。然而该款也规定了一个例外情形，即利息支付人无论是否为缔约国一方的居民，只要其在缔约国一方拥有常设机构或固定基地，并且支付的利息由该常设机构或固定基地负担，本款认为利息来源地应是该常设机构或固定基地所在缔约国。例如，某第三国设在中国的常设机构支付给新加坡居民的利息，在利息与该常设机构有实际联系情况下，应认为该利息发生于中国，由中国根据中新协定行使优先征税权。如新加坡居民为该项利息的受益所有人，则可享受本协定待遇。

七、第七款对关联交易中协定优惠条款的适用加以限定。当支付人与受益所有人之间或者他们与其他人之间由于某种特殊关系而造成超额支付利息时，支付额中超过按市场公允价格计算所应支付的数额的部分不得享受协定的优惠。

八、第八款为反滥用条款。以获取优惠的税收地位为主要目的的交易或安排，不应适用税收协定利息条款的优惠规定。纳税人因该交易或安排而不当享受税收协定待遇的，主管税务机关有权进行调整。

九、执行第七款和第八款的规定时，应考虑我国国内法关于特别纳税调整的有关规定。

41. 利息免税

部分情况下，来源国放弃利息所得征税权，即我国居民取得的利息所得享受协定免税待遇。

适用主体

从缔约对方国家（地区）取得利息所得的居民。

协定规定

我国与大部分国家签署的税收协定中的利息条款存在免税规定，即发生在缔约国对方而为我国政府、地方政府及其中央银行或者完全为我国政府所有的金融机构取得的利息；或者为我国居民所取得的利息，其债权是由我国政府、地方政府及其中央银行或者完全为我国政府所有的金融机构间接提供资金的，应在该缔约国对方免税。通常，这些金融机构在具体协定中采取列名方式。

我国与新加坡、马耳他、葡萄牙、墨西哥、土库曼斯坦、特立尼达和多巴哥、摩洛哥、巴巴多斯、冰岛、泰国、委内瑞拉等国家签署的协定中对政府全部或主要拥有的任何机构或其他类似机构贷款利息均免予征税（见表11）。

表 11　我国与部分国家（地区）协定（安排）列名免税银行或金融机构一览

国家（地区）名称	缔约对方国家免税银行或金融机构	我国免税银行或金融机构
阿曼	阿曼中央银行、国家总储备基金、阿曼发展银行	中国人民银行、国家发展银行、中国进出口银行、中国农业开发银行
阿塞拜疆	阿塞拜疆共和国国家银行、阿塞拜疆共和国国家石油基金会	中国国家发展银行、中国进出口银行、中国农业发展银行、社会保险基金理事会、中国银行、中国建设银行、中国工商银行和中国农业银行
奥地利	奥地利国家银行、奥地利控制银行公司	中国人民银行、直接或间接提供贷款的中国银行或中国国际信托投资公司
巴巴多斯	巴巴多斯中央银行	中国人民银行、国家开发银行、中国进出口银行、中国农业开发银行
巴基斯坦	巴基斯坦国家银行	中国人民银行、中国银行、中国进出口银行、中国农业发展银行、国家开发银行、工商银行、丝路基金①
冰岛	冰岛中央银行、工业贷款基金、工业开发基金	中国人民银行、国家开发银行、中国进出口银行、中国农业开发银行
德国	德意志联邦银行、重建贷款银行、德国投资与开发公司	中国人民银行、国家开发银行股份有限公司、中国农业发展银行、中国进出口银行、全国社会保障基金理事会、中国投资有限责任公司
法国②	法国政府或其地方当局、法兰西银行、法国国家投资银行、储蓄信托局、因对外贸易公共援助框架内由法国政府直接或间接提供资金或资助，或由法国对外贸易保险公司担保或保险，而提供的贷款而支付、退休储备基金	中国政府或其地方当局、中国人民银行、国家开发银行股份有限公司、中国农业发展银行、中国进出口银行、全国社会保障基金理事会、因直接或间接担保或保险的贷款而支付给中国出口信用保险公司的利息、中国投资有限责任公司
芬兰	芬兰工业合作基金、芬维拉公司、芬兰出口信用公共有限公司	国家开发银行、中国农业发展银行、中国进出口银行、全国社会保障基金理事会、中国出口信用保险公司、中国投资有限责任公司
加拿大	加拿大银行、因直接或间接贷款或担保贷款的加拿大出口开发公司、加拿大养老金计划投资理事会	中国人民银行、因直接或间接贷款或担保贷款的中国银行或者中国国际信托投资公司、全国社会保障基金理事会、中国进出口银行、中国出口信用保险公司
韩国	韩国银行、韩国产业银行、韩国进出口银行、韩国投资公司、韩国出口保险公司、韩国金融监督院、韩国金融公司、韩国贸易保险公司	中国人民银行、国家开发银行、中国进出口银行、中国农业发展银行、中国出口信用保险公司、全国社会保障基金理事会、中国投资有限责任公司、执行银行业、保险和证券监管职能的组织

① 中巴协定第三议定书：关于第二议定书第一条，"国家银行"包括中国工商银行和丝路基金，但仅限于其为 2014 年 11 月 8 日在北京签订的《中华人民共和国政府和巴基斯坦伊斯兰共和国政府关于中巴经济走廊能源项目合作的协议》提及的能源项目在巴基斯坦提供贷款取得利息的目的。

② 根据《中法议定书》第五条规定（法方增列 1 个，中方增列 1 个）。

续表

国家（地区）名称	缔约对方国家免税银行或金融机构	我国免税银行或金融机构
荷兰	荷兰发展中国家金融公司、荷兰发展中国家投资银行、缔约国双方主管当局随时可能同意的任何其他机构	国家开发银行股份有限公司、中国农业发展银行、中国进出口银行、全国社会保障基金理事会、中国出口信用保险公司、中国投资有限责任公司、缔约国双方主管当局随时可能同意的任何其他机构
老挝	老挝银行、老挝对外贸易银行	中国人民银行、中国国家开发银行、中国进出口银行、中国农业发展银行
卢森堡	国家信贷投资公司	国家银行
马来西亚	马来西亚挪格拉银行（中央银行）、马来西亚进出口银行、全国信托基金、退休基金、马来西亚农业银行、马来西亚中小企业银行、马来西亚开发银行、马来西亚国库控股公司。①	中国人民银行、中国银行总行、中国国际信托投资公司、国家开发银行股份有限公司、中国农业发展银行、中国进出口银行、全国社会保障基金理事会、中国出口信用保险公司、中国投资有限责任公司、丝路基金有限责任公司
摩洛哥	摩洛哥中央银行	中国人民银行、中国国家开发银行、中国进出口银行、中国农业发展银行
墨西哥	墨西哥银行、国家外贸银行、国家财务银行、国家公共建设和服务银行	中国人民银行、国家开发银行、中国进出口银行、中国农业发展银行、中国出口信用保险公司
葡萄牙	储蓄总行、国家海外银行、葡萄牙投资、贸易和旅游协会、葡萄牙中央银行②	中国人民银行、国家发展银行、中国进出口银行、中国农业发展银行、全国社会保障基金理事会、中国投资有限责任公司、中国出口信用保险公司、国家开发银行。
日本	日本输出入银行、日本金融公司（日本政策金融公库）、日本国际协力机构	
瑞典③	瑞典银行、因直接或间接贷款或担保贷款的瑞典出口信贷担保局、国家债务局、瑞典国际基金会（“瑞典基金会”）或瑞典国际发展合作署	中国人民银行、因直接或间接贷款或担保贷款的中国银行、中国国际信托投资公司、国家开发银行、中国进出口银行或中国农业发展银行

① 依据双方换函，增列上述机构（马方 7 个，中方 7 个）。

② 根据《中华人民共和国主管当局和葡萄牙共和国主管当局关于一九九八年四月二十一日于北京签署的〈中华人民共和国政府和葡萄牙共和国政府关于对所得避免双重征税和防止偷漏税的协定〉第十一条（利息）第三款第一项第六目和第二项第五目所适用机构的协议》增列机构（葡萄牙 1 个，中国 4 个）。

③ 根据《关于修订 1986 年 5 月 16 日在斯德哥尔摩签订的中华人民共和国政府和瑞典王国政府关于对所得避免双重征税和防止偷漏税的协定的附加议定书》，作了修订。

续表

国家（地区）名称	缔约对方国家免税银行或金融机构	我国免税银行或金融机构
塔吉克斯坦	塔吉克斯坦国家银行、塔吉克斯坦共和国国家储蓄银行（阿玛纳银行）	中国人民银行、国家开发银行、中国农业发展银行、中国进出口银行、中国出口信用保险公司
泰国	泰国银行、泰国进出口银行、政府储蓄银行、政府住房银行	中国人民银行以及在中央银行一般授权的范围内进行活动的中国银行、国家开发银行、中国进出口银行、中国农业发展银行
特立尼达和多巴哥	特立尼达和多巴哥中央银行、农业发展银行、出口保险公司、国家住房管理局、国家保险管理委员会、住房抵押银行、存款保险公司、小企业发展公司、发展融资有限公司、特立尼达和多巴哥抵押金融公司	中国人民银行、国家开发银行、中国进出口银行、中国农业发展银行
土耳其	土耳其中央银行、土耳其进出口银行或土耳其发展银行	中国人民银行、中国银行或中国国际信托投资公司实业银行
委内瑞拉	委内瑞拉中央银行	中国人民银行、中国开发银行、中国进出口银行、中国农业银行、
文莱	文莱货币管理委员会、文莱投资局、雇员信托基金会	中国人民银行、中国国家发展银行、中国进出口银行、中国农业发展银行、社会保障基金理事会
中国香港	香港金融管理局	国家开发银行、中国进出口银行、中国农业发展银行、全国社会保障基金理事会、中国出口信用保险公司①
土库曼斯坦	土库曼斯坦中央银行	中国人民银行、国家开发银行、中国农业发展银行、中国进出口银行、全国社会保障基金理事会、中国出口信用保险公司
新加坡	新加坡金融管理局、新加坡政府投资有限公司、法定机构、新加坡星展银行总行（2007 年 9 月 18 日前签订的任何贷款合同而从缔约国一方取得的利息至 2011 年 1 月 1 日前免税）②	中国人民银行、国家开发银行、中国农业发展银行、中国进出口银行、全国社会保障基金理事会、中国出口信用保险公司、中国国际信托投资公司（2007 年 9 月 18 日前签订的任何贷款合同而从缔约国一方取得的利息至 2011 年 1 月 1 日前免税）、中国银行总行（2007 年 9 月 18 日前签订的任何贷款合同而从缔约国一方取得的利息至 2011 年 1 月 1 日前免税）
越南	越南国有银行	中国国家银行

① 根据《国家税务总局关于印发内地和香港税收安排第二议定书及税务主管当局代表换函的通知》（国税发〔2008〕70 号）。

② 根据《国家税务总局关于〈中华人民共和国政府和新加坡共和国政府关于对所得避免双重征税和防止偷漏税的协定〉第二议定书生效执行的通知》（国税发〔2009〕158 号）、《国家税务总局关于执行〈中华人民共和国政府和新加坡共和国政府关于对所得避免双重征税和防止偷漏税的协定〉第二议定书有关问题的通知》（国税函〔2010〕9 号）。

续表

国家（地区）名称	缔约对方国家免税银行或金融机构	我国免税银行或金融机构
捷克	捷克出口银行、出口担保和保险公司	中国国家开发银行、中国农业发展银行、中国进出口银行、中国出口信用保险公司
丹麦①	发展中国家工业化基金、丹麦出口信用基金、丹麦成长基金	国家开发银行、中国农业发展银行、中国进出口银行、全国社会保障基金理事会、中国出口信用保险公司、中国投资有限责任公司
印度②	印度储备银行、印度进出口银行、国家住房银行、印度基础设施金融有限公司、印度出口信用担保有限公司、国家农业和农村发展银行	中国人民银行、国家开发银行、中国农业发展银行、中国进出口银行、全国社会保障基金理事会、中国出口信用保险公司、中国投资有限责任公司
乌干达	乌干达发展银行、全国社会保障基金	国家开发银行、中国农业发展银行、中国进出口银行、全国社会保障基金理事会、中国出口信用保险公司
新西兰	新西兰出口信用局、新西兰养老基金、新西兰养老基金监管人、地震委员会、意外伤害赔偿局	国家开发银行、中国农业发展银行、中国进出口银行、中国出口信用保险公司、中国投资有限责任公司、丝路基金有限责任公司、全国社会保障基金理事会
厄瓜多尔	厄瓜多尔共和国中央银行	中国人民银行、国家开发银行、中国农业发展银行、中国进出口银行、全国社会保障基金理事会、中国出口信用保险公司、中国投资有限责任公司
印度尼西亚③	印度尼西亚投资局、印度尼西亚进出口银行、印度尼西亚卫生社会保障局、印度尼西亚人力资源社会保障局。	国家开发银行股份有限公司、中国农业发展银行、中国进出口银行、全国社会保障基金理事会、中国投资有限责任公司
肯尼亚		国家开发银行、中国农业发展银行、中国进出口银行、全国社会保障基金理事会、中国出口信用保险公司、中国投资有限责任公司。
中国澳门	澳门金融管理局、退休基金会和社会保障基金；	国家开发银行、中国进出口银行、中国农业发展银行、全国社会保障基金理事会和中国出口信用保险公司
刚果（布）		国家开发银行、中国农业发展银行、中国进出口银行、全国社会保障基金理事会、中国出口信用保险公司、中国投资有限责任公司及其直接或间接全资拥有的任何机构、丝路基金有限责任公司、中非发展基金有限公司、中非产能合作基金有限责任公司

① 根据议定书第二条。

② 根据《关于修订1994年7月18日在新德里签署的〈中华人民共和国政府和印度共和国政府关于对所得避免双重征税和防止偷漏税的协定〉及议定书的议定书》第十二条。

③ 根据《中华人民共和国政府和印度尼西亚共和国政府关于对所得避免双重征税和防止偷漏税的协定》谅解备忘录。

续表

国家（地区）名称	缔约对方国家免税银行或金融机构	我国免税银行或金融机构
柬埔寨	农村发展银行、柬埔寨再保险公司、柬埔寨人寿保险公司、绿色贸易公司	国家开发银行、中国农业发展银行、中国进出口银行、全国社会保障基金理事会、中国出口信用保险公司、中国投资有限责任公司、中国银行、中国工商银行、中国建设银行、中国农业银行
阿根廷	阿根廷国民银行、阿根廷投资和国际贸易银行	国家开发银行、中国农业发展银行、中国进出口银行、全国社会保障基金理事会、中国出口信用保险公司、中国投资有限责任公司、中国银行、中国工商银行、中国建设银行、中国农业银行、丝路基金有限责任公司
意大利	意大利存贷款银行、意大利外贸保险服务公司、意大利对外投资促进公司	国家开发银行、中国农业发展银行、中国进出口银行、全国社会保障基金理事会、中国出口信用保险公司、中国投资有限责任公司、中投国际有限责任公司、中投海外直接投资有限责任公司、丝路基金有限责任公司
西班牙	官方信贷协会、有序银行重组基金、保险赔偿财团	国家开发银行、中国农业发展银行、中国进出口银行、全国社会保障基金理事会、中国出口信用保险公司、中国投资有限责任公司及其直接或间接全资拥有的其他机构、丝路基金有限责任公司
加蓬	中非国家银行、加蓬战略投资基金、信托局	国家开发银行、中国农业发展银行、中国进出口银行、全国社会保障基金理事会、中国出口信用保险公司、中国投资有限责任公司、中非发展基金、中国银行、中国工商银行、中国建设银行、中国农业银行

备注：1. 速查信息仅供参考，详细情况以税收协定文本规定为准。

2. 西班牙（重签协定）、新西兰（重签协定）、意大利（重签协定）、乌干达、博茨瓦纳、肯尼亚、加蓬、刚果（布）、阿根廷、中国台湾尚未生效。

适用条件

从缔约对方国家（地区）取得利息所得、符合税收协定利息免税规定的具体要求。

情景问答

问：我是一家国有政策性银行，多年来从新加坡取得的利息收入在当地不需要缴纳预提税，现向澳大利亚企业提供贷款，但澳大利亚税务部门要对我们的利息收入征收预提税，请问他们的做法对吗？

答：我国与新加坡的税收协定有一定条件下利息免税的规定，但是我国跟澳大利亚的税收协定却没有类似规定，所以你行取得来自澳大利亚的利息确实需要在当地纳税。不仅是澳大利亚，我国与塞浦路斯、斯洛文尼亚等国家签订的税收协定对利息也无免税规定。

政策依据

1）《中华人民共和国企业所得税法》第二条（见 P223　34 – 1）

2）《中华人民共和国企业所得税法实施条例》第三条、第四条（见 P247　36 – 1）

3）中华人民共和国政府对外签署的避免双重征税协定（含内地与香港、澳门特别行政区签署的税收安排、大陆与台湾签署的税收协议）（编者略）

4）国家税务总局关于印发《〈中华人民共和国政府和新加坡共和国政府关于对所得避免双重征税和防止偷漏税的协定〉及议定书条文解释》的通知（国税发〔2010〕75 号）第十一条（见 P281　40 – 1）

42. 特许权使用费优惠税率

我国签订的税收协定明确了居民国和所得来源国对特许权使用费都有征税权，来源国是指实际支付特许权使用费的企业所在国。

需要注意的是，对所支付的特许权使用费同常设机构有实际联系的不适用特许权使用费条款，而应按营业利润处理。

在适用特许权使用费条款时，同样存在受益所有人的问题。来源国没有义务仅因特许权使用费所得是由与其缔约的另一方国家的某个居民所直接接受而放弃对该项所得的征税权。

适用主体

从缔约对方国家（地区）取得特许权使用费所得的居民。

协定规定

我国与大多数国家签订的税收协定对特许权使用费通常表述为：“‘特许权使用费’一语是指使用或有权使用文学、艺术或科学著作，包括电影影片、无线电或电视广播使用的胶片、磁带的版权，专利、商标、设计、模型、图纸、秘密配方或秘密程序所支付的作为报酬的各种款项，也包括使用或有权使用工业、商业、科学设备或有关工业、商业、科学经验的情报所支付的作为报酬的各种款项。”

“如果特许权使用费受益所有人是缔约国另一方居民，则所征税款不应超过特许权使用费总额的____%。”

一般而言，来源国基于税收协定对特许权使用费收入实行限制性税率。我国与其他国家或地区所签订税收协定特许权使用费限制税率存在差异，部分协定税率见表 12。

表 12　　税收协定（安排）特许权使用费条款部分协定税率速查

序号	国家（地区）名称	税种	协定税率	适用条件
1	阿曼	个人所得税	10	（1）文学、艺术或科学著作；（2）专利、商标、设计、模型、图纸、秘密配方或秘密程序；（3）工业、商业、科学设备；（4）有关工业、商业、科学经验的信息
2	埃及	个人所得税	8	（1）文学、艺术或科学著作；（2）专利、商标、设计、模型、图纸、秘密配方或秘密程序；（3）工业、商业、科学设备；（4）有关工业、商业、科学经验的信息
		企业所得税	8	（1）文学、艺术或科学著作；（2）专利、商标、设计、模型、图纸、秘密配方或秘密程序；（3）工业、商业、科学设备；（4）有关工业、商业、科学经验的信息
3	中国澳门	个人所得税	7	（1）文学、艺术或科学著作；（2）专利、商标、设计、模型、图纸、秘密配方或秘密程序；（3）工业、商业、科学设备；（4）有关工业、商业、科学经验的信息
			5	飞机、船舶租赁特许权使用费
		企业所得税	7	（1）文学、艺术或科学著作；（2）专利、商标、设计、模型、图纸、秘密配方或秘密程序；（3）工业、商业、科学设备；（4）有关工业、商业、科学经验的信息
			5	飞机、船舶租赁特许权使用费

续表

序号	国家（地区）名称	税种	协定税率	适用条件
4	巴林	个人所得税	10	(1) 文学、艺术或科学著作；(2) 专利、商标、设计、模型、图纸、秘密配方或秘密程序；(3) 工业、商业、科学设备；(4) 有关工业、商业、科学经验的信息
5	巴西	个人所得税	15	(1) 文学、艺术或科学著作；(2) 专利、设计、模型、图纸、秘密配方或秘密程序；(3) 工业、商业、科学设备；(4) 有关工业、商业、科学经验的信息；(5) 提供技术帮助和技术服务
			25	商标
6	冰岛	个人所得税	10	(1) 文学、艺术或科学著作；(2) 专利、商标、设计、模型、图纸、秘密配方或秘密程序；(3) 有关工业、商业、科学经验的信息
			7	工业、商业、科学设备
		企业所得税	7	工业、商业、科学设备
7	波黑	个人所得税	10	(1) 文学、艺术或科学著作；(2) 专利、商标、设计、模型、图纸、秘密配方或秘密程序；(3) 工业、商业、科学设备；(4) 有关工业、商业、科学经验的信息
8	波兰	个人所得税	7	工业、商业、科学设备
			10	(1) 文学、艺术或科学著作；(2) 专利、商标、设计、模型、图纸、秘密配方或秘密程序；(3) 有关工业、商业、科学经验的信息
		企业所得税	7	工业、商业、科学设备
9	丹麦	个人所得税	7	工业、商业、科学设备
			10	(1) 文学、艺术或科学著作；(2) 专利、商标、设计、模型、图纸、秘密配方或秘密程序；(3) 有关工业、商业、科学经验的信息
		企业所得税	7	工业、商业、科学设备
10	德国	个人所得税	6	工业、商业、科学设备
			10	(1) 文学、艺术或科学著作；(2) 专利、商标、设计、模型、图纸、秘密配方或秘密程序；(3) 有关工业、商业、科学经验的信息
		企业所得税	6	工业、商业、科学设备
11	法国	个人所得税	10	(1) 文学、艺术或科学著作；(2) 专利、商标、设计、模型、图纸、秘密配方或秘密程序；(3) 有关工业、商业、科学经验的信息
			6	工业、商业、科学设备
		企业所得税	6	工业、商业、科学设备

续表

序号	国家（地区）名称	税种	协定税率	适用条件
12	芬兰	个人所得税	7	工业、商业、科学设备
			10	（1）文学、艺术或科学著作；（2）专利、商标、设计、模型、图纸、秘密配方或秘密程序；（3）有关工业、商业、科学经验的信息
		企业所得税	7	工业、商业、科学设备
13	古巴	个人所得税	5	（1）文学、艺术或科学著作；（2）专利、商标、设计、模型、图纸、秘密配方或秘密程序；（3）工业、商业、科学设备；（4）有关工业、商业、科学经验的信息
		企业所得税	5	（1）文学、艺术或科学著作；（2）专利、商标、设计、模型、图纸、秘密配方或秘密程序；（3）工业、商业、科学设备；（4）有关工业、商业、科学经验的信息
14	韩国	个人所得税	10	（1）文学、艺术或科学著作；（2）专利、商标、设计、模型、图纸、秘密配方或秘密程序；（3）工业、商业、科学设备；（4）有关工业、商业、科学经验的信息
15	荷兰	个人所得税	6	工业、商业、科学设备
			10	（1）文学、艺术或科学著作；（2）专利、商标、设计、模型、图纸、秘密配方或秘密程序；（3）有关工业、商业、科学经验的信息
		企业所得税	6	工业、商业、科学设备
16	黑山	个人所得税	10	（1）文学、艺术或科学著作；（2）专利、商标、设计、模型、图纸、秘密配方或秘密程序；（3）工业、商业、科学设备；（4）有关工业、商业、科学经验的信息
17	捷克	个人所得税	10	（1）文学、艺术或科学著作；（2）专利、商标、设计、模型、图纸、秘密配方或秘密程序；（3）工业、商业、科学设备；（4）有关工业、商业、科学经验的信息
18	老挝	个人所得税	10（在老挝为5%）	（1）文学、艺术或科学著作；（2）专利、商标、设计、模型、图纸、秘密配方或秘密程序；（3）工业、商业、科学设备；（4）有关工业、商业、科学经验的信息
19	美国	个人所得税	7	工业、商业、科学设备
			10	（1）文学、艺术或科学著作；（2）专利、商标、设计、模型、图纸、秘密配方或秘密程序；（3）有关工业、商业、科学经验的信息
		企业所得税	7	工业、商业、科学设备
20	蒙古	个人所得税	10	（1）文学、艺术或科学著作；（2）专利、商标、设计、模型、图纸、秘密配方或秘密程序；（3）工业、商业、科学设备；（4）有关工业、商业、科学经验的信息

续表

序号	国家（地区）名称	税种	协定税率	适用条件
21	南非	个人所得税	7	工业、商业、科学设备
			10	（1）文学、艺术或科学著作；（2）专利、商标、设计、模型、图纸、秘密配方或秘密程序
		企业所得税	7	工业、商业、科学设备
22	挪威	个人所得税	10	（1）文学、艺术或科学著作；（2）专利、商标、设计、模型、图纸、秘密配方或秘密程序；（3）工业、商业、科学设备；（4）有关工业、商业、科学经验的信息
23	日本	个人所得税	10	（1）文学、艺术或科学著作；（2）专利、商标、设计、模型、图纸、秘密配方或秘密程序；（3）工业、商业、科学设备；（4）有关工业、商业、科学经验的信息
24	瑞典	个人所得税①	10	（1）文学、艺术或科学著作；（2）专利、商标、设计、模型、图纸、秘密配方或秘密程序；（3）有关工业、商业、科学经验的信息
			6	工业、商业、科学设备
		企业所得税	6	工业、商业、科学设备
25	瑞士	个人所得税	9	（1）文学、艺术或科学著作；（2）专利、商标、设计、模型、图纸、秘密配方或秘密程序；（3）工业、商业、科学设备；（4）有关工业、商业、科学经验的信息
		企业所得税	9	（1）文学、艺术或科学著作；（2）专利、商标、设计、模型、图纸、秘密配方或秘密程序；（3）工业、商业、科学设备；（4）有关工业、商业、科学经验的信息
26	苏丹	个人所得税	10	（1）文学、艺术或科学著作；（2）专利、商标、设计、模型、图纸、秘密配方或秘密程序；（3）工业、商业、科学设备；（4）有关工业、商业、科学经验的信息
27	中国台湾	个人所得税	7	（1）文学、艺术或科学著作；（2）专利、商标、设计、模型、图纸、秘密配方或秘密程序；（3）有关工业、商业、科学经验的信息
		企业所得税	7	（1）文学、艺术或科学著作；（2）专利、商标、设计、模型、图纸、秘密配方或秘密程序；（3）有关工业、商业、科学经验的信息
28	泰国	个人所得税	15	（1）文学、艺术或科学著作；（2）专利、商标、设计、模型、图纸、秘密配方或秘密程序；（3）工业、商业、科学设备；（4）有关工业、商业、科学经验的信息

① 根据《中华人民共和国政府和瑞典王国政府关于对所得避免双重征税和防止偷漏税的协定的议定书》。

续表

序号	国家（地区）名称	税种	协定税率	适用条件
29	文莱	个人所得税	10	（1）文学、艺术或科学著作；（2）专利、商标、设计、模型、图纸、秘密配方或秘密程序；（3）工业、商业、科学设备；（4）有关工业、商业、科学经验的信息
30	希腊	个人所得税	10	（1）文学、艺术或科学著作；（2）专利、商标、设计、模型、图纸、秘密配方或秘密程序；（3）工业、商业、科学设备；（4）有关工业、商业、科学经验的信息
31	中国香港	个人所得税	5	飞机、船舶租赁特许权使用费
			7	（1）文学、艺术或科学著作；（2）专利、商标、设计、模型、图纸、秘密配方或秘密程序；（3）工业、商业、科学设备；（4）有关工业、商业、科学经验的信息
		企业所得税	5	飞机、船舶租赁特许权使用费
			7	（1）文学、艺术或科学著作；（2）专利、商标、设计、模型、图纸、秘密配方或秘密程序；（3）工业、商业、科学设备；（4）有关工业、商业、科学经验的信息
32	伊朗	个人所得税	10	（1）文学、艺术或科学著作；（2）专利、商标、设计、模型、图纸、秘密配方或秘密程序；（3）工业、商业、科学设备；（4）有关工业、商业、科学经验的信息
33	印度	个人所得税	10	（1）文学、艺术或科学著作；（2）专利、商标、设计、模型、图纸、秘密配方或秘密程序；（3）工业、商业、科学设备；（4）有关工业、商业、科学经验的信息
			10	（1）文学、艺术或科学著作，包括电影影片、无线电或电视广播使用的胶片、磁带的版权；（2）专利、商标、设计或模型、图纸、秘密配方或秘密程序；（3）工业、商业、科学设备；（4）有关工业、商业、科学经验的信息
34	英国	个人所得税	6	工业、商业、科学设备
			10	（1）文学、艺术或科学著作；（2）专利、商标、设计、模型、图纸、秘密配方或秘密程序；（3）有关工业、商业、科学经验的信息（专有技术）
		企业所得税	6	工业、商业、科学设备
35	越南	个人所得税	10	（1）文学、艺术或科学著作；（2）专利、商标、设计、模型、图纸、秘密配方或秘密程序；（3）工业、商业、科学设备；（4）有关工业、商业、科学经验的信息
36	智利	个人所得税	2	工业、商业、科学设备
			10	（1）文学、艺术或科学著作；（2）专利、商标、设计、模型、图纸、秘密配方或秘密程序；（3）有关工业、商业、科学经验的信息
		企业所得税	2	工业、商业、科学设备

续表

序号	国家（地区）名称	税种	协定税率	适用条件
37	阿联酋	个人所得税	10	（1）文学、艺术或科学著作；（2）专利、商标、设计、模型、图纸、秘密配方或秘密程序；（3）工业、商业、科学设备；（4）有关工业、商业、科学经验的信息
38	爱尔兰	个人所得税	10	（1）文学、艺术或科学著作；（2）专利、商标、设计、模型、图纸、秘密配方或秘密程序；（3）有关工业、商业、科学经验的信息
		企业所得税	6	工业、商业、科学设备
39	奥地利	个人所得税	10	（1）文学、艺术或科学著作；（2）专利、商标、设计、模型、图纸、秘密配方或秘密程序；（3）有关工业、商业、科学经验的信息
			6	工业、商业、科学设备
		企业所得税	6	工业、商业、科学设备
40	比利时	个人所得税	7	（1）文学、艺术或科学著作；（2）专利、商标、设计、模型、图纸、秘密配方或秘密程序；（3）工业、商业、科学设备；（4）有关工业、商业、科学经验的信息
		企业所得税	7	（1）文学、艺术或科学著作；（2）专利、商标、设计、模型、图纸、秘密配方或秘密程序；（3）工业、商业、科学设备；（4）有关工业、商业、科学经验的信息
41	俄罗斯	个人所得税	6	（1）文学、艺术或科学著作；（2）专利、商标、设计、模型、图纸、秘密配方或秘密程序；（3）工业、商业、科学设备；（4）有关工业、商业、科学经验的信息
		企业所得税	6	（1）文学、艺术或科学著作；（2）专利、商标、设计、模型、图纸、秘密配方或秘密程序；（3）工业、商业、科学设备；（4）有关工业、商业、科学经验的信息
42	菲律宾	个人所得税	10	（1）专利、商标、设计、模型、图纸、秘密配方或秘密程序；（2）工业、商业、科学设备；（3）有关工业、商业、科学经验的信息
			15	文学、艺术或科学著作
43	加拿大	个人所得税	10	（1）文学、艺术或科学著作；（2）专利、商标、设计、模型、图纸、秘密配方或秘密程序；（3）工业、商业、科学设备；（4）有关工业、商业、科学经验的信息
44	卡塔尔	个人所得税	10	（1）文学、艺术或科学著作；（2）专利、商标、设计、模型、图纸、秘密配方或秘密程序；（3）工业、商业、科学设备；（4）有关工业、商业、科学经验的信息
45	科威特	个人所得税	10	（1）文学、艺术或科学著作；（2）专利、商标、设计、模型、图纸、秘密配方或秘密程序；（3）工业、商业、科学设备；（4）有关工业、商业、科学经验的信息

续表

序号	国家（地区）名称	税种	协定税率	适用条件
46	立陶宛	个人所得税	10	（1）文学、艺术或科学著作；（2）专利、商标、设计、模型、图纸、秘密配方或秘密程序；（3）工业、商业、科学设备；（4）有关工业、商业、科学经验的信息
47	卢森堡	个人所得税	6	工业、商业、科学设备
			10	（1）文学、艺术或科学著作；（2）专利、商标、设计、模型、图纸、秘密配方或秘密程序；（3）有关工业、商业、科学经验的信息
		企业所得税	6	工业、商业、科学设备
48	马耳他	个人所得税	7	工业、商业、科学设备
			10	（1）文学、艺术或科学著作；（2）专利、商标、设计、模型、图纸、秘密配方或秘密程序；（3）有关工业、商业、科学经验的信息
		企业所得税	7	工业、商业、科学设备
49	马其顿	个人所得税	10	（1）文学、艺术或科学著作；（2）专利、商标、设计、模型、图纸、秘密配方或秘密程序；（3）工业、商业、科学设备；（4）有关工业、商业、科学经验的信息
50	摩洛哥	个人所得税	10	（1）文学、艺术或科学著作；（2）专利、商标、设计、模型、图纸、秘密配方或秘密程序；（3）工业、商业、科学设备；（4）有关工业、商业、科学经验的信息
51	墨西哥	个人所得税	10	（1）文学、艺术或科学著作；（2）专利、商标、设计、模型、图纸、秘密配方或秘密程序；（3）工业、商业、科学设备；（4）有关工业、商业、科学经验的信息；（5）其他特许权使用费①
52	尼泊尔	个人所得税	15	（1）文学、艺术或科学著作；（2）专利、商标、设计、模型、图纸、秘密配方或秘密程序；（3）工业、商业、科学设备；（4）有关工业、商业、科学经验的信息
53	葡萄牙	个人所得税	10	（1）文学、艺术或科学著作；（2）专利、商标、设计、模型、图纸、秘密配方或秘密程序；（3）工业、商业、科学设备；（4）有关工业、商业、科学经验的信息
54	塞舌尔	个人所得税	10	（1）文学、艺术或科学著作；（2）专利、商标、设计、模型、图纸、秘密配方或秘密程序；（3）工业、商业、科学设备；（4）有关工业、商业、科学经验的信息

① 该语也包括为了通过卫星、电缆、光纤或同类技术传输，而接受或有权接受图像或声音，或两者兼而有之，而支付的任何形式的报酬；或为了通过卫星、电缆、光纤或同类技术向公众传输电视或无线广播，而使用或有权使用图像或声音，或两者兼而有之，而支付的任何形式的报酬。“特许权使用费”一语还包括转让任何与生产、使用或销售有关的权利或财产取得的收益。

续表

序号	国家（地区）名称	税种	协定税率	适用条件
55	突尼斯	个人所得税	5	为技术或经济研究或技术援助而支付的特许权使用费
			10	（1）文学、艺术或科学著作；（2）专利、商标、设计、模型、图纸、秘密配方或秘密程序；（3）有关工业、商业、科学经验的信息
		企业所得税	5	为技术或经济研究或技术援助而支付的特许权使用费
56	土耳其	个人所得税	10	（1）文学、艺术或科学著作；（2）专利、商标、设计、模型、图纸、秘密配方或秘密程序；（3）工业、商业、科学设备；（4）有关工业、商业、科学经验的信息
57	乌干达	个人所得税	7	工业、商业、科学设备
			10	（1）文学、艺术或科学著作；（2）专利、商标、设计、模型、图纸、秘密配方或秘密程序；（3）有关工业、商业、科学经验的信息
		企业所得税	7	工业、商业、科学设备
58	乌克兰	个人所得税	10	（1）文学、艺术或科学著作；（2）专利、商标、设计、模型、图纸、秘密配方或秘密程序；（3）工业、商业、科学设备；（4）有关工业、商业、科学经验的信息
59	西班牙	个人所得税	10	（1）文学、艺术、科学或其他著作（包括电影影片、无线电或电视广播使用的胶片、磁带）的版权；（2）专利、商标、设计或模型、图纸、秘密配方或程序；（3）有关工业、商业、科学经验的信息
60	新加坡	个人所得税	6	工业、商业、科学设备
			10	（1）文学、艺术或科学著作；（2）专利、商标、设计、模型、图纸、秘密配方或秘密程序；（3）有关工业、商业、科学经验的信息
		企业所得税	6	工业、商业、科学设备
61	新西兰	个人所得税	10	（1）版权、专利、商标、设计或模型、图纸、秘密配方或程序，或其他类似财产或权利；（2）电影影片、电视、无线电、互联网或其他传播媒介使用的胶片或音频、视频磁带或光盘，或画面、声音的再现或传输的任何其他方式；（3）工业、商业、科学设备；（4）有关工业、商业、科学经验的知识或信息信息；（5）为应用或享有前述四项，而提供的任何辅助性和附属性的协助；（6）全部或部分放弃关于使用或提供本款提及的任何财产或权利的权利
62	匈牙利	个人所得税	10	（1）文学、艺术或科学著作；（2）专利、商标、设计、模型、图纸、秘密配方或秘密程序；（3）工业、商业、科学设备；（4）有关工业、商业、科学经验的信息

续表

序号	国家（地区）名称	税种	协定税率	适用条件
63	叙利亚	个人所得税	10	(1) 文学、艺术或科学著作；(2) 专利、商标、设计、模型、图纸、秘密配方或秘密程序；(3) 工业、商业、科学设备；(4) 有关工业、商业、科学经验的信息
64	牙买加	个人所得税	10	(1) 文学、艺术或科学著作；(2) 专利、商标、设计、模型、图纸、秘密配方或秘密程序；(3) 工业、商业、科学设备；(4) 有关工业、商业、科学经验的信息
65	以色列	个人所得税	7	工业、商业、科学设备
			10	(1) 文学、艺术或科学著作；(2) 专利、商标、设计、模型、图纸、秘密配方或秘密程序；(3) 有关工业、商业、科学经验的信息
		企业所得税	7	工业、商业、科学设备
66	意大利	个人所得税	10	(1) 文学、艺术或科学著作（包括软件、电影影片、无线电或电视广播使用的胶片或磁带）；(2) 专利、商标、设计、模型、图纸、秘密配方或秘密程序；(3) 有关工业、商业、科学经验的信息
			5	工业、商业、科学设备
		企业所得税	5	工业、商业、科学设备
67	赞比亚	个人所得税	5	(1) 文学、艺术或科学著作；(2) 专利、商标、设计、模型、图纸、秘密配方或秘密程序；(3) 有关工业、商业、科学经验的信息
		企业所得税	5	(1) 文学、艺术或科学著作；(2) 专利、商标、设计、模型、图纸、秘密配方或秘密程序；(3) 有关工业、商业、科学经验的信息
68	阿塞拜疆	个人所得税	10	(1) 文学、艺术或科学著作；(2) 专利、商标、设计、模型、图纸、秘密配方或秘密程序；(3) 工业、商业、科学设备；(4) 有关工业、商业、科学经验的信息
69	爱沙尼亚	个人所得税	10	(1) 文学、艺术或科学著作；(2) 专利、商标、设计、模型、图纸、秘密配方或秘密程序；(3) 工业、商业、科学设备；(4) 有关工业、商业、科学经验的信息

续表

序号	国家（地区）名称	税种	协定税率	适用条件
70	澳大利亚	个人所得税	10	(1) 专利、商标、设计、模型、图纸、秘密配方或秘密程序；(2) 工业、商业、科学设备；(3) 有关工业、商业、科学经验的信息；(4) 其他特许权使用费①
71	巴巴多斯	个人所得税	10	(1) 文学、艺术或科学著作；(2) 专利、商标、设计、模型、图纸、秘密配方或秘密程序；(3) 工业、商业、科学设备；(4) 有关工业、商业、科学经验的信息
72	巴基斯坦	个人所得税	12.5	(1) 文学、艺术或科学著作；(2) 专利、商标、设计、模型、图纸、秘密配方或秘密程序；(3) 工业、商业、科学设备；(4) 有关工业、商业、科学经验的信息
73	白俄罗斯	个人所得税	10	(1) 文学、艺术或科学著作；(2) 专利、商标、设计、模型、图纸、秘密配方或秘密程序；(3) 工业、商业、科学设备；(4) 有关工业、商业、科学经验的信息
74	保加利亚	个人所得税	7	工业、商业、科学设备
			10	(1) 文学、艺术或科学著作；(2) 专利、商标、设计、模型、图纸、秘密配方或秘密程序；(3) 有关工业、商业、科学经验的信息
		企业所得税	7	工业、商业、科学设备
75	博茨瓦纳	个人所得税	5	(1) 文学、艺术或科学著作；(2) 专利、商标、设计、模型、图纸、秘密配方或秘密程序；(3) 有关工业、商业、科学经验的信息
		企业所得税	5	(1) 文学、艺术或科学著作；(2) 专利、商标、设计、模型、图纸、秘密配方或秘密程序；(3) 有关工业、商业、科学经验的信息

① 《中华人民共和国政府和澳大利亚政府关于对所得避免双重征税和防止偷漏税的协定》使用的是以下表述：

（一）使用或有权使用版权、专利、设计、模型、图纸、秘密配方或秘密程序、商标或者其他类似财产或权利；

（二）使用或有权使用工业、商业或科学设备；

（三）提供科学、技术、工业或商业专有技术或情报；

（四）提供任何辅助的或次要的协作，此协作的提供是作为能够使用或享有上述第（一）款中提及的财产或权利，上述第（二）款提及的设备，或上述第（三）款提及的专有技术或情报的一种手段；

（五）使用或有权使用：

1. 电影影片；

2. 电视使用的胶片、磁带；

3. 无线电广播使用的磁带；或

（六）全部或部分放弃有关使用或提供本款涉及的任何财产或权利的权利。

续表

序号	国家（地区）名称	税种	协定税率	适用条件
76	厄瓜多尔	个人所得税	10	(1) 文学、艺术或科学著作；(2) 专利、商标、设计、模型、图纸、秘密配方或秘密程序；(3) 工业、商业、科学设备；(4) 有关工业、商业、科学经验的信息
77	格鲁吉亚	个人所得税	5	(1) 文学、艺术或科学著作；(2) 专利、商标、设计、模型、图纸、秘密配方或秘密程序；(3) 有关工业、商业、科学经验的信息
		企业所得税	5	(1) 文学、艺术或科学著作；(2) 专利、商标、设计、模型、图纸、秘密配方或秘密程序；(3) 有关工业、商业、科学经验的信息
78	津巴布韦	个人所得税	7.5	(1) 文学、艺术或科学著作；(2) 专利、商标、设计、模型、图纸、秘密配方或秘密程序；(3) 有关工业、商业、科学经验的信息
		企业所得税	7.5	(1) 文学、艺术或科学著作；(2) 专利、商标、设计、模型、图纸、秘密配方或秘密程序；(3) 有关工业、商业、科学经验的信息
79	克罗地亚	个人所得税	10	(1) 文学、艺术或科学著作；(2) 专利、商标、设计、模型、图纸、秘密配方或秘密程序；(3) 工业、商业、科学设备；(4) 有关工业、商业、科学经验的信息
80	拉脱维亚	个人所得税	10	(1) 文学、艺术或科学著作；(2) 专利、商标、设计、模型、图纸、秘密配方或秘密程序；(3) 工业、商业、科学设备；(4) 有关工业、商业、科学经验的信息
		企业所得税	7	(1) 文学、艺术或科学著作；(2) 专利、商标、设计、模型、图纸、秘密配方或秘密程序；(3) 工业、商业、科学设备；(4) 有关工业、商业、科学经验的信息
81	罗马尼亚	个人所得税	3	(1) 文学、艺术或科学著作；(2) 专利、商标、设计、模型、图纸、秘密配方或秘密程序；(3) 工业、商业、科学设备；(4) 有关工业、商业、科学经验的信息
		企业所得税	3	(1) 文学、艺术或科学著作；(2) 专利、商标、设计、模型、图纸、秘密配方或秘密程序；(3) 工业、商业、科学设备；(4) 有关工业、商业、科学经验的信息
82	马来西亚	个人所得税	10	(1) 专利、商标、设计、模型、图纸、秘密配方或秘密程序；(2) 工业、商业、科学设备；(3) 有关工业、商业、科学经验的信息；(4) 科学著作
			15	文学、艺术著作
83	毛里求斯	个人所得税	10	(1) 文学、艺术或科学著作；(2) 专利、商标、设计、模型、图纸、秘密配方或秘密程序；(3) 工业、商业、科学设备；(4) 有关工业、商业、科学经验的信息

续表

序号	国家（地区）名称	税种	协定税率	适用条件
84	孟加拉国	个人所得税	10	(1) 文学、艺术或科学著作；(2) 专利、商标、设计、模型、图纸、秘密配方或秘密程序；(3) 工业、商业、科学设备；(4) 有关工业、商业、科学经验的信息
85	摩尔多瓦	个人所得税	10	(1) 文学、艺术或科学著作；(2) 专利、商标、设计、模型、图纸、秘密配方或秘密程序；(3) 工业、商业、科学设备；(4) 有关工业、商业、科学经验的信息
86	尼日利亚	个人所得税	7.5	(1) 文学、艺术或科学著作；(2) 专利、商标、设计、模型、图纸、秘密配方或秘密程序；(3) 工业、商业、科学设备；(4) 有关工业、商业、科学经验的信息
		企业所得税	7.5	(1) 文学、艺术或科学著作；(2) 专利、商标、设计、模型、图纸、秘密配方或秘密程序；(3) 工业、商业、科学设备；(4) 有关工业、商业、科学经验的信息
87	塞尔维亚	个人所得税	10	(1) 文学、艺术或科学著作；(2) 专利、商标、设计、模型、图纸、秘密配方或秘密程序；(3) 工业、商业、科学设备；(4) 有关工业、商业、科学经验的信息
88	塞浦路斯	个人所得税	10	(1) 文学、艺术或科学著作；(2) 专利、商标、设计、模型、图纸、秘密配方或秘密程序；(3) 工业、商业、科学设备；(4) 有关工业、商业、科学经验的信息
89	斯里兰卡	个人所得税	10	(1) 文学、艺术或科学著作；(2) 专利、商标、设计、模型、图纸、秘密配方或秘密程序；(3) 工业、商业、科学设备；(4) 有关工业、商业、科学经验的信息
90	斯洛伐克	个人所得税	10	(1) 文学、艺术或科学著作；(2) 专利、商标、设计、模型、图纸、秘密配方或秘密程序；(3) 工业、商业、科学设备；(4) 有关工业、商业、科学经验的信息
91	委内瑞拉	个人所得税	10	(1) 文学、艺术或科学著作；(2) 专利、商标、设计、模型、图纸、秘密配方或秘密程序；(3) 工业、商业、科学设备；(4) 有关工业、商业、科学经验的信息
92	亚美尼亚	个人所得税	10	(1) 文学、艺术或科学著作；(2) 专利、商标、设计、模型、图纸、秘密配方或秘密程序；(3) 工业、商业、科学设备；(4) 有关工业、商业、科学经验的信息
93	阿尔巴尼亚	个人所得税	10	(1) 文学、艺术或科学著作；(2) 专利、商标、设计、模型、图纸、秘密配方或秘密程序；(3) 工业、商业、科学设备；(4) 有关工业、商业、科学经验的信息

续表

序号	国家（地区）名称	税种	协定税率	适用条件
94	阿尔及利亚	个人所得税	10	（1）文学、艺术或科学著作；（2）专利、商标、设计、模型、图纸、秘密配方或秘密程序；（3）有关工业、商业、科学经验的信息
95	埃塞俄比亚	个人所得税	5	（1）文学、艺术或科学著作；（2）专利、商标、设计、模型、图纸、秘密配方或秘密程序；（3）工业、商业、科学设备；（4）有关工业、商业、科学经验的信息
		企业所得税	5	（1）文学、艺术或科学著作；（2）专利、商标、设计、模型、图纸、秘密配方或秘密程序；（3）工业、商业、科学设备；（4）有关工业、商业、科学经验的信息
96	哈萨克斯坦	个人所得税	10	（1）文学、艺术或科学著作；（2）专利、商标、设计、模型、图纸、秘密配方或秘密程序；（3）工业、商业、科学设备；（4）有关工业、商业、科学经验的信息
97	沙特阿拉伯	个人所得税	10	（1）文学、艺术或科学著作；（2）专利、商标、设计、模型、图纸、秘密配方或秘密程序；（3）工业、商业、科学设备；（4）有关工业、商业、科学经验的信息
98	斯洛文尼亚	个人所得税	10	（1）文学、艺术或科学著作；（2）专利、商标、设计、模型、图纸、秘密配方或秘密程序；（3）工业、商业、科学设备；（4）有关工业、商业、科学经验的信息
99	塔吉克斯坦	个人所得税	8	（1）文学、艺术或科学著作；（2）专利、商标、设计、模型、图纸、秘密配方或秘密程序；（3）有关工业、商业、科学经验的信息
		企业所得税	8	（1）文学、艺术或科学著作；（2）专利、商标、设计、模型、图纸、秘密配方或秘密程序；（3）有关工业、商业、科学经验的信息
100	土库曼斯坦	个人所得税	10	（1）文学、艺术或科学著作；（2）专利、商标、设计、模型、图纸、秘密配方或秘密程序；（3）有关工业、商业、科学经验的信息
101	印度尼西亚	个人所得税	10	（1）版权、专利、设计或模型、图纸、秘密配方或程序、商标或其他类似财产或权利；（2）工业、商业、科学设备；（3）科学、技术、工业或商业知识或情报；（4）电影影片、用于电视的胶片或录像、用于无线电广播的磁带
102	吉尔吉斯斯坦	个人所得税	10	（1）文学、艺术或科学著作；（2）专利、商标、设计、模型、图纸、秘密配方或秘密程序；（3）工业、商业、科学设备；（4）有关工业、商业、科学经验的信息
103	乌兹别克斯坦	个人所得税	10	（1）文学、艺术或科学著作；（2）专利、商标、设计、模型、图纸、秘密配方或秘密程序；（3）工业、商业、科学设备；（4）有关工业、商业、科学经验的信息

续表

序号	国家（地区）名称	税种	协定税率	适用条件
104	巴布亚新几内亚	个人所得税	10	(1) 专利、商标、设计、模型、图纸、秘密配方或秘密程序；(2) 工业、商业、科学设备；(3) 有关工业、商业、科学经验的信息；(4) 其他特许权使用费
105	特立尼达和多巴哥	个人所得税	10	(1) 文学、艺术或科学著作；(2) 专利、商标、设计、模型、图纸、秘密配方或秘密程序；(3) 工业、商业、科学设备；(4) 有关工业、商业、科学经验的信息；(5) 与该特许权使用费有密切联系的技术费。①
106	肯尼亚	个人所得税	10	(1) 文学、艺术或科学著作（包括电影影片、无线电或电视广播使用的胶片、磁带）的版权；(2) 专利、商标、设计或模型、图纸、秘密配方或程序；(3) 工业、商业、科学经验的信息
107	柬埔寨	个人所得税	10	(1) 文学、艺术或科学著作（包括电影影片、无线电或电视广播使用的胶片、磁带）的版权；(2) 专利、商标、设计或模型、图纸、秘密配方或程序；(3) 工业、商业、科学经验的信息
108	阿根廷	个人所得税	5	文学、艺术或科学著作
			3	新闻
			7	集装箱
			10	(1) 专利、商标、设计、模型、图纸、秘密配方或秘密程序；(2) 工业、商业、科学设备；(3) 有关工业、商业、科学经验的信息
		企业所得税	3	新闻
			5	文学、艺术或科学著作
			7	集装箱
109	加蓬	个人所得税	7.5	(1) 文学、艺术或科学著作（包括电影影片、无线电或电视广播使用的胶片、磁带）的版权；(2) 专利、商标、设计或模型、图纸、秘密配方或程序；(3) 工业、商业、科学经验的信息
			5	研究、技术、财务、会计和税务支持
		企业所得税	7.5	(1) 文学、艺术或科学著作的版权；(2) 专利、商标、设计或模型、图纸、秘密配方或程序；(3) 工业、商业、科学经验的信息
			5	研究、技术、财务、会计和税务支持

① 根据《中华人民共和国政府和特立尼达和多巴哥共和国政府关于对所得避免双重征税和防止偷漏税的协定的议定书》。

续表

序号	国家（地区）名称	税种	协定税率	适用条件
110	刚果（布）	个人所得税	5	（1）文学、艺术或科学著作的版权；（2）专利、商标、设计或模型、图纸、秘密配方或程序；（3）工业、商业、科学经验的信息
		企业所得税	5	（1）文学、艺术或科学著作的版权；（2）专利、商标、设计或模型、图纸、秘密配方或程序；（3）工业、商业、科学经验的信息

备注：1. 速查信息仅供参考，详细情况以税收协定文本规定为准。

2. 西班牙（重签协定）、新西兰（重签协定）、意大利（重签协定）、乌干达、博茨瓦纳、肯尼亚、加蓬、刚果（布）、阿根廷、中国台湾尚未生效。

适用条件

从缔约对方国家（地区）取得特许权使用费所得、符合税收协定关于特许权使用费规定的具体要求。

情景问答

问：我公司在新加坡成立一家子公司，并将一套工业设备租给该子公司使用，每年向子公司收取设备租金 100 万美元，请问对上述租金需要在新加坡缴税所得税吗，缴纳多少？

答：按照中新税收协定规定，需要在新加坡缴税所得税。同时，按租金的 60% 确定税基，并适用 10% 的协定税率，因此，需要在新加坡缴纳 100 × 60% ×10% =6（万美元）。

政策依据

1）《中华人民共和国企业所得税法》第二条（见 P223　34－1）

2）《中华人民共和国企业所得税法实施条例》第三条、第四条（见 P247　36－1）

3）中华人民共和国政府对外签署的避免双重征税协定（含内地与香港、澳门特别行政区签署的税收安排、大陆与台湾签署的税收协议）（编者略）

4）《国家税务总局关于印发〈中华人民共和国政府和新加坡共和国政府关于对所得避免双重征税和防止偷漏税的协定〉及议定书条文解释的通知》（国税发〔2010〕75号）第十二条

延伸阅读

42-1 《国家税务总局关于印发〈中华人民共和国政府和新加坡共和国政府关于对所得避免双重征税和防止偷漏税的协定〉及议定书条文解释的通知》第十二条

2010年7月26日 国税发〔2010〕75号

第十二条 特许权使用费

一、第一款规定，居民国对本国居民取得的来自缔约国另一方的特许权使用费拥有征税权，但这种征税权并不是独占的。

二、根据第二款规定，特许权使用费的来源国对该所得也有征税权，但对征税权的行使进行了限制，即设定最高税率为10%。但根据协定议定书第三条的规定，对于使用或有权使用工业、商业、科学设备而支付的特许权使用费，按支付特许权使用费总额的60%确定税基。

适用本条款也必须以受益所有人是缔约国对方居民为前提。关于受益所有人的理解与判断，同样按照《国家税务总局关于如何理解和认定税收协定中“受益所有人”的通知》（国税函〔2009〕601号）的规定执行。在判断受益所有人时，要特别注意审核在特许权使用费据以产生和支付的版权、专利、技术等使用权转让合同之外，是否存在申请人与第三人之间在有关版权、专利、技术等的使用权或所有权方面的转让合同。

三、第三款是对“特许权使用费”一语的定义，需要从以下几个方面理解：

（一）特许权使用费首先应与使用或有权使用以下权利有关：构成权利和财产的各种形式的文学和艺术，有关工业、商业和科学实验的文字和信息中确定的知识产权，不论这些权利是否已经或必须在规定的部门注册登记。还应注意，这一定义既包括了在有许可的情况下支付的款项，也包括因侵权支付的赔偿款。

（二）特许权使用费也包括使用或有权使用工业、商业、科学设备取得的所得，即设备租金。但不包括设备所有权最终转移给用户的有关融资租赁协议涉及的支付款项中被认定为利息的部分；也不包括使用不动产取得的所得，使用不动产取得的所得适用协定第六条的规定。

（三）特许权使用费还包括使用或有权使用有关工业、商业、科学经验的情报取得的所得。对该项所得应理解为专有技术，一般是指进行某项产品的生产或工序复制所必需的、未曾公开的、具有专有技术性质的信息或资料。与专有技术有关的特许权使用费一般涉及技术许可方同意将其未公开的技术许可给另一方，使另一方能自由使用，技术许可方通常不亲自参与技术受让方对被许可技术的具体应用，并且不保证实施的结果。被许可的技术通常已经存在，但也包括应技术受让方的需求而研发后许可使用，并在合同中列有保密等使用限制的技术。

（四）在服务合同中，如果服务提供方在提供服务过程中使用了某些专门知识和技术，但并不许可这些技术使用权，则此类服务不属于特许权使用费范围。如果服务提供方提供服务形成的成果属于特许权使用费定义范围，并且服务提供方仍保有该项成果的所有权，服务接受方对此成果仅有使用权，则此类服务产生的所得属于特许权使用费。

（五）在转让或许可专有技术使用权过程中，如果技术许可方派人员为该项技术的应用提供有关支持、指导等服务，并收取服务费，无论是单独收取还是包括在技术价款中，均应视为特许权使用费，适用本条的规定。但如上述人员的服务已构成常设机构，对归属于常设机构部分的服务所得应执行协定第七条营业利润条款的规定，对提供服务的人员执行协定第十五条非独立个人劳务条款的规定；对未构成常设机构或未归属于常设机构的服务收入仍按特许权使用费规定处理。

（六）单纯货物贸易项下作为售后服务的报酬，产品保证期内卖方为买方提供服务所取得的报酬，专门从事工程、管理、咨询等专业服务的机构或个人提供的相关服务所取得的所得不是特许权使用费，应作为劳务活动所得适用协定第七条营业利润条款的规定。

四、第四款规定，若特许权使用费的受益所有人是缔约国一方居民，在缔约国另一方拥有常设机构，或者通过固定基地从事独立个人劳务，且据以支付特许权使用费的权利或财产构成常设机构或固定基地资产的一部分，或与该常设机构或固定基地有其他方面的实际联系，则来源国可将特许权使用费并入常设机构的利润予以征税。

应予注意的是，只有当取得特许权使用费的相关营业活动通过常设机构进行，且特许权使用费据以产生的权利或财产与常设机构有上述实际联系的情况下，才可适用本条款。仅以滥用协定为目的，将权利或财产转移到为特许权使用费提供优惠税收待遇的常设机构的，不应适用本款规定。

五、第五款明确了特许权使用费支付人为其居民的国家是特许权使用费的来源国这一原则。然而该款也规定了一个例外情形，即支付该特许权使用费的人无论是否为缔约国一方的居民，只要其在该缔约国一方拥有常设机构或固定基地，并且支付的费用由该常设机构或固定基地负担，本款认为特许权使用费来源地应是该常设机构或固定基地所在国。例如，某第三国设在中国的常设机构支付给新加坡居民的特许权使用费，在特许权使用费与该常设机构有实际联系的情况下，应认为该特许权使用费发生于中国，由中国根据中新协定行使优先征税权。如新加坡居民为该项特许权使用费的受益所有人，则可享受本协定待遇。

六、第六款对关联交易中协定优惠条款的适用加以限定。当支付人与受益所有人之间或他们与其他人之间由于某种特殊关系而造成超额支付特许权使用费时，支付额中超过按市场公允价格计算所应支付数额的部分不享受协定的优惠。

七、第七款为反滥用条款。以获取优惠的税收地位为主要目的的交易或安排，不适用税收协定特许权使用费条款优惠规定，纳税人因该交易或安排而不当享受税收协定待遇的，主管税务机关有权进行调整。

八、执行第六款和第七款的规定时，应考虑我国国内法关于特别纳税调整的有关规定。

43. 技术服务费

我国与印度、巴基斯坦等国家或地区签订的税收协定中单独对技术服务费作了规定。

适用主体

从缔约对方国家（地区）取得技术服务费所得的居民。

协定规定

例如，我国与印度、巴基斯坦签订的双边税收协定中包括技术服务费条款：

1）中国与印度税收协定第十二条为"特许权使用费和技术服务费"条款，特许权使用费的表述与一般表述相同，对技术服务费的表述为："技术服务费一语是指缔约国一方居民在缔约国另一方提供管理、技术或咨询服务而收取的任何报酬，但不包括本协定第五条第二款第（十一）项和第十五条所提及的活动的报酬。"

2）中国与巴基斯坦税收协定除特许权使用费条款外，还单独设置第十三条技术服务费条款，表述为："'技术服务费'一语是指缔约国一方居民在缔约国另一方提供管理、技术或咨询服务（包括该居民通过其他人员提供的技术服务）而收取的任何报酬（包括一次总付的报酬），但不包括本协定第五条第三款和第十五条所提及的活动的报酬。"

适用条件

从印度或巴基斯坦等国家或地区取得技术服务费所得、符合税收协定关于技术服务费规定的具体要求。

情景问答

问：我公司近期拟派员到巴基斯坦提供技术服务，这是我公司第一次跟巴基斯坦企业发生业务往来，想请问我公司因提供技术服务收取的服务费需要在当地缴税吗？

答：根据我国与巴基斯坦签订的税收协定，提供技术服务属于中巴税收协定第十三条规定的技术服务费，需要在当地缴税。

政策依据

1)《中华人民共和国企业所得税法》第二条（见 P223　34－1）

2)《中华人民共和国企业所得税法实施条例》第三条、第四条（见 P247　36－1）

3）中华人民共和国政府对外签署的避免双重征税协定（含内地与香港、澳门特别行政区签署的税收安排、大陆与台湾签署的税收协议）（编者略）

4)《国家税务总局关于中、印两国政府避免双重征税协定若干条文解释与执行的通知》（国税发〔1994〕257 号）第四条

延伸阅读

43－1 《国家税务总局关于中、印两国政府避免双重征税协定若干条文解释与执行的通知》第四条

1994 年 12 月 9 日　国税发〔1994〕257 号

四、关于第十二条特许权使用费和技术服务费

鉴于印方国内法已明确规定对技术服务费征收预提所得税，并坚持在税收协定中对特许权使用费和技术服务费采用相同的限制税率征收预提税，双方商定第十二条除明确对特许权使用费征税规定外，同时明确关于技术服务费征税的规定。具体执行，按以下原则掌握：

（一）凡按照协定第五条常设机构的条文规定，提供技术服务已构成常设机构的，相关的技术服务费应按协定第七条营业利润的规定征税。如各自公司、企业派员到对方提供技术服务未构成常设机构的，则该项技术服务费应按协定第十二条第二款的规定，征收 10% 的预提税。

（二）该条征收预提税的技术服务费，应按第四款所述范围，不包括适用协定第五条第二款第（十一）项规定的劳务活动涉及的技术服务费，也不包括适用协定第十五条规定的非独立个人劳务的报酬。

44. 转让不动产

转让不动产属于税收协定财产收益条款的重要内容。财产收益条款主要涉及转让各类财产所有权取得收益的征税权的划分，包括不动产、常设机构财产、运输工具、股份以及其他财产。

税收协定对财产转让收益在居民国的征税权通常没有限制，但在赋予来源国对财产转让收益的征税权时，设有限制条款。换言之，我国“走出去”企业在境外转让财产取得收益一般在我国征税，但在某些情况下，与我国签订税收协定的缔约对方国家也拥有征税权。协定规定缔约对方国家对财产收益拥有征税权的，按其国内法规定进行征税。

适用主体

转让位于缔约对方国家（地区）的不动产并取得收益的居民。

政策规定

我国签订的税收协定中规定，对我国居民转让位于缔约对方国家（地区）的不动产取得的收益，可以在缔约对方国家（地区）征税。

适用条件

转让位于缔约对方国家（地区）的不动产取得收益并符合税收协定财产收益相关条款的具体要求。

情景问答

问：我公司在新加坡拥有一栋房产，准备将该房产出售，请问需要在新加坡缴税吗？

答：需要在新加坡缴税。根据中国和新加坡签订的税收协定，转让不动产取得收益的征税权按照不动产所在地原则判断，你公司转让的不动产位于新加坡，应在新加坡缴税。

政策依据

1）《中华人民共和国企业所得税法》第二条（见 P223　34－1）

2）《中华人民共和国企业所得税法实施条例》第三条、第四条（见 P247　36－1）

3）中华人民共和国政府对外签署的避免双重征税协定（含内地与香港、澳门特别行政区签署的税收安排、大陆与台湾签署的税收协议）（编者略）

4）《国家税务总局关于印发〈中华人民共和国政府和新加坡共和国政府关于对所得避免双重征税和防止偷漏税的协定〉及议定书条文解释的通知》（国税发〔2010〕75 号）第十三条

5）《国家税务总局关于税收协定执行若干问题的公告》（国家税务总局公告 2018 年第 11 号）（见 P241　35－4）

延伸阅读

44－1　《国家税务总局关于印发〈中华人民共和国政府和新加坡共和国政府关于对所得避免双重征税和防止偷漏税的协定〉及议定书条文解释的通知》第十三条[①]

2010 年 7 月 26 日　国税发〔2010〕75 号

第十三条　财产收益

第十三条就财产转让产生的收益，包括转让各类动产、不动产和权利产生的受益的征税问题做出规定。协定本身并未对“财产收益”进行定义。“财产收益”一般是指财产法律权属关系发生变更产生的收益，包括出售或交换财

① 条款废止。条文解释第十三条第五款第四段废止。参见：《国家税务总局关于税收协定中财产收益条款有关问题的公告》，国家税务总局公告 2012 年第 59 号。

产产生的收益，也包括部分转让、征用、出售权利等产生的收益。

一、第一款规定转让不动产取得的收益应由不动产所在国征税。对于不动产的定义，该款引用了第六条的规定。本款只规定了不动产转让收益的征税原则，其他情况下的不动产所得仍适用第六条的规定。

二、第二款针对企业常设机构用于营业的财产中的动产，转让这类财产所取得的收益可以在常设机构所在国征税。

三、第三款规定，转让从事国际运输的船舶和飞机，或转让附属于经营上述船舶和飞机的动产取得的收益，应仅在经营上述船舶和飞机的企业为其居民的国家征税。这一规定与第八条的规定原则一致。

四、第四款与第五款均是对股份转让征税问题的规定，根据这两款的规定，新加坡居民转让其在中国居民公司的股份取得的收益，在满足以下任一条件时，中国税务机关有权征税：

（一）被转让公司股份价值50%以上直接或间接由位于中国的不动产组成；

（二）新加坡居民在转让其中国公司股份行为发生前十二个月内曾直接或间接参与该中国公司至少25%资本。

按第四款规定，如缔约国一方居民持有某公司的股份，不论该公司是缔约一方的公司还是缔约对方的公司，只要该公司的股份价值的50%以上（不含50%）直接或者间接由位于缔约对方的不动产所构成，则缔约国一方居民转让该公司股份取得的收益，无论其持股比例是多少，不动产所在国对股份转让收益都有权征税。例如，新加坡居民拥有中国公司的股份（或购买在新加坡上市的中国公司的股份），如该中国公司股份价值的50%以上直接或间接由位于中国的不动产所组成，那么，不论该新加坡居民持有中国公司股份比例如何，中国对该新加坡居民转让该公司股份取得的收益都可以征税；再如，如果新加坡居民拥有某中国境外公司的股份，如果该公司股份价值的50%以上直接或间接由位于中国的不动产所构成，则上述新加坡居民转让该中国境外公司股份（股票）取得的收益，中国作为不动产所在国根据本款规定拥有征税权（但一般情况下如果不动产所在国国内法对此类情形下的转让收益不征税，即使协定规定有征税权，也并不意味着不动产所在国一定要征税）。

公司股份价值50%以上直接或间接由位于中国的不动产所组成，是指公司股份被转让之前的一段时间（目前该协定对具体时间未作规定，执行中可暂按三年处理）内任一时间，被转让股份的公司直接或间接持有位于中国的不动产价值占公司全部财产价值的比率在50%以上。

执行该款规定时还应注意“间接持有”的问题，即除了应考虑被转让公司本身财产构成以外，还应注意被转让股份的公司是否有参股其他公司股份及该参股公司的财产价值构成情况。例如，新加坡居民在转让其在中国公司中的股份取得的转让收益时可能会提出，由于该中国公司财产价值的不动产部分低于50%（并且该新加坡居民持有中国居民公司股份低于25%），对其转让收益应享受协定不予征税的待遇。对此，如果上述中国公司又参股其他中国公司，并且其参股的其他中国公司的财产价值主要由在中国的不动产组成，则该被参股的中国公司的财产价值中一部分（按参股比例计算）应属于前面提及的中国公司，在计算被转让股份公司的财产价值时，应将后一个被控股公司的不动产价值按参股比例计算的归属部分一并考虑，视该被转让股份的中国居民公司的财产价值的不动产比例是否达到50%。例如新加坡居民公司甲拥有中国居民公司乙20%的股份，公司乙的财产价值为100（单位略），其中不动产价值为40。如果该公司乙又持有中国居民公司丙80%的股份，如公司丙的财产价值为100，其中不动产价值为90，则在处理依本款规定享受协定待遇计算公司乙的财产价值时，应将公司丙财产价值的80%计算在内，即公司乙直接或间接拥有的财产价值为 $100+100\times80\%=180$，其中不动产价值为 $40+90\times80\%=112$，不动产价值比例为62%。上述例举以剔除公司乙和丙之间内部交易影响后的数额为前提。因此，当新加坡居民公司甲转让中国居民公司乙的股份时，由于该中国公司乙的财产价值中50%以上的价值直接或间接来自于中国的不动产，根据协定规定，对此项转让收益中国拥有征税权。

五、在一般情况下（除滥用情形外），按照第五款的规定，新加坡居民转让其在中国居民公司或其他法人资本中的股份、参股、或其他权利取得的收益，如果收益人在转让行为前的十二个月内曾经直接或间接参与被转让公司25%的资本，则中国有权对该收益征税。

新加坡居民转让中国居民公司或其他法人资本中的股份、参股、或其他权利，在一般情况下（除滥用情形外）是指直接转让情形。如果被转让的股份不属于中国居民公司或其他法人资本中的股份、参股、或其他权利，无论被转让股份的公司是否拥有中国居民公司或其他法人资本中的股份、参股、或其他权利，均不适用第五款规定，即不能按照第五款规定确定中国拥有征税权，应视具体情形适用本条其他款项规定。

但是，对滥用企业组织形式，不是出于真正商业意图，而是以逃避税款或获取优惠的税收待遇为目的，间接转让中国公司股份的情况，中国有权根据本协定第二十六条的规定启动反避税调查程序，以防止我国税收权益的流失。

新加坡居民直接或间接参与一个中国居民公司的资本包括以下几种情况：

（一）该新加坡居民在该中国居民公司直接拥有资本；

（二）该新加坡居民通过任何其持股的公司（或持股链公司）间接拥有该中国居民公司的资本。间接拥有的资本或股份按照每一持股链中各公司的持股比例乘积计算，例如新加坡居民甲持有第三方居民公司乙50%股份，乙持有中国居民公司丙50%股份，则甲通过乙间接持有中国居民公司丙的股份达到25%（50%×50%），在这一情况下，如果甲同时直接持有丙5%的股份，那么当其转让该5%的股份时，就应该考虑其间接持有的25%的股份，从而达到本款规定的征税条件。但如果甲没有直接持有中国居民公司丙的股份，只是通过乙间接持有丙，此款所说的间接持有股份的规定并不针对甲转让乙的股份收益问题（除滥用情形外）；

（三）与该新加坡居民具有显著利益关系的关联集团内其他成员在该中国居民公司直接拥有的资本。这里所称“与新加坡居民有显著利益关系的关联集团成员”包括与个人居民具有完全相同持股利益的人（如直系亲属、存在代理关系的人等）、直接拥有非个人居民100%股权的公司或个人、以及由上述个人或公司直接或间接拥有100%股权的公司。例如：

1. 新加坡居民公司乙直接持有中国居民公司丙10%资本；

2. 新加坡居民公司乙的母公司甲（100%控股）直接持有中国居民公司丙10%资本；

3. 母公司甲的另一个100%控股的子公司丁直接持有中国居民公司丙10%资本。在此种情形下，该关联集团持有中国居民公司丙的股份应为30%。因此，如果新加坡公司乙转让其在公司丙的股份取得收益，中国则视其在公司丙的参股比例达到了25%而拥有征税权。

六、本条各款涉及的各项财产的转让收益按各款的规定处理，对于转让各款所述财产以外的财产而取得的收益，按第六款转让“其他财产”处理，即仅在转让者为其居民的国家征税。

45. 转让常设机构营业财产

适用主体

转让位于在缔约对方国家（地区）常设机构的营业财产并取得收益的居民。

政策规定

按照我国目前签订的税收协定规定，转让我国居民在缔约对方国家（地区）的常设机构营业财产部分的动产，包括转让该常设机构（单独或者随同整个企业）取得的收益，可以在缔约对方国家（地区）征税。

适用条件

转让设立在缔约对方国家（地区）的常设机构的营业财产取得收益并符合税收协定财产收益相关条款的具体要求。

情景问答

问：我公司在韩国设有一个办事处，主要用于负责联络当地业务，因业务需要，准备将办事处自持的物业及办公设备转让，请问需要在韩国缴税吗?

答：根据中国和韩国签订的税收协定，如果办事处构成常设机构，转让的财产所得属于常设机构营业收益，需要在韩国缴税。

政策依据

1）《中华人民共和国企业所得税法》第二条（见 P223　34－1）

2）《中华人民共和国企业所得税法实施条例》第三条、第四条（见 P247　36－1）

3）中华人民共和国政府对外签署的避免双重征税协定（含内地与香港、澳门特别行政区签署的税收安排、大陆与台湾签署的税收协议）（编者略）

4）《国家税务总局关于印发〈中华人民共和国政府和新加坡共和国政府关于对所得避免双重征税和防止偷漏税的协定〉及议定书条文解释的通知》（国税发〔2010〕75号）第十三条（见P311　44－1）

5）《国家税务总局关于税收协定执行若干问题的公告》（国家税务总局公告2018年第11号）（见P241　35－4）

46. 转让运输工具

适用主体

转让在缔约对方国家（地区）经营的船舶、飞机等运输工具并取得收益的居民。

协定规定

按照我国目前签订的税收协定规定，以船舶或飞机从事国际运输的缔约国一方企业转让上述船舶或飞机，或转让与上述船舶或飞机运营相关的动产取得的所得或收益，应仅在该缔约国一方征税。其中与土库曼斯坦、吉尔吉斯斯坦、哈萨克斯坦、乌兹别克斯坦、土耳其的协定中转让从事国际运输的陆运车辆适用此规定；与塔吉克斯坦的协定中转让从事国际运输的公路或铁路车辆适用此规定；与俄罗斯的协定中转让从事国际运输的火车以及机动交通工具适用此规定；与中国香港的安排中转让从事陆运的车辆适用此规定。

根据中国与希腊的协定规定，转让从事国际运输的船舶或飞机，或者转让属于经营上述船舶或飞机的动产取得的收益，应仅在按第八条的规定对该船舶或飞机取得的利润征税的缔约国征税。

我国签订的部分协定或税收安排、协议有规定在企业实际管理机构所在的国家（地区）征税以及在该企业总机构所在的国家（地区）征税等情形。

适用条件

转让在缔约对方国家（地区）经营的船舶、飞机等运输工具并取得收益的居民企业。

情景问答

问：我公司有架飞机在中国和美国之间开展国际运输业务，现需要转让，请问要在美国缴税吗？

答：根据中国和美国签订的税收协定，不需要在美国缴税。

政策依据

1）《中华人民共和国企业所得税法》第二条（见 P223 34－1）

2）《中华人民共和国企业所得税法实施条例》第三条、第四条（见 P247 36－1）

3）中华人民共和国政府对外签署的避免双重征税协定（含内地与香港、澳门特别行政区签署的税收安排、大陆与台湾签署的税收协议）（编者略）

4）《国家税务总局关于印发〈中华人民共和国政府和新加坡共和国政府关于对所得避免双重征税和防止偷漏税的协定〉及议定书条文解释的通知》（国税发〔2010〕75 号）第十三条（见 P311 44－1）

47. 转让主要由不动产组成的公司股权

适用主体

转让位于缔约对方国家（地区）主要由不动产组成的公司股权并取得收益的居民。

协定规定

目前我国签订的部分税收协定中规定，转让一个公司股份取得的收益，该公司的财产又主要直接或间接由位于一方的不动产所组成，可以在不动产所在国征税。其中，我国与马来西亚的协定中转让一个合伙企业或信托机构的股权适用此规定；我国与阿尔巴尼亚的协定中转让在合伙企业或信托中的利益也适用此规定。

还有部分税收协定规定，缔约国一方居民转让股份或类似权益（比如合伙企业或信托中的权益）取得的收益，如果转让前365天内的任一时间，该股份或类似权益超过50%的价值直接或间接来自于位于缔约国另一方的不动产，可以在该缔约国另一方征税。

我国与澳大利亚的税收协定规定："缔约国一方居民转让一个公司的股票或类似权益取得的所得或收益，该公司的财产又全部或主要由第六条'不动产所得'所述的位于缔约国另一方的不动产所组成，可以在该缔约国另一方征税。"

我国与部分国家（地区）的税收协定、税收安排或协议对不动产占比作了明确规定，部分协定没有单列对"转让主要财产为不动产的公司的股份取得收益"的税收处理规定。

适用条件

转让位于缔约对方国家（地区）主要由不动产组成的公司股权并取得收益的居民企业。

情景问答

问：我公司在丹麦有一家子公司，该子公司持有若干土地房产，占丹麦子公司股份价值的70%，请问如全部转让丹麦子公司股份需要在当地缴税吗？

答：根据我国与丹麦签订的税收协定，如果转让的公司股份价值的50%（不含）以上直接或间接来自位于丹麦的不动产，需要根据丹麦相关税收规定缴税。

政策依据

1）《中华人民共和国企业所得税法》第二条（见 P223　34－1）

2）《中华人民共和国企业所得税法实施条例》第三条、第四条（见 P247　36－1）

3）中华人民共和国政府对外签署的避免双重征税协定（含内地与香港、澳门特别行政区签署的税收安排、大陆与台湾签署的税收协议）（编者略）

4）《国家税务总局关于印发〈中华人民共和国政府和新加坡共和国政府关于对所得避免双重征税和防止偷漏税的协定〉及议定书条文解释的通知》（国税发〔2010〕75 号）第十三条（见 P311　44－1）

48. 转让公司股权（主要由不动产构成的股权除外）

适用主体

从缔约对方国家（地区）取得转让不动产组成的公司股权以外的股权所得的居民。

协定规定

对于该项所得，我国与不同国家（地区）的协定规定有所不同，部分表述为：转让不动产组成的公司股份以外的其他股票取得的收益，该项股票又相当于参与缔约国一方居民公司的股权的 25% 的，可以在该缔约国征税；部分协定还要求“该收益的收款人在转让行为前的 12 个月内，曾经直接或间接拥有该公司至少 25% 的股份”；我国与一部分国家（地区）的税收协定则没有单列对转让其他公司股份取得收益的税务处理规定（见表 13）。

表 13　　转让缔约国（地区）一方公司 25%股权规定一览

转让相当于缔约国一方公司 25% 股权	转让前直接或间接拥有公司 25% 股份	转让相当于缔约国一方公司 50% 股权	未单列“转让相当于缔约国一方公司 25% 股权”规定
美国、挪威、瑞典、斯洛伐克、保加利亚、巴基斯坦、巴布亚新几内亚、塞浦路斯、罗马尼亚、蒙古、卢森堡、克罗地亚、越南、乌克兰、牙买加、冰岛、乌兹别克斯坦、苏丹、马其顿、埃及、老挝、塞舌尔、南非、摩尔多瓦、卡塔尔、尼泊尔、阿曼、巴林、吉尔吉斯斯坦、斯里兰卡、沙特阿拉伯	丹麦、新西兰、意大利、西班牙、毛里求斯、巴巴多斯、新加坡、芬兰、马耳他、中国香港、中国澳门、比利时、法国、英国、德国、荷兰、瑞士、中国台湾	津巴布韦	日本、马来西亚、加拿大、泰国、波兰、澳大利亚、波黑、科威特、巴西、匈牙利、阿联酋、韩国、印度、白俄罗斯、斯洛文尼亚、以色列、土耳其、亚美尼亚、立陶宛、拉脱维亚、孟加拉国、塞尔维亚、黑山、葡萄牙、爱沙尼亚、菲律宾、爱尔兰、古巴、委内瑞拉、哈萨克斯坦、印度尼西亚、尼日利亚、突尼斯、伊朗、希腊、摩洛哥、特立尼达和多巴哥、阿尔巴尼亚、文莱、阿塞拜疆、格鲁吉亚、阿尔及利亚、塔吉克斯坦、埃塞俄比亚、土库曼斯坦、赞比亚、叙利亚、俄罗斯、墨西哥、智利、柬埔寨、厄瓜多尔、乌干达、博茨瓦纳、刚果（布）、加蓬、肯尼亚

备注：1. 速查信息仅供参考，详细情况以税收协定文本规定为准；2. 西班牙（重签协定）、新西兰（重签协定）、意大利（重签协定）、乌干达、博茨瓦纳、肯尼亚、加蓬、刚果（布）、阿根廷、中国台湾尚未生效。

我国与捷克、奥地利的税收协定规定，不论控股比例大小，均在被转让股份的公司所在国征税。

我国与阿根廷签订的税收协定规定：“缔约国一方居民转让代表缔约国另一方公司资本的股份取得的收益，可以在缔约国另一方征税，但是：

（一）如果转让人在转让前 365 天内的任一时间直接或间接持有该公司至少 25% 资本，则所征税款不应超过收益的 10%；

（二）其他情况下，所征税款不应超过收益的 15%”。

我国与墨西哥的税收协定规定：“转让第二款所述以外的代表缔约国一方居民公司参股的股票取得的收益，可以在该缔约国一方征税”。

适用条件

从缔约对方国家（地区）取得转让不动产组成的公司股权以外的股权所得的居民企业。

情景问答

问：我公司在美国有一家全资子公司，该子公司的资产主要由存货及其他流动资产构成，请问如转让该子公司全部股份，需要在当地缴税吗？

答：你公司转让美国子公司股份取得的收益虽然不是主要由不动产构成的，但是你公司对美国子公司的持股比例超过25%，根据我国与美国签订的税收协定，需要在美国缴税。

政策依据

1）《中华人民共和国企业所得税法》第二条（见P223　34－1）

2）《中华人民共和国企业所得税法实施条例》第三条、第四条（见P247　36－1）

3）中华人民共和国政府对外签署的避免双重征税协定（含内地与香港、澳门特别行政区签署的税收安排、大陆与台湾签署的税收协议）（编者略）

4）《国家税务总局关于印发〈中华人民共和国政府和新加坡共和国政府关于对所得避免双重征税和防止偷漏税的协定〉及议定书条文解释的通知》（国税发〔2010〕75号）第十三条（见P311　44－1）

49. 转让其他财产

适用主体

从缔约对方国家（地区）取得转让其他财产所得的居民。

协定规定

对于转让其他财产所得，我国与不同国家（地区）的协定规定有所不同，部分采用转让发生国征税，部分采用居民国征税。转让发生国征税协定表述为："缔约国一方居民出让第一款至第三款所述财产以外的其他财产取得的收益，发生于缔约国另一方的，可以在该缔约国另一方征税。"居民国征税协定表述为："转让第一款至第五款所述财产以外的其他财产取得的收益，应仅在转让者为其居民的缔约国一方征税。"

适用条件

从缔约对方国家（地区）取得转让其他财产所得的居民企业。

政策依据

1）《中华人民共和国企业所得税法》第二条（见 P223　34－1）

2）《中华人民共和国企业所得税法实施条例》第三条、第四条（见 P247　36－1）

3）中华人民共和国政府对外签署的避免双重征税协定（含内地与香港、澳门特别行政区签署的税收安排、大陆与台湾签署的税收协议）（编者略）

4）《国家税务总局关于印发〈中华人民共和国政府和新加坡共和国政府关于对所得避免双重征税和防止偷漏税的协定〉及议定书条文解释的通知》（国税发〔2010〕75 号）第十三条（见 P311　44－1）

50. 受雇所得

我国以前签署的税收协定中此条款表述为非独立个人劳务，近年来签署的税收协定将此条款表述为*受雇所得*，上述两种表述并无实质差别，主要明确了对受雇所得划分征税权的一般原则即来源国拥有优先征税权，但对于同时满足三个条件的受雇所得来源国应给予免税，居民国独占征税权，并且明确了与国际运输活动有关的受雇所得的特殊处理。

适用主体

在境外以受雇身份（雇员）从事劳务活动取得所得的居民个人。

协定规定

一般表述为："缔约国一方居民因受雇取得的薪金、工资和其他类似报酬，除在缔约国另一方从事受雇的活动以外，应仅在该缔约国一方征税。在缔约国另一方从事受雇的活动取得的报酬，可在该缔约国另一方征税。"

适用条件

我国目前对外签订的税收协定受雇所得条款一般在第一款明确受雇所得的一般征税原则，即应在缔约国一方居民个人从事受雇活动的所在国（地区）征税。

第二款明确了受雇所得要在来源国（即劳务发生国）获得免税待遇必须同时具备三个条件，反之，只要有一个条件未符合，就构成在来源国的纳税义务。这三个条件是：（1）居民个人在有关历年中或会计（财政、纳税）年度中或任何 12 个月（任何 365 天）中在该缔约国另一方停留连续或累计不超过 183 天；（2）该项报酬由并非该缔约国另一方居民的雇主支付或代表雇主支付；（3）该项报酬不是由雇主设在该缔约国另一方的常设机构或固定基地所负担。

第三款对与国际运输活动有关的受雇所得划分征税权作出了特殊处理规定。

情景问答

1）问：我公司 2018 年派遣 5 名员工到新加坡安装调试生产线，工程一共持续 4 个半月，员工的工资薪金由我公司支付，请问他们需要在新加坡缴纳个人所得税吗？

答：根据我国与新加坡税收协定，这 5 名员工 2018 年中在新加坡停留连续或累计未超过 183 天，且他们的工资薪金不是由新加坡雇主支付或代表该雇主支付，同时你公司未在新加坡构成常设机构，因此他们无需在新加坡缴纳个人所得税。

2）问：2018 年我公司派遣 5 名员工到突尼斯安装调试生产线 4 个半月回

国，我公司又另派3人到突尼斯工作3个半月完成全部业务，8名员工的工资薪金全部由我公司支付，他们需要在突尼斯缴纳个人所得税吗？

答：按照我国与突尼斯税收协定规定，虽然这8名员工“在有关财政年度开始或终了的任何十二个月中在该缔约国另一方停留连续或累计不超过一百八十三天”，但由于你公司安装调试业务累计时间8个月，已在突尼斯构成常设机构，那么这些员工不论其在突尼斯工作时间长短，也不论其工资薪金在何处支付，都应认为其在突尼斯的常设机构工作期间的所得是由常设机构负担的。因此，他们需要在突尼斯按当地法律规定缴纳个人所得税。

政策依据

1）《中华人民共和国个人所得税法》第一条（见P223 34－2）

2）中华人民共和国政府对外签署的避免双重征税协定（含内地与香港、澳门特别行政区签署的税收安排）（编者略）

3）《国家税务总局关于印发〈中华人民共和国政府和新加坡共和国政府关于对所得避免双重征税和防止偷漏税的协定〉及议定书条文解释的通知》（国税发〔2010〕75号）第五条、第十五条

延伸阅读

50－1 《国家税务总局关于印发〈中华人民共和国政府和新加坡共和国政府关于对所得避免双重征税和防止偷漏税的协定〉及议定书条文解释的通知》第五条、第十五条

2010年7月26日 国税发〔2010〕75号

第五条 常设机构

常设机构的概念主要用于确定缔约国一方对缔约国另一方企业利润的征税权。即，按此确定在什么情况下中国税务机关可以对新加坡的企业征税。根据协定第七条的规定，中国不得对新加坡企业的利润征税，除非该企业通过其设

在中国的常设机构进行营业。

处理本条与其他相关条款关系时，通常应遵循常设机构条款优先的原则。例如，若据以支付股息（第十条）、利息（第十一条）或特许权使用费（第十二条）的股权、债权、权利或财产等与常设机构有实际联系的，有关所得应该归属于常设机构的利润征税。

一、第一款对"常设机构"一语做一般定义。即，常设机构是指一个相对固定的营业场所。通常情况下，具备以下特点：

（一）该营业场所是实质存在的。但这类场所没有规模或范围上的限制，如机器、仓库、摊位等；且不论是企业自有的，还是租用的；也不管房屋、场地、设施或设备是否有一部分被用于其他活动。一个场所可能仅占用市场一角，或是长期租用的仓库的一部分（用于存放应税商品），或设在另一企业内部等等；只要有一定可支配的空间，即可视为具有营业场所。

（二）该营业场所是相对固定的，并且在时间上具有一定的持久性。该特征应从以下几个方面理解：

1. 固定的营业场所包括缔约国一方企业在缔约国另一方从事经营活动经登记注册设立的办事处、分支机构等固定场所，也包括为缔约国一方企业提供服务而使用的办公室或其他类似的设施，如在某酒店长期租用的房间。

2. 对某些经常在相邻的地点之间移动的营业活动，虽然营业场所看似不固定，但如果这种在一定区域内的移动是该营业活动的固有性质，一般可认定为存在单一固定场所。例如，某办事处根据需要在一个宾馆内租用不同的房间、或租用不同的楼层，该宾馆可被视为一个营业场所；又如，某商人在同一个商场或集市内的不同地点设立摊位，该商场或集市也可构成该商人的营业场所。

3. 该营业场所应在时间上具有一定程度的持久性，而不是临时的。同时，营业活动暂时的间断或者停顿并不影响场所时间上的持久性。

4. 如果某一营业场所是基于短期使用目的而设立，但实际存在时间却超出了临时性的范围，则可构成固定场所并可追溯性地构成常设机构。反之，一个以持久性为目的的营业场所如果发生特殊情况，例如投资失败提前清算，即使实际只存在了一段很短的时间，同样可以判定自其设立起就构成常设机构。

（三）全部或部分的营业活动是通过该营业场所进行的。即，一方企业通过在另一方设立常设机构进行营业活动，将其全部或部分活动延伸到另一方，不包括其在常设机构之外的地方直接从事的活动。如果一方企业通过在另一方的常设机构在另一方不同地点进行营业活动，则应判定其只有单一常设机构存在，且应将不同地点的营业活动产生的利润归属于该常设机构。如果一方企业在另一方不同地点直接从事营业活动，则该一方企业有可能在另一方不同地点构成多个常设机构。

“营业”一语的实际含义不仅仅包括生产经营活动，还包括非营利机构从事的业务活动，为该机构进行准备性或辅助性的活动除外。但此等非营利机构在中国的常设机构是否获得“营业利润”，则需要根据本协定第七条的规定再做判断。

“通过”该营业场所进行活动应作广义理解，包括企业在其可支配的地点从事活动的任何情形。例如，某道路修筑企业应被认为“通过”修筑行为发生地从事营业活动。当新加坡企业与中国不同城市的客户直接订立合同，如果合同是由新方企业设在中方的营业场所履行的，应认为该新方企业“通过”该场所从事营业活动。另外，如果该场所为新方企业与中方企业形成客户关系做出实质贡献，即使合同是两个企业间直接订立的，也应认为该新方企业“通过”该场所从事营业活动。

二、第二款列举了在通常情况下构成常设机构的场所。这些列举并非是穷尽的，并不影响对其他场所按照第一款概括性的定义进行常设机构判定。在理解时应注意：

（一）列举中第一项“管理场所”是指代表企业负有部分管理职责的办事处或事务所等场所，不同于总机构，也不同于作为判定居民公司标准的“实际管理机构”。

（二）列举中最后一项“矿场、油井或气井、采石场或者其他开采自然资源的场所”是指经过投资，拥有开采经营权或与之相关的合同权益，并从事生产经营的场所。至于为勘探或开发上述矿藏资源的承包工程作业，则应按照本协定第五条第三款（一）项的规定，根据作业持续的时间是否超过六个月来判断其是否构成常设机构。

三、第三款规定了承包工程和提供劳务两种情况下常设机构的判定标准。

（一）第（一）项规定，对于缔约国一方企业在缔约对方的建筑工地，建筑、装配或安装工程，或者与其有关的监督管理活动，仅在此类工地、工程或活动持续时间为六个月以上的，构成常设机构。未达到该规定时间的则不构成常设机构，即使这些活动按照第一款或第二款规定可能构成常设机构。执行时应注意：

1. 从事本款规定的工程活动，仅以本款规定的时间标准判定是否构成常设机构；

2. 确定上述活动的起止日期，可以按其所签订的合同从实施合同（包括一切准备活动）开始之日起，至作业（包括试运行作业）全部结束交付使用之日止进行计算。凡上述活动时间持续六个月以上的（不含六个月，跨年度的应连续计算），应视该企业在活动所在国构成常设机构。

3. “与其有关的监督管理活动”是指伴随建筑工地，建筑、装配或安装工程发生的监督管理活动，既包括在项目分包情况时，由分承包商进行作业，总承包商负责指挥监督的活动；也包括独立监理企业从事的监督管理活动。对由总承包商负责的监督管理活动，其时间的计算与整个工地、工程的持续时间一致；对由独立监理企业承包的监督管理活动，应视其为独立项目，并根据其负责监理的工地、工程或项目的持续时间进行活动时间的判定。

4. 如果新加坡企业在中国一个工地或同一工程连续承包两个及两个以上作业项目，应从第一个项目作业开始至最后完成的作业项目止计算其在中国进行工程作业的连续日期，不以每个工程作业项目分别计算。所谓为一个工地或同一工程连续承包两个及两个以上作业项目，是指在商务关系和地理上是同一整体的几个合同项目，不包括该企业承包的或者是以前承包的与本工地或工程没有关联的其他作业项目。例如一个建筑工地从商务关系和地理位置上形成不可分割的整体时，即使分别签订几个合同，该建筑工地仍为单一的整体。再如一些修建公路、挖掘运河、安装水管、铺设管道等活动，其工程作业地点是随工程进展不断改变或迁移的，虽然在某一特定地点工作时间连续未达到规定时间，但要视整体工程看是否达到构成常设机构的时间。一般来说，同一企业在同一工地上承包的项目可认为是商务关系相关联的项目。

5. 对工地、工程或者与其有关的监督管理活动开始计算其连续日期以后，因故（如设备、材料未运到或季节气候等原因）中途停顿作业，但工程作业项目并未终止或结束，人员和设备物资等也未全部撤出，应持续计算其连续日期，不得扣除中间停顿作业的日期。

6. 如果企业将承包工程作业的一部分转包给其他企业，分包商在建筑工地施工的时间应算作总包商在建筑工程上的施工时间。如果分包商实施合同的日期在前，可自分包商开始实施合同之日起计算该企业承包工程作业的连续日期。同时，不影响分包商就其所承担的工程作业单独判定其是否构成常设机构。

（二）根据第（二）项以及第二议定书第一条的规定，缔约国一方企业派其雇员或其雇佣的其他人员到缔约对方提供劳务，仅以任何十二个月内这些人员为从事劳务活动在对方停留连续或累计超过183天的，构成常设机构。

该项规定针对的是缔约国一方企业派其雇员到缔约国另一方从事劳务活动的行为。该行为按本条第一款和第二款规定不构成常设机构，但按本项规定，如活动持续时间达到规定标准，仍构成常设机构。本项规定应从以下几个方面理解：

1. “雇员或雇佣的其他人员”是指本企业的员工，或者该企业聘用的在其控制下按照其指示向缔约对方提供劳务的个人。

2. 本款所称的劳务活动，指从事工程、技术、管理、设计、培训、咨询等专业服务活动。例如：

（1）对工程作业项目的实施提供技术指导、协助、咨询等服务（不负责具体的施工和作业）；

（2）对生产技术的使用和改革、经营管理的改进、项目可行性分析以及设计方案的选择等提供的服务；

（3）在企业经营、管理等方面提供的专业服务，等。

3. 同一企业从事的有商业相关性或连贯性的若干个项目应视为“同一项目或相关联的项目”。这里所说的“商业相关性或连贯性”，需视具体情况而定，在判断若干个项目是否为关联项目时，应考虑下列因素：

（1）这些项目是否被包含在同一个总合同里；

（2）如果这些项目分属于不同的合同，这些合同是否与同一人或相关联的人所签订；前一项目的实施是否是后一项目实施的必要条件；

（3）这些项目的性质是否相同；

（4）这些项目是否由相同的人员实施；等。

4. 对劳务活动在任何十二个月中连续或累计超过183天的规定，应从以下几个方面掌握：

（1）若某新加坡企业为中国境内某项目提供劳务（包括咨询劳务），以该企业派其雇员为实施服务项目第一次抵达中国之日期起至完成并交付服务项目的日期止作为计算期间，计算相关人员在中国境内的停留天数。

（2）具体计算时，应按所有雇员为同一个项目提供劳务活动不同时期在中国境内连续或累计停留的时间来掌握，对同一时间段内的同一批人员的工作不分别计算。例如，新加坡企业派遣10名员工为某项目在中国境内工作3天，这些员工在中国境内的工作时间为3天，而不是按每人3天共30天来计算。

(3) 如果同一个项目历经数年，新加坡企业只在某一个“十二个月”期间派雇员来中国境内提供劳务超过183天，而在其他期间内派人到中国境内提供劳务未超过183天，仍应判定该企业在中国构成常设机构。常设机构是针对该企业在中国境内为整个项目提供的所有劳务而言，而不是针对某一个“十二个月”期间内提供的劳务。所以，在整个项目进行中，如果新加坡企业于其中一个“十二个月”期间在中国境内提供劳务超过183天，则应认为该企业在中国构成常设机构。

5. 如果新加坡企业在向中国客户转让专有技术使用权的同时，也委派人员到中国境内为该项技术的使用提供有关支持、指导等服务并收取服务费，无论其服务费是单独收取还是包括在技术价款中，该服务费均应视为特许权使用费，适用协定第十二条特许权使用费条款的规定。但如果上述人员提供的服务是通过该新加坡企业设在中国的某固定场所进行的或通过其他场所进行，但服务时间达到协定规定构成常设机构的时间标准的，按本款规定，则构成了常设机构，对归属于常设机构部分的服务所得应执行协定第七条的规定。

四、第四款是对第一款常设机构的定义范围作出的例外规定，即缔约国一方企业在缔约国另一方仅由于仓储、展览、采购及信息收集等活动的目的设立的具有准备性或辅助性的固定场所，不应被认定为常设机构。从事“准备性或辅助性”活动的场所通常具备以下特点：一是该场所不独立从事经营活动，并其活动也不构成企业整体活动基本的或重要的组成部分；二是该场所进行第四款列举的活动时，仅为本企业服务，不为其他企业服务；三是其职责限于事务性服务，且不起直接营利作用。

有些情况下，一些机构场所形式上符合本款的规定，但从其业务实质看仍应认定为常设机构。例如：

(一) 某新加坡企业的主营业务是为客户提供采购服务并收取服务费，该企业在中国设立办事处，为其在中国进行采购活动。这种情况下，该中国办事处的采购活动看似属于本款第（四）项所说的“专为本企业采购货物或商品”的范围，但由于该办事处业务性质与新加坡企业总部的业务性质完全相同，所以该办事处的活动不是准备性或辅助性的。

(二) 某新加坡企业在中国境内设立固定场所，维修、保养该企业销售给中国客户的机器设备，或专为中国客户提供零配件。这种情况下，因其从事的活动是企业总部为客户服务的基本及重要组成部分，所以该固定场所的活动不是准备性或辅助性的。

（三）某新加坡企业在中国设立从事宣传活动的办事处，该办事处不仅为本企业进行业务宣传，同时也为其他企业进行业务宣传。这种情况下，该办事处的活动不是准备性或辅助性的。

此外，如果某固定场所既从事第四款规定的不构成常设机构的活动，也从事构成常设机构的活动，则应视其构成常设机构，并对这两项营业活动的所得合并征税。例如，企业用于交付货物的仓库同时也兼营商品销售，应判定为常设机构并征税。

五、第五款规定，缔约国一方企业通过代理人在另一方进行活动，如果代理人有权并经常行使这种权力以该企业的名义签订合同，则该企业在缔约国另一方构成常设机构。执行时应从如下几个方面理解：

（一）其活动使一方企业在另一方构成常设机构的代理人，通常被称为“非独立代理人”。非独立代理人可以是个人，也可以是办事处、公司或其他任何形式的组织，不一定被企业正式授予代表权，也不一定是企业的雇员或部门。此外，非独立代理人不一定是代理活动所在国家的居民，也不一定在该国拥有营业场所。

（二）对“以该企业的名义签订合同”应做广义理解，包括不是以企业名义签订合同，但其所签合同仍对企业具有约束力的情形。“签订”不仅指合同的签署行为本身，也包括代理人有权代表被代理企业参与合同谈判，商定合同条文等。

（三）本款所称“合同”是指与被代理企业经营活动本身相关的业务合同。如果代理人有权签订的是仅涉及企业内部事务的合同，例如，以企业名义聘用员工以协助代理人为企业工作等，则不能仅凭此认定其构成企业的常设机构。

（四）对于“经常”一语并无精确统一的标准，要结合合同性质、企业的业务性质以及代理人相关活动的频率等综合判断。在某些情况下，企业的业务性质决定了其交易数量不大，但合同签订的相关工作却要花费大量时间，如飞机、巨型轮船或其他高价值商品的销售。如果代理人为这类企业在一国境内寻找买商、参与销售谈判等，即使该人仅代表企业签订了一单销售合同，也应认为该代理人满足“经常”标准，构成企业的非独立代理人。

（五）所谓“行使”权力应以实质重于形式的原则来理解。如果代理人在该缔约国另一方进行合同细节谈判等各项与合同签订相关的活动，且对企业有约束力，即使该合同最终由其他人在企业所在国或其他国家签订，也应认为该代理人在该缔约国另一方行使合同签署权力。

（六）如果代理人在缔约国另一方的活动仅限于本条第四款的准备性或辅助性范围，则不构成企业的非独立代理人（或常设机构）。

（七）判断一方企业是否通过非独立代理人在另一方构成常设机构时，不受本条第三款关于时间要求的限制。

六、并不是所有代理人进行第五款规定的活动都将使其构成代理企业的常设机构，第六款规定的独立代理人即为例外。第六款规定，缔约国一方企业通过代理人在缔约国另一方进行营业时，如果该代理人是专门从事代理业务的，则不应因此视其代理的企业在缔约国另一方构成常设机构。这类专门从事代理业务的代理人一般称做独立代理人，其不仅为某一个企业代理业务，也为其他企业提供代理服务。经纪人、中间商等一般佣金代理人等属于独立代理人。

虽有此款规定，为防止独立代理人条款被滥用（比如，某些企业自身的代理人自称为独立代理人以避免构成常设机构），协定执行中要对代理人身份或代理人地位是否独立进行判定。如果代理人的活动全部或几乎全部代表被代理企业，并且该代理人和企业之间在商业和财务上有密切及依附关系，则不应认定该代理人为本款所指的独立代理人。

代理人的活动同时符合下列两个条件的，才属于本款规定的独立代理人，即不构成被代理企业的常设机构。

（一）该代理人在法律上和经济上独立于被代理企业。在判定独立性时，可考虑如下几个因素：

1. 代理人商务活动的自由度。如果代理人在被代理企业的具体指导和全面控制下为企业进行商务活动，而不是自行决定工作方式，那么该代理人一般不具有独立地位。

2. 代理人商务活动的风险由谁承担。如果由被代理企业承担而非由代理人承担，则该代理人一般不能被认为具有独立地位。

3. 代理人代表的企业的数量。如果在相当长一段经营期或时间内，代理人全部或几乎全部仅为一家企业进行活动，该代理人很可能不是独立代理人。

4. 被代理企业对代理人专业知识的依赖程度。一般来说，独立代理人具备独立从事商务活动的专门知识或技术，不需要依赖企业的帮助。相反，被代理企业通常借助代理人的专门知识或技术扩展自己的业务或推销自己的产品，等。

（二）独立代理人在代表企业进行活动时，一般按照常规进行自身业务活动，不从事其他经济上归属于被代理企业的活动。例如，某销售代理人以自己的名义出售某企业的货物或商品，这一行为是销售代理人的常规经营业务。如果该销售代理人在从事上述活动的同时，还经常作为企业的有权签约的代理人进行活动，那么因为这些活动已在自身贸易或营业常规之外，代理人将被视为被代理企业的非独立代理人而构成企业的常设机构。

七、根据第七款的规定，母公司通过投资设立子公司，拥有子公司的股权等形成的控制或被控制关系，不会使子公司构成母公司的常设机构。从税收角度看，子公司本身是一个独立的法人实体，即使它在业务上受母公司管理，也不应仅凭此而被视为母公司的常设机构。

但是，由于母子公司之间的特殊关系，现实经济活动中，母子公司之间常存在较为复杂的跨境人员及业务往来。这种情况下，母公司在子公司的活动是否导致母公司在子公司所在国构成常设机构，应从以下几个方面掌握：

（一）应子公司要求，由母公司派人员到子公司为子公司工作，这些人员受雇于子公司，子公司对其工作有指挥权，工作责任及风险与母公司无关，由子公司承担，那么，这些人员的活动不导致母公司在子公司所在国构成常设机构。此种情况下，子公司向此类人员支付的费用，不论是直接支付还是通过母公司转支付，都应视为子公司内部人员收入分配，对支付的人员费用予以列支，其所支付的人员费用应为个人所得，按子公司所在国有关个人所得税法相关规定，以及协定第十五条的有关规定征收个人所得税。

（二）母公司派人员到子公司为母公司工作时，应按本条第一款或第三款的规定判断母公司是否在子公司所在国构成常设机构。符合下列标准之一时，可判断这些人员为母公司工作：

1. 母公司对上述人员的工作拥有指挥权，并承担风险和责任；

2. 被派往子公司工作的人员的数量和标准由母公司决定；

3. 上述人员的工资由母公司负担；

4. 母公司因派人员到子公司从事活动而从子公司获取利润。

此种情况下，母公司向子公司收取有关服务费时，应按独立企业公平交易原则，确认母子公司上述费用的合理性后，再对子公司上述费用予以列支。如果上述活动使母公司在子公司所在国构成常设机构，则该子公司所在国可按本协定第七条的规定，对母公司向子公司收取的费用征收企业所得税。

（三）子公司有权并经常以母公司名义签订合同，符合上述第五款关于

“非独立代理人”有关条件的，子公司构成母公司的常设机构。

……

第十五条　非独立个人劳务

一、第一款规定了个人以受雇身份（雇员）从事劳务活动取得所得的征税原则，即一般情况下缔约国一方居民因雇佣关系取得的工资薪金报酬应在居民国征税，也就是说，新加坡居民在新加坡受雇取得的报酬应仅在新加坡纳税。但在中国从事受雇活动取得的报酬，中国可以征税。

二、第二款进一步规定，在同时满足三个条件的情况下，受雇个人不构成在劳务发生国的纳税义务。反之，只要有一个条件未符合，就构成在劳务发生国的纳税义务。例如新加坡居民以雇员的身份在中国从事活动，只要有下列情况之一的，其获得的报酬就可以在中国征税：

（一）在任何十二个月中在中国停留连续或累计超过183天（不含）。在计算天数时，该人员中途离境包括在签证有效期内离境又入境，应准予扣除离境的天数。计算实际停留天数应包括在中国境内的所有天数，包括抵、离日当日等不足一天的任何天数及周末、节假日，以及从事该项受雇活动之前、期间及以后在中国渡过的假期等。应注意的是，如果计算达到183天的这十二个月跨两个年度，则中国可就该人员在这两个年度中在中国的实际停留日的所得征税。

（二）该项报酬由中国雇主支付或代表中国雇主支付。

“雇主”应理解为对雇员的工作结果拥有权利并承担相关责任和风险的人。执行中应注意以下问题：

1. 凡中国企业采用“国际劳务雇用”方式，通过境外中介机构聘用人员来华为其从事有关劳务活动，虽然形式上这些聘用人员可能是中介机构的雇员，但如果聘用其工作的中国企业承担上述受聘人员工作所产生的责任和风险，应认为中国企业为上述受聘人员的实际雇主，该人员在中国从事受雇活动取得的报酬应在中国纳税。关于对真实雇主的判定可参考下列因素：

（1）中国企业对上述人员的工作拥有指挥权；

（2）上述人员在中国的工作地点由中国企业控制或负责；

（3）中国企业支付给中介机构的报酬是以上述人员工作时间计算，或者支付的该项报酬与上述人员的工资存在一定联系，例如，按人员工资总额的一定比例确定支付给中介机构的报酬；

（4）上述人员工作使用的工具和材料主要由中国企业提供；

（5）中国企业所需聘用人员的数量和标准并非由中介机构确定，而由中国企业确定。

2. 新加坡企业派其员工到中国居民企业工作应考虑上述因素，以实质重于形式的原则，判定其真实雇主身份。如果上述员工名义上为中国企业职员，实质上履行其派出企业职责，则同样参考上述有关标准，在判定新加坡企业为其真实雇主身份前提下，按第五条的规定判断上述新加坡企业是否在中国构成常设机构。如果上述员工在中国工作期间确实受雇于中国居民企业，但同时也为其派出企业工作，应就此类员工为其派出企业工作的实际情况按照本协定第五条的规定判断上述新加坡企业是否在华构成常设机构。

（三）该项报酬由雇主设在中国的常设机构或固定基地所负担。如果新加坡个人被派驻到新加坡企业设在中国的常设机构工作，或新加坡企业派其雇员及其雇用的其他人员在中国已构成常设机构的承包工程或服务项目中工作，这些人员不论其在中国工作时间长短，也不论其工资薪金在何处支付，都应认为其在中国的常设机构工作期间的所得是由常设机构负担。但本规定不应适用于被总部临时派往常设机构视察、检查或临时提供协助的人员及活动。

三、第三款适用于在经营国际运输的船舶或飞机上从事受雇活动的人员取得的报酬，对其征税的原则在一定程度上遵循了协定第八条确立的原则，即在从事该项运输的企业为其居民的国家征税。

51. 董事费

我国居民个人作为缔约国对方居民公司的董事会成员取得的董事费适用"董事费"条款规定，由缔约国对方征税。但是，假如董事会成员因在公司任职、受雇取得的那部分报酬则应适用"受雇所得"条款中的一般原则。

适用主体

在境外担任董事会成员或税收协定规定的其他人员的居民个人。

协定规定

一般表述为："缔约国一方居民作为缔约国另一方居民公司的董事会成员

取得的董事费和其他类似款项，可以在该缔约国另一方征税。”

适用条件

我国对外签订的税收协定中，都坚持了由支付董事费的公司所在地的国家征税，但人员范围有所不同，有的适用于董事会成员，有的同样适用于监事会或其他类似机构的成员，有的同样适用于高级管理人员。

取得的所谓“其他类似款项”包括个人以公司董事会成员身份取得的实物福利。

情景问答

问：我公司派2名员工赴巴基斯坦子公司，一人担任董事，一人担任高级管理人员，两人都是每月在巴基斯坦工作7天，巴基斯坦子公司分别为其支付其董事费和高级管理人员工资，请问巴基斯坦可以对子公司支付给2人的所得征税吗？

答：根据中国和巴基斯坦税收协定规定，中国居民作为巴基斯坦公司的董事会成员取得的董事费，以及担任高级管理职务取得的薪金、工资所得，需要在巴基斯坦缴税。

政策依据

1）中华人民共和国政府对外签署的避免双重征税协定（含内地与香港、澳门特别行政区签署的税收安排、大陆与台湾签署的税收协议）（编者略）

2）《国家税务总局关于印发〈中华人民共和国政府和新加坡共和国政府关于对所得避免双重征税和防止偷漏税的协定〉及议定书条文解释的通知》（国税发〔2010〕75号）第十六条

延伸阅读

51－1 《国家税务总局关于印发〈中华人民共和国政府和新加坡共和国政府关于对所得避免双重征税和防止偷漏税的协定〉及议定书条文解释的通知》第十六条

2010年7月26日 国税发〔2010〕75号

第十六条 董事费

第十六条将董事费的征税权赋予了董事所在公司为其居民的国家，即新加坡居民如担任中国境内企业的董事而取得的董事费和其他类似的款项，无论该董事是否在中国境内履行董事职责，中国对此项所得有征税权。所谓"其他类似款项"包括个人以公司董事会成员身份取得的实物福利，例如，股票期权、居所或交通工具、健康或人寿保险及俱乐部成员资格等。在董事会成员被授予股票期权的情况下，公司居民国有权对构成董事费或类似性质报酬的股票期权利益征税，即使征税时该人已经不再是董事会的成员。

52. 艺术家和运动员

对于艺术家或运动员的报酬，原则上由来源国即其提供活动所在国征税，由来源国政府优先行使收入来源地管辖权。但是，如果该活动是由双方政府的文化交流计划安排的，来源国对其报酬应予免税。

适用主体

作为艺术家和运动员的居民个人。

协定规定

一般表述为："（一）缔约国一方居民，作为表演家，如戏剧、电影、广播或电视艺术家、音乐家或作为运动员，在缔约国另一方从事其个人活动取得的所得，可以在该缔约国另一方征税。（二）表演家或运动员从事其个人活动取得的所得，并非归属于表演家或运动员本人，而是归属于其他人，该所得可以在该表演家或运动员从事其活动的缔约国征税。（三）作为缔约国一方居民的表演家或运动员在缔约国另一方进行活动取得的所得，如果该项活动全部或实质上是由缔约国任何一方政府，其法定机构或地方当局的公共基金资助的，在该缔约国另一方应予免税。”

适用条件

我国对外签订的税收协定中“艺术家和运动员”条款主要包括三项内容：第一项艺术家和运动员从事个人活动所取得的所得，由活动所在国征税；第二项艺术家或运动员由于雇佣关系取得的归属于其他人（包括公司）的所得，也由活动所在国征税；第三项艺术家或运动员从事政府间的文化交流或者是由政府或其地方当局公共基金资助进行的表演活动取得的所得，活动所在国应予以免税。

情景问答

问：我国某歌星A女士受中澳双方政府邀请，参加中澳官方组织的文化交流活动，获得报酬5万澳元，请问A女士参加该活动的报酬需要在澳大利亚缴税吗？

答：按照中国和澳大利亚税收协定规定，艺术家或运动员从事政府间的文化交流进行的表演活动取得的所得在活动所在国应予以免税，因此A女士不需要在澳大利亚当地缴税。

政策依据

1）中华人民共和国政府对外签署的避免双重征税协定（含内地与香港、澳门特别行政区签署的税收安排、大陆与台湾签署的税收协议）（编者略）

2）《国家税务总局关于税收协定执行若干问题的公告》（国家税务总局公

告2018年第11号）（见P241　35－4）

53. 退休金

退休金是受雇所得（非独立个人劳务）的特殊情况，优先于受雇所得（非独立个人劳务）条款执行。一般情况下，居民国对退休金独占征税权，但政府或地方当局对按照社会保险制度（公共福利计划）支付的退休金和其他款项，支付国独占征税权。

适用主体

取得退休金和其他类似报酬所得的居民个人。

协定规定

一般表述为：“除适用‘政府服务’第二款的规定以外，因以前的雇佣关系支付给缔约国一方居民的退休金和其他类似报酬，应仅在该缔约国一方征税。”

“缔约国一方、其地方当局或法定机构支付的或者从其建立的基金中支付给向其提供服务的个人的退休金，应仅在该缔约国一方征税。但是，如果提供服务的个人是缔约国另一方居民，并且是其国民的，该项退休金应仅在该缔约国另一方征税。”

适用条件

我国对外签订的税收协定对退休金征税权一般规定为：除“政府服务”条款第二款规定的情形外，居民国享有退休金的征税权；居民国对退休金独占征税权。不论取得退休金的人以前的工作地点在何处，取得退休金时该个人为其居民的国家对该项退休金独占征税权。

情景问答

问：我公司员工李某退休后，继续被公司返聘派往新加坡办事处工作，我公司按月支付其返聘工资，李某还按月领取退休金。请问李某退休金以及返聘工资需要在新加坡缴税吗？

答：按照中国和新加坡税收协定规定，李某的退休金应仅在中国缴税。由于李某在新加坡办事处工作，其返聘工资可由新加坡征税。

政策依据

1）中华人民共和国政府对外签署的避免双重征税协定（含内地与香港、澳门特别行政区签署的税收安排、大陆与台湾签署的税收协议）（编者略）

2）《国家税务总局关于印发〈中华人民共和国政府和新加坡共和国政府关于对所得避免双重征税和防止偷漏税的协定〉及议定书条文解释的通知》（国税发〔2010〕75号）第十五条、第十八条

延伸阅读

53－1 《国家税务总局关于印发〈中华人民共和国政府和新加坡共和国政府关于对所得避免双重征税和防止偷漏税的协定〉及议定书条文解释的通知》第十五条、第十八条

2010年7月26日 国税发〔2010〕75号

第十五条 非独立个人劳务

一、第一款规定了个人以受雇身份（雇员）从事劳务活动取得所得的征税原则，即一般情况下缔约国一方居民因雇佣关系取得的工资薪金报酬应在居民国征税，也就是说，新加坡居民在新加坡受雇取得的报酬应仅在新加坡纳税。但在中国从事受雇活动取得的报酬，中国可以征税。

二、第二款进一步规定，在同时满足三个条件的情况下，受雇个人不构成

在劳务发生国的纳税义务。反之，只要有一个条件未符合，就构成在劳务发生国的纳税义务。例如新加坡居民以雇员的身份在中国从事活动，只要有下列情况之一的，其获得的报酬就可以在中国征税：

（一）在任何十二个月中在中国停留连续或累计超过 183 天（不含）。在计算天数时，该人员中途离境包括在签证有效期内离境又入境，应准予扣除离境的天数。计算实际停留天数应包括在中国境内的所有天数，包括抵、离日当日等不足一天的任何天数及周末、节假日，以及从事该项受雇活动之前、期间及以后在中国渡过的假期等。应注意的是，如果计算达到 183 天的这十二个月跨两个年度，则中国可就该人员在这两个年度中在中国的实际停留日的所得征税。

（二）该项报酬由中国雇主支付或代表中国雇主支付。

“雇主”应理解为对雇员的工作结果拥有权利并承担相关责任和风险的人。执行中应注意以下问题：

1. 凡中国企业采用“国际劳务雇用”方式，通过境外中介机构聘用人员来华为其从事有关劳务活动，虽然形式上这些聘用人员可能是中介机构的雇员，但如果聘用其工作的中国企业承担上述受聘人员工作所产生的责任和风险，应认为中国企业为上述受聘人员的实际雇主，该人员在中国从事受雇活动取得的报酬应在中国纳税。关于对真实雇主的判定可参考下列因素：

（1）中国企业对上述人员的工作拥有指挥权；

（2）上述人员在中国的工作地点由中国企业控制或负责；

（3）中国企业支付给中介机构的报酬是以上述人员工作时间计算，或者支付的该项报酬与上述人员的工资存在一定联系，例如，按人员工资总额的一定比例确定支付给中介机构的报酬；

（4）上述人员工作使用的工具和材料主要由中国企业提供；

（5）中国企业所需聘用人员的数量和标准并非由中介机构确定，而由中国企业确定。

2. 新加坡企业派其员工到中国居民企业工作应考虑上述因素，以实质重于形式的原则，判定其真实雇主身份。如果上述员工名义上为中国企业职员，实质上履行其派出企业职责，则同样参考上述有关标准，在判定新加坡企业为其真实雇主身份前提下，按第五条的规定判断上述新加坡企业是否在中国构成常设机构。如果上述员工在中国工作期间确实受雇于中国居民企业，但同时也为其派出企业工作，应就此类员工为其派出企业工作的实际情况按照本协定第五条的规定判断上述新加坡企业是否在华构成常设机构。

（三）该项报酬由雇主设在中国的常设机构或固定基地所负担。如果新加坡个人被派驻到新加坡企业设在中国的常设机构工作，或新加坡企业派其雇员及其雇用的其他人员在中国已构成常设机构的承包工程或服务项目中工作，这些人员不论其在中国工作时间长短，也不论其工资薪金在何处支付，都应认为其在中国的常设机构工作期间的所得是由常设机构负担。但本规定不应适用于被总部临时派往常设机构视察、检查或临时提供协助的人员及活动。

三、第三款适用于在经营国际运输的船舶或飞机上从事受雇活动的人员取得的报酬，对其征税的原则在一定程度上遵循了协定第八条确立的原则，即在从事该项运输的企业为其居民的国家征税。

……

第十八条　退休金

第十八条规定，居民国对退休金独占征税权，不论取得退休金的人以前的工作地点如何，取得退休金时该个人为其居民的国家对该项退休金拥有征税权。

本条所涵盖的款项为基于以前的雇佣关系而支付的退休金和其他类似报酬。其他类似报酬包括与退休金类似的非定期支付的款项，例如，在雇佣关系终止时或终止以后一次性支付的退休金。

54. 教师、研究人员

我国签署的部分税收协定中列有专门的教师和研究人员条款，对符合一定条件的教师和研究人员给予免税待遇。

适用主体

从事教学或科研机构工作的居民个人。

协定规定

一般表述为："任何个人是、或者在直接前往缔约国一方之前曾是缔约国另一方居民，主要由于在该缔约国一方的大学、学院、学校或其他公认的教育机构从事教学、讲学或研究的目的暂时停留在该缔约国一方，从其第一次到达之日起停留时间不超过三年的，该缔约国一方应对其由于教学、讲学或研究取得的报酬，免于征税。”

或者表述为：“任何个人是、或者在直接前往缔约国一方之前曾是缔约国另一方居民，主要由于在该缔约国一方的大学、学院、学校或其他公认的教育机构和科研机构从事教学、讲学或研究的目的暂时停留在该缔约国一方，其停留时间累计不超过三年的，该缔约国一方应对其由于教学、讲学或研究取得的报酬，免予征税。”

适用条件

对缔约国一方居民个人到缔约国另一方的大学、学院或其他公认的教育机构或科研机构从事教学、讲学或研究取得的报酬，该缔约国另一方应给予定期的免税待遇。但不是为了公共利益而主要是为某个人或某些人的私利从事研究取得的所得，不适用享受免税待遇的规定。有的协定规定免税期，即对在符合免税条件的机构从事活动的教师、研究人员给予3年（或2年）免税，3年（或2年）后征税。

情景问答

问：我公司技术人员王某被派往美国某大学进行一项实验，为期4年，期间其工资由我公司支付，请问我公司支付给王某的工资需要在美国缴纳个人所得税吗？

答：根据中国和美国税收协定规定，王某自进入美国从事实验工作之日起3年内取得的所得在美国免予缴纳个人所得税，自第4年的第一天起取得的所得需要在美国缴纳个人所得税。

政策依据

1）中华人民共和国政府对外签署的避免双重征税协定（含内地与香港、

澳门特别行政区签署的税收安排、大陆与台湾签署的税收协议）（编者略）

2）《国家税务总局关于印发〈中华人民共和国政府和新加坡共和国政府关于对所得避免双重征税和防止偷漏税的协定〉及议定书条文解释的通知》（国税发〔2010〕75号）第十九条

延伸阅读

54－1 《国家税务总局关于印发〈中华人民共和国政府和新加坡共和国政府关于对所得避免双重征税和防止偷漏税的协定〉及议定书条文解释的通知》第十九条

2010年7月26日　国税发〔2010〕75号

第十九条　政府服务

一、第一款第（一）项规定，对政府部门支付给向其提供服务的个人的报酬，支付国独占征税权。第（二）项进一步规定，新加坡政府在中国设立的办事机构如果雇佣新加坡居民工作，该新加坡居民在办事机构工作期间取得的报酬应仅在新加坡征税。但这一规定不适用于该办事机构在当地雇佣的中国居民员工。中国居民员工是指中国国民，或者在为该办事机构工作以前就已是中国居民的员工。这种情况下，该项报酬应仅在中国征税。

本款适用所得的范围是除退休金以外的薪金、工资和其他类似报酬，包括因向缔约国一方政府或法定机构提供服务而取得的各种实物收益，如公寓、交通工具、健康与人寿保险、俱乐部会员资格等。

二、第二款是对退休金的特别规定，即一般情况下政府部门或从其建立的基金中支付给向其提供服务的个人的退休金，无论支付时该个人在何处居住，支付国都独占征税权。但当该个人是缔约国另一方的居民且为国民时，由该个人为其居民及国民的国家独占征税权。此项处理原则与第一款第（二）项相关处理原则一致。

三、根据本条第三款的规定，个人为政府或地方当局从事的与营业有关的事业（如国有公路、邮局、国有剧院等）提供服务而取得的报酬，不适用本条，应根据所得性质，分别适用协定第十五至十八条的相关规定。

55. 学生和实习人员

税收协定中的学生通常包括实习生和企业学徒，是指接受教育或培训的人。作为一类特殊人群，其为维持其生活、接受教育或培训的目的而取得的款项在税收协定中给予了一定的免税待遇。

适用主体

作为学生、企业学徒或实习生的居民个人。

协定规定

一般表述为：“学生或企业学徒是，或在直接前往缔约国一方访问前曾是，缔约国另一方居民，仅由于接受教育或培训的目的停留在首先提及的国家，其为维持生活、接受教育或培训收到来源于该国以外的款项，该国免于征税。”

适用条件

我国已签订的税收协定中，部分协定只原则性规定对学生、企业学徒或实习生为了维持生活、接受教育或培训的目的收到的款项，在其学习、接受教育或培训的所在国免于征税；部分协定（安排）根据学生收到的所得的不同来源、性质，分别明确不同的税收待遇；部分协定还对免税时间进行了规定。

政策依据

1）中华人民共和国政府对外签署的避免双重征税协定（含内地与香港、澳门特别行政区签署的税收安排、大陆与台湾签署的税收协议）（编者略）

2）《国家税务总局关于印发〈中华人民共和国政府和新加坡共和国政府

关于对所得避免双重征税和防止偷漏税的协定〉及议定书条文解释的通知》（国税发〔2010〕75号）第二十一条

延伸阅读

55-1 《国家税务总局关于印发〈中华人民共和国政府和新加坡共和国政府关于对所得避免双重征税和防止偷漏税的协定〉及议定书条文解释的通知》第二十一条

2010年7月26日 国税发〔2010〕75号

第二十一条 其他所得

第二十一条对协定以上条款未涉及的所得规定了一般原则，即来源国有优先征税权。如新加坡居民企业或个人取得发生或来源于中国的其他所得，中国有优先征税权。对其他所得范围的掌握应考虑国内法的规定，并应是国内法规定要征税的所得。如某项所得国内法未规定征税，则不能因协定规定来源国有征税权而征税。

此外，"其他所得"应是确属协定各专项条款未包括的所得。不应将协定已包括的所得条款中规定的来源国未达到征税条件的部分视为"其他所得"。

56. 国籍非歧视

在税收协定中，约定非歧视待遇的目的在于协调国与国之间的税收权利和财政利益以及避免税收歧视，它一般包括：国籍非歧视、常设机构非歧视、扣除非歧视、资本非歧视等四个方面的定义解释和保留条款。国籍非歧视是非歧视待遇条款的重要内容。

适用主体

居民企业或个人。

协定规定

一般表述为："缔约国一方的国民在缔约国另一方负担的税收或者有关条件，在相同情况下，特别是在居民身份相同的情况下，不应与该缔约国另一方的国民负担或可能负担的税收或者有关条件不同或比其更重。虽有第一条（本协定适用于缔约国一方或者同时为双方居民的人）的规定，本款规定也应适用于不是缔约国一方或者双方居民的人。"

适用条件

符合税收协定规定条件的居民企业或个人。

情景问答

问：我公司是一家中国居民企业，现在因实际管理机构所在地标准被认定为格鲁吉亚的税收居民，可以在格鲁吉亚与当地居民享受同等的税收待遇吗？

答：如果一个在缔约国一方成立的企业（为该国国民），因实际管理机构所在等标准被认定为缔约国另一方的居民，最终被认定为仅属于另一方的居民，这种情况下，根据中国和格鲁吉亚税收协定，缔约国一方的国民在缔约国另一方负担的税收或者有关条件，不应与该缔约国另一方的国民在相同情况下，负担或可能负担的税收或者有关条件不同或比其更重。因此，你公司可以与当地居民企业享受同等的税收待遇。

政策依据

1）《中华人民共和国企业所得税法》第二条（见P223 34－1）

2）《中华人民共和国企业所得税法实施条例》第三条、第四条（见P247 36－1）

3）中华人民共和国政府对外签署的避免双重征税协定（编者略）

4）《国家税务总局关于印发〈中华人民共和国政府和新加坡共和国政府关于对所得避免双重征税和防止偷漏税的协定〉及议定书条文解释的通知》

（国税发〔2010〕75号）第二十三条

延伸阅读

56-1 《国家税务总局关于印发〈中华人民共和国政府和新加坡共和国政府关于对所得避免双重征税和防止偷漏税的协定〉及议定书条文解释的通知》第二十三条

2010年7月26日　国税发〔2010〕75号

第二十三条　非歧视待遇

一、第一款确立的原则是，对拥有缔约国国籍的个人在税收上不能有歧视待遇，即缔约国一方国民在缔约国另一方应与该缔约国另一方国民在相同情况下，获得同等的税收待遇。该款扩大了协定第一条规定的范围，协定第一条规定本协定适用的人仅为缔约国的居民，按照本款规定，即使新加坡国民在某一时期失去新加坡居民身份，仍然可以享受非歧视待遇，特别是在该新加坡国民与比照待遇的中国国民居民身份相同时。

同时，第一款规定不应被理解为要求缔约国一方将给予其公共团体或公共服务机构的税收优惠，以及从事本国公益活动的非盈利私人机构的特别税收优惠，也给予缔约国另一方的相同组织或类似机构。

二、第二款规定，缔约国一方对另一方企业设在本国的常设机构的征税，不应比本国进行同样活动的企业更重。这样的同等待遇主要体现在税率、费用扣除、计提折旧、亏损结转、财产收益以及税收抵免等方面。但应当注意的是，常设机构从事的活动应与比照的居民企业所从事的活动相同。

三、第三款规定了对于个人税收非歧视待遇的例外，即税收非歧视待遇并不意味着中国一定有义务给予新加坡居民或国民个人以相当于中国居民或国民个人所能享受的税收优惠、扣除和减免等待遇。

四、第四款规定，缔约国一方不能对资本全部或部分、直接或间接由缔约国另一方一个或多个居民拥有或控制的企业，在税收上给予歧视待遇。即对由新加坡居民投资的中国居民企业在税收待遇上应与类似的中国居民企业一致。

五、第五款规定，缔约国各方为促进本国社会或经济发展，根据国家政策和标准给予其国民的税收优惠，不应被理解为构成本条款意义上的歧视待遇。

六、第六款规定，本条适用的税种是本协定所包括的税种，具体可参见协定第二条第三款的规定。

57. 常设机构非歧视

适用主体

在缔约国另一方设立常设机构的居民企业。

协定规定

一般表述为：“缔约国一方企业在缔约国另一方常设机构的税收负担，在相同情况下，不应高于缔约国另一方对从事同样活动的本国企业征收的税收。本规定不应被理解为缔约国一方由于民事地位、家庭责任而给予本国居民税收上的个人补贴、优惠和减免也必须给予缔约国另一方居民。”

但与新加坡、马来西亚、巴基斯坦、挪威、印度、以色列、新西兰、科威特等国家签订的协定有特殊规定。

适用条件

符合税收协定规定条件的居民企业。

情景问答

问：我公司在新加坡的工程项目被认定为常设机构，常设机构与从事相同或类似业务的当地居民企业适用的税收政策有差别吗？

答：根据中国和新加坡的税收协定，在新加坡常设机构的税收负担，不应高于新加坡国内进行同样活动的企业的税收。

政策依据

1）《中华人民共和国企业所得税法》第二条（见 P223　34－1）

2）《中华人民共和国企业所得税法实施条例》第三条、第四条（见 P247　36－1）

3）中华人民共和国政府对外签署的避免双重征税协定（含内地与香港、澳门特别行政区签署的税收安排、大陆与台湾签署的税收协议）（编者略）

4）《国家税务总局关于印发〈中华人民共和国政府和新加坡共和国政府关于对所得避免双重征税和防止偷漏税的协定〉及议定书条文解释的通知》（国税发〔2010〕75 号）第二十三条（见 P347　56－1）

5）《国家税务总局关于税收协定执行若干问题的公告》（国家税务总局公告 2018 年第 11 号）（见 P241　35－4）

58. 扣除非歧视

适用主体

居民企业。

协定规定

一般表述为："除适用第九条（关联企业）、第十一条（利息）第七款或第十二条（特许权使用费）第六款规定外，缔约国一方企业支付给缔约国另一方居民的利息、特许权使用费和其他款项，在确定该企业应纳税利润时，应与在同样情况下支付给该缔约国一方居民同样予以扣除。"

但与新加坡、马来西亚、加拿大、泰国、科威特等国家的税收协定没有扣除非歧视条款的规定。

适用条件

符合税收协定规定条件的居民企业。

情景问答

问：我公司因生产经营需要向韩国银行贷款并支付了利息，该利息支出与向境内商业银行贷款支付的利息在税前扣除上有差别吗？

答：根据我国企业所得税法以及中韩税收协定规定，你公司因生产经营需要而向韩国银行借款产生的利息支出，只要不违反独立交易原则和资本弱化相关税收规定，在确定企业应纳税利润时，可与支付给境内商业银行一样在税前扣除。

政策依据

1）《中华人民共和国企业所得税法》第二条（见 P223 34－1）

2）《中华人民共和国企业所得税法实施条例》第三条、第四条（见 P247 36－1）

3）中华人民共和国政府对外签署的避免双重征税协定（含内地与香港、澳门特别行政区签署的税收安排、大陆与台湾签署的税收协议）（编者略）

4）《国家税务总局关于印发〈中华人民共和国政府和新加坡共和国政府关于对所得避免双重征税和防止偷漏税的协定〉及议定书条文解释的通知》（国税发〔2010〕75 号）第二十三条（见 P347 56－1）

59. 资本非歧视

适用主体

居民企业。

协定规定

一般表述为：“缔约国一方企业的资本全部或部分，直接或间接为缔约国另一方一个或多个居民拥有或控制，该企业在该缔约国一方负担的税收或者有关要求，在相同情况下，不应与该缔约国一方其他同类企业负担或可能负担的税收或者有关条件不同或比其更重。”

适用条件

符合税收协定规定条件的居民企业。

情景问答

问：资本非歧视待遇是不是指我们企业投资到境外的资本金在境外享受非歧视待遇？

答：资本非歧视待遇禁止缔约国一方对资本全部或部分，直接或间接为缔约国另一方一个或多个居民拥有或控制的企业，在税收上给予比较不利的待遇。该项规定及其要防止的差别待遇，仅与企业税收有关，而与拥有或控制其资本的人无关。因此，该规定旨在对居住于同一国家的纳税人保证平等待遇，而不是对合伙人或股东持有的外国资本，给予同国内资本的同样待遇。资本非歧视待遇并不妨碍借款人所在国适用国内关于对居民企业支付给非居民企业关联企业的利息不允许扣除的资本弱化的有关规定。

政策依据

1）《中华人民共和国企业所得税法》第二条（见 P223 34 - 1）

2）《中华人民共和国企业所得税法实施条例》第三条、第四条（见 P247 36 - 1）

3）中华人民共和国政府对外签署的避免双重征税协定（含内地与香港、澳门特别行政区签署的税收安排、大陆与台湾签署的税收协议）（编者略）

4）《国家税务总局关于印发〈中华人民共和国政府和新加坡共和国政府关于对所得避免双重征税和防止偷漏税的协定〉及议定书条文解释的通知》（国税发〔2010〕75 号）第二十三条（见 P347 56 - 1）

60. 主要目的测试

适用主体

居民企业。

协定规定

如果在考虑所有相关事实和情形的基础上可以合理认定，任何直接或间接导致协定优惠的安排或交易的主要目的之一是获得该优惠，则不应给与该项所得或财产该优惠，除非可以确认，在这些情形下给与该优惠符合协定相关规定的宗旨和目的。

情景问答

问：中国与某国的税收协定有“主要目的测试”条款，某“走出去”居民企业从该国取得股息所得并享受协定待遇，适用“主要目的测试”条款吗？

答：适用。“主要目的测试”条款适用于取得各种所得享受协定待遇的情形。

政策依据

中华人民共和国政府对外签署的避免双重征税协定（含内地与香港、澳门特别行政区签署的税收安排、大陆与台湾签署的税收协议）（编者略）

61. 饶让抵免

适用主体

居民企业。

政策规定

1）居民企业从我国政府订立税收协定（或安排）的国家（地区）取得的所得，按照该国（地区）税收法律享受了免税或减税待遇，且该免税或减税的数额按照税收协定规定应视同已缴税额在中国的应纳税额中抵免的，该免税或减税数额可作为企业实际缴纳的境外所得用于办理税收抵免。

2）税收饶让抵免应区别下列情况进行计算：

（1）税收协定规定定率饶让抵免的，饶让抵免税额为按该定率计算的应纳境外所得税额超过实际缴纳的境外所得税额的数额；

（2）税收协定规定列举一国税收优惠额给予饶让抵免的，饶让抵免税额为按所得来源国家（地区）税收法律规定税率计算的应纳所得税额超过实际缴纳税额的数额，即实际税收优惠额。

适用条件

1）享受饶让抵免的境外所得来源国（地区）必须是与我国政府订立税收协定（或安排）且有饶让抵免条款的国家（地区）。

2）享受饶让抵免的境外所得必须是按照所得来源国（地区）税收法律享受了免税或减税待遇，且该免税或减税的数额按照税收协定规定应视同已缴税额，方可在其申报境外所得税额时视为已缴税额。

3）企业取得的境外所得根据来源国税收法律法规不判定为所在国应税所得，而按中国税收法律法规规定属于应税所得的，不属于税收饶让抵免范畴，应全额按中国税收法律法规规定缴纳企业所得税。

4）境外所得采用简易办法计算抵免额的，不适用饶让抵免。

情景问答

问：我公司在A国投资设立了全资子公司B，该国企业所得税法定税率是20%，并有鼓励境外投资的税收减免优惠，如B公司第1个获利年度的所得免征企业所得税，请问该利润（2000万元）次年分配给我公司时可以在境内进行税收抵免吗？可以抵免多少税额？

答：居民企业从我国税收协定（或安排）的缔约国家（地区）取得的所得，按照该国（地区）税法享受了免税或减税待遇，且按照税收协定（或安排）规定该减免税应视同已缴税额在我国应纳税额中抵免的，该减免税数额可作为企业实际缴纳的境外所得税额进行税收抵免。

因此，如果我国与 A 国税收协定中含有上述饶让抵免条款，你公司上述股息在 A 国负担并得以免征的税额，可以视同已在境外缴纳计算抵免税额。你公司可抵免的境外所得税额为 400 万元（2000×20%）。

我国对外签署税收协定（安排）关于抵免饶让一览见表 14。

表 14　　我国对外签署税收协定（安排）关于抵免饶让一览

抵免饶让规定		与下列国家（地区）协定
饶让规定（互相给予饶让抵免）		普通饶让抵免： 马来西亚、泰国、巴基斯坦、保加利亚、塞浦路斯、叙利亚、葡萄牙、韩国、印度、越南、牙买加、斯里兰卡、文莱、沙特、毛里求斯、南斯拉夫、巴新、马其顿、塞舌尔、爱尔兰、古巴、阿曼、突尼斯、墨西哥、特多、摩洛哥、挪威、瑞典、波黑、塞黑、斯洛伐克、尼泊尔、埃塞俄比亚、柬埔寨（期限至 2029 年） 投资所得定率抵免： 捷克（股息：10%；利息：10%；特许权：20%） 巴基斯坦（股息：15%；利息：10%；特许权：15%；技术服务费：15%） 澳大利亚（股息：15%；利息：10%；特许权：15%） 塞浦路斯（股息：10%；利息：10%；特许权：10%） 韩国（股息：10%；利息：10%；特许权：10%） 越南（股息：10%；利息：10%；特许权：10%） 牙买加（股息：5%；利息：7.5%；特许权：10%） 科威特（股息：中外合资经营企业支付总额的 10%，其他 20%、利息 20% 特许权 20%）
对方国家给予单方面饶让（即对方国家居民从中国取得的所得对方国家单方面给予税收饶让抵免）	一般仅限于对投资所得税收的饶让（专指股息、利息及特许权使用费的定率饶让）	日本（股息：中外合资经营企业支付总额的 10%，其他 20%、利息 10% 特许权 20%）；利息：10%；特许权：20%） 新加坡（股息：中外合资经营企业支付总额的 10%，其他 20%、利息 20% 特许权 20%；利息：20%；特许权：20%） 加拿大（股息：中外合资经营企业支付总额的 10%，其他 15%、利息 20% 特许权 20%；利息：10%；特许权：20%） 波兰（股息：10%；利息：10%；特许权：10%） 奥地利（股息：10%；利息：10%；特许权：20%） 匈牙利（股息：20%） 阿联酋（股息 20%；利息 20%；特许权：20%）

政策依据

1）《财政部　国家税务总局关于企业境外所得税收抵免有关问题的通知》（财税〔2009〕125号）第七条

2）《国家税务总局关于发布〈企业境外所得税收抵免操作指南〉的公告》（国家税务总局公告2010年第1号）第七条

3）中华人民共和国政府对外签署的避免双重征税协定（含内地与香港、澳门特别行政区签署的税收安排、大陆与台湾签署的税收协议）（编者略）

延伸阅读

61-1 《财政部　国家税务总局关于企业境外所得税收抵免有关问题的通知》第七条

2009年12月25日　财税〔2009〕125号

七、居民企业从与我国政府订立税收协定（或安排）的国家（地区）取得的所得，按照该国（地区）税收法律享受了免税或减税待遇，且该免税或减税的数额按照税收协定规定应视同已缴税额在中国的应纳税额中抵免的，该免税或减税数额可作为企业实际缴纳的境外所得税额用于办理税收抵免。

61-2 《国家税务总局关于发布〈企业境外所得税收抵免操作指南〉的公告》第七条

2010年7月2日　国家税务总局公告2010年第1号

《通知》第七条　关于税收饶让抵免的应纳税额的确定

居民企业从与我国政府订立税收协定（或安排）的国家（地区）取得的所得，按照该国（地区）税收法律享受了免税或减税待遇，且该免税或减税的数额按照税收协定规定应视同已缴税额在中国的应纳税额中抵免的，该免税或减税数额可作为企业实际缴纳的境外所得税额用于办理税收抵免。

22. 我国企业所得税法目前尚未单方面规定税收饶让抵免，但我国与有关国家签订的税收协定规定有税收饶让抵免安排，本条对此进行了重申。居民企业从与我国订立税收协定（或安排）的对方国家取得所得，并按该国税收法律享受了免税或减税待遇，且该所得已享受的免税或减税数额按照税收协定（或安排）规定应视同已缴税额在我国应纳税额中抵免的，经企业主管税务机关确认，可在其申报境外所得税额时视为已缴税额（参见示例六）。

23. 税收饶让抵免应区别下列情况进行计算：

（1）税收协定规定定率饶让抵免的，饶让抵免税额为按该定率计算的应纳境外所得税额超过实际缴纳的境外所得税额的数额；

（2）税收协定规定列举一国税收优惠额给予饶让抵免的，饶让抵免税额为按协定国家（地区）税收法律规定税率计算的应纳所得税额超过实际缴纳税额的数额，即实际税收优惠额。

24. 境外所得采用《通知》第十条规定的简易办法计算抵免额的，不适用饶让抵免。

25. 企业取得的境外所得根据来源国税收法律法规不判定为所在国应税所得，而按中国税收法律法规规定属于应税所得的，不属于税收饶让抵免范畴，应全额按中国税收法律法规规定缴纳企业所得税。

三、管理规定

62. 非境内注册居民企业税务登记

适用主体

非境内注册居民企业。

政策规定

1）*居民身份*的认定，采用企业自行判定提请税务机关认定和税务机关调查发现予以认定两种形式。

2）企业自行判定实际管理机构是否设立在中国境内，如其判定符合认定条件的，应当向其主管税务机关书面提出居民身份认定申请；税务机关发现境外中资企业符合认定条件但未申请成为中国居民企业的，可以按规定进行调查，并要求境外中资企业提供相关资料。税务机关依法对企业提供的相关资料进行审核，并按规定予以认定。

3）非境内注册居民企业发生企业实际管理机构所在地变更为中国境外的，或中方控股投资者转让企业股权，导致中资控股地位发生变化的，税务机关可按规定取消其居民身份。

4）非境内注册居民企业应当自收到居民身份认定书之日起30 日内向主管税务机关提供资料申报办理税务登记；经税务机关确认终止居民身份的，应当自收到税务机关书面通知之日起15 日内向主管税务机关申报办理注销税务登记。

情景问答

问：我公司是一家注册在境外但被境内税务部门认定为非境内注册居民企业，请问我公司向其他外国企业支付利息或特许权使用费时，需要办理代扣代缴企业税款登记吗?

答：你公司向非居民企业支付利息或特许权使用费时，应依法代扣代缴企业所得税，并在自扣缴义务发生之日起30日内，向主管税务机关申报办理扣缴税款登记，设立代扣代缴税款账簿和合同资料档案，准确记录扣缴企业所得税情况。

政策依据

1）《中华人民共和国企业所得税法》第二条（见P223　34－1）

2）《中华人民共和国企业所得税法实施条例》第三条、第四条（见P247　36－1）

3）《国家税务总局关于境外注册中资控股企业依据实际管理机构标准认定为居民企业有关问题的通知》（国税发〔2009〕82号）

4）《国家税务总局关于印发〈境外注册中资控股居民企业所得税管理办法（试行）〉的公告》（国家税务总局公告2011年第45号）第六条至第十五条

5）《国家税务总局关于依据实际管理机构标准实施居民企业认定有关问题的公告》（国家税务总局公告2014年第9号）第一条、第二条

延伸阅读

62－1 《国家税务总局关于境外注册中资控股企业依据实际管理机构标准认定为居民企业有关问题的通知》[①]

2009年4月22日 国税发〔2009〕82号

各省、自治区、直辖市和计划单列市国家税务局、地方税务局：

根据《中华人民共和国企业所得税法》（以下简称企业所得税法）和《中华人民共和国企业所得税法实施条例》（以下简称实施条例）的有关规定，为规范执行企业所得税法关于居民企业的判定标准，加强企业所得税管理，现对境外注册的中资控股企业（以下称境外中资企业）依据实际管理机构判定为中国居民企业的有关企业所得税问题通知如下：

一、境外中资企业是指由中国境内的企业或企业集团作为主要控股投资者，在境外依据外国（地区）法律注册成立的企业。

二、境外中资企业同时符合以下条件的，根据企业所得税法第二条第二款和实施条例第四条的规定，应判定其为实际管理机构在中国境内的居民企业（以下称非境内注册居民企业），并实施相应的税收管理，就其来源于中国境内、境外的所得征收企业所得税。

（一）企业负责实施日常生产经营管理运作的高层管理人员及其高层管理部门履行职责的场所主要位于中国境内；

（二）企业的财务决策（如借款、放款、融资、财务风险管理等）和人事决策（如任命、解聘和薪酬等）由位于中国境内的机构或人员决定，或需要得到位于中国境内的机构或人员批准；

---

① 条款废止。第七条第一款“境外中资企业可向其实际管理机构所在地或中国主要投资者所在地主管税务机关提出居民企业申请，主管税务机关对其居民企业身份进行初步审核后，层报国家税务总局确认”的内容废止。参见：《国家税务总局关于公布失效废止的税务部门规章和税收规范性文件目录的决定》，国家税务总局令第42号。

政策调整。“境外注册的中资控股企业依据实际管理机构标准判定为中国居民企业审批”下放。参见：《国家税务总局关于贯彻落实〈国务院关于取消和下放一批行政审批项目的决定〉的通知》，税总发〔2014〕6号。

（三）企业的主要财产、会计账簿、公司印章、董事会和股东会议纪要档案等位于或存放于中国境内；

（四）企业1/2（含1/2）以上有投票权的董事或高层管理人员经常居住于中国境内。

三、对于实际管理机构的判断，应当遵循实质重于形式的原则。

四、非境内注册居民企业从中国境内其他居民企业取得的股息、红利等权益性投资收益，按照企业所得税法第二十六条和实施条例第八十三条的规定，作为其免税收入。非境内注册居民企业的投资者从该居民企业分得的股息红利等权益性投资收益，根据实施条例第七条第（四）款的规定，属于来源于中国境内的所得，应当征收企业所得税；该权益性投资收益中符合企业所得税法第二十六条和实施条例第八十三条规定的部分，可作为收益人的免税收入。

五、非境内注册居民企业在中国境内投资设立的企业，其外商投资企业的税收法律地位不变。

六、境外中资企业被判定为非境内注册居民企业的，按照企业所得税法第四十五条以及受控外国企业管理的有关规定，不视为受控外国企业，但其所控制的其他受控外国企业仍应按照有关规定进行税务处理。

七、境外中资企业可向其实际管理机构所在地或中国主要投资者所在地主管税务机关提出居民企业申请，主管税务机关对其居民企业身份进行初步审核后，层报国家税务总局确认；境外中资企业未提出居民企业申请的，其中国主要投资者的主管税务机关可以根据所掌握的情况对其是否属于中国居民企业做出初步判定，层报国家税务总局确认。

境外中资企业或其中国主要投资者向税务机关提出居民企业申请时，应同时向税务机关提供如下资料：

（一）企业法律身份证明文件；

（二）企业集团组织结构说明及生产经营概况；

（三）企业最近一个年度的公证会计师审计报告；

（四）负责企业生产经营等事项的高层管理机构履行职责的场所的地址证明；

（五）企业董事及高层管理人员在中国境内居住记录；

（六）企业重大事项的董事会决议及会议记录；

（七）主管税务机关要求的其他资料。

八、境外中资企业被认定为中国居民企业后成为双重居民身份的，按照中国与相关国家（或地区）签署的税收协定（或安排）的规定执行。

九、本通知自2008年1月1日起执行。

62－2 《国家税务总局关于印发〈境外注册中资控股居民企业所得税管理办法（试行）〉的公告》第六条至第十五条

2011年7月27日 国家税务总局公告2011年第45号

第二章 居民身份认定管理

第六条 境外中资企业居民身份的认定，采用企业自行判定提请税务机关认定和税务机关调查发现予以认定两种形式。

第七条 境外中资企业应当根据生产经营和管理的实际情况，自行判定实际管理机构是否设立在中国境内。如其判定符合《通知》第二条规定的居民企业条件，应当向其主管税务机关书面提出居民身份认定申请，同时提供以下资料：

（一）企业法律身份证明文件；

（二）企业集团组织结构说明及生产经营概况；

（三）企业上一个纳税年度的公证会计师审计报告；

（四）负责企业生产经营等事项的高层管理机构履行职责场所的地址证明；

（五）企业上一年度及当年度董事及高层管理人员在中国境内居住的记录；

（六）企业上一年度及当年度重大事项的董事会决议及会议记录；

（七）主管税务机关要求提供的其他资料。

第八条 主管税务机关发现境外中资企业符合《通知》第二条规定但未申请成为中国居民企业的，可以对该境外中资企业的实际管理机构所在地情况进行调查，并要求境外中资企业提供本办法第七条规定的资料。调查过程中，主管税务机关有权要求该企业的境内投资者提供相关资料。

第九条 主管税务机关依法对企业提供的相关资料进行审核，提出初步认定意见，将据以做出初步认定的相关事实（资料）、认定理由和结果层报税务总局确认。

税务总局认定境外中资企业居民身份的，应当将相关认定结果同时书面告知境内投资者、境内被投资者的主管税务机关。

第十条　非境内注册居民企业的主管税务机关收到税务总局关于境外中资企业居民身份的认定结果后，应当在10日内向该企业下达《境外注册中资控股企业居民身份认定书》（见附件1），通知其从企业居民身份确认年度开始按照我国居民企业所得税管理规定及本办法规定办理有关税收事项。

第十一条　非境内注册居民企业发生下列重大变化情形之一的，应当自变化之日起15日内报告主管税务机关，主管税务机关应当按照本办法规定层报税务总局确定是否取消其居民身份。

（一）企业实际管理机构所在地变更为中国境外的；

（二）中方控股投资者转让企业股权，导致中资控股地位发生变化的。

第十二条　税务总局认定终止非境内注册居民企业居民身份的，应当将相关认定结果同时书面告知境内投资者、境内被投资者的主管税务机关。企业应当自主管税务机关书面告知之日起停止履行中国居民企业的所得税纳税义务与扣缴义务，同时停止享受中国居民企业税收待遇。上述主管税务机关应当依法做好减免税款追缴等后续管理工作。

第三章　税务登记管理

第十三条　非境内注册居民企业应当自收到居民身份认定书之日起30日内向主管税务机关提供以下资料申报办理税务登记，主管税务机关核发临时税务登记证及副本：

（一）居民身份认定书；

（二）境外注册登记证件；

（三）税务机关要求提供的其他资料。

第十四条　非境内注册居民企业经税务总局确认终止居民身份的，应当自收到主管税务机关书面通知之日起15日内向主管税务机关申报办理注销税务登记。

第十五条　发生本办法第四条扣缴义务的非境内注册居民企业应当自扣缴义务发生之日起30日内，向主管税务机关申报办理扣缴税款登记。

62-3 《国家税务总局关于依据实际管理机构标准实施居民企业认定有关问题的公告》第一条、第二条

2014年1月29日　国家税务总局公告2014年第9号

一、符合《通知》第二条规定的居民企业认定条件的境外中资企业，须向其中国境内主要投资者登记注册地主管税务机关提出居民企业认定申请，主管税务机关对其居民企业身份进行初步判定后，层报省级税务机关确认。经省级税务机关确认后抄送其境内其他投资地相关省级税务机关。

二、按本公告实施居民企业认定时，经省级税务机关确认后，30日内抄报国家税务总局，由国家税务总局网站统一对外公布。国家税务总局适时开展检查，对不符合条件的，责令其纠正。

63. 非境内注册居民企业税收义务

适用主体

非境内注册居民企业。

政策规定

1）非境内注册居民企业应就其来源于中国境内、境外的所得缴纳企业所得税，并适用居民企业的税收管理规定（如税务登记管理、账簿凭证管理、申报征收管理等）；

2）非境内注册居民企业按照分季预缴、年度汇算清缴方法申报缴纳所得税，按照规定履行关联申报及同期资料准备等义务；

3）非境内注册居民企业应当履行居民企业所得税纳税义务，并在向非居民企业支付款项时，依法代扣代缴企业所得税。

情景问答

问：我公司在被税务机关认定为非境内注册居民企业之后，要进行企业所得税年度纳税申报吗？

答：需要。你公司应在居民身份确认年度开始，按照境内居民企业所得税管理规定办理有关税收事项。

政策依据

1）《中华人民共和国企业所得税法》第二条（见P223　34－1）

2）《中华人民共和国企业所得税法实施条例》第三条、第四条（见P247　36－1）

3）《国家税务总局关于境外注册中资控股企业依据实际管理机构标准认定为居民企业有关问题的通知》（国税发〔2009〕82号）（见P359　62－1）

4）《国家税务总局关于印发〈境外注册中资控股居民企业所得税管理办法（试行）〉的公告》（国家税务总局公告2011年第45号）（见P196　31－4）

5）《国家税务总局关于依据实际管理机构标准实施居民企业认定有关问题的公告》（国家税务总局公告2014年第9号）

延伸阅读

63－1　《国家税务总局关于依据实际管理机构标准实施居民企业认定有关问题的公告》

2014年1月29日　国家税务总局公告2014年第9号

为完善依据实际管理机构实施居民企业的认定工作，加强企业所得税征收管理，根据《国务院关于取消和下放一批行政审批项目的决定》（国发〔2013〕44号），国家税务总局对《国家税务总局关于境外注册中资控股企业依据实际管理机构标准认定为居民企业有关问题的通知》（国税发〔2009〕82

号，以下简称《通知》）有关条款进行了修订，现公告如下：

一、符合《通知》第二条规定的居民企业认定条件的境外中资企业，须向其中国境内主要投资者登记注册地主管税务机关提出居民企业认定申请，主管税务机关对其居民企业身份进行初步判定后，层报省级税务机关确认。经省级税务机关确认后抄送其境内其他投资地相关省级税务机关。

二、按本公告实施居民企业认定时，经省级税务机关确认后，30日内抄报国家税务总局，由国家税务总局网站统一对外公布。国家税务总局适时开展检查，对不符合条件的，责令其纠正。

三、境外注册中资控股企业自其被认定为居民企业的年度起，从中国境内其他居民企业取得以前年度（限于2008年1月1日以后）的股息、红利等权益性投资收益，应按照《中华人民共和国企业所得税法》第二十六条及其实施条例第十七条、第八十三条的规定处理。

四、境外注册中资控股企业所得税征管的其他事项，仍按照《通知》的相关规定执行。

五、本公告适用于2013年度及以后年度企业所得税申报。

特此公告。

64. 金融账户涉税信息自动交换

为了履行金融账户涉税信息自动交换国际义务，规范金融机构对非居民金融账户涉税信息尽职调查行为，国家税务总局、财政部、人民银行等六部委联合发文，指导我国境内金融机构识别非居民金融账户，收集并报送相关信息。

同时，我国居民企业和居民个人在已承诺实施金融账户涉税信息自动交换标准的国家（地区）设立的金融机构开立账户时，有义务提供税收居民身份信息。

适用主体

依法在中华人民共和国境内设立的金融机构。

政策规定

依法在中华人民共和国境内设立的金融机构应对在本机构开立的所有账户进行尽职调查，识别非居民金融账户，记录并报送非居民金融账户相关信息。根据账户持有人的不同，金融账户分为个人账户和机构账户。个人账户和机构账户又以 2017 年 6 月 30 日为时间点进一步划分为新开账户和存量账户。每种账户的尽职调查程序均有所不同。金融机构在执行相应的尽职调查程序后，应每年定期向主管部门报送非居民金融账户持有人的名称、纳税人识别号、地址、账号、余额、利息、股息以及出售金融资产的收入等信息，再由国家税务总局与账户持有人的居民国税务主管当局开展信息交换。

适用条件

从 2017 年 7 月 1 日起，个人和机构在金融机构新开立账户，包括在商业银行开立存款账户、在保险公司购买商业保险，需按照金融机构要求在开户申请书或额外的声明文件里声明其税收居民身份。如果上述个人和机构前期已经开立了账户，2017 年 7 月 1 日之后在同一金融机构开立新账户时，大部分情况下无需进行税收居民身份声明，其税收居民身份由金融机构根据留存资料来确认。

情景问答

1）问：我公司是中国税收居民企业，我公司的账户信息将被报送和交换吗？

答：账户持有人为中国税收居民的，我国金融机构不会收集和报送相关账户信息，也不会交换给其他国家（地区）。账户持有企业同时构成中国税收居民和其他国家（地区）税收居民的，其中国境内的账户信息将会交换给相应的境外税收居民国（地区），其境外的账户信息也将会交换给国家税务总局。

2）问：我公司是中国税收居民企业，在境外开立账户应注意什么？

答：在已承诺实施金融账户涉税信息自动交换标准的国家（地区）设立的金融机构，都需要识别非居民账户，并向所在地税务当局报送账户相关信息。我国税收居民企业在这些国家（地区）开立金融账户时，需要提供税收居民身份信息，包括我国纳税人识别号。根据我国相关规定，自 2015 年 10 月起，法人和其他组织的纳税人识别号为其统一的社会信用代码。由于金融机构可能需要核验账户持有人记载纳税人识别号相关证件，我国居民企业在境外开立账户请带好税务登记证或营业执照复印件。

政策依据

《国家税务总局　财政部　中国人民银行　中国银行业监督管理委员会　中国证券监督管理委员会　中国保险监督管理委员会关于发布〈非居民金融账户涉税信息尽职调查管理办法〉的公告》（国家税务总局　财政部　中国人民银行　中国银行业监督管理委员会　中国证券监督管理委员会　中国保险监督管理委员会公告 2017 年第 14 号）

延伸阅读

64－1 《国家税务总局　财政部　中国人民银行　中国银行业监督管理委员会　中国证券监督管理委员会　中国保险监督管理委员会关于发布〈非居民金融账户涉税信息尽职调查管理办法〉的公告》

2017 年 5 月 9 日　国家税务总局　财政部　中国人民银行
中国银行业监督管理委员会　中国证券监督管理委员会
中国保险监督管理委员会公告 2017 年第 14 号

为了履行金融账户涉税信息自动交换国际义务，规范金融机构对非居民金融账户涉税信息的尽职调查行为，国家税务总局、财政部、中国人民银行、中国银行业监督管理委员会、中国证券监督管理委员会、中国保险监督管理委员会制定了《非居民金融账户涉税信息尽职调查管理办法》，现予发布，自 2017 年 7 月 1 日起施行。

特此公告。

附件：1. 个人税收居民身份声明文件（样表）（编者略）

2. 机构税收居民身份声明文件（样表）（编者略）

3. 控制人税收居民身份声明文件（样表）（编者略）

非居民金融账户涉税信息尽职调查管理办法

第一章 总 则

第一条 为了履行《多边税收征管互助公约》和《金融账户涉税信息自动交换多边主管当局间协议》规定的义务，规范金融机构对非居民金融账户涉税信息的尽职调查行为，根据《中华人民共和国税收征收管理法》《中华人民共和国反洗钱法》等法律、法规的规定，制定本办法。

第二条 依法在中华人民共和国境内设立的金融机构开展非居民金融账户涉税信息尽职调查工作，适用本办法。

第三条 金融机构应当遵循诚实信用、谨慎勤勉的原则，针对不同类型账户，按照本办法规定，了解账户持有人或者有关控制人的税收居民身份，识别非居民金融账户，收集并报送账户相关信息。

第四条 金融机构应当建立完整的非居民金融账户尽职调查管理制度，设计合理的业务流程和操作规范，并定期对本办法执行落实情况进行评估，妥善保管尽职调查过程中收集的资料，严格进行信息保密。金融机构应当对其分支机构执行本办法规定的尽职调查工作作出统一要求并进行监督管理。

金融机构应当向账户持有人充分说明本机构需履行的信息收集和报送义务，不得明示、暗示或者帮助账户持有人隐匿身份信息，不得协助账户持有人隐匿资产。

第五条 账户持有人应当配合金融机构的尽职调查工作，真实、及时、准确、完整地向金融机构提供本办法规定的相关信息，并承担未遵守本办法规定的责任和风险。

第二章 基本定义

第六条 本办法所称金融机构，包括存款机构、托管机构、投资机构、特定的保险机构及其分支机构：

（一）存款机构是指在日常经营活动中吸收存款的机构；

（二）托管机构是指近三个会计年度总收入的百分之二十以上来源于为客

户持有金融资产的机构，机构成立不满三年的，按机构存续期间计算；

（三）投资机构是指符合以下条件之一的机构：

1. 近三个会计年度总收入的百分之五十以上来源于为客户投资、运作金融资产的机构，机构成立不满三年的，按机构存续期间计算；

2. 近三个会计年度总收入的百分之五十以上来源于投资、再投资或者买卖金融资产，且由存款机构、托管机构、特定的保险机构或者本项第 1 目所述投资机构进行管理并作出投资决策的机构，机构成立不满三年的，按机构存续期间计算；

3. 证券投资基金、私募投资基金等以投资、再投资或者买卖金融资产为目的而设立的投资实体。

（四）特定的保险机构是指开展有现金价值的保险或者年金业务的机构。本办法所称保险机构是指上一公历年度内，保险、再保险和年金合同的收入占总收入比重百分之五十以上的机构，或者在上一公历年度末拥有的保险、再保险和年金合同的资产占总资产比重百分之五十以上的机构。

本办法所称金融资产包括证券、合伙权益、大宗商品、掉期、保险合同、年金合同或者上述资产的权益，前述权益包括期货、远期合约或者期权。金融资产不包括实物商品或者不动产非债直接权益。

第七条　下列机构属于本办法第六条规定的金融机构：

（一）商业银行、农村信用合作社等吸收公众存款的金融机构以及政策性银行；

（二）证券公司；

（三）期货公司；

（四）证券投资基金管理公司、私募基金管理公司、从事私募基金管理业务的合伙企业；

（五）开展有现金价值的保险或者年金业务的保险公司、保险资产管理公司；

（六）信托公司；

（七）其他符合条件的机构。

第八条　下列机构不属于本办法第六条规定的金融机构：

（一）金融资产管理公司；

（二）财务公司；

（三）金融租赁公司；

（四）汽车金融公司；

（五）消费金融公司；

（六）货币经纪公司；

（七）证券登记结算机构；

（八）其他不符合条件的机构。

第九条　本办法所称金融账户包括：

（一）存款账户，是指开展具有存款性质业务而形成的账户，包括活期存款、定期存款、旅行支票、带有预存功能的信用卡等。

（二）托管账户，是指开展为他人持有金融资产业务而形成的账户，包括代理客户买卖金融资产的业务以及接受客户委托、为客户管理受托资产的业务：

1. 代理客户买卖金融资产的业务包括证券经纪业务、期货经纪业务、代理客户开展贵金属、国债业务或者其他类似业务；

2. 接受客户委托、为客户管理受托资产的业务包括金融机构发起、设立或者管理不具有独立法人资格的理财产品、基金、信托计划、专户/集合类资产管理计划或者其他金融投资产品。

（三）其他账户，是指符合以下条件之一的账户：

1. 投资机构的股权或者债权权益，包括私募投资基金的合伙权益和信托的受益权；

2. 具有现金价值的保险合同或者年金合同。

第十条　本办法所称非居民是指中国税收居民以外的个人和企业（包括其他组织），但不包括政府机构、国际组织、中央银行、金融机构或者在证券市场上市交易的公司及其关联机构。前述证券市场是指被所在地政府认可和监管的证券市场。中国税收居民是指中国税法规定的居民企业或者居民个人。

本办法所称非居民金融账户是指在我国境内的金融机构开立或者保有的、由非居民或者有非居民控制人的消极非金融机构持有的金融账户。金融机构应当在识别出非居民金融账户之日起将其归入非居民金融账户进行管理。

账户持有人同时构成中国税收居民和其他国家（地区）税收居民的，金融机构应当按照本办法规定收集并报送其账户信息。

第十一条　本办法所称账户持有人是指由金融机构登记或者确认为账户所有者的个人或者机构，不包括代理人、名义持有人、授权签字人等为他人利益而持有账户的个人或者机构。

现金价值保险合同或者年金合同的账户持有人是指任何有权获得现金价值或者变更合同受益人的个人或者机构，不存在前述个人或者机构的，则为合同所有者以及根据合同条款对支付款项拥有既得权利的个人或者机构。现金价值保险合同或者年金合同到期时，账户持有人包括根据合同规定有权领取款项的个人或者机构。

第十二条　本办法所称消极非金融机构是指符合下列条件之一的机构：

（一）上一公历年度内，股息、利息、租金、特许权使用费收入等不属于积极经营活动的收入，以及据以产生前述收入的金融资产的转让收入占总收入比重百分之五十以上的非金融机构；

（二）上一公历年度末，拥有可以产生本款第一项所述收入的金融资产占总资产比重百分之五十以上的非金融机构；

（三）税收居民国（地区）不实施金融账户涉税信息自动交换标准的投资机构。

下列非金融机构不属于消极非金融机构：

（一）上市公司及其关联机构；

（二）政府机构或者履行公共服务职能的机构；

（三）仅为了持有非金融机构股权或者向其提供融资和服务而设立的控股公司；

（四）成立时间不足二十四个月且尚未开展业务的企业；

（五）正处于资产清算或者重组过程中的企业；

（六）仅与本集团（该集团内机构均为非金融机构）内关联机构开展融资或者对冲交易的企业；

（七）非营利组织。

第十三条　本办法所称控制人是指对某一机构实施控制的个人。

公司的控制人按照以下规则依次判定：

（一）直接或者间接拥有超过百分之二十五公司股权或者表决权的个人；

（二）通过人事、财务等其他方式对公司进行控制的个人；

（三）公司的高级管理人员。

合伙企业的控制人是拥有超过百分之二十五合伙权益的个人。

信托的控制人是指信托的委托人、受托人、受益人以及其他对信托实施最终有效控制的个人。

基金的控制人是指拥有超过百分之二十五权益份额或者其他对基金进行控

制的个人。

第十四条　本办法所称关联机构是指一个机构控制另一个机构，或者两个机构受到共同控制，则该两个机构互为关联机构。

前款所称控制是指直接或者间接拥有机构百分之五十以上的股权和表决权。

第十五条　本办法所称金融账户包括存量账户和新开账户。

存量账户是指符合下列条件之一的账户，包括存量个人账户和存量机构账户：

（一）截至2017年6月30日由金融机构保有的、由个人或者机构持有的金融账户；

（二）2017年7月1日（含当日，下同）以后开立并同时符合下列条件的金融账户：

1. 账户持有人已在同一金融机构开立了本款第一项所述账户的；

2. 上述金融机构在确定账户加总余额时将本款第二项所述账户与本款第一项所述账户视为同一账户的；

3. 金融机构已经对本款第一项所述账户进行反洗钱客户身份识别的；

4. 账户开立时，账户持有人无需提供除本办法要求以外的其他信息的。

存量个人账户包括低净值账户和高净值账户，低净值账户是指截至2017年6月30日账户加总余额不超过相当于一百万美元（简称“一百万美元”，下同）的账户，高净值账户是指截至2017年6月30日账户加总余额超过一百万美元的账户。

新开账户是指2017年7月1日以后在金融机构开立的，除第二款第二项规定账户外，由个人或者机构持有的金融账户，包括新开个人账户和新开机构账户。

第十六条　本办法所称账户加总余额是指账户持有人在同一金融机构及其关联机构所持有的全部金融账户余额或者资产的价值之和。

金融机构需加总的账户限于通过计算机系统中客户号、纳税人识别号等关键数据项能够识别的所有金融账户。

联名账户的每一个账户持有人，在加总余额时应当计算该联名账户的全部余额。

在确定是否为高净值账户时，客户经理知道或者应当知道在其供职的金融机构内几个账户直接或者间接由同一个人拥有或者控制的，应当对这些账户进行加总。

前款所称客户经理是指由金融机构指定、与特定客户有直接联系，根据客户需求向客户介绍、推荐或者提供相关金融产品、服务或者提供其他协助的人员，但不包括符合前述条件，仅由于偶然性原因为客户提供上述服务的人员。

金融机构在计算账户加总余额时，账户币种为非美元的，应当按照计算日当日中国人民银行公布的外汇中间价折合为美元计算。折合美元时，可以根据原币种金额折算，也可以根据该金融机构记账本位币所记录的金额进行折算。

第十七条　本办法所称非居民标识是指金融机构用于检索判断存量个人账户持有人是否为非居民个人的有关要素，具体包括：

（一）账户持有人的境外身份证明；

（二）账户持有人的境外现居地址或者邮寄地址，包括邮政信箱；

（三）账户持有人的境外电话号码，且没有我国境内电话号码；

（四）存款账户以外的账户向境外账户定期转账的指令；

（五）账户代理人或者授权签字人的境外地址；

（六）境外的转交地址或者留交地址，并且是唯一地址。转交地址是指账户持有人要求将其相关信函寄给转交人的地址，转交人收到信函后再交给账户持有人。留交地址是指账户持有人要求将其相关信函暂时存放的地址。

第十八条　本办法所称证明材料是指：

（一）由政府出具的税收居民身份证明；

（二）由政府出具的含有个人姓名且通常用于身份识别的有效身份证明，或者由政府出具的含有机构名称以及主要办公地址或者注册成立地址等信息的官方文件。

第三章　个人账户尽职调查

第十九条　金融机构应当按照以下规定，对新开个人账户开展尽职调查：

（一）个人开立账户时，金融机构应当获取由账户持有人签署的税收居民身份声明文件（以下简称“声明文件”），识别账户持有人是否为非居民个人。金融机构通过本机构电子渠道接收个人账户开户申请时，应当要求账户持有人提供电子声明文件。声明文件应当作为开户资料的一部分，声明文件相关信息可并入开户申请书中。个人代理他人开立金融账户以及单位代理个人开立金融账户时，经账户持有人书面授权后可由代理人签署声明文件。

（二）金融机构应当根据开户资料（包括通过反洗钱客户身份识别程序收集的资料），对声明文件的合理性进行审核，主要确认填写信息是否与其他信息存在明显矛盾。金融机构认为声明文件存在不合理信息时，应当要求账户持有人提供有效声明文件或者进行解释。不提供有效声明文件或者合理解释的，不得开立账户。

（三）识别为非居民个人的，金融机构应当收集并记录报送所需信息。

（四）金融机构知道或者应当知道新开个人账户情况发生变化导致原有声明文件信息不准确或者不可靠的，应当要求账户持有人提供有效声明文件。账户持有人自被要求提供之日起九十日内未能提供声明文件的，金融机构应当将其账户视为非居民账户管理。

第二十条　金融机构应当于2018年12月31日前选择以下方式完成对存量个人低净值账户的尽职调查：

（一）对于在现有客户资料（包括通过反洗钱客户身份识别程序收集的资料，下同）中留有地址，且有证明材料证明是现居地址或者地址位于现居国家（地区）的账户持有人，可以根据账户持有人的地址确定是否为非居民个人。邮寄无法送达的，不得将客户资料所留地址视为现居地址。

（二）利用现有信息系统开展电子记录检索，识别账户是否存在任一非居民标识。

现有客户资料中没有现居地址信息的，或者账户情况发生变化导致现居地址证明材料不再准确的，金融机构应当采用前款第二项方式开展尽职调查。

第二十一条　金融机构应当在2017年12月31日前对存量个人高净值账户依次完成以下尽职调查程序：

（一）开展电子记录检索和纸质记录检索，识别账户是否存在任一非居民标识。应当检索的纸质记录包括过去五年中获取的、与账户有关的全部纸质资料。

金融机构利用现有信息系统可电子检索出全部非居民标识字段信息的，可以不开展纸质记录检索。

（二）询问客户经理其客户是否为非居民个人。

第二十二条　对于存量个人低净值账户，2017年6月30日之后任一公历年度末账户加总余额超过一百万美元时，金融机构应当在次年12月31日前，按照本办法第二十一条规定程序完成对账户的尽职调查。

第二十三条　对发现存在非居民标识的存量个人账户，金融机构可以通过现有客户资料确认账户持有人为非居民个人的，应当收集并记录报送所需信息。无法确认的，应当要求账户持有人提供声明文件。声明为中国税收居民个人的，金融机构应当要求其提供相应证明材料；声明为非居民个人的，金融机构应当收集并记录报送所需信息。账户持有人自被要求提供之日起九十日内未能提供声明文件的，金融机构应当将其账户视为非居民账户管理。

对未发现存在非居民标识的存量个人账户，金融机构无需作进一步处理，但应当建立持续监控机制。当账户情况变化出现非居民标识时，应当执行前款规定程序。

第二十四条　对于现金价值保险合同或者年金合同，金融机构知道或者应当知道获得死亡保险金的受益人为非居民个人的，应当将其账户视为非居民账户管理。

第四章　机构账户尽职调查

第二十五条　金融机构应当按照以下规定，对新开机构账户开展尽职调查：

（一）机构开立账户时，金融机构应当获取由该机构授权人签署的声明文件，识别账户持有人是否为非居民企业和消极非金融机构。声明文件应当作为开户资料的一部分，声明文件相关信息可并入开户申请书中。

（二）金融机构应当根据开户资料（包括通过反洗钱客户身份识别程序收集的资料）或者公开信息对声明文件的合理性进行审核，主要确认填写信息是否与其他信息存在明显矛盾。金融机构认为声明文件存在不合理信息时，应当要求账户持有人提供有效声明文件或者进行解释。不提供有效声明文件或者合理解释的，不得开立账户。

（三）识别为非居民企业的，金融机构应当收集并记录报送所需信息。合伙企业等机构声明不具有税收居民身份的，金融机构可按照其实际管理机构所在地确定其税收居民国（地区）。

（四）识别为消极非金融机构的，金融机构应当依据反洗钱客户身份识别程序收集的资料识别其控制人，并且获取机构授权人或者控制人签署的声明文件，识别控制人是否为非居民个人。识别为有非居民控制人的消极非金融机构的，金融机构应当收集并记录消极非金融机构及其控制人相关信息。

账户持有人为非居民企业的，也应当进一步识别其是否同时为有非居民控制人的消极非金融机构。

（五）金融机构知道或者应当知道新开机构账户情况发生变化导致原有声明文件信息不准确或者不可靠的，应当要求机构授权人提供有效声明文件。机构授权人自被要求提供之日起九十日内未能提供声明文件的，金融机构应当将其账户视为非居民账户管理。

第二十六条　金融机构应当根据现有客户资料或者境外机构境内外汇账户标识，识别存量机构账户持有人是否为非居民企业。

除通过机构授权人签署的声明文件或者公开信息能确认为中国税收居民企业的外，上述信息表明该机构为非居民企业的，应当识别为非居民企业。

识别为非居民企业的，金融机构应当收集并记录报送所需信息。

第二十七条　金融机构应当识别存量机构账户持有人是否为消极非金融机构。通过现有客户资料或者公开信息确认不是消极非金融机构的，无需进一步处理。无法确认的，金融机构应当获取由机构授权人签署的声明文件。声明为消极非金融机构的，应当按照第二款规定进一步识别其控制人。无法获取声明文件的，金融机构应当将账户持有人视为消极非金融机构。

识别为消极非金融机构并且截至2017年6月30日账户加总余额超过一百万美元的，金融机构应当获取由机构控制人或者授权人签署的声明文件，识别控制人是否为非居民个人。无法获取声明文件的，金融机构应当针对控制人开展非居民标识检索，识别其是否为非居民个人。账户加总余额不超过一百万美元的，金融机构可以根据现有客户资料识别消极非金融机构控制人是否为非居民个人。根据现有客户资料无法识别的，金融机构可以不收集控制人相关信息。

识别为有非居民控制人的消极非金融机构的，金融机构应当收集并记录消极非金融机构及其控制人相关信息。

第二十八条　截至2017年6月30日账户加总余额超过二十五万美元的存量机构账户，金融机构应当在2018年12月31日前完成对账户的尽职调查。

截至2017年6月30日账户加总余额不超过二十五万美元的存量机构账户，金融机构无需开展尽职调查。但当之后任一公历年度末账户加总余额超过二十五万美元时，金融机构应当在次年12月31日前，按照本办法第二十六条和第二十七条规定完成对账户的尽职调查。

第五章　其他合规要求

第二十九条　金融机构可以根据自身业务需要，将新开账户的尽职调查程序适用于存量账户。

第三十条　金融机构委托其他机构向客户销售金融产品的，代销机构应当配合委托机构开展本办法所要求的尽职调查工作，并向委托机构提供本办法要求的信息。

第三十一条　金融机构可以委托第三方开展尽职调查，但相关责任仍应当由金融机构承担。基金、信托等属于投资机构的，可以分别由基金管理公司、信托公司作为第三方完成尽职调查相关工作。

第三十二条　金融机构应当建立账户持有人信息变化监控机制，包括要求账户持有人在本办法规定的相关信息变化之日起三十日内告知金融机构。金融机构在知道或者应当知道账户持有人相关信息发生变化之日起九十日内或者本年度12月31日前根据有关尽职调查程序重新识别账户持有人或者有关控制人是否为非居民。

第三十三条　对下列账户无需开展尽职调查：

（一）同时符合下列条件的退休金账户：

1. 受政府监管；

2. 享受税收优惠；

3. 向税务机关申报账户相关信息；

4. 达到规定的退休年龄等条件时才可取款；

5. 每年缴款不超过五万美元，或者终身缴款不超过一百万美元。

（二）同时符合下列条件的社会保障类账户：

1. 受政府监管；

2. 享受税收优惠；

3. 取款应当与账户设立的目的相关，包括医疗等；

4. 每年缴款不超过五万美元。

（三）同时符合下列条件的定期人寿保险合同：

1. 在合同存续期内或者在被保险人年满九十岁之前（以较短者为准），至少按年度支付保费，且保费不随时间递减；

2. 在不终止合同的情况下，任何人均无法获取保险价值；

3. 合同解除或者终止时，应付金额（不包括死亡抚恤金）在扣除合同存续期间相关支出后，不得超过为该合同累计支付的保费总额；

4. 合同不得通过有价方式转让。

（四）为下列事项而开立的账户：

1. 法院裁定或者判决；

2. 不动产或者动产的销售、交易或者租赁；

3. 不动产抵押贷款情况下，预留部分款项便于支付与不动产相关的税款或者保险；

4. 专为支付税款。

（五）同时符合下列条件的存款账户：

1. 因信用卡超额还款或者其他还款而形成，且超额款项不会立即返还账户持有人；

2. 禁止账户持有人超额还款五万美元以上，或者账户持有人超额还款五万美元以上的款项应当在六十日内返还账户持有人。

（六）上一公历年度余额不超过一千美元的休眠账户。休眠账户是满足下列条件之一的账户（不包括年金合同）：

1. 过去三个公历年度中，账户持有人未向金融机构发起任何与账户相关的交易；

2. 过去六个公历年度中，账户持有人未与金融机构沟通任何与账户相关的事宜；

3. 对于具有现金价值的保险合同，在过去六个公历年度中，账户持有人未与金融机构沟通任何与账户相关的事宜。

（七）由我国政府机关、事业单位、军队、武警部队、居民委员会、村民委员会、社区委员会、社会团体等单位持有的账户；由军人（武装警察）持军人（武装警察）身份证件开立的账户。

（八）政策性银行为执行政府决定开立的账户。

（九）保险公司之间的补偿再保险合同。

第三十四条　金融机构应当妥善保管本办法执行过程中收集的资料，保存期限为自报送期末起至少五年。相关资料可以以电子形式保存，但应当确保能够按照相关行业监督管理部门和国家税务总局的要求提供纸质版本。

第三十五条　金融机构应当汇总报送境内分支机构的下列非居民账户信息，并注明报送信息的金融机构名称、地址以及纳税人识别号：

（一）个人账户持有人的姓名、现居地址、税收居民国（地区）、居民国（地区）纳税人识别号、出生地、出生日期；机构账户持有人的名称、地址、税收居民国（地区）、居民国（地区）纳税人识别号；机构账户持有人是有非居民控制人的消极非金融机构的，还应当报送非居民控制人的姓名、现居地址、税收居民国（地区）、居民国（地区）纳税人识别号、出生地、出生日期。

（二）账号或者类似信息。

（三）公历年度末单个非居民账户的余额或者净值（包括具有现金价值的保险合同或者年金合同的现金价值或者退保价值）。账户在本年度内注销的，余额为零，同时应当注明账户已注销。

（四）存款账户，报送公历年度内收到或者计入该账户的利息总额。

（五）托管账户，报送公历年度内收到或者计入该账户的利息总额、股息总额以及其他因被托管资产而收到或者计入该账户的收入总额。报送信息的金融机构为代理人、中间人或者名义持有人的，报送因销售或者赎回金融资产而收到或者计入该托管账户的收入总额。

（六）其他账户，报送公历年度内收到或者计入该账户的收入总额，包括赎回款项的总额。

（七）国家税务总局要求报送的其他信息。

上述信息中涉及金额的，应当按原币种报送并且标注原币种名称。

对于存量账户，金融机构现有客户资料中没有居民国（地区）纳税人识别号、出生日期或者出生地信息的，无需报送上述信息。但是，金融机构应当在上述账户被认定为非居民账户的次年12月31日前，积极采取措施，获取上述信息。

非居民账户持有人无居民国（地区）纳税人识别号的，金融机构无需收集并报送纳税人识别号信息。

第三十六条　金融机构应当于2017年12月31日前登录国家税务总局网站办理注册登记，并且于每年5月31日前按要求报送第三十五条所述信息。

第六章　监督管理

第三十七条　金融机构应当建立实施监控机制，按年度评估本办法执行情况，及时发现问题、进行整改，并于次年6月30日前向相关行业监督管理部门和国家税务总局书面报告。

第三十八条　金融机构有下列情形之一的，由国家税务总局责令其限期改正：

（一）未按照本办法规定开展尽职调查的；

（二）未按照本办法建立实施监控机制的；

（三）故意错报、漏报账户持有人信息的；

（四）帮助账户持有人隐藏真实信息或者伪造信息的；

（五）其他违反本办法规定的。

逾期不改正的，税务机关将记录相关纳税信用信息，并用于纳税信用评价。有关违规情形通报相关金融主管部门。

第三十九条　对于金融机构的严重违规行为，有关金融主管部门可以采取下列措施：

（一）责令金融机构停业整顿或者吊销其经营许可证；

（二）取消金融机构直接负责的董事、高级管理人员和其他直接责任人员的任职资格、禁止其从事有关金融行业的工作；

（三）责令金融机构对直接负责的董事、高级管理人员和其他直接责任人给予纪律处分。

第四十条　对于账户持有人的严重违规行为，有关金融主管部门依据相关法律、法规进行处罚，涉嫌犯罪的，移送司法机关进行处理。

第七章　附　　则

第四十一条　本办法施行前我国与相关国家（地区）已经就非居民金融账户涉税信息尽职调查事项商签双边协定的，有关要求另行规定。

第四十二条　国家税务总局与有关金融主管部门建立涉税信息共享机制，保障国家税务总局及时获取本办法规定的信息。非居民金融账户涉税信息报送要求另行规定。

第四十三条　本办法所称"以上""以下"均含本数，"不满""超过"均不含本数。

第四十四条　本办法自2017年7月1日起施行。

65. 居民企业参股外国企业信息报告

居民企业应当就其来源于中国境内、境外的所得缴纳企业所得税。因此，居民企业需要对其境外进行投资及取得所得情况向税务机关进行报告。

适用主体

成立或参股外国企业以及处置已持有的外国企业股份或有表决权股份的居民企业。

政策规定

符合以下情形之一，且按照中国会计制度可确认的，居民企业应当在办理企业所得税预缴申报时向主管税务机关填报《居民企业参股外国企业信息报告表》：

1）2014年9月1日，居民企业直接或间接持有外国企业股份或有表决权股份达到10%（含）以上；

2）在2014年9月1日后，居民企业在被投资外国企业中直接或间接持有的股份或有表决权股份自不足10%的状态改变为达到或超过10%的状态；

3）在2014年9月1日后，居民企业在被投资外国企业中直接或间接持有的股份或有表决权股份自达到或超过10%的状态改变为不足10%的状态。

情景问答

问：我公司今年在俄罗斯收购了一家企业100%股权，请问需要向中国税务机关报送哪些信息？

答：境内居民企业在2014年9月1日后，直接或间接持有外国企业股份或有表决权股份达到10%（含）以上的，应在办理企业所得税预缴申报时向主管税务机关填报《居民企业参股外国企业信息报告表》。

政策依据

1）《中华人民共和国企业所得税法》第三条

2）《中华人民共和国企业所得税法实施条例》第七条

3）《国家税务总局关于居民企业报告境外投资和所得信息有关问题的公告》（国家税务总局公告2014年第38号）第一条、第三条、第四条、第六条

延伸阅读

65－1 《中华人民共和国企业所得税法》第三条

2018年12月29日　中华人民共和国主席令第二十三号

第三条　居民企业应当就其来源于中国境内、境外的所得缴纳企业所得税。

非居民企业在中国境内设立机构、场所的，应当就其所设机构、场所取得的来源于中国境内的所得，以及发生在中国境外但与其所设机构、场所有实际联系的所得，缴纳企业所得税。

非居民企业在中国境内未设立机构、场所的，或者虽设立机构、场所但取得的所得与其所设机构、场所没有实际联系的，应当就其来源于中国境内的所得缴纳企业所得税。

65－2 《中华人民共和国企业所得税法实施条例》第七条

2019年4月23日　中华人民共和国国务院令第714号

第七条　企业所得税法第三条所称来源于中国境内、境外的所得，按照以下原则确定：

（一）销售货物所得，按照交易活动发生地确定；

（二）提供劳务所得，按照劳务发生地确定；

（三）转让财产所得，不动产转让所得按照不动产所在地确定，动产转让所得按照转让动产的企业或者机构、场所所在地确定，权益性投资资产转让所得按照被投资企业所在地确定；

（四）股息、红利等权益性投资所得，按照分配所得的企业所在地确定；

（五）利息所得、租金所得、特许权使用费所得，按照负担、支付所得的企业或者机构、场所所在地确定，或者按照负担、支付所得的个人的住所地确定；

（六）其他所得，由国务院财政、税务主管部门确定。

65－3 《国家税务总局关于居民企业报告境外投资和所得信息有关问题的公告》第一条、第三条、第四条、第六条

2014年6月30日　国家税务总局公告2014年第38号

一、居民企业成立或参股外国企业，或者处置已持有的外国企业股份或有

表决权股份，符合以下情形之一，且按照中国会计制度可确认的，应当在办理企业所得税预缴申报时向主管税务机关填报《居民企业参股外国企业信息报告表》（附件 1）：

（一）在本公告施行之日，居民企业直接或间接持有外国企业股份或有表决权股份达到 10%（含）以上；

（二）在本公告施行之日后，居民企业在被投资外国企业中直接或间接持有的股份或有表决权股份自不足 10% 的状态改变为达到或超过 10% 的状态；

（三）在本公告施行之日后，居民企业在被投资外国企业中直接或间接持有的股份或有表决权股份自达到或超过 10% 的状态改变为不足 10% 的状态。

……

三、在税务检查（包括纳税评估、税务审计及特别纳税调整调查等）时，主管税务机关可以要求居民企业限期报告与其境外所得相关的必要信息。

四、居民企业能够提供合理理由，证明确实不能按照本办法规定期限报告境外投资和所得信息的，可以依法向主管税务机关提出延期要求。限制提供相关信息的境外法律规定、商业合同或协议，不构成合理理由。

……

六、居民企业未按照本办法规定报告境外投资和所得信息，经主管税务机关责令限期改正，逾期仍不改正的，主管税务机关可根据税收征管法及其实施细则以及其他有关法律、法规的规定，按已有信息合理认定相关事实，并据以计算或调整应纳税款。

66. 企业境外所得税收抵免办理

取得来源于境外的所得，应在办理企业所得税年度申报时按规定申报境外所得，抵免在境外缴纳的所得税额。

适用主体

取得境外所得的居民企业。

政策规定

1）取得境外所得的纳税人应当在办理企业所得税年度申报时向主管税务机关填报：《境外所得税收抵免明细表》（A108000）、《境外所得纳税调整后所得明细表》（A108010）、《境外分支机构弥补亏损明细表》（A108020）、《跨年度结转抵免境外所得税明细表》（A108030）。

2）取得境外所得的纳税人在年度汇算清缴期内，应向其主管税务机关提交如下书面资料：

（1）与境外所得相关的完税证明或纳税凭证（原件或复印件）。

（2）不同类型的境外所得申报税收抵免还需分别提供：

①取得境外分支机构的营业利润所得需提供境外分支机构会计报表；境外分支机构所得依照中国境内企业所得税法及实施条例的规定计算的应纳税额的计算过程及说明资料；具有资质的机构出具的有关分支机构审计报告等；

②取得境外股息、红利所得需提供集团组织架构图；被投资公司章程复印件；境外企业有权决定利润分配的机构作出的决定书等；

③取得境外利息、租金、特许权使用费、转让财产等所得需提供依照中国境内企业所得税法及实施条例规定计算的应纳税额的资料及计算过程；项目合同复印件等。

（3）申请享受税收饶让抵免的还需提供：

①本企业及其直接或间接控制的外国企业在境外所获免税及减税的依据及证明或有关审计报告披露该企业享受的优惠政策的复印件；

②企业在其直接或间接控制的外国企业的参股比例等情况的证明复印件；

③间接抵免税额或者饶让抵免税额的计算过程；

④由本企业直接或间接控制的外国企业的财务会计资料。

（4）采用简易办法计算抵免限额的还需提供：

①取得境外分支机构的营业利润所得需提供企业申请及有关情况说明；来源国（地区）政府机关核发的具有纳税性质的凭证和证明复印件；

②取得符合境外税额间接抵免条件的股息所得需提供企业申请及有关情况说明；符合企业所得税法第二十四条条件的有关股权证明的文件或凭证复印件。

（5）主管税务机关要求提供的其他资料。

3）以上提交备案资料使用非中文的，企业应同时提交中文译本复印件。

4）上述资料已向税务机关提供的，可不再提供；上述资料若有变更的，须重新提供；复印件须注明与原件一致，译本须注明与原本无异义，并加盖企业公章。

情景问答

1）问：我公司在A国有笔股息所得，符合简易办法计算抵免的相关规定，需要准备哪些材料供税务机关审批？

答：依据《国家税务总局关于企业境外所得适用简易征收和饶让抵免的核准事项取消后有关后续管理问题的公告》（国家税务总局公告2015年第70号），对于境外所得符合《财政部　国家税务总局关于企业境外所得税收抵免有关问题的通知》（财税〔2009〕125号）第十条规定情形的，可以采取简易办法对境外所得已纳税额计算抵免，为简化管理程序，将原税务审批规定调整为事后备案管理，即企业根据自身实际，对照现行政策规定，确定其是否符合使用简易办法条件，并在年度汇算清缴期内，向主管税务机关报送备案资料，不需要审批。

根据规定，你公司需要提供如下备案资料：

（1）与境外所得相关的完税证明或纳税凭证（原件或复印件）。

（2）取得境外股息、红利所得需提供集团组织架构图；被投资公司章程复印件；境外企业有权决定利润分配的机构作出的决定书等；

（3）企业申请及有关情况说明；符合企业所得税法第二十四条条件的有关股权证明的文件或凭证复印件。

（4）主管税务机关要求提供的其他资料。

以上提交备案资料使用非中文的，应同时提交中文译本复印件。复印件须注明与原件一致，译本须注明与原本无异义，并加盖企业公章。

2）问：我公司在境外从事承包工程主要以总分包方式，在申请税收抵免时需要准备哪些凭证资料？

答：依据《国家税务总局关于企业境外承包工程税收抵免凭证有关问题的公告》（国家税务总局公告2017年第41号）文件规定：

（1）企业以总分包或联合体方式在境外实施工程项目（包括但不限于工程建设、基础设施建设等项目，下同），其来源于境外所得已在境外缴纳的企业所得税税额，可按国家税务总局公告2017年第41号规定以总承包企业或联合体主导方企业开具的《境外承包工程项目完税凭证分割单（总分包方式)》或《境外承包工程项目完税凭证分割单（联合体方式)》作为境外所得完税证明或纳税凭证进行税收抵免。

（2）企业以总分包方式在境外承包工程，除总承包企业自行施工的部分外，发生分包（再分包，下同）的，其分包部分来源于境外所得已由总承包企业在境外缴纳的企业所得税税额，总承包企业可按实际取得的收入、工作量等因素确定的合理比例进行分配，开具《分割单（总分包方式)》，并将《分割单（总分包方式)》复印件提供给分包企业，分包企业据此申报抵免。总承包企业按分配后的余额申报抵免。同一项目分配方法应当一致，且在项目存续期内不得改变。

（3）企业以联合体方式中标境外工程，该联合体在境外缴纳的企业所得税税额可由主导方企业按实际取得的收入、工作量等因素确定的合理比例进行分配，开具《分割单（联合体方式)》，并将《分割单（联合体方式)》复印件提供给联合体各方企业，联合体各方企业据此申报抵免。联合体主导方可按合同收入占比孰高原则或事先约定进行确定。

（4）总承包企业作为境外纳税主体，应就其在境外缴纳的企业所得税税额，填制《分割单（总分包方式)》后提交主管税务机关备案，并将以下资料留存备查：

①总承包企业与境外发包方签订的总承包合同；

②总承包企业与分包企业签订的分包合同，如建设项目再分包的，还需留存备查分包企业与再分包企业签订的再分包合同；

③总承包企业境外所得相关完税证明或纳税凭证；

④境外所得缴纳的企业所得税税额按收入、工作量等因素确定的合理比例分配的计算过程及相关说明。

（5）联合体作为境外纳税主体，应就其在境外缴纳的企业所得税税额，由主导方企业填制《分割单（联合体方式)》后提交主管税务机关备案，并将以下资料留存备查：

①联合体与境外发包方签订的工程承包合同；

②各方企业组建联合体合同或协议；

③联合体境外所得相关完税证明或纳税凭证；

④境外所得缴纳的企业所得税税额按收入、工作量等因素确定的合理比例分配的计算过程及相关说明。

(6) 总承包企业或联合体主导方企业应按项目分别建立分割单台账，准确记录境外所得缴纳税额分配情况。

(7) 分包企业或联合体各方企业申报抵免时，应将《分割单（总分包方式）》或《分割单（联合体方式）》复印件提交主管税务机关备案。

政策依据

1)《中华人民共和国税收征收管理法》第二十五条第一款

2)《中华人民共和国企业所得税法》第一条、第三条、第二十三条、第二十四条、第五十四条

3)《国家税务总局关于发布〈企业境外所得税收抵免操作指南〉的公告》(国家税务总局公告 2010 年第 1 号) 第九条

4)《国家税务总局关于企业境外所得适用简易征收和饶让抵免的核准事项取消后有关后续管理问题的公告》(国家税务总局公告 2015 年第 70 号) (见 P119 19-5)

5)《国家税务总局关于发布〈中华人民共和国企业所得税年度纳税申报表（A 类，2017 年版）〉的公告》(国家税务总局公告 2017 年第 54 号)

6)《国家税务总局关于企业境外承包工程税收抵免凭证有关问题的公告》(国家税务总局公告 2017 年第 41 号) (见 P130 21-1)

延伸阅读

66-1 《中华人民共和国税收征收管理法》第二十五条第一款

2015 年 4 月 24 日 中华人民共和国主席令第二十三号

第二十五条 纳税人必须依照法律、行政法规规定或者税务机关依照法律、行政法规的规定确定的申报期限、申报内容如实办理纳税申报，报送纳税申报表、财务会计报表以及税务机关根据实际需要要求纳税人报送的其他纳税资料。

66－2 《中华人民共和国企业所得税法》第一条、第三条、第二十三条、第二十四条、第五十四条

2018 年 12 月 29 日　中华人民共和国主席令第二十三号

第一条　在中华人民共和国境内，企业和其他取得收入的组织（以下统称企业）为企业所得税的纳税人，依照本法的规定缴纳企业所得税。

个人独资企业、合伙企业不适用本法。

……

第三条　居民企业应当就其来源于中国境内、境外的所得缴纳企业所得税。

非居民企业在中国境内设立机构、场所的，应当就其所设机构、场所取得的来源于中国境内的所得，以及发生在中国境外但与其所设机构、场所有实际联系的所得，缴纳企业所得税。

非居民企业在中国境内未设立机构、场所的，或者虽设立机构、场所但取得的所得与其所设机构、场所没有实际联系的，应当就其来源于中国境内的所得缴纳企业所得税。

……

第二十三条　企业取得的下列所得已在境外缴纳的所得税税额，可以从其当期应纳税额中抵免，抵免限额为该项所得依照本法规定计算的应纳税额；超过抵免限额的部分，可以在以后五个年度内，用每年度抵免限额抵免当年应抵税额后的余额进行抵补：

（一）居民企业来源于中国境外的应税所得；

（二）非居民企业在中国境内设立机构、场所，取得发生在中国境外但与该机构、场所有实际联系的应税所得。

第二十四条　居民企业从其直接或者间接控制的外国企业分得的来源于中国境外的股息、红利等权益性投资收益，外国企业在境外实际缴纳的所得税税额中属于该项所得负担的部分，可以作为该居民企业的可抵免境外所得税税额，在本法第二十三条规定的抵免限额内抵免。

……

第五十四条　企业所得税分月或者分季预缴。

企业应当自月份或者季度终了之日起十五日内，向税务机关报送预缴企业所得税纳税申报表，预缴税款。

企业应当自年度终了之日起五个月内，向税务机关报送年度企业所得税纳税申报表，并汇算清缴，结清应缴应退税款。

企业在报送企业所得税纳税申报表时，应当按照规定附送财务会计报告和其他有关资料。

66－3 《国家税务总局关于发布〈企业境外所得税收抵免操作指南〉的公告》第九条

2010年7月2日　国家税务总局公告2010年第1号

《通知》第九条　关于实际抵免境外税额的计算

在计算实际应抵免的境外已缴纳和间接负担的所得税税额时，企业在境外一国（地区）当年缴纳和间接负担的符合规定的所得税税额低于所计算的该国（地区）抵免限额的，应以该项税额作为境外所得税抵免额从企业应纳税总额中据实抵免；超过抵免限额的，当年应以抵免限额作为境外所得税抵免额进行抵免，超过抵免限额的余额允许从次年起在连续五个纳税年度内，用每年度抵免限额抵免当年应抵税额后的余额进行抵补。

29. 本条规定了企业在境外一国（地区）当年缴纳和间接负担的符合规定的企业所得税税额的具体抵免方法，即企业每年应分国（地区）别在抵免限额内据实抵免境外所得税额，超过抵免限额的部分可在以后连续5个纳税年度延续抵免；企业当年境外一国（地区）可抵免税额中既有属于当年已直接缴纳或间接负担的境外所得税额，又有以前年度结转的未逾期可抵免税额时，应首先抵免当年已直接缴纳或间接负担的境外所得税额后，抵免限额有余额的，可再抵免以前年度结转的未逾期可抵免税额，仍抵免不足的，继续向以后年度结转（参见示例九）。

30. 企业申报抵免境外所得税收（包括按照《通知》第十条规定的简易办法进行的抵免）时应向其主管税务机关提交如下书面资料：

（1）与境外所得相关的完税证明或纳税凭证（原件或复印件）。

（2）不同类型的境外所得申报税收抵免还需分别提供：

①取得境外分支机构的营业利润所得需提供境外分支机构会计报表；境外分支机构所得依照中国境内企业所得税法及实施条例的规定计算的应纳税额的计算过程及说明资料；具有资质的机构出具的有关分支机构审计报告等；

②取得境外股息、红利所得需提供集团组织架构图；被投资公司章程复印件；境外企业有权决定利润分配的机构作出的决定书等；

③取得境外利息、租金、特许权使用费、转让财产等所得需提供依照中国境内企业所得税法及实施条例规定计算的应纳税额的资料及计算过程；项目合同复印件等。

（3）申请享受税收饶让抵免的还需提供：

①本企业及其直接或间接控制的外国企业在境外所获免税及减税的依据及证明或有关审计报告披露该企业享受的优惠政策的复印件；

②企业在其直接或间接控制的外国企业的参股比例等情况的证明复印件；

③间接抵免税额或者饶让抵免税额的计算过程；

④由本企业直接或间接控制的外国企业的财务会计资料。

（4）采用简易办法计算抵免限额的还需提供：

①取得境外分支机构的营业利润所得需提供企业申请及有关情况说明；来源国（地区）政府机关核发的具有纳税性质的凭证和证明复印件；

②取得符合境外税额间接抵免条件的股息所得需提供企业申请及有关情况说明；符合企业所得税法第二十四条条件的有关股权证明的文件或凭证复印件。

（5）主管税务机关要求提供的其他资料。

以上提交备案资料使用非中文的，企业应同时提交中文译本复印件。

上述资料已向税务机关提供的，可不再提供；上述资料若有变更的，须重新提供；复印件须注明与原件一致，译本须注明与原本无异义，并加盖企业公章。

31. 税务机关、企业在年度企业所得税汇算清缴时，应对结转以后年度抵免的境外所得税额分国别（地区）建立台账管理，准确填写逐年抵免情况。

（1）台账表式：

境外所得税额结转抵免管理台账

企业名称：

所得来源国别（地区）： 金额单位：人民币（列至角分）

行次	本年度未抵免税额		五年期结转抵扣额及余额									
	税额所属年度	未抵免额	第一年		第二年		第三年		第四年		第五年	
			抵免额	余额	抵免额	余额	抵免额	余额	抵免额	余额	抵免额	不得再结转额
1												
2												
3												
4												
5												

（2）管理台账的编制说明：

填报以前年度境外所得已纳税额未抵免部分的结转、抵扣情况。

①按分国不分项填报结转抵扣额的境外所得税在各年的抵扣情况；

②本年度未抵免税额：填报税额所属年度未抵免结转以后年度抵扣的税额；

③五年结转抵扣额：填报按规定用本期税额扣除限额的余额抵扣以前年度结转的税额及抵扣后的余额；

66－4 《国家税务总局关于发布〈中华人民共和国企业所得税年度纳税申报表（A类，2017年版）〉的公告》①

2017年12月29日 国家税务总局公告2017年第54号

为贯彻落实《中华人民共和国企业所得税法》及有关政策，现将《中华

① 条款失效。部分表单及填报说明已修订。参见：《国家税务总局关于修订〈中华人民共和国企业所得税年度纳税申报表（A类，2017年版）〉部分表单样式及填报说明的公告》，国家税务总局公告2018年第57号。

人民共和国企业所得税年度纳税申报表（A 类，2017 年版）》予以发布，适用于 2017 年度及以后年度企业所得税汇算清缴纳税申报。《国家税务总局关于发布〈中华人民共和国企业所得税年度纳税申报表（A 类，2014 年版）〉的公告》（国家税务总局公告 2014 年第 63 号）、《国家税务总局关于修改企业所得税年度纳税申报表（A 类，2014 年版）部分申报表的公告》（国家税务总局公告 2016 年第 3 号）同时废止。

特此公告。

中华人民共和国企业所得税年度纳税申报表（A 类，2017 年版）（编者略）

67. 境内派出机构代扣代缴

境内派出机构在向外派人员发放工资薪金时应按照相关规定履行个人所得税代扣代缴义务。

适用主体

有外派人员且支付或负担外派人员所得的中国境内的公司、企业和其他经济组织以及政府部门。

政策规定

纳税人受雇于中国境内的公司、企业和其他经济组织以及政府部门并派往境外工作，其所得由境内派出单位支付或负担的，境内派出单位为个人所得税扣缴义务人，税款由境内派出单位负责代扣代缴。其所得由境外任职、受雇的中方机构支付、负担的，可委托其境内派出（投资）机构代征税款。上述境外任职、受雇的中方机构是指中国境内的公司、企业和其他经济组织以及政府部门所属的境外分支机构、使（领）馆、子公司、代表处等。

情景问答

问：我公司外派人员到境外子公司工作，其基本工资由我公司发放，其他补贴津贴均由境外子公司发放，请问这些员工的个人所得税如何申报？

答：外派人员取得的境外工资薪金所得中，境内派出单位支付或负担的部分，其负有代扣代缴的义务；境外单位支付的部分，外派人员负有自行申报义务。但是，为方便外派人员申报税款，可委托其在中国境内的派出机构办理纳税申报。

政策依据

《国家税务总局关于印发〈境外所得个人所得税征收管理暂行办法〉的通知》（国税发〔1998〕126号）第七条

延伸阅读

67－1 《国家税务总局关于印发〈境外所得个人所得税征收管理暂行办法〉的通知》第七条

1998年8月12日　国税发〔1998〕126号

第七条　纳税人的境外所得按照有关规定交付给派出单位的部分，凡能提供有效合同或有关凭证的，经主管税务机关审核后，允许从其境外所得中扣除。

68. 个人境外所得年度自行申报

居民个人对其境外取得的所得应进行自行申报，“走出去”企业的外派人员可以委托其派出企业代为办理纳税申报。

适用主体

从中国境外取得所得的居民个人。

政策规定

居民个人从中国境外取得所得的，应当在取得所得的次年3月1日至6月30日内，向中国境内任职、受雇单位所在地主管税务机关办理纳税申报；在中国境内没有任职、受雇单位的，向户籍所在地或中国境内经常居住地主管税务机关办理纳税申报；户籍所在地与中国境内经常居住地不一致的，选择其中一地主管税务机关办理纳税申报；在中国境内没有户籍的，向中国境内经常居住地主管税务机关办理纳税申报。

政策依据

1）《中华人民共和国个人所得税法》第十三条

2）《国家税务总局关于个人所得税自行纳税申报有关问题的公告》（国家税务总局公告2018年第62号）第四条

延伸阅读

68-1 《中华人民共和国个人所得税法》第十三条

2018年8月31日　中华人民共和国主席令第九号

第十三条　纳税人取得应税所得没有扣缴义务人的，应当在取得所得的次月十五日内向税务机关报送纳税申报表，并缴纳税款。

纳税人取得应税所得，扣缴义务人未扣缴税款的，纳税人应当在取得所得的次年六月三十日前，缴纳税款；税务机关通知限期缴纳的，纳税人应当按照期限缴纳税款。

居民个人从中国境外取得所得的，应当在取得所得的次年三月一日至六月三十日内申报纳税。

非居民个人在中国境内从两处以上取得工资、薪金所得的，应当在取得所得的次月十五日内申报纳税。

纳税人因移居境外注销中国户籍的，应当在注销中国户籍前办理税款清算。

68－2 《国家税务总局关于个人所得税自行纳税申报有关问题的公告》第四条

2018 年 12 月 21 日　国家税务总局公告 2018 年第 62 号

四、取得境外所得的纳税申报

居民个人从中国境外取得所得的，应当在取得所得的次年 3 月 1 日至 6 月 30 日内，向中国境内任职、受雇单位所在地主管税务机关办理纳税申报；在中国境内没有任职、受雇单位的，向户籍所在地或中国境内经常居住地主管税务机关办理纳税申报；户籍所在地与中国境内经常居住地不一致的，选择其中一地主管税务机关办理纳税申报；在中国境内没有户籍的，向中国境内经常居住地主管税务机关办理纳税申报。

纳税人取得境外所得办理纳税申报的具体规定，另行公告。

69. 对外支付扣缴税款

“走出去”企业投资设立的境外子公司，在有来源于中国境内所得时，即构成税法意义上的非居民企业。“走出去”企业在向境外子公司支付特许权使用费所得以及其他所得，应当按照非居民税收管理规定对境外子公司应缴纳的企业所得税，实行源泉扣缴。

适用主体

向境外子公司支付特许权使用费所得以及其他所得的居民企业。

政策规定

1）居民企业在向境外子公司支付特许权使用费所得以及其他所得，按照非居民税收管理规定，境外子公司应按 20% 税率减按 10% 缴纳企业所得税，居民企业依照有关法律规定或者合同约定对其境外子公司直接负有支付相关款项义务的，则该居民企业为扣缴义务人，实行源泉扣缴。

2）扣缴义务人在申报和解缴应扣税款时，应填报《中华人民共和国扣缴企业所得税报告表》。扣缴义务人可以在申报和解缴应扣税款前报送有关申报资料；已经报送的，在申报时不再重复报送。

3）扣缴义务人应当设立代扣代缴税款账簿和合同资料档案，准确记录非居民企业所得税扣缴情况。

4）扣缴义务人应当自扣缴义务发生之日起 7 日内向扣缴义务人所在地主管税务机关申报和解缴代扣税款。扣缴义务人发生到期应支付而未支付情形，应按照《国家税务总局关于非居民企业所得税管理若干问题的公告》（国家税务总局公告 2011 年第 24 号）第一条规定进行税务处理。

5）扣缴企业所得税应纳税额计算：

扣缴企业所得税应纳税额 = 应纳税所得额 × 实际征收率

特许权使用费所得，以收入全额为应纳税所得额，不得扣除税法规定之外的税费支出。

其他所得，参照企业所得税法第十九条有关规定的方法计算应纳税所得额。

实际征收率是指企业所得税法及其实施条例等相关法律法规规定的税率，或者税收协定规定的更低的税率。

6）扣缴义务人支付或者到期应支付的款项以人民币以外的货币支付或计价的，分别按以下情形进行外币折算：

（1）扣缴义务人扣缴企业所得税的，应当按照扣缴义务发生之日人民币汇率中间价折合成人民币，计算非居民企业应纳税所得额。扣缴义务发生之日为相关款项实际支付或者到期应支付之日。

（2）取得收入的非居民企业在主管税务机关责令限期缴纳税款前自行申报缴纳应源泉扣缴税款的，应当按照填开税收缴款书之日前一日人民币汇率中间价折合成人民币，计算非居民企业应纳税所得额。

（3）主管税务机关责令取得收入的非居民企业限期缴纳应源泉扣缴税款

的，应当按照主管税务机关作出限期缴税决定之日前一日人民币汇率中间价折合成人民币，计算非居民企业应纳税所得额。

7）扣缴义务人与非居民企业签订与企业所得税法第三条第三款规定的所得有关的业务合同时，凡合同中约定由扣缴义务人实际承担应纳税款的，应将非居民企业取得的不含税所得换算为含税所得计算并解缴应扣税款。

8）按照企业所得税法第三十七条规定应当扣缴的所得税，扣缴义务人未依法扣缴或者无法履行扣缴义务的，取得所得的非居民企业应当按照企业所得税法第三十九条规定，向所得发生地主管税务机关申报缴纳未扣缴税款，并填报《中华人民共和国扣缴企业所得税报告表》。

9）非居民企业未按照企业所得税法第三十九条规定申报缴纳税款的，税务机关可以责令限期缴纳，非居民企业应当按照税务机关确定的期限申报缴纳税款；非居民企业在税务机关责令限期缴纳前自行申报缴纳税款的，视为已按期缴纳税款。

情景问答

问：我公司在某国设有一家子公司并取得这家子公司开发的一项新药的专利授权，支付给这家子公司专利使用费 100 万元，请问要扣缴的企业所得税是多少？

答：根据企业所得税法第三条第三款的规定，该子公司将其专利授予你公司使用，属于非居民在中国境内没有机构场所而取得来源于中国的所得，应在中国缴纳企业所得税。对此类所得减按 10% 税率征收企业所得税，如果这笔所得不含增值税，则应缴纳的企业所得税为 100 万元 × 10% = 10 万元，应由你公司代扣代缴。如果某国与我国有税收协定，且该子公司符合受益所有人条件，则可以申请享受我国和某国税收协定更低的税率。

政策依据

1）《中华人民共和国企业所得税法》第二条至第四条

2）《国家税务总局关于非居民企业所得税源泉扣缴有关问题的公告》（国家税务总局公告 2017 年第 37 号）

延伸阅读

69 -1 《中华人民共和国企业所得税法》第二条至第四条

2018年12月29日　中华人民共和国主席令第二十三号

第二条　企业分为居民企业和非居民企业。

本法所称居民企业，是指依法在中国境内成立，或者依照外国（地区）法律成立但实际管理机构在中国境内的企业。

本法所称非居民企业，是指依照外国（地区）法律成立且实际管理机构不在中国境内，但在中国境内设立机构、场所的，或者在中国境内未设立机构、场所，但有来源于中国境内所得的企业。

第三条　居民企业应当就其来源于中国境内、境外的所得缴纳企业所得税。

非居民企业在中国境内设立机构、场所的，应当就其所设机构、场所取得的来源于中国境内的所得，以及发生在中国境外但与其所设机构、场所有实际联系的所得，缴纳企业所得税。

非居民企业在中国境内未设立机构、场所的，或者虽设立机构、场所但取得的所得与其所设机构、场所没有实际联系的，应当就其来源于中国境内的所得缴纳企业所得税。

第四条　企业所得税的税率为25%。

非居民企业取得本法第三条第三款规定的所得，适用税率为20%。

69－2 《国家税务总局关于非居民企业所得税源泉扣缴有关问题的公告》①

2017年10月17日 国家税务总局公告2017年第37号

按照《国家税务总局关于进一步深化税务系统“放管服”改革优化税收环境的若干意见》（税总发〔2017〕101号）的安排，根据《中华人民共和国企业所得税法》（以下称“企业所得税法”）及其实施条例、《中华人民共和国税收征收管理法》及其实施细则的有关规定，现就非居民企业所得税源泉扣缴有关问题公告如下：

一、依照企业所得税法第三十七条、第三十九条和第四十条规定办理非居民企业所得税源泉扣缴相关事项，适用本公告。与执行企业所得税法第三十八条规定相关的事项不适用本公告。

二、企业所得税法实施条例第一百零四条规定的支付人自行委托代理人或指定其他第三方代为支付相关款项，或者因担保合同或法律规定等原因由第三方保证人或担保人支付相关款项的，仍由委托人、指定人或被保证人、被担保人承担扣缴义务。

三、企业所得税法第十九条第二项规定的转让财产所得包含转让股权等权益性投资资产（以下称“股权”）所得。股权转让收入减除股权净值后的余额为股权转让所得应纳税所得额。

股权转让收入是指股权转让人转让股权所收取的对价，包括货币形式和非货币形式的各种收入。

股权净值是指取得该股权的计税基础。股权的计税基础是股权转让人投资入股时向中国居民企业实际支付的出资成本，或购买该项股权时向该股权的原转让人实际支付的股权受让成本。股权在持有期间发生减值或者增值，按照国务院财政、税务主管部门规定可以确认损益的，股权净值应进行相应调整。企业在计算股权转让所得时，不得扣除被投资企业未分配利润等股东留存收益中按该项股权所可能分配的金额。

① 条款修改。第十六条和附件《非居民企业税务事项联络函》已修改。参见：《国家税务总局关于修改部分税收规范性文件的公告》，国家税务总局公告2018年第31号。

多次投资或收购的同项股权被部分转让的，从该项股权全部成本中按照转让比例计算确定被转让股权对应的成本。

四、扣缴义务人支付或者到期应支付的款项以人民币以外的货币支付或计价的，分别按以下情形进行外币折算：

（一）扣缴义务人扣缴企业所得税的，应当按照扣缴义务发生之日人民币汇率中间价折合成人民币，计算非居民企业应纳税所得额。扣缴义务发生之日为相关款项实际支付或者到期应支付之日。

（二）取得收入的非居民企业在主管税务机关责令限期缴纳税款前自行申报缴纳应源泉扣缴税款的，应当按照填开税收缴款书之日前一日人民币汇率中间价折合成人民币，计算非居民企业应纳税所得额。

（三）主管税务机关责令取得收入的非居民企业限期缴纳应源泉扣缴税款的，应当按照主管税务机关作出限期缴税决定之日前一日人民币汇率中间价折合成人民币，计算非居民企业应纳税所得额。

五、财产转让收入或财产净值以人民币以外的货币计价的，分扣缴义务人扣缴税款、纳税人自行申报缴纳税款和主管税务机关责令限期缴纳税款三种情形，先将以非人民币计价项目金额比照本公告第四条规定折合成人民币金额；再按企业所得税法第十九条第二项及相关规定计算非居民企业财产转让所得应纳税所得额。

财产净值或财产转让收入的计价货币按照取得或转让财产时实际支付或收取的计价币种确定。原计价币种停止流通并启用新币种的，按照新旧货币市场转换比例转换为新币种后进行计算。

六、扣缴义务人与非居民企业签订与企业所得税法第三条第三款规定的所得有关的业务合同时，凡合同中约定由扣缴义务人实际承担应纳税款的，应将非居民企业取得的不含税所得换算为含税所得计算并解缴应扣税款。

七、扣缴义务人应当自扣缴义务发生之日起 7 日内向扣缴义务人所在地主管税务机关申报和解缴代扣税款。扣缴义务人发生到期应支付而未支付情形，应按照《国家税务总局关于非居民企业所得税管理若干问题的公告》（国家税务总局公告 2011 年第 24 号）第一条规定进行税务处理。

非居民企业取得应源泉扣缴的所得为股息、红利等权益性投资收益的，相关应纳税款扣缴义务发生之日为股息、红利等权益性投资收益实际支付之日。

非居民企业采取分期收款方式取得应源泉扣缴所得税的同一项转让财产所得的，其分期收取的款项可先视为收回以前投资财产的成本，待成本全部收回后，再计算并扣缴应扣税款。

八、扣缴义务人在申报和解缴应扣税款时，应填报《中华人民共和国扣缴企业所得税报告表》。

扣缴义务人可以在申报和解缴应扣税款前报送有关申报资料；已经报送的，在申报时不再重复报送。

九、按照企业所得税法第三十七条规定应当扣缴的所得税，扣缴义务人未依法扣缴或者无法履行扣缴义务的，取得所得的非居民企业应当按照企业所得税法第三十九条规定，向所得发生地主管税务机关申报缴纳未扣缴税款，并填报《中华人民共和国扣缴企业所得税报告表》。

非居民企业未按照企业所得税法第三十九条规定申报缴纳税款的，税务机关可以责令限期缴纳，非居民企业应当按照税务机关确定的期限申报缴纳税款；非居民企业在税务机关责令限期缴纳前自行申报缴纳税款的，视为已按期缴纳税款。

十、非居民企业取得的同一项所得在境内存在多个所得发生地，涉及多个主管税务机关的，在按照企业所得税法第三十九条规定自行申报缴纳未扣缴税款时，可以选择一地办理本公告第九条规定的申报缴税事宜。受理申报地主管税务机关应在受理申报后5个工作日内，向扣缴义务人所在地和同一项所得其他发生地主管税务机关发送《非居民企业税务事项联络函》（见附件），告知非居民企业涉税事项。

十一、主管税务机关可以要求纳税人、扣缴义务人和其他知晓情况的相关方提供与应扣缴税款有关的合同和其他相关资料。扣缴义务人应当设立代扣代缴税款账簿和合同资料档案，准确记录非居民企业所得税扣缴情况。

十二、按照企业所得税法第三十七条规定应当扣缴的税款，扣缴义务人应扣未扣的，由扣缴义务人所在地主管税务机关依照《中华人民共和国行政处罚法》第二十三条规定责令扣缴义务人补扣税款，并依法追究扣缴义务人责任；需要向纳税人追缴税款的，由所得发生地主管税务机关依法执行。扣缴义务人所在地与所得发生地不一致的，负责追缴税款的所得发生地主管税务机关应通过扣缴义务人所在地主管税务机关核实有关情况；扣缴义务人所在地主管税务机关应当自确定应纳税款未依法扣缴之日起5个工作日内，向所得发生地主管税务机关发送《非居民企业税务事项联络函》，告知非居民企业涉税事项。

十三、主管税务机关在按照本公告第十二条规定追缴非居民企业应纳税款时，可以采取以下措施：

（一）责令该非居民企业限期申报缴纳应纳税款。

（二）收集、查实该非居民企业在中国境内其他收入项目及其支付人的相关信息，并向该其他项目支付人发出《税务事项通知书》，从该非居民企业其他收入项目款项中依照法定程序追缴欠缴税款及应缴的滞纳金。

其他项目支付人所在地与未扣税所得发生地不一致的，其他项目支付人所在地主管税务机关应给予配合和协助。

十四、按照本公告规定应当源泉扣缴税款的款项已经由扣缴义务人实际支付，但未在规定的期限内解缴应扣税款，并具有以下情形之一的，应作为税款已扣但未解缴情形，按照有关法律、行政法规规定处理：

（一）扣缴义务人已明确告知收款人已代扣税款的；

（二）已在财务会计处理中单独列示应扣税款的；

（三）已在其纳税申报中单独扣除或开始单独摊销扣除应扣税款的；

（四）其他证据证明已代扣税款的。

除上款规定情形外，按本公告规定应该源泉扣缴的税款未在规定的期限内解缴入库的，均作为应扣未扣税款情形，按照有关法律、行政法规规定处理。

十五、本公告与税收协定及其相关规定不一致的，按照税收协定及其相关规定执行。

十六、扣缴义务人所在地主管税务机关为扣缴义务人所得税主管税务机关。

对企业所得税法实施条例第七条规定的不同所得，所得发生地主管税务机关按以下原则确定：

（一）不动产转让所得，为不动产所在地国税机关。

（二）权益性投资资产转让所得，为被投资企业的所得税主管税务机关。

（三）股息、红利等权益性投资所得，为分配所得企业的所得税主管税务机关。

（四）利息所得、租金所得、特许权使用费所得，为负担、支付所得的单位或个人的所得税主管税务机关。

十七、本公告自2017年12月1日起施行。本公告第七条第二款和第三款、第九条第二款可以适用于在本公告施行前已经发生但未处理的所得。下列规定自2017年12月1日起废止：

（一）《国家税务总局关于印发〈非居民企业所得税源泉扣缴管理暂行办

法〉的通知》(国税发〔2009〕3号)。

(二)《国家税务总局关于进一步加强非居民税收管理工作的通知》(国税发〔2009〕32号)第二条第(三)项中的以下表述:

"各地应按照《国家税务总局关于印发〈非居民企业所得税源泉扣缴管理暂行办法〉的通知》(国税发〔2009〕3号)规定,落实扣缴登记和合同备案制度,辅导扣缴义务人及时准确扣缴应纳税款,建立管理台账和管理档案,追缴漏税"。

(三)《国家税务总局关于加强税种征管促进堵漏增收的若干意见》(国税发〔2009〕85号)第四条第(二)项第3目中以下表述:

"按照《国家税务总局关于印发〈非居民企业所得税源泉扣缴管理暂行办法〉的通知》(国税发〔2009〕3号)规定,落实扣缴登记和合同备案制度,辅导扣缴义务人及时准确扣缴应纳税款,建立管理台账和管理档案"。

(四)《国家税务总局关于加强非居民企业股权转让所得企业所得税管理的通知》(国税函〔2009〕698号)。

(五)《国家税务总局关于印发〈非居民企业税收协同管理办法(试行)〉的通知》(国税发〔2010〕119号)第九条。

(六)《国家税务总局关于发布〈企业重组业务企业所得税管理办法〉的公告》(国家税务总局公告2010年第4号)第三十六条。

(七)《国家税务总局关于非居民企业所得税管理若干问题的公告》(国家税务总局公告2011年第24号)第五条和第六条。

(八)《国家税务总局关于发布〈非居民企业从事国际运输业务税收管理暂行办法〉的公告》(国家税务总局公告2014年第37号)第二条第三款中以下表述:

"和《国家税务总局关于印发〈非居民企业所得税源泉扣缴管理暂行办法〉的通知》(国税发〔2009〕3号)"。

(九)《国家税务总局关于非居民企业间接转让财产企业所得税若干问题的公告》(国家税务总局公告2015年第7号)第八条第二款。

特此公告。

附件:非居民企业税务事项联络函(编者略)

70. 境外投资者递延缴纳预提所得税报告

对境外投资者从中国境内居民企业分配的利润直接投资于非禁止类投资项目，凡符合规定条件的，实行递延缴税政策，暂不征收预提所得税。

适用主体

向符合条件的境外投资者分配利润所得的居民企业。

政策规定

1）境外投资者暂不征收预提所得税须同时满足以下条件：

（1）境外投资者以分得利润进行的直接投资，包括境外投资者以分得利润进行的增资、新建、股权收购等权益性投资行为，但不包括新增、转增、收购上市公司股份（符合条件的战略投资除外）。具体是指：

①新增或转增中国境内居民企业实收资本或者资本公积；

②在中国境内投资新建居民企业；

③从非关联方收购中国境内居民企业股权；

④财政部、税务总局规定的其他方式。

境外投资者采取上述投资行为所投资的企业统称为被投资企业。

（2）境外投资者分得的利润属于中国境内居民企业向投资者实际分配已经实现的留存收益而形成的股息、红利等权益性投资收益。

（3）境外投资者用于直接投资的利润以现金形式支付的，相关款项从利润分配企业的账户直接转入被投资企业或股权转让方账户，在直接投资前不得在境内外其他账户周转；境外投资者用于直接投资的利润以实物、有价证券等非现金形式支付的，相关资产所有权直接从利润分配企业转入被投资企业或股权转让方，在直接投资前不得由其他企业、个人代为持有或临时持有。

2）自2018年1月1日起，扩大境外投资者以分配利润直接投资暂不征收预提所得税政策适用范围，由外商投资鼓励类项目扩大至所有非禁止外商投资的项目和领域。

3）利润分配企业在支付分配利润时执行暂不征税政策应当审核境外投资者提交的资料信息，并确认以下结果后，执行暂不征税政策：

（1）境外投资者填报的信息完整，没有缺项；

（2）利润实际支付过程与境外投资者填报信息吻合；

（3）境外投资者填报信息涉及利润分配企业的内容真实、准确。

4）利润分配企业已按照规定执行暂不征税政策的，应在实际支付利润之日起7日内，向主管税务机关提交以下资料：

（1）由利润分配企业填写的《中华人民共和国扣缴企业所得税报告表》；

（2）由境外投资者提交并经利润分配企业补填信息后的《非居民企业递延缴纳预提所得税信息报告表》。

5）境外投资者按照规定可以享受暂不征收预提所得税政策但未实际享受的，可在实际缴纳相关税款之日起3年内申请追补享受该政策，退还已缴纳的税款。

政策依据

1）《财政部　税务总局　国家发展改革委　商务部关于扩大境外投资者以分配利润直接投资暂不征收预提所得税政策适用范围的通知》（财税〔2018〕102号）

2）《国家税务总局关于扩大境外投资者以分配利润直接投资暂不征收预提所得税政策适用范围有关问题的公告》（国家税务总局公告2018年第53号）

延伸阅读

70－1《财政部　税务总局　国家发展改革委　商务部关于扩大境外投资者以分配利润直接投资暂不征收预提所得税政策适用范围的通知》

2018年9月29日　财税〔2018〕102号

各省、自治区、直辖市、计划单列市财政厅（局）、发展改革委、商务主管部门，国家税务总局各省、自治区、直辖市、计划单列市税务局，新疆生产建设兵团财政局、发展改革委、商务局：

为贯彻落实党中央、国务院决策部署，进一步鼓励境外投资者在华投资，现就境外投资者以分配利润直接投资暂不征收预提所得税政策问题通知如下：

一、对境外投资者从中国境内居民企业分配的利润，用于境内直接投资暂不征收预提所得税政策的适用范围，由外商投资鼓励类项目扩大至所有非禁止外商投资的项目和领域。

二、境外投资者暂不征收预提所得税须同时满足以下条件：

（一）境外投资者以分得利润进行的直接投资，包括境外投资者以分得利润进行的增资、新建、股权收购等权益性投资行为，但不包括新增、转增、收购上市公司股份（符合条件的战略投资除外）。具体是指：

1. 新增或转增中国境内居民企业实收资本或者资本公积；

2. 在中国境内投资新建居民企业；

3. 从非关联方收购中国境内居民企业股权；

4. 财政部、税务总局规定的其他方式。

境外投资者采取上述投资行为所投资的企业统称为被投资企业。

（二）境外投资者分得的利润属于中国境内居民企业向投资者实际分配已经实现的留存收益而形成的股息、红利等权益性投资收益。

（三）境外投资者用于直接投资的利润以现金形式支付的，相关款项从利润分配企业的账户直接转入被投资企业或股权转让方账户，在直接投资前不得在境内外其他账户周转；境外投资者用于直接投资的利润以实物、有价证券等非现金形式支付的，相关资产所有权直接从利润分配企业转入被投资企业或股权转让方，在直接投资前不得由其他企业、个人代为持有或临时持有。

三、境外投资者符合本通知第二条规定条件的，应按照税收管理要求进行申报并如实向利润分配企业提供其符合政策条件的资料。利润分配企业经适当审核后认为境外投资者符合本通知规定的，可暂不按照企业所得税法第三十七条规定扣缴预提所得税，并向其主管税务机关履行备案手续。

四、税务部门依法加强后续管理。境外投资者已享受本通知规定的暂不征收预提所得税政策，经税务部门后续管理核实不符合规定条件的，除属于利润分配企业责任外，视为境外投资者未按照规定申报缴纳企业所得税，依法追究延迟纳税责任，税款延迟缴纳期限自相关利润支付之日起计算。

五、境外投资者按照本通知规定可以享受暂不征收预提所得税政策但未实际享受的，可在实际缴纳相关税款之日起三年内申请追补享受该政策，退还已缴纳的税款。

六、境外投资者通过股权转让、回购、清算等方式实际收回享受暂不征收预提所得税政策待遇的直接投资，在实际收取相应款项后7日内，按规定程序向税务部门申报补缴递延的税款。

七、境外投资者享受本通知规定的暂不征收预提所得税政策待遇后，被投资企业发生重组符合特殊性重组条件，并实际按照特殊性重组进行税务处理的，可继续享受暂不征收预提所得税政策待遇，不按本通知第六条规定补缴递延的税款。

八、本通知所称“境外投资者”，是指适用《企业所得税法》第三条第三款规定的非居民企业；本通知所称“中国境内居民企业”，是指依法在中国境内成立的居民企业。

九、本通知自2018年1月1日起执行。《财政部　税务总局　国家发展改革委　商务部关于境外投资者以分配利润直接投资暂不征收预提所得税政策问题的通知》（财税〔2017〕88号）同时废止。境外投资者在2018年1月1日（含当日）以后取得的股息、红利等权益性投资收益可适用本通知，已缴税款按本通知第五条规定执行。

70－2 《国家税务总局关于扩大境外投资者以分配利润直接投资暂不征收预提所得税政策适用范围有关问题的公告》

2018年10月29日　国家税务总局公告2018年第53号

根据国务院决定，财政部、国家税务总局、国家发展和改革委员会、商务部联合发布了《关于扩大境外投资者以分配利润直接投资暂不征收预提所得税政策适用范围的通知》（财税〔2018〕102号，以下称《通知》），对境外投资者从中国境内居民企业分配的利润，用于境内直接投资暂不征收预提所得税政策的适用范围，由外商投资鼓励类项目扩大至所有非禁止外商投资的项目和领域。现对有关执行问题公告如下：

一、境外投资者以分得的利润用于补缴其在境内居民企业已经认缴的注册资本，增加实收资本或资本公积的，属于符合"新增或转增中国境内居民企业实收资本或者资本公积"情形。

二、境外投资者按照金融主管部门的规定，通过人民币再投资专用存款账户划转再投资资金，并在相关款项从利润分配企业账户转入境外投资者人民币再投资专用存款账户的当日，再由境外投资者人民币再投资专用存款账户转入被投资企业或股权转让方账户的，视为符合"境外投资者用于直接投资的利润以现金形式支付的，相关款项从利润分配企业的账户直接转入被投资企业或股权转让方账户，在直接投资前不得在境内外其他账户周转"的规定。

三、按照《通知》第四条或者第六条规定补缴税款的，境外投资者可按照有关规定享受税收协定待遇，但是仅可适用相关利润支付时有效的税收协定。后续税收协定另有规定的，按后续税收协定执行。

四、境外投资者按照《通知》第三条规定享受暂不征税政策时，应当填写《非居民企业递延缴纳预提所得税信息报告表》（附件），并提交给利润分配企业。

境外投资者按照《通知》第五条规定追补享受暂不征税政策时，应向利润分配企业主管税务机关提交《非居民企业递延缴纳预提所得税信息报告表》以及相关合同、支付凭证等办理退税的其他资料。

境外投资者按照《通知》第四条或者第六条规定补缴税款时，应当填写《中华人民共和国扣缴企业所得税报告表》，并提交给利润分配企业主管税务机关。

五、利润分配企业应当按照《通知》第三条规定审核境外投资者提交的资料信息，并确认以下结果后，执行暂不征税政策：

（一）境外投资者填报的信息完整，没有缺项；

（二）利润实际支付过程与境外投资者填报信息吻合；

（三）境外投资者填报信息涉及利润分配企业的内容真实、准确。

六、利润分配企业已按照《通知》第三条规定执行暂不征税政策的，应在实际支付利润之日起7日内，向主管税务机关提交以下资料：

（一）由利润分配企业填写的《中华人民共和国扣缴企业所得税报告表》；

（二）由境外投资者提交并经利润分配企业补填信息后的《非居民企业递延缴纳预提所得税信息报告表》。

利润分配企业主管税务机关应在收到《非居民企业递延缴纳预提所得税信息报告表》后10个工作日内，向《通知》第二条第一项规定的被投资企业（以下称被投资企业）主管税务机关或其他相关税务机关发送《非居民企业税务事项联络函》，转发相关信息。

七、被投资企业主管税务机关或者其他税务机关发现以下情况的，应在5个工作日内以《非居民企业税务事项联络函》反馈给利润分配企业主管税务机关：

（一）被投资企业不符合享受暂不征税政策条件的相关事实或信息；

（二）境外投资者处置已享受暂不征税政策的投资的相关事实或信息。

八、主管税务机关在税务管理中可以依法要求境外投资者、利润分配企业、被投资企业、股权转让方等相关单位或个人限期提供与境外投资者享受暂不征税政策相关的资料和信息。

九、利润分配企业未按照本公告第五条审核确认境外投资者提交的资料信息，致使不应享受暂不征税政策的境外投资者实际享受了暂不征税政策的，利润分配企业主管税务机关依照有关规定追究利润分配企业应扣未扣税款的责任，并依法向境外投资者追缴应当缴纳的税款。

十、境外投资者填报信息有误，致使其本不应享受暂不征税政策，但实际享受暂不征税政策的，利润分配企业主管税务机关依照《通知》第四条规定处理。

十一、境外投资者部分处置持有的包含已享受暂不征税政策和未享受暂不征税政策的同一项中国境内居民企业投资，视为先行处置已享受暂不征税政策的投资。

境外投资者未按照《通知》第六条规定补缴递延税款的，利润分配企业主管税务机关追究境外投资者延迟缴纳税款责任，税款延迟缴纳期限自实际收取相关款项后第8日（含第8日）起计算。

十二、境外投资者、利润分配企业可以委托代理人办理本公告规定的相关事项，但应当向主管税务机关提供书面委托证明。

十三、本公告自2018年1月1日起施行。《国家税务总局关于境外投资者以分配利润直接投资暂不征收预提所得税政策有关执行问题的公告》（国家税务总局公告2018年第3号）同时废止。

特此公告。

附件：非居民企业递延缴纳预提所得税信息报告表

附件

非居民企业递延缴纳预提所得税信息报告表

填表日期：　　年　月　日

货币单位：元人民币

<table>
<tr><td colspan="6">1. 境外投资者填报信息</td></tr>
<tr><td colspan="6">1.1. 境外投资者基本信息</td></tr>
<tr><td>1.1.1. 在中国的纳税人识别号</td><td colspan="2"></td><td colspan="2">1.1.2. 中文名称</td><td></td></tr>
<tr><td>1.1.3. 外文名称</td><td colspan="2"></td><td colspan="2">1.1.4. 联系方式</td><td></td></tr>
<tr><td>1.1.5. 所在居民国（地区）</td><td colspan="2"></td><td colspan="2">1.1.6. 在居民国（地区）的纳税人识别号</td><td></td></tr>
<tr><td>1.1.7. 代理人名称</td><td colspan="2"></td><td colspan="2">1.1.8. 代理人联系方式</td><td></td></tr>
<tr><td colspan="6">1.2. 被投资企业基本信息</td></tr>
<tr><td rowspan="2">1.2.1. 被投资企业纳税人识别号（社会信用代码）</td><td rowspan="2">1.2.2. 被投资企业名称</td><td rowspan="2">1.2.3. 主管税务机关</td><td colspan="2">1.2.4. 从事鼓励类投资项目所属目录和项目类型</td><td rowspan="2">1.2.5. 计划开展的与鼓励类相关的经营活动</td></tr>
<tr><td>1.2.4.1. 所属目录</td><td>1.2.4.2. 项目类型</td></tr>
<tr><td></td><td></td><td></td><td></td><td></td><td></td></tr>
<tr><td></td><td></td><td></td><td></td><td></td><td></td></tr>
<tr><td>……</td><td></td><td></td><td></td><td></td><td></td></tr>
<tr><td colspan="6">1.3. 直接投资相关信息</td></tr>
<tr><td>1.3.1. 被投资企业是否为境内外的上市公司</td><td colspan="2">□ 是
□ 否</td><td colspan="2">1.3.2. 符合条件的战略投资</td><td>□ 是
□ 否</td></tr>
<tr><td>1.3.3. 境外投资者直接投资方式</td><td colspan="5">□ 新增或转增境内居民企业实收资本或资本公积
□ 在中国境内投资新建居民企业
□ 从非关联方收购中国境内居民企业股权</td></tr>
</table>

续表

*1.3.4. 新增或转增境内居民企业实收资本或资本公积填报	1.3.4.1 新增或转增被投资企业纳税人识别号（社会信用代码）	1.3.4.2 被投资企业名称	1.3.4.3. 主管税务机关	1.3.4.4. 新增或转增被投资企业实收资本金额	1.3.4.5. 新增或转增被投资企业资本公积金额	1.3.4.6. 收款账号	1.3.4.7. 约定投资期限
	……						
	合计	—	—			—	—
*1.3.5. 在中国境内投资新建居民企业填报	1.3.5.1. 新建居民企业纳税人识别号（社会信用代码）	1.3.5.2. 新建居民企业名称	1.3.5.3. 主管税务机关	1.3.5.4. 对新建居民企业投资金额	1.3.5.5. 收款账号	1.3.5.6. 约定投资期限	
	……						
	合计	—	—		—	—	
*1.3.6. 从非关联方收购中国境内居民企业股权填报	1.3.6.1. 被投资企业纳税人识别号（社会信用代码）	1.3.6.2. 被投资企业名称	1.3.6.3. 主管税务机关	1.3.6.4. 股权受让金额	1.3.6.5. 股权转让方名称	1.3.6.6. 收款账号	1.3.6.7. 约定支付期限
	……						
	合计	—	—		—	—	—

续表

<table>
<tr><td colspan="7">1.4. 追补享受递延纳税待遇填报信息</td></tr>
<tr><td>序号</td><td>1.4.1. 已扣缴/申报股息红利预提所得税金额</td><td>1.4.2. 已扣缴/申报股息红利预提所得税完税凭证号码</td><td>1.4.3. 已扣缴/申报股息红利预提所得税完税日期</td><td>1.4.4. 本次申请退税金额</td><td></td><td></td></tr>
<tr><td>记录 1</td><td></td><td></td><td></td><td></td><td></td><td></td></tr>
<tr><td>记录 2</td><td></td><td></td><td></td><td></td><td></td><td></td></tr>
<tr><td>……</td><td></td><td></td><td></td><td></td><td></td><td></td></tr>
<tr><td>合计</td><td></td><td>—</td><td>—</td><td></td><td></td><td></td></tr>
<tr><td colspan="7">1.5. 附报资料清单</td></tr>
<tr><td>资料 1</td><td colspan="6">有委托人，报送委托书；其他资料</td></tr>
<tr><td>资料 2</td><td colspan="6"></td></tr>
<tr><td>资料 3</td><td colspan="6"></td></tr>
<tr><td>资料 4</td><td colspan="6"></td></tr>
<tr><td>资料 5</td><td colspan="6"></td></tr>
<tr><td>资料 6</td><td colspan="6"></td></tr>
<tr><td>……</td><td colspan="6"></td></tr>
<tr><td colspan="7">1.6. 声明</td></tr>
<tr><td colspan="7">我谨声明以上呈报事项真实、准确、无误，并知晓递延纳税的相关规定，如经税务机关后续管理核实不符合规定条件或后续实际收回享受递延纳税待遇的直接投资的，按照相关规定申报缴纳税款并承担相应法律后果。

境外投资者签字：　　　　签章：　　年　月　日</td></tr>
</table>

续表

2. 分配利润的境内居民企业填报信息					
2. 1. 基础信息					
2. 1. 1. 纳税人识别号（社会信用代码）				2. 1. 2. 企业名称	
2. 1. 3. 本次实际分配的股息红利金额		2. 1. 3. 1. 总额			
		2. 1. 3. 2. 其中：享受递延纳税的股息红利金额			
2. 2. 享受递延纳税的股息红利支付信息					
2. 2. 1. 享受递延纳税的股息红利支付方式			□ 现金 □ 非现金		
*2. 2. 2. 现金方式支付	2. 2. 2. 1. 付款人账号	2. 2. 2. 2. 日期	2. 2. 2. 3. 金额	2. 2. 2. 4. 收款人名称	2. 2. 2. 5. 收款人账号
	账号 1				
	账号 2				
	……				
	合计	—		—	—
*2. 2. 3. 非现金支付方式支付	2. 2. 3. 1. 用于支付的资产名称	2. 2. 3. 2. 用于支付的资产类型	2. 2. 3. 3. 视同股息分配日期	2. 2. 3. 4. 折价分配金额	2. 2. 3. 5. 受让人名称
	……				
	合计	—	—		
2. 3. 附报资料清单					
资料 1	有委托人，报送委托书；其他资料				
资料 2					

续表

资料 3		
资料 4		
资料 5		
资料 6		
……		
2. 4. 声明		
我谨声明以上呈报事项真实、准确、无误。 分配利润的居民企业公章：　　经办人：　　年　月　日		
3. 税务机关受理情况		
主管税务机关受理专用章：	受理人：	
	受理日期：　　年　月　日	

非居民企业递延缴纳预提所得税信息报告表填表说明

一、本表由境外投资者在按照《财政部　国家税务总局　国家发展改革委　商务部关于境外投资者以分配利润直接投资暂不征收预提所得税政策有关问题的通知》（财税〔2017〕88 号，以下称《通知》）第三条规定申报享受递延纳税政策时填报，并提交利润分配企业；由利润分配企业审核并补填相关信息后转报利润分配企业主管税务机关。本表一式三份，境外投资者、利润分配企业和主管税务机关各执一份。境外投资者按照《通知》第五条规定追补享受递延纳税政策的，也填报本表，并直接报送利润分配企业主管税务机关。

二、1 栏下所属信息由境外投资者填报。

三、1.1.1 栏填写境外投资者办理税务登记时生成的纳税人识别号。截至填表时没有办理过纳税事项，无纳税人识别号的，可以不填。

四、1.1.2 栏填写中文名称或者中文译文全称。

五、1.1.3 栏填写在境外成立地的合法名称全称。

六、1.1.4 栏填写有效联系方式，多个联系方式用逗号隔开。

七、1.1.5 栏填写境外投资者境外成立地所在国家（地区）的名称。

八、1.1.6 栏填写境外投资者在境外成立地所在国家（地区）的纳税识别号（如有）。

九、1.1.7 栏填写受境外投资者委托代为办理递延纳税事项的代理人（如有）名称。

十、1.1.8 栏填写受境外投资者委托代为办理递延纳税事项的代理人联系方式。1.1.7 栏填报代理人的，本栏必填。

十一、1.2 栏：本项所属信息分别按不同被投资企业填报。境外投资者可分得的利润直接转增利润分配企业资本或资本公积的，利润分配企业为被投资企业。

十二、1.2.1 栏填写被投资企业税务登记证上注明的纳税人名称识别号（社会信用代码）。

十三、1.2.2 栏填写被投资企业合法名称。

十四、1.2.3 栏填写被投资企业主管税务机关。

十五、1.2.4.1 栏：属于《外商投资产业指导目录》的，填写 1；属于《中西部地区外商投资优势产业目录》的填写 2，至少填写一项，可填写两项。

十六、1.2.4.2 栏填写所属目录的鼓励类投资项目类型或代码。

十七、1.2.5 栏：属于投资建设工程或购置机器设备，填写 1；属于研发活动的，填写 2；属于生产产品或提供服务的填写 3；属于其他活动的，填写 4。至少填写一项，可以填写多项。

十八、1.3.1 栏在“是”或“否”两个选项中勾选一项。

十九、1.3.2 栏在“是”或“否”两个选项中勾选一项。

二十、1.3.3 栏在三个选项中勾选，至少勾选一项，可勾选多项。

二十一、1.3.3 栏勾选“新增或转增境内居民企业实收资本或资本公积”的，1.3.4 栏所属信息必填，本项信息分不同投资次别填报。

二十二、1.3.4.1 栏填写被投资企业税务登记证上注明的纳税人识别号（社会信用代码），注意与 1.2.1 栏信息一致。

二十三、1.3.4.2 栏填写被投资企业合法名称，注意与 1.2.2 栏信息一致。

二十四、1.3.4.3 栏填写被投资企业主管税务机关，注意与 1.2.3 栏信息一致。

二十五、1.3.4.4 栏填写用分得利润新增或转增被投资企业实收资本金额。

二十六、1.3.4.5 栏填写用分得利润新增或转增被投资企业资本公积的金额。

二十七、1.3.4.6 栏填写被投资企业收款账号。

二十八、1.3.4.7 栏填写约定的直接投资款项缴付期限。

二十九、1.3.3 栏勾选“在中国境内投资新建居民企业”的，1.3.5 栏所属信息必填，本项信息分不同投资次别填报。

三十、1.3.5.1 栏填写新建企业税务登记证上注明的纳税人识别号（社会信用代码），注意与1.2.1 栏信息一致。

三十一、1.3.5.2 栏填写新建企业合法名称，注意与 1.2.2 栏信息一致。

三十二、1.3.5.3 栏填写新建企业主管税务机关，注意与 1.2.3 栏信息一致。

三十三、1.3.5.4 栏填写以分得的利润直接投资新建企业资本金金额。

三十四、1.3.5.5 栏填写新建境内居民企业收款账号。

三十五、1.3.5.6 栏填写约定的直接投资款项缴付期限。

三十六、1.3.6 栏勾选“从非关联方收购中国境内居民企业股权”的，1.3.6 栏所属信息必填，本项信息分不同投资次别填报。

三十七、1.3.6.1 栏填写被投资企业税务登记证上注明的纳税人识别号（社会信用代码），注意与1.2.1 栏信息一致。

三十八、1.3.6.2 栏填写被投资企业合法名称，注意与 1.2.2 栏信息一致。

三十九、1.3.6.3 栏填写被投资企业主管税务机关，注意与 1.2.3 栏信息一致。

四十、1.3.6.4 栏填写以分得的利润收购股权的金额。

四十一、1.3.6.5 栏填写股权转让方合法名称。

四十二、1.3.6.6 栏填写股权转让方收款账号。

四十三、1.3.6.7 栏填写约定的股权收购价款支付期限。

四十四、追补享受递延纳税政策的境外投资者加报 1.4 栏所属信息。

四十五、1.4.1 栏填写可以享受递延纳税的利润分配额已扣缴/申报股息红利预提所得税金额。

四十六、1.4.2 栏填写已经实际缴税的完税凭证号码。

四十七、1.4.3 栏填写实际缴税日期。

四十八、1.4.4 栏填写本次申请追补享受递延纳税政策的退税金额。

四十九、1.5 栏填写境外投资者提供的附报资料清单。

五十、1.6 栏由境外投资者或其合法代表人（含授权代表人）签字、签章（如有），并填写作出声明的日期。

五十一、2 栏所属信息由分配利润企业填报。

五十二、2.1.1 栏填写利润分配企业税务登记证上注明的纳税人识别号（社会信用代码）。

五十三、2.1.2 栏填写利润分配企业合法名称。

五十四、2.1.3.1 栏填写利润分配企业本次分配的股息红利总金额，包括不享受递延纳税的金额。

五十五、2.1.3.2 栏填写享受递延纳税的股息红利金额。

五十六、2.2.1 栏：从“现金”和“非现金”两个选项中勾选，至少勾选一项，可以勾选两项。

五十七、2.2.1栏：勾选“现金”的，2.2.2栏所属信息必填。本项所属信息分不同支付次别填报。注意与境外投资者填报信息比对。

五十八、2.2.2.1栏填写利润分配企业向被投资企业支付股息分配款项的账号。

五十九、2.2.2.2栏填写股息分配款项支付日期。

六十、2.2.2.3栏填写股息分配款项支付金额。

六十一、2.2.2.4栏填写股息分配款项收款人合法名称。

六十二、2.2.2.5栏填写股息分配款项收款人账号。

六十三、2.2.1栏勾选“非现金”的，2.2.3栏所属信息必填。本项所属信息分不同支付资产项目填报。注意与境外投资者填报信息比对。

六十四、2.2.3.1栏填写用于支付的资产在利润分配企业的识别名称。

六十五、2.2.3.2栏：用于支付的资产属于实物的，填写1；用于支付的资产属于有价证券的，填写2；用于支付的资产属于其他的，填写3。只填写一项。

六十六、2.2.3.3栏填写非现金支付视同股息分配的日期。

六十七、2.2.3.4栏填写非现金支付折算股息分配的金额。

六十八、2.2.3.5栏填写受让人在相关交易中使用的名称。

六十九、2.3栏填写分配利润企业提供的附报资料清单。

七十、2.4栏由分配利润企业签章，由分配利润企业的合法代表人或其授权代表人在经办人处签字，并填写作出声明的日期。

七十一、3栏由税务机关填写，盖分配利润企业主管税务机关业务受理专用章，主管税务机关办理受理业务的人员在受理人处签名。并填写主管税务机关业务受理的日期。

71. 转让定价

转让定价管理是指税务机关按照企业所得税法和税收征收管理法的有关规定，对企业与其关联方之间的业务往来是否符合独立交易原则进行审核评估和调查调整等工作的总称。

独立交易原则是指没有关联关系的交易各方，按照公平成交价格和营业常规进行业务往来遵循的原则。

适用主体

与关联方之间的业务往来不符合独立交易原则的企业。

政策规定

税务机关通过关联申报审核、同期资料管理和利润水平监控等手段，对企业实施特别纳税调整监控管理，发现企业存在特别纳税调整风险的，可以向企业送达《税务事项通知书》，提示其存在的税收风险。

企业收到特别纳税调整风险提示或者发现自身存在特别纳税调整风险的，可以自行调整补税。企业自行调整补税的，应当填报《特别纳税调整自行缴纳税款表》。企业自行调整补税的，税务机关仍可按照有关规定实施特别纳税调查调整。

企业要求税务机关确认关联交易定价原则和方法等特别纳税调整事项的，税务机关应当启动特别纳税调查程序。

适用条件

企业与其关联方之间的业务往来，不符合独立交易原则而减少企业或者其关联方应纳税收入或者所得额的，税务机关有权按照合理方法调整。

情景问答

问：我公司有跨境的关联销售，在定价上需要注意什么问题？

答：企业与关联方在销售商品、提供劳务、转让财产、提供财产使用权或资金借贷等交易中的定价行为需要符合独立交易原则。

政策依据

1）《中华人民共和国企业所得税法》第四十一条第一款

2）《中华人民共和国企业所得税法实施条例》第一百零九条、第一百一十条

3）《中华人民共和国税收征收管理法》第三十六条

4）《中华人民共和国税收征收管理法实施细则》第五十一条至第五十六条

5）《国家税务总局关于印发〈特别纳税调查调整实施办法办法（试行）〉的通知》（国税发〔2009〕2 号）第三条

6）《国家税务总局关于发布〈特别纳税调查调整及相互协商程序管理办法〉的公告》（国家税务总局公告 2017 年第6 号）

延伸阅读

71－1 《中华人民共和国企业所得税法》第四十一条第一款

2018 年 12 月 29 日　中华人民共和国主席令第二十三号

第四十一条　企业与其关联方之间的业务往来，不符合独立交易原则而减少企业或者其关联方应纳税收入或者所得额的，税务机关有权按照合理方法调整。

71－2 《中华人民共和国企业所得税法实施条例》第一百零九条、第一百一十条

2019 年 4 月 23 日　中华人民共和国国务院令第 714 号

第一百零九条　企业所得税法第四十一条所称关联方，是指与企业有下列关联关系之一的企业、其他组织或者个人：

（一）在资金、经营、购销等方面存在直接或者间接的控制关系；

（二）直接或者间接地同为第三者控制；

（三）在利益上具有相关联的其他关系。

第一百一十条　企业所得税法第四十一条所称独立交易原则，是指没有关联关系的交易各方，按照公平成交价格和营业常规进行业务往来遵循的原则。

71-3 《中华人民共和国税收征收管理法》第三十六条

2015年4月24日 中华人民共和国主席令第二十三号

第三十六条 企业或者外国企业在中国境内设立的从事生产、经营的机构、场所与其关联企业之间的业务往来，应当按照独立企业之间的业务往来收取或者支付价款、费用；不按照独立企业之间的业务往来收取或者支付价款、费用，而减少其应纳税的收入或者所得额的，税务机关有权进行合理调整。

71-4 《中华人民共和国税收征收管理法实施细则》第五十一条至第五十六条

2016年2月6日 中华人民共和国国务院令第666号

第五十一条 税收征管法第三十六条所称关联企业，是指有下列关系之一的公司、企业和其他经济组织：

（一）在资金、经营、购销等方面，存在直接或者间接的拥有或者控制关系；

（二）直接或者间接地同为第三者所拥有或者控制；

（三）在利益上具有相关联的其他关系。

纳税人有义务就其与关联企业之间的业务往来，向当地税务机关提供有关的价格、费用标准等资料。具体办法由国家税务总局制定。

第五十二条 税收征管法第三十六条所称独立企业之间的业务往来，是指没有关联关系的企业之间按照公平成交价格和营业常规所进行的业务往来。

第五十三条 纳税人可以向主管税务机关提出与其关联企业之间业务往来的定价原则和计算方法，主管税务机关审核、批准后，与纳税人预先约定有关定价事项，监督纳税人执行。

第五十四条 纳税人与其关联企业之间的业务往来有下列情形之一的，税务机关可以调整其应纳税额：

（一）购销业务未按照独立企业之间的业务往来作价；

（二）融通资金所支付或者收取的利息超过或者低于没有关联关系的企业之间所能同意的数额，或者利率超过或者低于同类业务的正常利率；

（三）提供劳务，未按照独立企业之间业务往来收取或者支付劳务费用；

（四）转让财产、提供财产使用权等业务往来，未按照独立企业之间业务往来作价或者收取、支付费用；

（五）未按照独立企业之间业务往来作价的其他情形。

第五十五条　纳税人有本细则第五十四条所列情形之一的，税务机关可以按照下列方法调整计税收入额或者所得额：

（一）按照独立企业之间进行的相同或者类似业务活动的价格；

（二）按照再销售给无关联关系的第三者的价格所应取得的收入和利润水平；

（三）按照成本加合理的费用和利润；

（四）按照其他合理的方法。

第五十六条　纳税人与其关联企业未按照独立企业之间的业务往来支付价款、费用的，税务机关自该业务往来发生的纳税年度起3年内进行调整；有特殊情况的，可以自该业务往来发生的纳税年度起10年内进行调整。

71－5　《国家税务总局关于印发〈特别纳税调查调整实施办法办法（试行）〉的通知》第三条

2009年1月8日　国税发〔2009〕2号

第三条　转让定价管理是指税务机关按照所得税法第六章和征管法第三十六条的有关规定，对企业与其关联方之间的业务往来（以下简称关联交易）是否符合独立交易原则进行审核评估和调查调整等工作的总称。

71－6 《国家税务总局关于发布〈特别纳税调查调整及相互协商程序管理办法〉的公告》[①]

2017年3月17日 国家税务总局公告2017年第6号

为深入贯彻落实《深化国税、地税征管体制改革方案》，进一步完善特别纳税调查调整及相互协商程序管理工作，积极应用税基侵蚀和利润转移（BEPS）行动计划成果，有效执行我国对外签署的避免双重征税协定、协议或者安排，根据《中华人民共和国企业所得税法》及其实施条例、《中华人民共和国税收征收管理法》及其实施细则的有关规定，国家税务总局制定了《特别纳税调查调整及相互协商程序管理办法》，现予以发布，自2017年5月1日起施行。

特此公告。

附件：1. 特别纳税调整自行缴纳税款表（编者略）
2. 关联关系认定表（编者略）
3. 关联交易认定表（编者略）
4. 特别纳税调查结论通知书（编者略）
5. 协商内容记录（编者略）
6. 特别纳税调查初步调整通知书（编者略）
7. 特别纳税调查调整通知书（编者略）
8. 启动特别纳税调整相互协商程序申请表（编者略）
9. 特别纳税调整相互协商协议补（退）税款通知书（编者略）

特别纳税调查调整及相互协商程序管理办法

第一条 根据《中华人民共和国企业所得税法》（以下简称企业所得税法）及其实施条例、《中华人民共和国税收征收管理法》（以下简称税收征管法）及其实施细则以及我国对外签署的避免双重征税协定、协议或者安排

① 条款失效废止。第四十一条第二款失效废止。参见：《国家税务总局关于公布全文失效废止和部分条款失效废止的税收规范性文件目录的公告》，国家税务总局公告2018年第33号。

（以下简称税收协定）的有关规定，制定本办法。

第二条　税务机关以风险管理为导向，构建和完善关联交易利润水平监控管理指标体系，加强对企业利润水平的监控，通过特别纳税调整监控管理和特别纳税调查调整，促进企业税法遵从。

第三条　税务机关通过关联申报审核、同期资料管理和利润水平监控等手段，对企业实施特别纳税调整监控管理，发现企业存在特别纳税调整风险的，可以向企业送达《税务事项通知书》，提示其存在的税收风险。

企业收到特别纳税调整风险提示或者发现自身存在特别纳税调整风险的，可以自行调整补税。企业自行调整补税的，应当填报《特别纳税调整自行缴纳税款表》。

企业自行调整补税的，税务机关仍可按照有关规定实施特别纳税调查调整。

企业要求税务机关确认关联交易定价原则和方法等特别纳税调整事项的，税务机关应当启动特别纳税调查程序。

第四条　税务机关实施特别纳税调查，应当重点关注具有以下风险特征的企业：

（一）关联交易金额较大或者类型较多；

（二）存在长期亏损、微利或者跳跃性盈利；

（三）低于同行业利润水平；

（四）利润水平与其所承担的功能风险不相匹配，或者分享的收益与分摊的成本不相配比；

（五）与低税国家（地区）关联方发生关联交易；

（六）未按照规定进行关联申报或者准备同期资料；

（七）从其关联方接受的债权性投资与权益性投资的比例超过规定标准；

（八）由居民企业，或者由居民企业和中国居民控制的设立在实际税负低于12.5%的国家（地区）的企业，并非由于合理的经营需要而对利润不作分配或者减少分配；

（九）实施其他不具有合理商业目的的税收筹划或者安排。

第五条　税务机关应当向已确定立案调查的企业送达《税务检查通知书（一）》。被立案调查企业为非居民企业的，税务机关可以委托境内关联方或者与调查有关的境内企业送达《税务检查通知书（一）》。

经预备会谈与税务机关达成一致意见，已向税务机关提交《预约定价安排谈签意向书》，并申请预约定价安排追溯适用以前年度的企业，或者已向税务机关提交《预约定价安排续签申请书》的企业，可以暂不作为特别纳税调整的调查对象。预约定价安排未涉及的年度和关联交易除外。

第六条　税务机关实施特别纳税调查时，可以要求被调查企业及其关联方，或者与调查有关的其他企业提供相关资料：

（一）要求被调查企业及其关联方，或者与调查有关的其他企业提供相关资料的，应当向该企业送达《税务事项通知书》，该企业在境外的，税务机关可以委托境内关联方或者与调查有关的境内企业向该企业送达《税务事项通知书》；

（二）需要到被调查企业的关联方或者与调查有关的其他企业调查取证的，应当向该企业送达《税务检查通知书（二）》。

第七条　被调查企业及其关联方以及与调查有关的其他企业应当按照税务机关要求提供真实、完整的相关资料：

（一）提供由自身保管的书证原件。原本、正本和副本均属于书证的原件。提供原件确有困难的，可以提供与原件核对无误的复印件、照片、节录本等复制件。提供方应当在复制件上注明“与原件核对无误，原件存于我处”，并由提供方签章；

（二）提供由有关方保管的书证原件复制件、影印件或者抄录件的，提供方应当在复制件、影印件或者抄录件上注明“与原件核对无误”，并注明出处，由该有关方及提供方签章；

（三）提供外文书证或者外文视听资料的，应当附送中文译本。提供方应当对中文译本的准确性和完整性负责；

（四）提供境外相关资料的，应当说明来源。税务机关对境外资料真实性和完整性有疑义的，可以要求企业提供公证机构的证明。

第八条　税务机关实施特别纳税调查时，应当按照法定权限和程序进行，可以采用实地调查、检查纸质或者电子数据资料、调取账簿、询问、查询存款账户或者储蓄存款、发函协查、国际税收信息交换、异地协查等方式，收集能够证明案件事实的证据材料。收集证据材料过程中，可以记录、录音、录像、照相和复制，录音、录像、照相前应当告知被取证方。记录内容应当由两名以上调查人员签字，并经被取证方核实签章确认。被取证方拒绝签章的，税务机关调查人员（两名以上）应当注明。

第九条　以电子数据证明案件事实的，税务机关可以采取以下方式进行取证：

（一）要求提供方将电子数据打印成纸质资料，在纸质资料上注明数据出处、打印场所，并注明“与电子数据核对无误”，由提供方签章；

（二）采用有形载体形式固定电子数据，由调查人员与提供方指定人员一起将电子数据复制到只读存储介质上并封存。在封存包装物上注明电子数据名称、数据来源、制作方法、制作时间、制作人、文件格式及大小等，并注明“与原始载体记载的电子数据核对无误”，由提供方签章。

第十条　税务机关需要将以前年度的账簿、会计凭证、财务会计报告和其他有关资料调回检查的，应当按照税收征管法及其实施细则有关规定，向被调查企业送达《调取账簿资料通知书》，填写《调取账簿资料清单》交其核对后签章确认。调回资料应当妥善保管，并在法定时限内完整退还。

第十一条　税务机关需要采用询问方式收集证据材料的，应当由两名以上调查人员实施询问，并制作《询问（调查）笔录》。

第十二条　需要被调查当事人、证人陈述或者提供证言的，应当事先告知其不如实陈述或者提供虚假证言应当承担的法律责任。被调查当事人、证人可以采取书面或者口头方式陈述或者提供证言，以口头方式陈述或者提供证言的，调查人员可以笔录、录音、录像。笔录应当使用能够长期保持字迹的书写工具书写，也可使用计算机记录并打印，陈述或者证言应当由被调查当事人、证人逐页签章。

陈述或者证言中应当写明被调查当事人、证人的姓名、工作单位、联系方式等基本信息，注明出具日期，并附居民身份证复印件等身份证明材料。

被调查当事人、证人口头提出变更陈述或者证言的，调查人员应当就变更部分重新制作笔录，注明原因，由被调查当事人、证人逐页签章。被调查当事人、证人变更书面陈述或者证言的，不退回原件。

第十三条　税务机关应当结合被调查企业年度关联业务往来报告表和相关资料，对其与关联方的关联关系以及关联交易金额进行确认，填制《关联关系认定表》和《关联交易认定表》，并由被调查企业确认签章。被调查企业拒绝确认的，税务机关调查人员（两名以上）应当注明。

第十四条　被调查企业不提供特别纳税调查相关资料，或者提供虚假、不完整资料的，由税务机关责令限期改正，逾期仍未改正的，税务机关按照税收征管法及其实施细则有关规定进行处理，并依法核定其应纳税所得额。

第十五条　税务机关实施转让定价调查时，应当进行可比性分析，可比性分析一般包括以下五个方面。税务机关可以根据案件情况选择具体分析内容：

（一）交易资产或者劳务特性，包括有形资产的物理特性、质量、数量等；无形资产的类型、交易形式、保护程度、期限、预期收益等；劳务的性质和内容；金融资产的特性、内容、风险管理等；

（二）交易各方执行的功能、承担的风险和使用的资产。功能包括研发、设计、采购、加工、装配、制造、维修、分销、营销、广告、存货管理、物流、仓储、融资、管理、财务、会计、法律及人力资源管理等；风险包括投资风险、研发风险、采购风险、生产风险、市场风险、管理风险及财务风险等；资产包括有形资产、无形资产、金融资产等；

（三）合同条款，包括交易标的、交易数量、交易价格、收付款方式和条件、交货条件、售后服务范围和条件、提供附加劳务的约定、变更或者修改合同内容的权利、合同有效期、终止或者续签合同的权利等。合同条款分析应当关注企业执行合同的能力与行为，以及关联方之间签署合同条款的可信度等；

（四）经济环境，包括行业概况、地理区域、市场规模、市场层级、市场占有率、市场竞争程度、消费者购买力、商品或者劳务可替代性、生产要素价格、运输成本、政府管制，以及成本节约、市场溢价等地域特殊因素；

（五）经营策略，包括创新和开发、多元化经营、协同效应、风险规避及市场占有策略等。

第十六条　税务机关应当在可比性分析的基础上，选择合理的转让定价方法，对企业关联交易进行分析评估。转让定价方法包括可比非受控价格法、再销售价格法、成本加成法、交易净利润法、利润分割法及其他符合独立交易原则的方法。

第十七条　可比非受控价格法以非关联方之间进行的与关联交易相同或者类似业务活动所收取的价格作为关联交易的公平成交价格。可比非受控价格法可以适用于所有类型的关联交易。

可比非受控价格法的可比性分析，应当按照不同交易类型，特别考察关联交易与非关联交易中交易资产或者劳务的特性、合同条款、经济环境和经营策略上的差异：

（一）有形资产使用权或者所有权的转让，包括：

1. 转让过程，包括交易时间与地点、交货条件、交货手续、支付条件、交易数量、售后服务等；

2. 转让环节，包括出厂环节、批发环节、零售环节、出口环节等；

3. 转让环境，包括民族风俗、消费者偏好、政局稳定程度以及财政、税收、外汇政策等；

4. 有形资产的性能、规格、型号、结构、类型、折旧方法等；

5. 提供使用权的时间、期限、地点、费用收取标准等；

6. 资产所有者对资产的投资支出、维修费用等。

（二）金融资产的转让，包括金融资产的实际持有期限、流动性、安全性、收益性。其中，股权转让交易的分析内容包括公司性质、业务结构、资产构成、所属行业、行业周期、经营模式、企业规模、资产配置和使用情况、企业所处经营阶段、成长性、经营风险、财务风险、交易时间、地理区域、股权关系、历史与未来经营情况、商誉、税收利益、流动性、经济趋势、宏观政策、企业收入和成本结构及其他因素；

（三）无形资产使用权或者所有权的转让，包括：

1. 无形资产的类别、用途、适用行业、预期收益；

2. 无形资产的开发投资、转让条件、独占程度、可替代性、受有关国家法律保护的程度及期限、地理位置、使用年限、研发阶段、维护改良及更新的权利、受让成本和费用、功能风险情况、摊销方法以及其他影响其价值发生实质变动的特殊因素等。

（四）资金融通，包括融资的金额、币种、期限、担保、融资人的资信、还款方式、计息方法等；

（五）劳务交易，包括劳务性质、技术要求、专业水准、承担责任、付款条件和方式、直接和间接成本等。

关联交易与非关联交易在以上方面存在重大差异的，应当就该差异对价格的影响进行合理调整，无法合理调整的，应当选择其他合理的转让定价方法。

第十八条　再销售价格法以关联方购进商品再销售给非关联方的价格减去可比非关联交易毛利后的金额作为关联方购进商品的公平成交价格。其计算公式如下：

公平成交价格 = 再销售给非关联方的价格 ×（1 - 可比非关联交易毛利率）

可比非关联交易毛利率 = 可比非关联交易毛利/可比非关联交易收入净额 ×100%

再销售价格法一般适用于再销售者未对商品进行改变外形、性能、结构或者更换商标等实质性增值加工的简单加工或者单纯购销业务。

再销售价格法的可比性分析，应当特别考察关联交易与非关联交易中企业执行的功能、承担的风险、使用的资产和合同条款上的差异，以及影响毛利率的其他因素，具体包括营销、分销、产品保障及服务功能，存货风险，机器、设备的价值及使用年限，无形资产的使用及价值，有价值的营销型无形资产，批发或者零售环节，商业经验，会计处理及管理效率等。

关联交易与非关联交易在以上方面存在重大差异的，应当就该差异对毛利率的影响进行合理调整，无法合理调整的，应当选择其他合理的转让定价方法。

第十九条　成本加成法以关联交易发生的合理成本加上可比非关联交易毛利后的金额作为关联交易的公平成交价格。其计算公式如下：

公平成交价格＝关联交易发生的合理成本×（1＋可比非关联交易成本加成率）

可比非关联交易成本加成率＝可比非关联交易毛利/可比非关联交易成本×100%

成本加成法一般适用于有形资产使用权或者所有权的转让、资金融通、劳务交易等关联交易。

成本加成法的可比性分析，应当特别考察关联交易与非关联交易中企业执行的功能、承担的风险、使用的资产和合同条款上的差异，以及影响成本加成率的其他因素，具体包括制造、加工、安装及测试功能，市场及汇兑风险，机器、设备的价值及使用年限，无形资产的使用及价值，商业经验，会计处理，生产及管理效率等。

关联交易与非关联交易在以上方面存在重大差异的，应当就该差异对成本加成率的影响进行合理调整，无法合理调整的，应当选择其他合理的转让定价方法。

第二十条　交易净利润法以可比非关联交易的利润指标确定关联交易的利润。利润指标包括息税前利润率、完全成本加成率、资产收益率、贝里比率等。具体计算公式如下：

（一）息税前利润率＝息税前利润/营业收入×100%

（二）完全成本加成率＝息税前利润/完全成本×100%

（三）资产收益率＝息税前利润/［（年初资产总额＋年末资产总额）/2］×100%

（四）贝里比率＝毛利/（营业费用＋管理费用）×100%

利润指标的选取应当反映交易各方执行的功能、承担的风险和使用的资产。利润指标的计算以企业会计处理为基础，必要时可以对指标口径进行合理调整。

交易净利润法一般适用于不拥有重大价值无形资产企业的有形资产使用权或者所有权的转让和受让、无形资产使用权受让以及劳务交易等关联交易。

交易净利润法的可比性分析，应当特别考察关联交易与非关联交易中企业执行的功能、承担的风险和使用的资产，经济环境上的差异，以及影响利润的其他因素，具体包括行业和市场情况，经营规模，经济周期和产品生命周期，收入、成本、费用和资产在各交易间的分配，会计处理及经营管理效率等。

关联交易与非关联交易在以上方面存在重大差异的，应当就该差异对利润的影响进行合理调整，无法合理调整的，应当选择其他合理的转让定价方法。

第二十一条　利润分割法根据企业与其关联方对关联交易合并利润（实际或者预计）的贡献计算各自应当分配的利润额。利润分割法主要包括一般利润分割法和剩余利润分割法。

一般利润分割法通常根据关联交易各方所执行的功能、承担的风险和使用的资产，采用符合独立交易原则的利润分割方式，确定各方应当取得的合理利润；当难以获取可比交易信息但能合理确定合并利润时，可以结合实际情况考虑与价值贡献相关的收入、成本、费用、资产、雇员人数等因素，分析关联交易各方对价值做出的贡献，将利润在各方之间进行分配。

剩余利润分割法将关联交易各方的合并利润减去分配给各方的常规利润后的余额作为剩余利润，再根据各方对剩余利润的贡献程度进行分配。

利润分割法一般适用于企业及其关联方均对利润创造具有独特贡献，业务高度整合且难以单独评估各方交易结果的关联交易。利润分割法的适用应当体现利润应在经济活动发生地和价值创造地征税的基本原则。

利润分割法的可比性分析，应当特别考察关联交易各方执行的功能、承担的风险和使用的资产，收入、成本、费用和资产在各方之间的分配，成本节约、市场溢价等地域特殊因素，以及其他价值贡献因素，确定各方对剩余利润贡献所使用的信息和假设条件的可靠性等。

第二十二条　其他符合独立交易原则的方法包括成本法、市场法和收益法等资产评估方法，以及其他能够反映利润与经济活动发生地和价值创造地相匹配原则的方法。

成本法是以替代或者重置原则为基础，通过在当前市场价格下创造一项相似资产所发生的支出确定评估标的价值的评估方法。成本法适用于能够被替代的资产价值评估。

市场法是利用市场上相同或者相似资产的近期交易价格，经过直接比较或者类比分析以确定评估标的价值的评估方法。市场法适用于在市场上能找到与评估标的相同或者相似的非关联可比交易信息时的资产价值评估。

收益法是通过评估标的未来预期收益现值来确定其价值的评估方法。收益法适用于企业整体资产和可预期未来收益的单项资产评估。

第二十三条　税务机关分析评估被调查企业关联交易时，应当在分析评估交易各方功能风险的基础上，选择功能相对简单的一方作为被测试对象。

第二十四条　税务机关在进行可比性分析时，优先使用公开信息，也可以使用非公开信息。

第二十五条　税务机关分析评估被调查企业关联交易是否符合独立交易原则时，可以根据实际情况选择算术平均法、加权平均法或者四分位法等统计方法，逐年分别或者多年度平均计算可比企业利润或者价格的平均值或者四分位区间。

税务机关应当按照可比利润水平或者可比价格对被调查企业各年度关联交易进行逐年测试调整。

税务机关采用四分位法分析评估企业利润水平时，企业实际利润水平低于可比企业利润率区间中位值的，原则上应当按照不低于中位值进行调整。

第二十六条　税务机关分析评估被调查企业为其关联方提供的来料加工业务，在可比企业不是相同业务模式，且业务模式的差异会对利润水平产生影响的情况下，应当对业务模式的差异进行调整，还原其不作价的来料和设备价值。企业提供真实完整的来料加工产品整体价值链相关资料，能够反映各关联方总体利润水平的，税务机关可以就被调查企业与可比企业因料件还原产生的资金占用差异进行可比性调整，利润水平调整幅度超过10%的，应当重新选择可比企业。

除本条第一款外，对因营运资本占用不同产生的利润差异不作调整。

第二十七条　税务机关分析评估被调查企业关联交易是否符合独立交易原则时，选取的可比企业与被调查企业处于不同经济环境的，应当分析成本节约、市场溢价等地域特殊因素，并选择合理的转让定价方法确定地域特殊因素对利润的贡献。

第二十八条　企业为境外关联方从事来料加工或者进料加工等单一生产业

务，或者从事分销、合约研发业务，原则上应当保持合理的利润水平。

上述企业如出现亏损，无论是否达到《国家税务总局关于完善关联申报和同期资料管理有关事项的公告》（国家税务总局公告2016年第42号）中的同期资料准备标准，均应当就亏损年度准备同期资料本地文档。税务机关应当重点审核上述企业的本地文档，加强监控管理。

上述企业承担由于决策失误、开工不足、产品滞销、研发失败等原因造成的应当由关联方承担的风险和损失的，税务机关可以实施特别纳税调整。

第二十九条　税务机关对关联交易进行调查分析时，应当确定企业所获得的收益与其执行的功能或者承担的风险是否匹配。

企业与其关联方之间隐匿关联交易直接或者间接导致国家总体税收收入减少的，税务机关可以通过还原隐匿交易实施特别纳税调整。

企业与其关联方之间抵消关联交易直接或者间接导致国家总体税收收入减少的，税务机关可以通过还原抵消交易实施特别纳税调整。

第三十条　判定企业及其关联方对无形资产价值的贡献程度及相应的收益分配时，应当全面分析企业所属企业集团的全球营运流程，充分考虑各方在无形资产开发、价值提升、维护、保护、应用和推广中的价值贡献，无形资产价值的实现方式，无形资产与集团内其他业务的功能、风险和资产的相互作用。

企业仅拥有无形资产所有权而未对无形资产价值做出贡献的，不应当参与无形资产收益分配。无形资产形成和使用过程中，仅提供资金而未实际执行相关功能和承担相应风险的，应当仅获得合理的资金成本回报。

第三十一条　企业与其关联方转让或者受让无形资产使用权而收取或者支付的特许权使用费，应当根据下列情形适时调整，未适时调整的，税务机关可以实施特别纳税调整：

（一）无形资产价值发生根本性变化；

（二）按照营业常规，非关联方之间的可比交易应当存在特许权使用费调整机制；

（三）无形资产使用过程中，企业及其关联方执行的功能、承担的风险或者使用的资产发生变化；

（四）企业及其关联方对无形资产进行后续开发、价值提升、维护、保护、应用和推广做出贡献而未得到合理补偿。

第三十二条　企业与其关联方转让或者受让无形资产使用权而收取或者支付的特许权使用费，应当与无形资产为企业或者其关联方带来的经济利益相匹配。与经济利益不匹配而减少企业或者其关联方应纳税收入或者所得额的，税务机关可以实施特别纳税调整。未带来经济利益，且不符合独立交易原则的，税务机关可以按照已税前扣除的金额全额实施特别纳税调整。

企业向仅拥有无形资产所有权而未对其价值创造做出贡献的关联方支付特许权使用费，不符合独立交易原则的，税务机关可以按照已税前扣除的金额全额实施特别纳税调整。

第三十三条　企业以融资上市为主要目的在境外成立控股公司或者融资公司，仅因融资上市活动所产生的附带利益向境外关联方支付特许权使用费，不符合独立交易原则的，税务机关可以按照已税前扣除的金额全额实施特别纳税调整。

第三十四条　企业与其关联方发生劳务交易支付或者收取价款不符合独立交易原则而减少企业或者其关联方应纳税收入或者所得额的，税务机关可以实施特别纳税调整。

符合独立交易原则的关联劳务交易应当是受益性劳务交易，并且按照非关联方在相同或者类似情形下的营业常规和公平成交价格进行定价。受益性劳务是指能够为劳务接受方带来直接或者间接经济利益，且非关联方在相同或者类似情形下，愿意购买或者愿意自行实施的劳务活动。

第三十五条　企业向其关联方支付非受益性劳务的价款，税务机关可以按照已税前扣除的金额全额实施特别纳税调整。非受益性劳务主要包括以下情形：

（一）劳务接受方从其关联方接受的，已经购买或者自行实施的劳务活动；

（二）劳务接受方从其关联方接受的，为保障劳务接受方的直接或者间接投资方的投资利益而实施的控制、管理和监督等劳务活动。该劳务活动主要包括：

1. 董事会活动、股东会活动、监事会活动和发行股票等服务于股东的活动；

2. 与劳务接受方的直接或者间接投资方、集团总部和区域总部的经营报告或者财务报告编制及分析有关的活动；

3. 与劳务接受方的直接或者间接投资方、集团总部和区域总部的经营及资本运作有关的筹资活动；

4. 为集团决策、监管、控制、遵从需要所实施的财务、税务、人事、法务等活动；

5. 其他类似情形。

（三）劳务接受方从其关联方接受的，并非针对其具体实施的，只是因附属于企业集团而获得额外收益的劳务活动。该劳务活动主要包括：

1. 为劳务接受方带来资源整合效应和规模效应的法律形式改变、债务重组、股权收购、资产收购、合并、分立等集团重组活动；

2. 由于企业集团信用评级提高，为劳务接受方带来融资成本下降等利益的相关活动；

3. 其他类似情形。

（四）劳务接受方从其关联方接受的，已经在其他关联交易中给予补偿的劳务活动。该劳务活动主要包括：

1. 从特许权使用费支付中给予补偿的与专利权或者非专利技术相关的服务；

2. 从贷款利息支付中给予补偿的与贷款相关的服务；

3. 其他类似情形。

（五）与劳务接受方执行的功能和承担的风险无关，或者不符合劳务接受方经营需要的关联劳务活动；

（六）其他不能为劳务接受方带来直接或者间接经济利益，或者非关联方不愿意购买或者不愿意自行实施的关联劳务活动。

第三十六条　企业接受或者提供的受益性劳务应当充分考虑劳务的具体内容和特性，劳务提供方的功能、风险、成本和费用，劳务接受方的受益情况、市场环境，交易双方的财务状况，以及可比交易的定价情况等因素，按照本办法的有关规定选择合理的转让定价方法，并遵循以下原则：

（一）关联劳务能够分别按照各劳务接受方、劳务项目为核算单位归集相关劳务成本费用的，应当以劳务接受方、劳务项目合理的成本费用为基础，确定交易价格；

（二）关联劳务不能分别按照各劳务接受方、劳务项目为核算单位归集相关劳务成本费用的，应当采用合理标准和比例向各劳务接受方分配，并以分配的成本费用为基础，确定交易价格。分配标准应当根据劳务性质合理确定，可以根据实际情况采用营业收入、营运资产、人员数量、人员工资、设备使用量、数据流量、工作时间以及其他合理指标，分配结果应当与劳务接受方的受益程度相匹配。非受益性劳务的相关成本费用支出不得计入分配基数。

第三十七条　企业向未执行功能、承担风险，无实质性经营活动的境外关联方支付费用，不符合独立交易原则的，税务机关可以按照已税前扣除的金额全额实施特别纳税调整。

第三十八条　实际税负相同的境内关联方之间的交易，只要该交易没有直接或者间接导致国家总体税收收入的减少，原则上不作特别纳税调整。

第三十九条　经调查，税务机关未发现企业存在特别纳税调整问题的，应当作出特别纳税调查结论，并向企业送达《特别纳税调查结论通知书》。

第四十条　经调查，税务机关发现企业存在特别纳税调整问题的，应当按照以下程序实施调整：

（一）在测算、论证、可比性分析的基础上，拟定特别纳税调查调整方案；

（二）根据拟定调整方案与企业协商谈判，双方均应当指定主谈人，调查人员应当做好《协商内容记录》，并由双方主谈人签字确认。企业拒签的，税务机关调查人员（两名以上）应当注明。企业拒绝协商谈判的，税务机关向企业送达《特别纳税调查初步调整通知书》；

（三）协商谈判过程中，企业对拟定调整方案有异议的，应当在税务机关规定的期限内进一步提供相关资料。税务机关收到资料后，应当认真审议，并作出审议结论。根据审议结论，需要进行特别纳税调整的，税务机关应当形成初步调整方案，向企业送达《特别纳税调查初步调整通知书》；

（四）企业收到《特别纳税调查初步调整通知书》后有异议的，应当自收到通知书之日起7日内书面提出。税务机关收到企业意见后，应当再次协商、审议。根据审议结论，需要进行特别纳税调整，并形成最终调整方案的，税务机关应当向企业送达《特别纳税调查调整通知书》；

（五）企业收到《特别纳税调查初步调整通知书》后，在规定期限内未提出异议的，或者提出异议后又拒绝协商的，或者虽提出异议但经税务机关审议后不予采纳的，税务机关应当以初步调整方案作为最终调整方案，向企业送达《特别纳税调查调整通知书》。

第四十一条　企业收到《特别纳税调查调整通知书》后有异议的，可以在依照《特别纳税调查调整通知书》缴纳或者解缴税款、利息、滞纳金或者提供相应的担保后，依法申请行政复议。

企业收到国家税务局送达的《特别纳税调查调整通知书》后有异议的，向其上一级国家税务局申请行政复议；企业收到地方税务局送达的《特别纳税调查调整通知书》后有异议的，可以选择向其上一级地方税务局或者本级人民政府申请行政复议。

对行政复议决定不服的，可以依法向人民法院提起行政诉讼。

第四十二条　税务机关对企业实施特别纳税调整，涉及企业向境外关联方支付利息、租金、特许权使用费的，除另有规定外，不调整已扣缴的税款。

第四十三条　企业可以在《特别纳税调查调整通知书》送达前自行缴纳税款。企业自行缴纳税款的，应当填报《特别纳税调整自行缴纳税款表》。

第四十四条　税务机关对企业实施特别纳税调整的，应当根据企业所得税法及其实施条例的有关规定对2008年1月1日以后发生交易补征的企业所得税按日加收利息。

特别纳税调查调整补缴的税款，应当按照应补缴税款所属年度的先后顺序确定补缴税款的所属年度，以入库日为截止日，分别计算应加收的利息额：

（一）企业在《特别纳税调查调整通知书》送达前缴纳或者送达后补缴税款的，应当自税款所属纳税年度的次年6月1日起至缴纳或者补缴税款之日止计算加收利息。企业超过《特别纳税调查调整通知书》补缴税款期限仍未缴纳税款的，应当自补缴税款期限届满次日起按照税收征管法及其实施细则的有关规定加收滞纳金，在加收滞纳金期间不再加收利息；

（二）利息率按照税款所属纳税年度12月31日公布的与补税期间同期的中国人民银行人民币贷款基准利率（以下简称基准利率）加5个百分点计算，并按照一年365天折算日利息率；

（三）企业按照有关规定提供同期资料及有关资料的，或者按照有关规定不需要准备同期资料但根据税务机关要求提供其他相关资料的，可以只按照基准利率加收利息。

经税务机关调查，企业实际关联交易额达到准备同期资料标准，但未按照规定向税务机关提供同期资料的，税务机关补征税款加收利息，适用本条第二款第二项规定。

第四十五条　企业自行调整补税且主动提供同期资料等有关资料，或者按照有关规定不需要准备同期资料但根据税务机关要求提供其他相关资料的，其2008年1月1日以后发生交易的自行调整补税按照基准利率加收利息。

第四十六条　被调查企业在税务机关实施特别纳税调查调整期间申请变更经营地址或者注销税务登记的，税务机关在调查结案前原则上不予办理税务变更、注销手续。

第四十七条　根据我国对外签署的税收协定的有关规定，国家税务总局可以依据企业申请或者税收协定缔约对方税务主管当局请求启动相互协商程序，与税收协定缔约对方税务主管当局开展协商谈判，避免或者消除由特别纳税调整事项引起的国际重复征税。

相互协商内容包括：

（一）双边或者多边预约定价安排的谈签；

（二）税收协定缔约一方实施特别纳税调查调整引起另一方相应调整的协商谈判。

第四十八条　企业申请启动相互协商程序的，应当在税收协定规定期限内，向国家税务总局书面提交《启动特别纳税调整相互协商程序申请表》和特别纳税调整事项的有关说明。企业当面报送上述资料的，以报送日期为申请日期；邮寄报送的，以国家税务总局收到上述资料的日期为申请日期。

国家税务总局收到企业提交的上述资料后，认为符合税收协定有关规定的，可以启动相互协商程序；认为资料不全的，可以要求企业补充提供资料。

第四十九条　税收协定缔约对方税务主管当局请求启动相互协商程序的，国家税务总局收到正式来函后，认为符合税收协定有关规定的，可以启动相互协商程序。

国家税务总局认为税收协定缔约对方税务主管当局提供的资料不完整、事实不清晰的，可以要求对方补充提供资料，或者通过主管税务机关要求涉及的境内企业协助核实。

第五十条　国家税务总局决定启动相互协商程序的，应当书面通知省税务机关，并告知税收协定缔约对方税务主管当局。负责特别纳税调整事项的主管税务机关应当在收到书面通知后15个工作日内，向企业送达启动相互协商程序的《税务事项通知书》。

第五十一条　在相互协商过程中，税务机关可以要求企业进一步补充提供资料，企业应当在规定的时限内提交。

第五十二条　有下列情形之一的，国家税务总局可以拒绝企业申请或者税收协定缔约对方税务主管当局启动相互协商程序的请求：

（一）企业或者其关联方不属于税收协定任一缔约方的税收居民；

（二）申请或者请求不属于特别纳税调整事项；

（三）申请或者请求明显缺乏事实或者法律依据；

（四）申请不符合税收协定有关规定；

（五）特别纳税调整案件尚未结案或者虽然已经结案但是企业尚未缴纳应纳税款。

第五十三条 有下列情形之一的，国家税务总局可以暂停相互协商程序：

（一）企业申请暂停相互协商程序；

（二）税收协定缔约对方税务主管当局请求暂停相互协商程序；

（三）申请必须以另一被调查企业的调查调整结果为依据，而另一被调查企业尚未结束调查调整程序；

（四）其他导致相互协商程序暂停的情形。

第五十四条 有下列情形之一的，国家税务总局可以终止相互协商程序：

（一）企业或者其关联方不提供与案件有关的必要资料，或者提供虚假、不完整资料，或者存在其他不配合的情形；

（二）企业申请撤回或者终止相互协商程序；

（三）税收协定缔约对方税务主管当局撤回或者终止相互协商程序；

（四）其他导致相互协商程序终止的情形。

第五十五条 国家税务总局决定暂停或者终止相互协商程序的，应当书面通知省税务机关。负责特别纳税调整事项的主管税务机关应当在收到书面通知后15个工作日内，向企业送达暂停或者终止相互协商程序的《税务事项通知书》。

第五十六条 国家税务总局与税收协定缔约对方税务主管当局签署相互协商协议后，应当书面通知省税务机关，附送相互协商协议。负责特别纳税调整事项的主管税务机关应当在收到书面通知后15个工作日内，向企业送达《税务事项通知书》，附送相互协商协议。需要补（退）税的，应当附送《特别纳税调整相互协商协议补（退）税款通知书》或者《预约定价安排补（退）税款通知书》，并监控执行补（退）税款情况。

应纳税收入或者所得额以外币计算的，应当按照相互协商协议送达企业之日上月最后一日人民币汇率中间价折合成人民币，计算应补缴或者应退还的税款。

补缴税款应当加收利息的，按照《中华人民共和国企业所得税法实施条例》第一百二十二条规定的人民币贷款基准利率执行。

第五十七条 各级税务机关应当对税收协定缔约对方税务主管当局、企业或者其扣缴义务人、代理人等在相互协商中提供的有关资料保密。

第五十八条 企业或者其扣缴义务人、代理人等在相互协商中弄虚作假，或者有其他违法行为的，税务机关应当按照税收征管法及其实施细则的有关规定处理。

第五十九条　企业按照本办法规定向国家税务总局提起相互协商申请的，提交的资料应当同时采用中文和英文文本，企业向税收协定缔约双方税务主管当局提交资料内容应当保持一致。

第六十条　涉及税收协定条款解释或者执行的相互协商程序，按照《国家税务总局关于发布〈税收协定相互协商程序实施办法〉的公告》（国家税务总局公告 2013 年第 56 号）的有关规定执行。

第六十一条　本办法施行前已受理但尚未达成一致的相互协商案件，适用本办法的规定。

第六十二条　本办法自 2017 年 5 月 1 日起施行。《特别纳税调整实施办法（试行）》（国税发〔2009〕2 号文件印发）第四章、第五章、第十一章和第十二章、《国家税务总局关于加强转让定价跟踪管理有关问题的通知》（国税函〔2009〕188 号）、《国家税务总局关于强化跨境关联交易监控和调查的通知》（国税函〔2009〕363 号）、《国家税务总局关于特别纳税调整监控管理有关问题的公告》（国家税务总局公告 2014 年第 54 号）、《国家税务总局关于企业向境外关联方支付费用有关企业所得税问题的公告》（国家税务总局公告 2015 年第 16 号）同时废止。

72. 成本分摊协议

成本分摊协议管理是指税务机关按照企业所得税法的规定，对企业与其关联方签署的成本分摊协议是否符合独立交易原则进行审核评估和调查调整等工作的总称。

适用主体

共同开发、受让无形资产，或者共同提供、接受劳务的关联企业。

政策规定

企业与其关联方签署成本分摊协议，有下列情形之一的，其自行分摊的成本不得税前扣除：

1）不具有合理商业目的和经济实质；

2）不符合独立交易原则；

3）没有遵循成本与收益配比原则；

4）未按有关规定备案或准备、保存和提供有关成本分摊协议的同期资料；

5）自签署成本分摊协议之日起经营期限少于 20 年。

适用条件

企业与其关联方共同开发、受让无形资产，或者共同提供、接受劳务协议中的成本，在计算应纳税所得额时未按照独立交易原则进行分摊的，税务机关有权按照合理方法调整。

情景问答

问：我公司与境外子公司签订成本分摊协议，应向税务机关提供哪些资料？

答：企业应自与关联方签订（变更）成本分摊协议之日起 30 日内，向主管税务机关报送成本分摊协议副本，并在年度企业所得税纳税申报时，附送《中华人民共和国企业年度关联业务往来报告表》。税务机关对成本分摊协议进行后续管理，对不符合独立交易原则和成本与收益相匹配原则的成本分摊协议，实施特别纳税调查调整。

政策依据

1）《中华人民共和国企业所得税法》第四十一条第二款

2）《中华人民共和国企业所得税法实施条例》第一百一十二条

3）《国家税务总局关于印发〈特别纳税调整实施办法（试行）〉的通知》（国税发〔2009〕2 号）第六十四条至第六十八条、第七十条至第七十三条、第七十五条

4）《国家税务总局关于规范成本分摊协议管理的公告》（国家税务总局公

告2015年第45号）

5）《国家税务总局关于完善关联申报和同期资料管理有关事项的公告》（国家税务总局公告2016年第42号）

延伸阅读

72-1 《中华人民共和国企业所得税法》第四十一条第二款

2018年12月29日 中华人民共和国主席令第二十三号

企业与其关联方共同开发、受让无形资产，或者共同提供、接受劳务发生的成本，在计算应纳税所得额时应当按照独立交易原则进行分摊。

72-2 《中华人民共和国企业所得税法实施条例》第一百一十二条

2019年4月23日 中华人民共和国国务院令第714号

第一百一十二条 企业可以依照企业所得税法第四十一条第二款的规定，按照独立交易原则与其关联方分摊共同发生的成本，达成成本分摊协议。

企业与其关联方分摊成本时，应当按照成本与预期收益相配比的原则进行分摊，并在税务机关规定的期限内，按照税务机关的要求报送有关资料。

企业与其关联方分摊成本时违反本条第一款、第二款规定的，其自行分摊的成本不得在计算应纳税所得额时扣除。

72－3 《国家税务总局关于印发〈特别纳税调整实施办法（试行）〉的通知》第六十四条至第六十八条、第七十条至第七十三条、第七十五条

2009 年 1 月 8 日 国税发〔2009〕2 号

第六十四条 根据所得税法第四十一条第二款及所得税法实施条例第一百一十二条的规定，企业与其关联方签署成本分摊协议，共同开发、受让无形资产，或者共同提供、接受劳务，应符合本章规定。

第六十五条 成本分摊协议的参与方对开发、受让的无形资产或参与的劳务活动享有受益权，并承担相应的活动成本。关联方承担的成本应与非关联方在可比条件下为获得上述受益权而支付的成本相一致。

参与方使用成本分摊协议所开发或受让的无形资产不需另支付特许权使用费。

第六十六条 企业对成本分摊协议所涉及无形资产或劳务的受益权应有合理的、可计量的预期收益，且以合理商业假设和营业常规为基础。

第六十七条 涉及劳务的成本分摊协议一般适用于集团采购和集团营销策划。

第六十八条 成本分摊协议主要包括以下内容：

（一）参与方的名称、所在国家（地区）、关联关系、在协议中的权利和义务；

（二）成本分摊协议所涉及的无形资产或劳务的内容、范围，协议涉及研发或劳务活动的具体承担者及其职责、任务；

（三）协议期限；

（四）参与方预期收益的计算方法和假设；

（五）参与方初始投入和后续成本支付的金额、形式、价值确认的方法以及符合独立交易原则的说明；

（六）参与方会计方法的运用及变更说明；

（七）参与方加入或退出协议的程序及处理规定；

（八）参与方之间补偿支付的条件及处理规定；

（九）协议变更或终止的条件及处理规定；

（十）非参与方使用协议成果的规定。

……

第七十条　已经执行并形成一定资产的成本分摊协议，参与方发生变更或协议终止执行，应根据独立交易原则做如下处理：

（一）加入支付，即新参与方为获得已有协议成果的受益权应做出合理的支付；

（二）退出补偿，即原参与方退出协议安排，将已有协议成果的受益权转让给其他参与方应获得合理的补偿；

（三）参与方变更后，应对各方受益和成本分摊情况做出相应调整；

（四）协议终止时，各参与方应对已有协议成果做出合理分配。

企业不按独立交易原则对上述情况做出处理而减少其应纳税所得额的，税务机关有权做出调整。

第七十一条　成本分摊协议执行期间，参与方实际分享的收益与分摊的成本不相配比的，应根据实际情况做出补偿调整。

第七十二条　对于符合独立交易原则的成本分摊协议，有关税务处理如下：

（一）企业按照协议分摊的成本，应在协议规定的各年度税前扣除；

（二）涉及补偿调整的，应在补偿调整的年度计入应纳税所得额；

（三）涉及无形资产的成本分摊协议，加入支付、退出补偿或终止协议时对协议成果分配的，应按资产购置或处置的有关规定处理。

第七十三条　企业可根据本办法第六章的规定采取预约定价安排的方式达成成本分摊协议。

……

第七十五条　企业与其关联方签署成本分摊协议，有下列情形之一的，其自行分摊的成本不得税前扣除：

（一）不具有合理商业目的和经济实质；

（二）不符合独立交易原则；

（三）没有遵循成本与收益配比原则；

（四）未按本办法有关规定备案或准备、保存和提供有关成本分摊协议的同期资料；

（五）自签署成本分摊协议之日起经营期限少于20年。

72－4 《国家税务总局关于规范成本分摊协议管理的公告》

2015年6月16日　国家税务总局公告2015年第45号

为贯彻落实《国务院关于取消非行政许可审批事项的决定》（国发〔2015〕27号），规范成本分摊协议管理，依据《中华人民共和国企业所得税法》及其实施条例、《中华人民共和国税收征收管理法》及其实施细则，现就有关事项公告如下：

一、企业应自与关联方签订（变更）成本分摊协议之日起30日内，向主管税务机关报送成本分摊协议副本，并在年度企业所得税纳税申报时，附送《中华人民共和国企业年度关联业务往来报告表》。

二、税务机关应当加强成本分摊协议的后续管理，对不符合独立交易原则和成本与收益相匹配原则的成本分摊协议，实施特别纳税调查调整。

三、企业执行成本分摊协议期间，参与方实际分享的收益与分摊的成本不配比的，应当根据实际情况做出补偿调整。参与方未做补偿调整的，税务机关应当实施特别纳税调查调整。

四、本公告自2015年7月16日起施行。《特别纳税调整实施办法（试行）》（国税发〔2009〕2号文件印发）第六十九条同时废止。

特此公告。

72－5 《国家税务总局关于完善关联申报和同期资料管理有关事项的公告》

2016年6月29日　国家税务总局公告2016年第42号

为进一步完善关联申报和同期资料管理，根据《中华人民共和国企业所得税法》（以下简称企业所得税法）及其实施条例、《中华人民共和国税收征收管理法》（以下简称税收征管法）及其实施细则的有关规定，现就有关问题公告如下：

一、实行查账征收的居民企业和在中国境内设立机构、场所并据实申报缴纳企业所得税的非居民企业向税务机关报送年度企业所得税纳税申报表时，应当就其与关联方之间的业务往来进行关联申报，附送《中华人民共和国企业年度关联业务往来报告表（2016年版）》。

二、企业与其他企业、组织或者个人具有下列关系之一的，构成本公告所称关联关系：

（一）一方直接或者间接持有另一方的股份总和达到25%以上；双方直接或者间接同为第三方所持有的股份达到25%以上。

如果一方通过中间方对另一方间接持有股份，只要其对中间方持股比例达到25%以上，则其对另一方的持股比例按照中间方对另一方的持股比例计算。

两个以上具有夫妻、直系血亲、兄弟姐妹以及其他抚养、赡养关系的自然人共同持股同一企业，在判定关联关系时持股比例合并计算。

（二）双方存在持股关系或者同为第三方持股，虽持股比例未达到本条第（一）项规定，但双方之间借贷资金总额占任一方实收资本比例达到50%以上，或者一方全部借贷资金总额的10%以上由另一方担保（与独立金融机构之间的借贷或者担保除外）。

借贷资金总额占实收资本比例＝年度加权平均借贷资金/年度加权平均实收资本，其中：

年度加权平均借贷资金＝$\sum_{i=1}^{n}$ i笔借入或者贷出资金账面金额×i笔借入或者贷出资金年度实际占用天数/365

年度加权平均实收资本＝$\sum_{i=1}^{n}$ i笔实收资本账面金额×i笔实收资本年度实际占用天数/365

（三）双方存在持股关系或者同为第三方持股，虽持股比例未达到本条第（一）项规定，但一方的生产经营活动必须由另一方提供专利权、非专利技术、商标权、著作权等特许权才能正常进行。

（四）双方存在持股关系或者同为第三方持股，虽持股比例未达到本条第（一）项规定，但一方的购买、销售、接受劳务、提供劳务等经营活动由另一方控制。

上述控制是指一方有权决定另一方的财务和经营政策，并能据以从另一方的经营活动中获取利益。

（五）一方半数以上董事或者半数以上高级管理人员（包括上市公司董事

会秘书、经理、副经理、财务负责人和公司章程规定的其他人员）由另一方任命或者委派，或者同时担任另一方的董事或者高级管理人员；或者双方各自半数以上董事或者半数以上高级管理人员同为第三方任命或者委派。

（六）具有夫妻、直系血亲、兄弟姐妹以及其他抚养、赡养关系的两个自然人分别与双方具有本条第（一）至（五）项关系之一。

（七）双方在实质上具有其他共同利益。

除本条第（二）项规定外，上述关联关系年度内发生变化的，关联关系按照实际存续期间认定。

三、仅因国家持股或者由国有资产管理部门委派董事、高级管理人员而存在本公告第二条第（一）至（五）项关系的，不构成本公告所称关联关系。

四、关联交易主要包括：

（一）有形资产使用权或者所有权的转让。有形资产包括商品、产品、房屋建筑物、交通工具、机器设备、工具器具等。

（二）金融资产的转让。金融资产包括应收账款、应收票据、其他应收款项、股权投资、债权投资和衍生金融工具形成的资产等。

（三）无形资产使用权或者所有权的转让。无形资产包括专利权、非专利技术、商业秘密、商标权、品牌、客户名单、销售渠道、特许经营权、政府许可、著作权等。

（四）资金融通。资金包括各类长短期借贷资金（含集团资金池）、担保费、各类应计息预付款和延期收付款等。

（五）劳务交易。劳务包括市场调查、营销策划、代理、设计、咨询、行政管理、技术服务、合约研发、维修、法律服务、财务管理、审计、招聘、培训、集中采购等。

五、存在下列情形之一的居民企业，应当在报送年度关联业务往来报告表时，填报国别报告：

（一）该居民企业为跨国企业集团的最终控股企业，且其上一会计年度合并财务报表中的各类收入金额合计超过55亿元。

最终控股企业是指能够合并其所属跨国企业集团所有成员实体财务报表的，且不能被其他企业纳入合并财务报表的企业。

成员实体应当包括：

1. 实际已被纳入跨国企业集团合并财务报表的任一实体。

2. 跨国企业集团持有该实体股权且按公开证券市场交易要求应被纳入但

实际未被纳入跨国企业集团合并财务报表的任一实体。

3. 仅由于业务规模或者重要性程度而未被纳入跨国企业集团合并财务报表的任一实体。

4. 独立核算并编制财务报表的常设机构。

（二）该居民企业被跨国企业集团指定为国别报告的报送企业。

国别报告主要披露最终控股企业所属跨国企业集团所有成员实体的全球所得、税收和业务活动的国别分布情况。

六、最终控股企业为中国居民企业的跨国企业集团，其信息涉及国家安全的，可以按照国家有关规定，豁免填报部分或者全部国别报告。

七、税务机关可以按照我国对外签订的协定、协议或者安排实施国别报告的信息交换。

八、企业虽不属于本公告第五条规定填报国别报告的范围，但其所属跨国企业集团按照其他国家有关规定应当准备国别报告，且符合下列条件之一的，税务机关可以在实施特别纳税调查时要求企业提供国别报告：

（一）跨国企业集团未向任何国家提供国别报告。

（二）虽然跨国企业集团已向其他国家提供国别报告，但我国与该国尚未建立国别报告信息交换机制。

（三）虽然跨国企业集团已向其他国家提供国别报告，且我国与该国已建立国别报告信息交换机制，但国别报告实际未成功交换至我国。

九、企业在规定期限内报送年度关联业务往来报告表确有困难，需要延期的，应当按照税收征管法及其实施细则的有关规定办理。

十、企业应当依据企业所得税法实施条例第一百一十四条的规定，按纳税年度准备并按税务机关要求提供其关联交易的同期资料。

同期资料包括主体文档、本地文档和特殊事项文档。

十一、符合下列条件之一的企业，应当准备主体文档：

（一）年度发生跨境关联交易，且合并该企业财务报表的最终控股企业所属企业集团已准备主体文档。

（二）年度关联交易总额超过10亿元。

十二、主体文档主要披露最终控股企业所属企业集团的全球业务整体情况，包括以下内容：

（一）组织架构

以图表形式说明企业集团的全球组织架构、股权结构和所有成员实体的地理分布。成员实体是指企业集团内任一营运实体，包括公司制企业、合伙企业和常设机构等。

（二）企业集团业务

1. 企业集团业务描述，包括利润的重要价值贡献因素。

2. 企业集团营业收入前五位以及占营业收入超过5%的产品或者劳务的供应链及其主要市场地域分布情况。供应链情况可以采用图表形式进行说明。

3. 企业集团除研发外的重要关联劳务及简要说明，说明内容包括主要劳务提供方提供劳务的胜任能力、分配劳务成本以及确定关联劳务价格的转让定价政策。

4. 企业集团内各成员实体主要价值贡献分析，包括执行的关键功能、承担的重大风险、以及使用的重要资产。

5. 企业集团会计年度内发生的业务重组，产业结构调整，集团内企业功能、风险或者资产的转移。

6. 企业集团会计年度内发生的企业法律形式改变、债务重组、股权收购、资产收购、合并、分立等。

（三）无形资产

1. 企业集团开发、应用无形资产及确定无形资产所有权归属的整体战略，包括主要研发机构所在地和研发管理活动发生地及其主要功能、风险、资产和人员情况。

2. 企业集团对转让定价安排有显著影响的无形资产或者无形资产组合，以及对应的无形资产所有权人。

3. 企业集团内各成员实体与其关联方的无形资产重要协议清单，重要协议包括成本分摊协议、主要研发服务协议和许可协议等。

4. 企业集团内与研发活动及无形资产相关的转让定价政策。

5. 企业集团会计年度内重要无形资产所有权和使用权关联转让情况，包括转让涉及的企业、国家以及转让价格等。

（四）融资活动

1. 企业集团内部各关联方之间的融资安排以及与非关联方的主要融资安排。

2. 企业集团内提供集中融资功能的成员实体情况，包括其注册地和实际管理机构所在地。

3. 企业集团内部各关联方之间融资安排的总体转让定价政策。

（五）财务与税务状况

1. 企业集团最近一个会计年度的合并财务报表。

2. 企业集团内各成员实体签订的单边预约定价安排、双边预约定价安排以及涉及国家之间所得分配的其他税收裁定的清单及简要说明。

3. 报送国别报告的企业名称及其所在地。

十三、年度关联交易金额符合下列条件之一的企业，应当准备本地文档：

（一）有形资产所有权转让金额（来料加工业务按照年度进出口报关价格计算）超过2亿元。

（二）金融资产转让金额超过1亿元。

（三）无形资产所有权转让金额超过1亿元。

（四）其他关联交易金额合计超过4000万元。

十四、本地文档主要披露企业关联交易的详细信息，包括以下内容：

（一）企业概况

1. 组织结构，包括企业各职能部门的设置、职责范围和雇员数量等。

2. 管理架构，包括企业各级管理层的汇报对象以及汇报对象主要办公所在地等。

3. 业务描述，包括企业所属行业的发展概况、产业政策、行业限制等影响企业和行业的主要经济和法律问题，主要竞争者等。

4. 经营策略，包括企业各部门、各环节的业务流程，运营模式，价值贡献因素等。

5. 财务数据，包括企业不同类型业务及产品的收入、成本、费用及利润。

6. 涉及本企业或者对本企业产生影响的重组或者无形资产转让情况，以及对本企业的影响分析。

（二）关联关系

1. 关联方信息，包括直接或者间接拥有企业股权的关联方，以及与企业发生交易的关联方，内容涵盖关联方名称、法定代表人、高级管理人员的构成情况、注册地址、实际经营地址，以及关联个人的姓名、国籍、居住地等情况。

2. 上述关联方适用的具有所得税性质的税种、税率及相应可享受的税收优惠。

3. 本会计年度内，企业关联关系的变化情况。

（三）关联交易

1. 关联交易概况

（1）关联交易描述和明细，包括关联交易相关合同或者协议副本及其执行情况的说明，交易标的的特性，关联交易的类型、参与方、时间、金额、结算货币、交易条件、贸易形式，以及关联交易与非关联交易业务的异同等。

（2）关联交易流程，包括关联交易的信息流、物流和资金流，与非关联交易业务流程的异同。

（3）功能风险描述，包括企业及其关联方在各类关联交易中执行的功能、承担的风险和使用的资产。

（4）交易定价影响要素，包括关联交易涉及的无形资产及其影响，成本节约、市场溢价等地域特殊因素。地域特殊因素应从劳动力成本、环境成本、市场规模、市场竞争程度、消费者购买力、商品或者劳务的可替代性、政府管制等方面进行分析。

（5）关联交易数据，包括各关联方、各类关联交易涉及的交易金额。分别披露关联交易和非关联交易的收入、成本、费用和利润，不能直接归集的，按照合理比例划分，并说明该划分比例的依据。

2. 价值链分析

（1）企业集团内业务流、物流和资金流，包括商品、劳务或者其他交易标的从设计、开发、生产制造、营销、销售、交货、结算、消费、售后服务、循环利用等各环节及其参与方。

（2）上述各环节参与方最近会计年度的财务报表。

（3）地域特殊因素对企业创造价值贡献的计量及其归属。

（4）企业集团利润在全球价值链条中的分配原则和分配结果。

3. 对外投资

（1）对外投资基本信息，包括对外投资项目的投资地区、金额、主营业务及战略规划。

（2）对外投资项目概况，包括对外投资项目的股权架构、组织结构，高级管理人员的雇佣方式，项目决策权限的归属。

（3）对外投资项目数据，包括对外投资项目的营运数据。

4. 关联股权转让

（1）股权转让概况，包括转让背景、参与方、时间、价格、支付方式，以及影响股权转让的其他因素。

（2）股权转让标的的相关信息，包括股权转让标的所在地，出让方获取该股权的时间、方式和成本，股权转让收益等信息。

（3）尽职调查报告或者资产评估报告等与股权转让相关的其他信息。

5. 关联劳务

（1）关联劳务概况，包括劳务提供方和接受方，劳务的具体内容、特性、开展方式、定价原则、支付形式，以及劳务发生后各方受益情况等。

（2）劳务成本费用的归集方法、项目、金额、分配标准、计算过程及结果等。

（3）企业及其所属企业集团与非关联方存在相同或者类似劳务交易的，还应当详细说明关联劳务与非关联劳务在定价原则和交易结果上的异同。

6. 与企业关联交易直接相关的，中国以外其他国家税务主管当局签订的预约定价安排和作出的其他税收裁定。

（四）可比性分析

1. 可比性分析考虑的因素，包括交易资产或者劳务特性，交易各方功能、风险和资产，合同条款，经济环境，经营策略等。

2. 可比企业执行的功能、承担的风险以及使用的资产等相关信息。

3. 可比对象搜索方法、信息来源、选择条件及理由。

4. 所选取的内部或者外部可比非受控交易信息和可比企业的财务信息。

5. 可比数据的差异调整及理由。

（五）转让定价方法的选择和使用

1. 被测试方的选择及理由。

2. 转让定价方法的选用及理由，无论选择何种转让定价方法，均须说明企业对集团整体利润或者剩余利润所做的贡献。

3. 确定可比非关联交易价格或者利润的过程中所做的假设和判断。

4. 运用合理的转让定价方法和可比性分析结果，确定可比非关联交易价格或者利润。

5. 其他支持所选用转让定价方法的资料。

6. 关联交易定价是否符合独立交易原则的分析及结论。

十五、特殊事项文档包括成本分摊协议特殊事项文档和资本弱化特殊事项文档。

企业签订或者执行成本分摊协议的，应当准备成本分摊协议特殊事项文档。

企业关联债资比例超过标准比例需要说明符合独立交易原则的，应当准备资本弱化特殊事项文档。

十六、成本分摊协议特殊事项文档包括以下内容：

（一）成本分摊协议副本。

（二）各参与方之间达成的为实施成本分摊协议的其他协议。

（三）非参与方使用协议成果的情况、支付的金额和形式，以及支付金额在参与方之间的分配方式。

（四）本年度成本分摊协议的参与方加入或者退出的情况，包括加入或者退出的参与方名称、所在国家和关联关系，加入支付或者退出补偿的金额及形式。

（五）成本分摊协议的变更或者终止情况，包括变更或者终止的原因、对已形成协议成果的处理或者分配。

（六）本年度按照成本分摊协议发生的成本总额及构成情况。

（七）本年度各参与方成本分摊的情况，包括成本支付的金额、形式和对象，作出或者接受补偿支付的金额、形式和对象。

（八）本年度协议预期收益与实际收益的比较以及由此作出的调整。

（九）预期收益的计算，包括计量参数的选取、计算方法和改变理由。

十七、资本弱化特殊事项文档包括以下内容：

（一）企业偿债能力和举债能力分析。

（二）企业集团举债能力及融资结构情况分析。

（三）企业注册资本等权益投资的变动情况说明。

（四）关联债权投资的性质、目的及取得时的市场状况。

（五）关联债权投资的货币种类、金额、利率、期限及融资条件。

（六）非关联方是否能够并且愿意接受上述融资条件、融资金额及利率。

（七）企业为取得债权性投资而提供的抵押品情况及条件。

（八）担保人状况及担保条件。

（九）同类同期贷款的利率情况及融资条件。

（十）可转换公司债券的转换条件。

（十一）其他能够证明符合独立交易原则的资料。

十八、企业执行预约定价安排的，可以不准备预约定价安排涉及关联交易的本地文档和特殊事项文档，且关联交易金额不计入本公告第十三条规定的关联交易金额范围。

企业仅与境内关联方发生关联交易的，可以不准备主体文档、本地文档和特殊事项文档。

十九、主体文档应当在企业集团最终控股企业会计年度终了之日起 12 个月内准备完毕；本地文档和特殊事项文档应当在关联交易发生年度次年 6 月 30 日之前准备完毕。同期资料应当自税务机关要求之日起 30 日内提供。

二十、企业因不可抗力无法按期提供同期资料的，应当在不可抗力消除后 30 日内提供同期资料。

二十一、同期资料应当使用中文，并标明引用信息资料的出处来源。

二十二、同期资料应当加盖企业印章，并由法定代表人或者法定代表人授权的代表签章。

二十三、企业合并、分立的，应当由合并、分立后的企业保存同期资料。

二十四、同期资料应当自税务机关要求的准备完毕之日起保存 10 年。

二十五、企业依照有关规定进行关联申报、提供同期资料及有关资料的，税务机关实施特别纳税调查补征税款时，可以依据企业所得税法实施条例第一百二十二条的规定，按照税款所属纳税年度中国人民银行公布的与补税期间同期的人民币贷款基准利率加收利息。

二十六、涉及港澳台地区的，参照本公告相关规定处理。

二十七、本公告适用于 2016 年及以后的会计年度。《特别纳税调整实施办法（试行）》（国税发〔2009〕2 号文件印发）第二章、第三章、第七十四条和第八十九条、《中华人民共和国企业年度关联业务往来报告表》（国税发〔2008〕114 号文件印发）同时废止。

特此公告。

附件：1. 中华人民共和国企业年度关联业务往来报告表（2016 年版）（编者略）

2.《中华人民共和国企业年度关联业务往来报告表（2016 年版）》填报说明（编者略）

73. 受控外国企业

适用主体

设立在低税率国家（地区）外国企业的中国居民股东。

政策规定

受控外国企业是指由居民企业，或者由居民企业和居民个人（以下统称中国居民股东，包括中国居民企业股东和中国居民个人股东）控制的设立在实际税负低于所得税法第四条第一款规定税率水平 50% 的国家（地区），并非出于合理经营需要对利润不作分配或减少分配的外国企业。

1）前述所称“控制”，是指在股份、资金、经营、购销等方面构成实质控制。其中，股份控制是指由中国居民股东在纳税年度任何一天单层直接或多层间接单一持有外国企业 10% 以上有表决权股份，且共同持有该外国企业 50% 以上股份。

中国居民股东多层间接持有股份按各层持股比例相乘计算，中间层持有股份超过 50% 的，按 100% 计算。

2）前述所称“居民个人”，是指根据《中华人民共和国个人所得税法》的规定，就其从中国境内、境外取得的所得在中国缴纳个人所得税的个人。

3）计入中国居民企业股东当期的视同受控外国企业股息分配的所得，应按以下公式计算：

中国居民企业股东当期所得 = 视同股息分配额 × 实际持股天数 ÷ 受控外国企业纳税年度天数 × 股东持股比例

中国居民股东多层间接持有股份的，股东持股比例按各层持股比例相乘计算。

4）受控外国企业与中国居民企业股东纳税年度存在差异的，应将视同股息分配所得计入受控外国企业纳税年度终止日所属的中国居民企业股东的纳税年度。

5）计入中国居民企业股东当期所得已在境外缴纳的企业所得税税款，可按照所得税法或税收协定的有关规定抵免。

6）受控外国企业实际分配的利润已根据所得税法第四十五条规定征税的，不再计入中国居民企业股东的当期所得。

适用条件

1）中国居民企业股东能够提供资料证明其控制的外国企业满足以下条件之一的，可免于将外国企业不作分配或减少分配的利润视同股息分配额，计入中国居民企业股东的当期所得：

（1）设立在国家税务总局指定的非低税率国家（地区）；

（2）主要取得积极经营活动所得；

（3）年度利润总额低于500万元。

2）由居民企业，或者由居民企业和居民个人控制的设立在实际税负明显低于企业所得税法第四条第一款规定税率水平的国家（地区）的企业，并非由于合理的经营需要而对利润不作分配或者减少分配的，上述利润中应归属于该居民企业的部分，应当计入该居民企业的当期收入。

实际税负明显低于企业所得税法第四条第一款规定税率水平，是指低于企业所得税法第四条第一款规定税率的50%。

情景问答

问：我公司在卡塔尔和美国两个国家设立了子公司，2016年两个公司的收入均为利息等消极所得，利润总额都在500万元以上，且利润没有进行股息分配，是不是都要按照受控外国企业进行调整缴税？

答：由于卡塔尔子公司的所得不属于从事积极生产经营活动所取得的“积极所得”，且利润总额超过了500万元，如果并非出于合理经营需要对利润不作分配或减少分配时，该利润中归属于你公司的部分，应视同股息分配计入你公司2016年的所得。

《国家税务总局关于简化判定中国居民股东控制外国企业所在国实际税负的通知》（国税函〔2009〕37号）以列举法的方式，列出了12个非低税率国家，分别为：美国、英国、法国、德国、日本、意大利、加拿大、澳大利亚、印度、南非、新西兰和挪威。由中国居民企业和居民个人设立在这些国家的外国公司，不分配利润或减少分配利润，税务机关予以认可，不计入中国居民企业股东视同受控外国企业股息分配的当期所得。

政策依据

1）《中华人民共和国企业所得税法》第四十五条

2）《中华人民共和国个人所得税法》第八条

3）《中华人民共和国企业所得税法实施条例》第一百一十六条至第一百一十八条

4）《国家税务总局关于印发〈特别纳税调整实施办法（试行）〉的通知》（国税发〔2009〕2 号）第八章

5）《国家税务总局关于居民企业报告境外投资和所得信息有关问题的公告》（国家税务总局公告 2014 年第 38 号）第二条至第六条

6）《国家税务总局关于简化判定中国居民股东控制外国企业所在国实际税负的通知》（国税函〔2009〕37 号）

延伸阅读

73 -1 《中华人民共和国企业所得税法》第四十五条

2018 年 12 月 29 日 中华人民共和国主席令第二十三号

第四十五条 由居民企业，或者由居民企业和中国居民控制的设立在实际税负明显低于本法第四条第一款规定税率水平的国家（地区）的企业，并非由于合理的经营需要而对利润不作分配或者减少分配的，上述利润中应归属于该居民企业的部分，应当计入该居民企业的当期收入。

73－2 《中华人民共和国个人所得税法》第八条

2018年8月31日 中华人民共和国主席令第九号

第八条 有下列情形之一的，税务机关有权按照合理方法进行纳税调整：

（一）个人与其关联方之间的业务往来不符合独立交易原则而减少本人或者其关联方应纳税额，且无正当理由；

（二）居民个人控制的，或者居民个人和居民企业共同控制的设立在实际税负明显偏低的国家（地区）的企业，无合理经营需要，对应当归属于居民个人的利润不作分配或者减少分配；

（三）个人实施其他不具有合理商业目的的安排而获取不当税收利益。

税务机关依照前款规定作出纳税调整，需要补征税款的，应当补征税款，并依法加收利息。

73－3 《中华人民共和国企业所得税法实施条例》第一百一十六条至第一百一十八条

2019年4月23日 中华人民共和国国务院令第714号

第一百一十六条 企业所得税法第四十五条所称中国居民，是指根据《中华人民共和国个人所得税法》的规定，就其从中国境内、境外取得的所得在中国缴纳个人所得税的个人。

第一百一十七条 企业所得税法第四十五条所称控制，包括：

（一）居民企业或者中国居民直接或者间接单一持有外国企业10%以上有表决权股份，且由其共同持有该外国企业50%以上股份；

（二）居民企业，或者居民企业和中国居民持股比例没有达到第（一）项规定的标准，但在股份、资金、经营、购销等方面对该外国企业构成实质控制。

第一百一十八条 企业所得税法第四十五条所称实际税负明显低于企业所

得税法第四条第一款规定税率水平，是指低于企业所得税法第四条第一款规定税率的50%。

73-4 《国家税务总局关于印发〈特别纳税调整实施办法（试行）〉的通知》第八章

2009年1月8日 国税发〔2009〕2号

第八章 受控外国企业管理

第七十六条 受控外国企业是指根据所得税法第四十五条的规定，由居民企业，或者由居民企业和居民个人（以下统称中国居民股东，包括中国居民企业股东和中国居民个人股东）控制的设立在实际税负低于所得税法第四条第一款规定税率水平50%的国家（地区），并非出于合理经营需要对利润不作分配或减少分配的外国企业。

第七十七条 本办法第七十六条所称控制，是指在股份、资金、经营、购销等方面构成实质控制。其中，股份控制是指由中国居民股东在纳税年度任何一天单层直接或多层间接单一持有外国企业10%以上有表决权股份，且共同持有该外国企业50%以上股份。

中国居民股东多层间接持有股份按各层持股比例相乘计算，中间层持有股份超过50%的，按100%计算。

第七十八条 中国居民企业股东应在年度企业所得税纳税申报时提供对外投资信息，附送《对外投资情况表》。

第七十九条 税务机关应汇总、审核中国居民企业股东申报的对外投资信息，向受控外国企业的中国居民企业股东送达《受控外国企业中国居民股东确认通知书》。中国居民企业股东符合所得税法第四十五条征税条件的，按照有关规定征税。

第八十条 计入中国居民企业股东当期的视同受控外国企业股息分配的所得，应按以下公式计算：

中国居民企业股东当期所得=视同股息分配额×实际持股天数÷受控外国企业纳税年度天数×股东持股比例

中国居民股东多层间接持有股份的，股东持股比例按各层持股比例相乘计算。

第八十一条　受控外国企业与中国居民企业股东纳税年度存在差异的，应将视同股息分配所得计入受控外国企业纳税年度终止日所属的中国居民企业股东的纳税年度。

第八十二条　计入中国居民企业股东当期所得已在境外缴纳的企业所得税税款，可按照所得税法或税收协定的有关规定抵免。

第八十三条　受控外国企业实际分配的利润已根据所得税法第四十五条规定征税的，不再计入中国居民企业股东的当期所得。

第八十四条　中国居民企业股东能够提供资料证明其控制的外国企业满足以下条件之一的，可免于将外国企业不作分配或减少分配的利润视同股息分配额，计入中国居民企业股东的当期所得：

（一）设立在国家税务总局指定的非低税率国家（地区）；

（二）主要取得积极经营活动所得；

（三）年度利润总额低于500万元人民币。

73－5　《国家税务总局关于居民企业报告境外投资和所得信息有关问题的公告》第二条至第六条

2014年6月30日　国家税务总局公告2014年第38号

二、居民企业在办理企业所得税年度申报时，还应附报以下与境外所得相关的资料信息：

（一）有适用企业所得税法第四十五条情形或者需要适用《特别纳税调整实施办法（试行）》（国税发〔2009〕2号文件印发）第八十四条规定的居民企业填报《受控外国企业信息报告表》（附件2）；

（二）纳入企业所得税法第二十四条规定抵免范围的外国企业或符合企业所得税法第四十五条规定的受控外国企业按照中国会计制度编报的年度独立财务报表。

三、在税务检查（包括纳税评估、税务审计及特别纳税调整调查等）时，主管税务机关可以要求居民企业限期报告与其境外所得相关的必要信息。

四、居民企业能够提供合理理由，证明确实不能按照本办法规定期限报告境外投资和所得信息的，可以依法向主管税务机关提出延期要求。限制提供相关信息的境外法律规定、商业合同或协议，不构成合理理由。

五、主管税务机关应当为纳税人报告境外投资和所得信息提供便利，及时受理纳税人报告的各类信息，并依法保密。

六、居民企业未按照本办法规定报告境外投资和所得信息，经主管税务机关责令限期改正，逾期仍不改正的，主管税务机关可根据税收征管法及其实施细则以及其他有关法律、法规的规定，按已有信息合理认定相关事实，并据以计算或调整应纳税款。

73－6 《国家税务总局关于简化判定中国居民股东控制外国企业所在国实际税负的通知》

2009年1月21日　国税函〔2009〕37号

各省、自治区、直辖市和计划单列市国家税务局、地方税务局：

根据《中华人民共和国企业所得税法》第四十五条的规定，为了简化判定由中国居民企业，或者由中国居民企业和居民个人控制的外国企业的实际税负，现明确如下：

中国居民企业或居民个人能够提供资料证明其控制的外国企业设立在美国、英国、法国、德国、日本、意大利、加拿大、澳大利亚、印度、南非、新西兰和挪威的，可免于将该外国企业不作分配或者减少分配的利润视同股息分配额，计入中国居民企业的当期所得。

74. 受控外国企业信息报告

适用主体

受控外国企业的中国居民企业股东。

政策规定

1）受控外国企业中国居民企业股东在办理企业所得税年度申报时，应附报以下与境外所得相关的资料信息：

（1）《受控外国企业信息报告表》；

（2）受控外国企业按照中国会计制度编报的年度独立财务报表等。

2）应该报送的年度独立财务报表包括按照中国会计制度规定需要编报的主表及相关附表，以及会计报表附注、财务情况说明书、审计报告等附属资料。

情景问答

问：居民企业在哪些情形下需要填报《受控外国企业信息报告表》？

答：居民企业发生下列情形，应填报《受控外国企业信息报告表》：

1）符合中华人民共和国企业所得税法第四十五条规定情形的居民企业，即由居民企业，或者由居民企业和中国居民控制的设立在实际税负明显低于企业所得税法第四条第一款规定税率水平的国家（地区）的企业，并非由于合理的经营需要而对利润不作分配或减少分配的，上述利润中应归属于该居民企业的部分，应计入该居民企业当期收入。

2）适用《特别纳税调整实施办法（试行）》（国税发〔2009〕2号印发）第八十四条规定的居民企业，即中国居民企业股东能够提供资料证明其控制的外国企业满足以下条件之一的，可免于将外国企业不作分配或减少分配的利润视同股息分配额，计入中国居民企业股东当期所得：

（1）设立在国家税务总局指定的非低税率国家（地区）；

（2）主要取得积极经营活动所得；

（3）年度利润总额低于500万元人民币。

政策依据

1）《中华人民共和国企业所得税法》第四十五条（见P456　73－1）

2）《中华人民共和国企业所得税法实施条例》第一百一十六条至第一百

一十八条（见P457　73-3）

3）《国家税务总局关于居民企业报告境外投资和所得信息有关问题的公告》（国家税务总局公告2014年第38号）第二条至第六条（见P459　73-5）

4）《国家税务总局关于做好居民企业报告境外投资和所得信息工作的通知》（税总函〔2015〕327号）第二条

延伸阅读

74-1 《国家税务总局关于做好居民企业报告境外投资和所得信息工作的通知》第二条

2015年6月18日　税总函〔2015〕327号

二、企业按照《公告》第二条第（二）款规定应该报送的年度独立财务报表包括按照中国会计制度规定需要编报的主表及相关附表，以及会计报表附注、财务情况说明书、审计报告等附属资料。

75. 资本弱化

资本弱化管理是指税务机关按照所得税法规定，对企业接受关联方债权性投资与企业接受的权益性投资的比例是否符合规定比例或独立交易原则进行审核评估和调查调整等工作的总称。对"走出去"企业来说，要关注投资所在国相关法律关于资本弱化的规定，避免因投资方式选择带来的不利影响。

适用主体

接受关联方债权性投资与权益性投资的企业。

政策规定

我国企业所得税政策规定，企业从其关联方接受的债权性投资与权益性投资的比例超过标准而发生的利息支出，不得在税前扣除。企业实际支付给关联方的利息支出，其接受关联方债权性投资与其权益性投资比例为：

1）金融企业，为 5∶1；

2）其他企业，为 2∶1。

但企业如果能提供相关资料，并证明相关交易活动符合独立交易原则的；或者该企业的实际税负不高于境内关联方的，其实际支付给境内关联方的利息支出，在计算应纳税所得额时准予扣除。

适用条件

境外子公司实际支付给境内居民企业的利息支出不符合境外子公司所在国家资本弱化相关法律规定的，可能被投资国税务机关实施特别纳税调整。

情景问答

问：债权性投资和权益性投资各包括哪些内容？

答：企业所得税法所称债权性投资，是指企业直接或者间接从关联方获得的，需要偿还本金和支付利息或者需要以其他具有支付利息性质的方式予以补偿的融资。

企业间接从关联方获得的债权性投资，包括：

1）关联方通过无关联第三方提供的债权性投资；

2）无关联第三方提供的、由关联方担保且负有连带责任的债权性投资；

3）其他间接从关联方获得的具有负债实质的债权性投资。

企业所得税法所称权益性投资，是指企业接受的不需要偿还本金和支付利息，投资人对企业净资产拥有所有权的投资。

政策依据

1）《中华人民共和国企业所得税法》第四十六条

2）《中华人民共和国企业所得税法实施条例》第一百一十九条

3）《财政部　国家税务总局关于企业关联方利息支出税前扣除标准有关

税收政策问题的通知》（财税〔2008〕121号）

4）《国家税务总局关于完善关联申报和同期资料管理有关事项的公告》（国家税务总局公告2016年第42号）（见P444 72-5）

5）《国家税务总局关于印发〈特别纳税调整实施办法（试行）〉的通知》（国税发〔2009〕2号）第八十五条至第八十八条、第九十条、第九十一条

延伸阅读

75-1 《中华人民共和国企业所得税法》第四十六条

2018年12月29日　中华人民共和国主席令第二十三号

第四十六条　企业从其关联方接受的债权性投资与权益性投资的比例超过规定标准而发生的利息支出，不得在计算应纳税所得额时扣除。

75-2 《中华人民共和国企业所得税法实施条例》第一百一十九条

2019年4月23日　中华人民共和国国务院令第714号

第一百一十九条　企业所得税法第四十六条所称债权性投资，是指企业直接或者间接从关联方获得的，需要偿还本金和支付利息或者需要以其他具有支付利息性质的方式予以补偿的融资。

企业间接从关联方获得的债权性投资，包括：

（一）关联方通过无关联第三方提供的债权性投资；

（二）无关联第三方提供的、由关联方担保且负有连带责任的债权性投资；

（三）其他间接从关联方获得的具有负债实质的债权性投资。

企业所得税法第四十六条所称权益性投资，是指企业接受的不需要偿还本金和支付利息，投资人对企业净资产拥有所有权的投资。

企业所得税法第四十六条所称标准，由国务院财政、税务主管部门另行规定。

75－3 《财政部　国家税务总局关于企业关联方利息支出税前扣除标准有关税收政策问题的通知》

2008年9月23日　财税〔2008〕121号

各省、自治区、直辖市、计划单列市财政厅（局）、国家税务局、地方税务局，新疆生产建设兵团财务局：

为规范企业利息支出税前扣除，加强企业所得税管理，根据《中华人民共和国企业所得税法》（以下简称税法）第四十六条和《中华人民共和国企业所得税法实施条例》（国务院令第512号，以下简称实施条例）第一百一十九条的规定，现将企业接受关联方债权性投资利息支出税前扣除的政策问题通知如下：

一、在计算应纳税所得额时，企业实际支付给关联方的利息支出，不超过以下规定比例和税法及其实施条例有关规定计算的部分，准予扣除，超过的部分不得在发生当期和以后年度扣除。

企业实际支付给关联方的利息支出，除符合本通知第二条规定外，其接受关联方债权性投资与其权益性投资比例为：

（一）金融企业，为5:1；

（二）其他企业，为2:1。

二、企业如果能够按照税法及其实施条例的有关规定提供相关资料，并证明相关交易活动符合独立交易原则的；或者该企业的实际税负不高于境内关联方的，其实际支付给境内关联方的利息支出，在计算应纳税所得额时准予扣除。

三、企业同时从事金融业务和非金融业务，其实际支付给关联方的利息支出，应按照合理方法分开计算；没有按照合理方法分开计算的，一律按本通知第一条有关其他企业的比例计算准予税前扣除的利息支出。

四、企业自关联方取得的不符合规定的利息收入应按照有关规定缴纳企业所得税。

75－4 《国家税务总局关于印发〈特别纳税调整实施办法（试行）〉的通知》第八十五条至第八十八条、第九十条、第九十一条

2009年1月8日 国税发〔2009〕2号

第八十五条 所得税法第四十六条所称不得在计算应纳税所得额时扣除的利息支出应按以下公式计算：

不得扣除利息支出＝年度实际支付的全部关联方利息×（1－标准比例/关联债资比例）

其中：

标准比例是指《财政部、国家税务总局关于企业关联方利息支出税前扣除标准有关税收政策问题的通知》（财税〔2008〕121号）规定的比例。

关联债资比例是指根据所得税法第四十六条及所得税法实施条例第一百一十九条的规定，企业从其全部关联方接受的债权性投资（以下简称关联债权投资）占企业接受的权益性投资（以下简称权益投资）的比例，关联债权投资包括关联方以各种形式提供担保的债权性投资。

第八十六条 关联债资比例的具体计算方法如下：

关联债资比例＝年度各月平均关联债权投资之和/年度各月平均权益投资之和

其中：

各月平均关联债权投资＝（关联债权投资月初账面余额＋月末账面余额）/2

各月平均权益投资＝（权益投资月初账面余额＋月末账面余额）/2

权益投资为企业资产负债表所列示的所有者权益金额。如果所有者权益小于实收资本（股本）与资本公积之和，则权益投资为实收资本（股本）与资本公积之和；如果实收资本（股本）与资本公积之和小于实收资本（股本）金额，则权益投资为实收资本（股本）金额。

第八十七条 所得税法第四十六条所称的利息支出包括直接或间接关联债权投资实际支付的利息、担保费、抵押费和其他具有利息性质的费用。

第八十八条 所得税法第四十六条规定不得在计算应纳税所得额时扣除的利息支出，不得结转到以后纳税年度；应按照实际支付给各关联方利息占关联

方利息总额的比例，在各关联方之间进行分配，其中，分配给实际税负高于企业的境内关联方的利息准予扣除；直接或间接实际支付给境外关联方的利息应视同分配的股息，按照股息和利息分别适用的所得税税率差补征企业所得税，如已扣缴的所得税税款多于按股息计算应征所得税税款，多出的部分不予退税。

……

第九十条　企业未按规定准备、保存和提供同期资料证明关联债权投资金额、利率、期限、融资条件以及债资比例等符合独立交易原则的，其超过标准比例的关联方利息支出，不得在计算应纳税所得额时扣除。

第九十一条　本章所称"实际支付利息"是指企业按照权责发生制原则计入相关成本、费用的利息。

企业实际支付关联方利息存在转让定价问题的，税务机关应首先按照本办法第五章的有关规定实施转让定价调查调整。

76. 一般反避税

一般反避税是指税务机关按照企业所得税法第四十七条和个人所得税法第八条的规定，对企业和个人实施的不具有合理商业目的而获取税收利益的避税安排，实施的特别纳税调整。

税收利益是指减少、免除或者推迟缴纳企业所得税应纳税额。

适用主体

实施了不具有合理商业目的的安排而获取税收利益的企业和个人。

政策规定

税务机关通过企业所得税汇算清缴、纳税评估、同期资料管理、对外支付税务管理、股权转让交易管理、税收协定执行等信息资源，发现企业是否存在一般反避税风险问题。

存在以下避税安排的企业，税务机关将启动一般反避税调查：

1）滥用税收优惠；

2）滥用税收协定；

3）滥用公司组织形式；

4）利用避税港避税；

5）其他不具有合理商业目的的安排。

有下列情形之一的，税务机关有权按照合理方法进行纳税调整：

（1）个人与其关联方之间的业务往来不符合独立交易原则而减少本人或者其关联方应纳税额，且无正当理由；

（2）居民个人控制的，或者居民个人和居民企业共同控制的设立在实际税负明显偏低的国家（地区）的企业，无合理经营需要，对应当归属于居民个人的利润不作分配或者减少分配；

（3）个人实施其他不具有合理商业目的的安排而获取不当税收利益。

税务机关依照前款规定作出纳税调整，需要补征税款的，应当补征税款，并依法加收利息。

适用条件

对企业和个人实施的不具有合理商业目的而获取税收利益的避税安排，税务机关有权按照合理方法实施调整。

情景问答

1）问：什么样的安排属于不具有合理商业目的的安排？

答：不具有合理商业目的的避税安排具有以下特征：

（1）以获取税收利益为唯一目的或者主要目的；

（2）以形式符合税法规定、但与其经济实质不符的方式获取税收利益。

2）问：我国企业对外投资时，如何避免一般反避税风险？

答：走出去企业对外投资时，可以借鉴我国一般反避税规定《一般反避税管理办法（试行）》（国家税务总局令第 32 号公布）、《国家税务总局关于印发〈特别纳税调整实施办法（试行）〉的通知》（国税发〔2009〕2 号）第十章，梳理自身对外投资架构，同时充分了解投资所在国关于一般反避税管理的规定，避免被投资国税务机关实施一般反避税调查。

政策依据

1）《中华人民共和国企业所得税法》第四十七条

2）《中华人民共和国个人所得税法》第八条（见 P457 73 -2）

3）《中华人民共和国企业所得税法实施条例》第一百二十条

4）《国家税务总局关于印发〈特别纳税调整实施办法（试行）〉的通知》（国税发〔2009〕2 号）第十章

5）《一般反避税管理办法（试行）》（国家税务总局令第 32 号公布）

6）《国家税务总局关于完善关联申报和同期资料管理有关事项的公告》（国家税务总局公告 2017 年第 6 号）（见 P423 71 -6）

延伸阅读

76 -1 《中华人民共和国企业所得税法》第四十七条

2018 年 12 月 29 日 中华人民共和国主席令第二十三号

第四十七条 企业实施其他不具有合理商业目的的安排而减少其应纳税收入或者所得额的，税务机关有权按照合理方法调整。

76 -2 《中华人民共和国企业所得税法实施条例》第一百二十条

2019 年 4 月 23 日 中华人民共和国国务院令第 714 号

第一百二十条 企业所得税法第四十七条所称不具有合理商业目的，是指以减少、免除或者推迟缴纳税款为主要目的。

76－3 《国家税务总局关于印发〈特别纳税调整实施办法（试行）〉的通知》第十章

2009年1月8日　国税发〔2009〕2号

第十章　一般反避税管理

第九十二条　税务机关可依据所得税法第四十七条及所得税法实施条例第一百二十条的规定对存在以下避税安排的企业，启动一般反避税调查：

（一）滥用税收优惠；

（二）滥用税收协定；

（三）滥用公司组织形式；

（四）利用避税港避税；

（五）其他不具有合理商业目的的安排。

第九十三条　税务机关应按照实质重于形式的原则审核企业是否存在避税安排，并综合考虑安排的以下内容：

（一）安排的形式和实质；

（二）安排订立的时间和执行期间；

（三）安排实现的方式；

（四）安排各个步骤或组成部分之间的联系；

（五）安排涉及各方财务状况的变化；

（六）安排的税收结果。

第九十四条　税务机关应按照经济实质对企业的避税安排重新定性，取消企业从避税安排获得的税收利益。对于没有经济实质的企业，特别是设在避税港并导致其关联方或非关联方避税的企业，可在税收上否定该企业的存在。

第九十五条　税务机关启动一般反避税调查时，应按照征管法及其实施细则的有关规定向企业送达《税务检查通知书》。企业应自收到通知书之日起60日内提供资料证明其安排具有合理的商业目的。企业未在规定期限内提供资料，或提供资料不能证明安排具有合理商业目的的，税务机关可根据已掌握的信息实施纳税调整，并向企业送达《特别纳税调查调整通知书》。

第九十六条　税务机关实施一般反避税调查，可按照征管法第五十七条的规定要求避税安排的筹划方如实提供有关资料及证明材料。

第九十七条　一般反避税调查及调整须层报国家税务总局批准。

76－4《一般反避税管理办法（试行）》

2014年12月2日　国家税务总局令第32号

《一般反避税管理办法（试行）》已经2014年11月25日国家税务总局2014年度第3次局务会议审议通过，现予公布，自2015年2月1日起施行。

国家税务总局局长：王军

2014年12月2日

一般反避税管理办法（试行）

第一章　总　　则

第一条　为规范一般反避税管理，根据《中华人民共和国企业所得税法》（以下简称企业所得税法）及其实施条例、《中华人民共和国税收征收管理法》（以下简称税收征管法）及其实施细则，制定本办法。

第二条　本办法适用于税务机关按照企业所得税法第四十七条、企业所得税法实施条例第一百二十条的规定，对企业实施的不具有合理商业目的而获取税收利益的避税安排，实施的特别纳税调整。

下列情况不适用本办法：

（一）与跨境交易或者支付无关的安排；

（二）涉嫌逃避缴纳税款、逃避追缴欠税、骗税、抗税以及虚开发票等税收违法行为。

第三条　税收利益是指减少、免除或者推迟缴纳企业所得税应纳税额。

第四条　避税安排具有以下特征：

（一）以获取税收利益为唯一目的或者主要目的；

（二）以形式符合税法规定、但与其经济实质不符的方式获取税收利益。

第五条　税务机关应当以具有合理商业目的和经济实质的类似安排为基准，按照实质重于形式的原则实施特别纳税调整。调整方法包括：

（一）对安排的全部或者部分交易重新定性；

（二）在税收上否定交易方的存在，或者将该交易方与其他交易方视为同一实体；

（三）对相关所得、扣除、税收优惠、境外税收抵免等重新定性或者在交易各方间重新分配；

（四）其他合理方法。

第六条　企业的安排属于转让定价、成本分摊、受控外国企业、资本弱化等其他特别纳税调整范围的，应当首先适用其他特别纳税调整相关规定。

企业的安排属于受益所有人、利益限制等税收协定执行范围的，应当首先适用税收协定执行的相关规定。

第二章　立　　案

第七条　各级税务机关应当结合工作实际，应用各种数据资源，如企业所得税汇算清缴、纳税评估、同期资料管理、对外支付税务管理、股权转让交易管理、税收协定执行等，及时发现一般反避税案源。

第八条　主管税务机关发现企业存在避税嫌疑的，层报省、自治区、直辖市和计划单列市（以下简称省）税务机关复核同意后，报税务总局申请立案。

第九条　省税务机关应当将税务总局形成的立案申请审核意见转发主管税务机关。税务总局同意立案的，主管税务机关实施一般反避税调查。

第三章　调　　查

第十条　主管税务机关实施一般反避税调查时，应当向被调查企业送达《税务检查通知书》。

第十一条　被调查企业认为其安排不属于本办法所称避税安排的，应当自收到《税务检查通知书》之日起60日内提供下列资料：

（一）安排的背景资料；

（二）安排的商业目的等说明文件；

（三）安排的内部决策和管理资料，如董事会决议、备忘录、电子邮件等；

（四）安排涉及的详细交易资料，如合同、补充协议、收付款凭证等；

（五）与其他交易方的沟通信息；

（六）可以证明其安排不属于避税安排的其他资料；

（七）税务机关认为有必要提供的其他资料。

企业因特殊情况不能按期提供的，可以向主管税务机关提交书面延期申请，经批准可以延期提供，但是最长不得超过30日。主管税务机关应当自收到企业延期申请之日起15日内书面回复。逾期未回复的，视同税务机关同意企业的延期申请。

第十二条　企业拒绝提供资料的，主管税务机关可以按照税收征管法第三十五条的规定进行核定。

第十三条　主管税务机关实施一般反避税调查时，可以要求为企业筹划安排的单位或者个人（以下简称筹划方）提供有关资料及证明材料。

第十四条　一般反避税调查涉及向筹划方、关联方以及与关联业务调查有关的其他企业调查取证的，主管税务机关应当送达《税务事项通知书》。

第十五条　主管税务机关审核企业、筹划方、关联方以及与关联业务调查有关的其他企业提供的资料，可以采用现场调查、发函协查和查阅公开信息等方式核实。需取得境外有关资料的，可以按有关规定启动税收情报交换程序，或者通过我驻外机构调查收集有关信息。涉及境外关联方相关资料的，主管税务机关也可以要求企业提供公证机构的证明。

第四章　结　　案

第十六条　主管税务机关根据调查过程中获得的相关资料，自税务总局同意立案之日起9个月内进行审核，综合判断企业是否存在避税安排，形成案件不予调整或者初步调整方案的意见和理由，层报省税务机关复核同意后，报税务总局申请结案。

第十七条　主管税务机关应当根据税务总局形成的结案申请审核意见，分别以下情况进行处理：

（一）同意不予调整的，向被调查企业下发《特别纳税调查结论通知书》；

（二）同意初步调整方案的，向被调查企业下发《特别纳税调查初步调整通知书》；

（三）税务总局有不同意见的，按照税务总局的意见修改后再次层报审核。

被调查企业在收到《特别纳税调查初步调整通知书》之日起7日内未提出异议的，主管税务机关应当下发《特别纳税调查调整通知书》。

被调查企业在收到《特别纳税调查初步调整通知书》之日起7日内提出异议，但是主管税务机关经审核后认为不应采纳的，应将被调查企业的异议及不应采纳的意见和理由层报省税务机关复核同意后，报税务总局再次申请结案。

被调查企业在收到《特别纳税调查初步调整通知书》之日起7日内提出异议，主管税务机关经审核后认为确需对调整方案进行修改的，应当将被调查企业的异议及修改后的调整方案层报省税务机关复核同意后，报税务总局再次申请结案。

第十八条　主管税务机关应当根据税务总局考虑企业异议形成的结案申请审核意见，分别以下情况进行处理：

（一）同意不应采纳企业所提异议的，向被调查企业下发《特别纳税调查调整通知书》；

（二）同意修改后调整方案的，向被调查企业下发《特别纳税调查调整通知书》；

（三）税务总局有不同意见的，按照税务总局的意见修改后再次层报审核。

第五章　争议处理

第十九条　被调查企业对主管税务机关作出的一般反避税调整决定不服的，可以按照有关法律法规的规定申请法律救济。

第二十条　主管税务机关作出的一般反避税调整方案导致国内双重征税的，由税务总局统一组织协调解决。

第二十一条　被调查企业认为我国税务机关作出的一般反避税调整，导致国际双重征税或者不符合税收协定规定征税的，可以按照税收协定及其相关规定申请启动相互协商程序。

第六章　附　　则

第二十二条　本办法自2015年2月1日起施行。2015年2月1日前税务机关尚未结案处理的避税安排适用本办法。

77. 关联申报

我国企业与境外投资方、境外被投资企业或者在境外设立的分支机构、从事生产经营的场所之间的关联交易，应当符合独立交易原则。对于上述关联交易，应当进行关联申报。

适用主体

纳税年度内与其境外关联方发生业务往来的，实行企业所得税查账征收的居民企业。

政策规定

企业向税务机关报送年度企业所得税纳税申报表时，应当就其与关联方之间的业务往来进行关联申报，附送《中华人民共和国企业年度关联业务往来报告表（2016 年版）》。

1）关联方是指具有关联关系的双方

企业与其他企业、组织或者个人具有下列关系之一的，构成关联关系：

（1）一方直接或者间接持有另一方的股份总和达到 25% 以上；双方直接或者间接同为第三方所持有的股份达到 25% 以上。

如果一方通过中间方对另一方间接持有股份，只要其对中间方持股比例达到 25% 以上，则其对另一方的持股比例按照中间方对另一方的持股比例计算。

两个以上具有夫妻、直系血亲、兄弟姐妹以及其他抚养、赡养关系的自然人共同持股同一企业，在判定关联关系时持股比例合并计算。

（2）双方存在持股关系或者同为第三方持股，虽持股比例未达到第（1）项的规定，但双方之间借贷资金总额占任一方实收资本比例达到 50% 以上，或者一方全部借贷资金总额的 10% 以上由另一方担保（与独立金融机构之间的借贷或者担保除外）。

借贷资金总额占实收资本比例 = 年度加权平均借贷资金 ÷ 年度加权平均实收资本，其中：

年度加权平均借贷资金 = $\sum_{i=1}^{n}$ i 笔借入或者贷出资金账面金额 × i 笔借入或者贷出资金年度实际占用天数 ÷ 365

年度加权平均实收资本 = $\sum_{i=1}^{n}$ i 笔实收资本账面金额 × i 笔实收资本年度实际占用天数 ÷ 365

（3）双方存在持股关系或者同为第三方持股，虽持股比例未达到第一条规定，但一方的生产经营活动必须由另一方提供专利权、非专利技术、商标权、著作权等特许权才能正常进行。

（4）双方存在持股关系或者同为第三方持股，虽持股比例未达到第一条规定，但一方的购买、销售、接受劳务、提供劳务等经营活动由另一方控制。

上述控制是指一方有权决定另一方的财务和经营政策，并能据以从另一方的经营活动中获取利益。

（5）一方半数以上董事或者半数以上高级管理人员（包括上市公司董事

会秘书、经理、副经理、财务负责人和公司章程规定的其他人员）由另一方任命或者委派，或者同时担任另一方的董事或者高级管理人员；或者双方各自半数以上董事或者半数以上高级管理人员同为第三方任命或者委派。

（6）具有夫妻、直系血亲、兄弟姐妹以及其他抚养、赡养关系的两个自然人分别与双方具有第一条至第五条关系之一。

（7）双方在实质上具有其他共同利益。

除第（2）项的规定外，上述关联关系年度内发生变化的，关联关系按照实际存续期间认定。

仅因国家持股或者由国有资产管理部门委派董事、高级管理人员而存在上述第（1）项至第（5）项规定关系的，不构成关联关系。

2）关联交易主要包括：

（1）有形资产使用权或者所有权的转让。有形资产包括商品、产品、房屋建筑物、交通工具、机器设备、工具器具等。

（2）金融资产的转让。金融资产包括应收账款、应收票据、其他应收款项、股权投资、债权投资和衍生金融工具形成的资产等。

（3）无形资产使用权或者所有权的转让。无形资产包括专利权、非专利技术、商业秘密、商标权、品牌、客户名单、销售渠道、特许经营权、政府许可、著作权等。

（4）资金融通。资金包括各类长短期借贷资金（含集团资金池）、担保费、各类应计息预付款和延期收付款等。

（5）劳务交易。劳务包括市场调查、营销策划、代理、设计、咨询、行政管理、技术服务、合约研发、维修、法律服务、财务管理、审计、招聘、培训、集中采购等。

情景问答

问：我公司产品出口波兰，为开拓当地市场，拟在当地设立一家全资子公司，销售我公司的产品。请问我公司和波兰子公司之间的销售业务需要进行关联申报吗？

答：按照《国家税务总局关于完善关联申报和同期资料管理有关事项的公告》（国家税务总局公告2016年第42号）规定，你公司和波兰子公司之间的关联交易需要进行关联申报。

政策依据

1）《中华人民共和国企业所得税法》第四十三条

2）《中华人民共和国企业所得税法实施条例》第一百一十四条

3）《国家税务总局关于完善关联申报和同期资料管理有关事项的公告》（国家税务总局公告2016年第42号）第一条至第四条、第九条

延伸阅读

77－1 《中华人民共和国企业所得税法》第四十三条

2018年12月29日 中华人民共和国主席令第二十三号

第四十三条 企业向税务机关报送年度企业所得税纳税申报表时，应当就其与关联方之间的业务往来，附送年度关联业务往来报告表。

税务机关在进行关联业务调查时，企业及其关联方，以及与关联业务调查有关的其他企业，应当按照规定提供相关资料。

77－2 《中华人民共和国企业所得税法实施条例》第一百一十四条

2019年4月23日 中华人民共和国国务院令第714号

第一百一十四条 企业所得税法第四十三条所称相关资料，包括：

（一）与关联业务往来有关的价格、费用的制定标准、计算方法和说明等同期资料；

（二）关联业务往来所涉及的财产、财产使用权、劳务等的再销售（转让）价格或者最终销售（转让）价格的相关资料；

（三）与关联业务调查有关的其他企业应当提供的与被调查企业可比的产品价格、定价方式以及利润水平等资料；

（四）其他与关联业务往来有关的资料。

企业所得税法第四十三条所称与关联业务调查有关的其他企业，是指与被调查企业在生产经营内容和方式上相类似的企业。

企业应当在税务机关规定的期限内提供与关联业务往来有关的价格、费用的制定标准、计算方法和说明等资料。关联方以及与关联业务调查有关的其他企业应当在税务机关与其约定的期限内提供相关资料。

77－3 《国家税务总局关于完善关联申报和同期资料管理有关事项的公告》第一条至第四条、第九条

2016 年 6 月 29 日　国家税务总局公告 2016 年第 42 号

一、实行查账征收的居民企业和在中国境内设立机构、场所并据实申报缴纳企业所得税的非居民企业向税务机关报送年度企业所得税纳税申报表时，应当就其与关联方之间的业务往来进行关联申报，附送《中华人民共和国企业年度关联业务往来报告表（2016 年版）》。

二、企业与其他企业、组织或者个人具有下列关系之一的，构成本公告所称关联关系：

（一）一方直接或者间接持有另一方的股份总和达到 25% 以上；双方直接或者间接同为第三方所持有的股份达到 25% 以上。

如果一方通过中间方对另一方间接持有股份，只要其对中间方持股比例达到 25% 以上，则其对另一方的持股比例按照中间方对另一方的持股比例计算。

两个以上具有夫妻、直系血亲、兄弟姐妹以及其他抚养、赡养关系的自然人共同持股同一企业，在判定关联关系时持股比例合并计算。

（二）双方存在持股关系或者同为第三方持股，虽持股比例未达到本条第（一）项规定，但双方之间借贷资金总额占任一方实收资本比例达到 50% 以上，或者一方全部借贷资金总额的 10% 以上由另一方担保（与独立金融机构之间的借贷或者担保除外）。

借贷资金总额占实收资本比例 = 年度加权平均借贷资金/年度加权平均实收资本，其中：

年度加权平均借贷资金 = $\sum_{i=1}^{n} i$ 笔借入或者贷出资金账面金额 × i 笔借入或者贷出资金年度实际占用天数 ÷365

年度加权平均实收资本 = $\sum_{i=1}^{n} i$ 笔实收资本账面金额 × i 笔实收资本年度实际占用天数 ÷365

（三）双方存在持股关系或者同为第三方持股，虽持股比例未达到本条第（一）项规定，但一方的生产经营活动必须由另一方提供专利权、非专利技术、商标权、著作权等特许权才能正常进行。

（四）双方存在持股关系或者同为第三方持股，虽持股比例未达到本条第（一）项规定，但一方的购买、销售、接受劳务、提供劳务等经营活动由另一方控制。

上述控制是指一方有权决定另一方的财务和经营政策，并能据以从另一方的经营活动中获取利益。

（五）一方半数以上董事或者半数以上高级管理人员（包括上市公司董事会秘书、经理、副经理、财务负责人和公司章程规定的其他人员）由另一方任命或者委派，或者同时担任另一方的董事或者高级管理人员；或者双方各自半数以上董事或者半数以上高级管理人员同为第三方任命或者委派。

（六）具有夫妻、直系血亲、兄弟姐妹以及其他抚养、赡养关系的两个自然人分别与双方具有本条第（一）至（五）项关系之一。

（七）双方在实质上具有其他共同利益。

除本条第（二）项规定外，上述关联关系年度内发生变化的，关联关系按照实际存续期间认定。

三、仅因国家持股或者由国有资产管理部门委派董事、高级管理人员而存在本公告第二条第（一）至（五）项关系的，不构成本公告所称关联关系。

四、关联交易主要包括：

（一）有形资产使用权或者所有权的转让。有形资产包括商品、产品、房屋建筑物、交通工具、机器设备、工具器具等。

（二）金融资产的转让。金融资产包括应收账款、应收票据、其他应收款项、股权投资、债权投资和衍生金融工具形成的资产等。

（三）无形资产使用权或者所有权的转让。无形资产包括专利权、非专利技术、商业秘密、商标权、品牌、客户名单、销售渠道、特许经营权、政府许可、著作权等。

（四）资金融通。资金包括各类长短期借贷资金（含集团资金池）、担保费、各类应计息预付款和延期收付款等。

（五）劳务交易。劳务包括市场调查、营销策划、代理、设计、咨询、行政管理、技术服务、合约研发、维修、法律服务、财务管理、审计、招聘、培训、集中采购等。

……

九、企业在规定期限内报送年度关联业务往来报告表确有困难，需要延期的，应当按照税收征管法及其实施细则的有关规定办理。

78. 国别报告义务

国别报告是 BEPS 第 13 项行动计划《转让定价文档和国别报告》中的一项重要内容。国别报告主要披露最终控股企业所属跨国企业集团所有成员实体的全球所得、税收和业务活动的国别分布情况。国别报告作为《中华人民共和国企业年度关联业务往来报告表》的附表，在年度企业所得税申报时一并报送。

适用主体

符合国别报告报送条件的居民企业。

政策规定

存在下列情形之一的居民企业，应当在报送年度关联业务往来报告表时，填报国别报告：

1）该居民企业为跨国企业集团的最终控股企业，且其上一会计年度合并财务报表中的各类收入金额合计超过 55 亿元。

2）该居民企业被跨国企业集团指定为国别报告的报送企业。

国别报告包括《国别报告—所得、税收和业务活动国别分布表》《国别报告—所得、税收和业务活动国别分布表（英文）》《国别报告—跨国企业集团成员实体名单》《国别报告—跨国企业集团成员实体名单（英文）》《国别报告—附加说明表》以及《国别报告—附加说明表（英文）》，共 6 张表。

情景问答

问：如何理解提供国别报告的“跨国企业集团的最终控股企业”？

答：最终控股企业，是指能够合并其所属跨国企业集团所有成员实体财务报表，且不能被其他企业纳入合并财务报表的企业。

上述成员实体包括：

1）实际已被纳入跨国企业集团合并财务报表的任一实体；

2）跨国企业集团持有该实体股权且按公开证券市场交易要求应被纳入但实际未被纳入跨国企业集团合并财务报表的任一实体；

3）仅由于业务规模或者重要性程度而未被纳入跨国企业集团合并财务报表的任一实体；

4）独立核算并编制财务报表的常设机构。

政策依据

1）《中华人民共和国企业所得税法》第四十三条（见 P477　77 -1）

2）《国家税务总局关于完善关联申报和同期资料管理有关事项的公告》（国家税务总局公告 2016 年第 42 号）第五条至第八条

3）《国家税务总局关于明确〈中华人民共和国企业年度关联业务往来报告表（2016 年版）〉填报口径的公告》（国家税务总局公告 2017 年第 26 号）

延伸阅读

78 -1 《国家税务总局关于完善关联申报和同期资料管理有关事项的公告》第五条至第八条

2016 年 6 月 29 日　国家税务总局公告 2016 年第 42 号

五、存在下列情形之一的居民企业，应当在报送年度关联业务往来报告表时，填报国别报告：

（一）该居民企业为跨国企业集团的最终控股企业，且其上一会计年度合并财务报表中的各类收入金额合计超过55亿元。

最终控股企业是指能够合并其所属跨国企业集团所有成员实体财务报表的，且不能被其他企业纳入合并财务报表的企业。

成员实体应当包括：

1. 实际已被纳入跨国企业集团合并财务报表的任一实体。

2. 跨国企业集团持有该实体股权且按公开证券市场交易要求应被纳入但实际未被纳入跨国企业集团合并财务报表的任一实体。

3. 仅由于业务规模或者重要性程度而未被纳入跨国企业集团合并财务报表的任一实体。

4. 独立核算并编制财务报表的常设机构。

（二）该居民企业被跨国企业集团指定为国别报告的报送企业。

国别报告主要披露最终控股企业所属跨国企业集团所有成员实体的全球所得、税收和业务活动的国别分布情况。

六、最终控股企业为中国居民企业的跨国企业集团，其信息涉及国家安全的，可以按照国家有关规定，豁免填报部分或者全部国别报告。

七、税务机关可以按照我国对外签订的协定、协议或者安排实施国别报告的信息交换。

八、企业虽不属于本公告第五条规定填报国别报告的范围，但其所属跨国企业集团按照其他国家有关规定应当准备国别报告，且符合下列条件之一的，税务机关可以在实施特别纳税调查时要求企业提供国别报告：

（一）跨国企业集团未向任何国家提供国别报告。

（二）虽然跨国企业集团已向其他国家提供国别报告，但我国与该国尚未建立国别报告信息交换机制。

（三）虽然跨国企业集团已向其他国家提供国别报告，且我国与该国已建立国别报告信息交换机制，但国别报告实际未成功交换至我国。

78－2 《国家税务总局关于明确〈中华人民共和国企业年度关联业务往来报告表（2016年版）〉填报口径的公告》

2017年7月7日　国家税务总局公告2017年第26号

为落实《国家税务总局关于完善关联申报和同期资料管理有关事项的公告》（国家税务总局公告2016年第42号），做好《中华人民共和国企业年度关联业务往来报告表（2016年版）》填报工作，现就有关事项公告如下：

一、《中华人民共和国企业年度关联业务往来报告表（2016年版）》中的《国别报告－所得、税收和业务活动国别分布表》（中英文表）第3列“收入－关联方”，填报跨国企业集团在第1列填报的国家（地区）每个成员实体与该跨国企业集团在《国别报告－跨国企业集团成员实体名单》（中英文表）中填报的其他成员实体发生交易取得的收入，并按第1列填报的国家（地区）汇总之和。

二、需填报国别报告的居民企业可以在2017年12月31日之前对已经填报2016年度的《中华人民共和国企业年度关联业务往来报告表（2016年版）》通过申报更正流程进行补充修改。

三、本公告自发布之日起施行。

特此公告。

79. 主体文档准备

企业应当依据企业所得税法实施条例第一百一十四条的规定，按纳税年度准备并按税务机关要求提供其关联交易的同期资料。同期资料包括主体文档、本地文档和特殊事项文档。主体文档主要披露最终控股企业所属企业集团的全球业务整体情况。

适用主体

达到主体文档准备条件的企业。

政策规定

符合下列条件之一的企业，应当准备主体文档：

1）年度发生跨境关联交易，且合并该企业财务报表的最终控股企业所属企业集团已准备主体文档。

2）年度关联交易总额超过 10 亿元。

主体文档主要披露最终控股企业所属企业集团的全球业务整体情况，包括以下内容：

（1）组织架构

以图表形式说明企业集团的全球组织架构、股权结构和所有成员实体的地理分布。成员实体是指企业集团内任一营运实体，包括公司制企业、合伙企业和常设机构等。

（2）企业集团业务

①企业集团业务描述，包括利润的重要价值贡献因素。

②企业集团营业收入前五位以及占营业收入超过 5% 的产品或者劳务的供应链及其主要市场地域分布情况。供应链情况可以采用图表形式进行说明。

③企业集团除研发外的重要关联劳务及简要说明，说明内容包括主要劳务提供方提供劳务的胜任能力、分配劳务成本以及确定关联劳务价格的转让定价政策。

④企业集团内各成员实体主要价值贡献分析，包括执行的关键功能、承担的重大风险，以及使用的重要资产。

⑤企业集团会计年度内发生的业务重组，产业结构调整，集团内企业功能、风险或者资产的转移。

⑥企业集团会计年度内发生的企业法律形式改变、债务重组、股权收购、资产收购、合并、分立等。

（3）无形资产

①企业集团开发、应用无形资产及确定无形资产所有权归属的整体战略，包括主要研发机构所在地和研发管理活动发生地及其主要功能、风险、资产和人员情况。

②企业集团对转让定价安排有显著影响的无形资产或者无形资产组合，以及对应的无形资产所有权人。

③企业集团内各成员实体与其关联方的无形资产重要协议清单，重要协议

包括成本分摊协议、主要研发服务协议和许可协议等。

④企业集团内与研发活动及无形资产相关的转让定价政策。

⑤企业集团会计年度内重要无形资产所有权和使用权关联转让情况，包括转让涉及的企业、国家以及转让价格等。

（4）融资活动

①企业集团内部各关联方之间的融资安排以及与非关联方的主要融资安排。

②企业集团内提供集中融资功能的成员实体情况，包括其注册地和实际管理机构所在地。

③企业集团内部各关联方之间融资安排的总体转让定价政策。

（5）财务与税务状况

①企业集团最近一个会计年度的合并财务报表。

②企业集团内各成员实体签订的单边预约定价安排、双边预约定价安排以及涉及国家之间所得分配的其他税收裁定的清单及简要说明。

③报送国别报告的企业名称及其所在地。

企业仅与境内关联方发生关联交易的，可以不准备主体文档。

主体文档应当在企业集团最终控股企业会计年度终了之日起 12 个月内准备完毕，并自税务机关要求之日起 30 日内提供。企业因不可抗力无法按期提供的，应当在不可抗力消除后 30 日内提供。

如果集团内企业分属两个以上税务机关管辖，可以选择任一企业主管税务机关主动提供主体文档。集团内其他企业被主管税务机关要求提供主体文档时，在向主管税务机关书面报告集团主动提供主体文档情况后，可免于提供。

主体文档应当使用中文，并标明引用信息资料的出处来源；应当加盖企业印章，并由法定代表人或者法定代表人授权的代表签章。

主体文档应当自税务机关要求的准备完毕之日起保存 10 年。企业合并、分立的，应当由合并、分立后的企业保存。

政策依据

1）《中华人民共和国企业所得税法实施条例》第一百一十四条（见 P477 77－2）

2）《国家税务总局关于完善关联申报和同期资料管理有关事项的公告》

（国家税务总局公告2016年第42号）第十条至第十二条、第十八条至第二十五条

3）《国家税务总局关于明确同期资料主体文档提供及管理有关事项的公告》（国家税务总局公告2018年第14号）

延伸阅读

79－1 《国家税务总局关于完善关联申报和同期资料管理有关事项的公告》第十条至第十二条、第十八条至第二十五条

2016年6月29日　国家税务总局公告2016年第42号

十、企业应当依据企业所得税法实施条例第一百一十四条的规定，按纳税年度准备并按税务机关要求提供其关联交易的同期资料。

同期资料包括主体文档、本地文档和特殊事项文档。

十一、符合下列条件之一的企业，应当准备主体文档：

（一）年度发生跨境关联交易，且合并该企业财务报表的最终控股企业所属企业集团已准备主体文档。

（二）年度关联交易总额超过10亿元。

十二、主体文档主要披露最终控股企业所属企业集团的全球业务整体情况，包括以下内容：

（一）组织架构

以图表形式说明企业集团的全球组织架构、股权结构和所有成员实体的地理分布。成员实体是指企业集团内任一营运实体，包括公司制企业、合伙企业和常设机构等。

（二）企业集团业务

1. 企业集团业务描述，包括利润的重要价值贡献因素。

2. 企业集团营业收入前五位以及占营业收入超过5%的产品或者劳务的供应链及其主要市场地域分布情况。供应链情况可以采用图表形式进行说明。

3. 企业集团除研发外的重要关联劳务及简要说明，说明内容包括主要劳

务提供方提供劳务的胜任能力、分配劳务成本以及确定关联劳务价格的转让定价政策。

4. 企业集团内各成员实体主要价值贡献分析，包括执行的关键功能、承担的重大风险、以及使用的重要资产。

5. 企业集团会计年度内发生的业务重组，产业结构调整，集团内企业功能、风险或者资产的转移。

6. 企业集团会计年度内发生的企业法律形式改变、债务重组、股权收购、资产收购、合并、分立等。

（三）无形资产

1. 企业集团开发、应用无形资产及确定无形资产所有权归属的整体战略，包括主要研发机构所在地和研发管理活动发生地及其主要功能、风险、资产和人员情况。

2. 企业集团对转让定价安排有显著影响的无形资产或者无形资产组合，以及对应的无形资产所有权人。

3. 企业集团内各成员实体与其关联方的无形资产重要协议清单，重要协议包括成本分摊协议、主要研发服务协议和许可协议等。

4. 企业集团内与研发活动及无形资产相关的转让定价政策。

5. 企业集团会计年度内重要无形资产所有权和使用权关联转让情况，包括转让涉及的企业、国家以及转让价格等。

（四）融资活动

1. 企业集团内部各关联方之间的融资安排以及与非关联方的主要融资安排。

2. 企业集团内提供集中融资功能的成员实体情况，包括其注册地和实际管理机构所在地。

3. 企业集团内部各关联方之间融资安排的总体转让定价政策。

（五）财务与税务状况

1. 企业集团最近一个会计年度的合并财务报表。

2. 企业集团内各成员实体签订的单边预约定价安排、双边预约定价安排以及涉及国家之间所得分配的其他税收裁定的清单及简要说明。

3. 报送国别报告的企业名称及其所在地。

……

十八、企业执行预约定价安排的，可以不准备预约定价安排涉及关联交易的本地文档和特殊事项文档，且关联交易金额不计入本公告第十三条规定的关联交易金额范围。

企业仅与境内关联方发生关联交易的，可以不准备主体文档、本地文档和特殊事项文档。

十九、主体文档应当在企业集团最终控股企业会计年度终了之日起12个月内准备完毕；本地文档和特殊事项文档应当在关联交易发生年度次年6月30日之前准备完毕。同期资料应当自税务机关要求之日起30日内提供。

二十、企业因不可抗力无法按期提供同期资料的，应当在不可抗力消除后30日内提供同期资料。

二十一、同期资料应当使用中文，并标明引用信息资料的出处来源。

二十二、同期资料应当加盖企业印章，并由法定代表人或者法定代表人授权的代表签章。

二十三、企业合并、分立的，应当由合并、分立后的企业保存同期资料。

二十四、同期资料应当自税务机关要求的准备完毕之日起保存10年。

二十五、企业依照有关规定进行关联申报、提供同期资料及有关资料的，税务机关实施特别纳税调查补征税款时，可以依据企业所得税法实施条例第一百二十二条的规定，按照税款所属纳税年度中国人民银行公布的与补税期间同期的人民币贷款基准利率加收利息。

79-2 《国家税务总局关于明确同期资料主体文档提供及管理有关事项的公告》

2018年4月4日　国家税务总局公告2018年第14号

为进一步深化“放管服”改革，优化税收环境，简化办税程序，减轻纳税人负担，现就落实《国家税务总局关于完善关联申报和同期资料管理有关事项的公告》（国家税务总局公告2016年第42号）关于同期资料准备及提供要求的有关事项公告如下：

一、依照规定需要准备主体文档的企业集团，如果集团内企业分属两个以上税务机关管辖，可以选择任一企业主管税务机关主动提供主体文档。集团内其他企业被主管税务机关要求提供主体文档时，在向主管税务机关书面报告集团主动提供主体文档情况后，可免于提供。

本公告所称“主动提供”是指在税务机关实施特别纳税调查前企业提供主体文档的情形。如果集团内一家企业被税务机关实施特别纳税调查并已按主管税务机关要求提供主体文档，集团内其他企业不能免于提供主体文档，但集团仍然可以选择其他任一企业适用前款规定。

二、收到企业主动提供主体文档的主管税务机关应区分以下情况进行处理：

（一）企业集团内各企业均属一个省、自治区、直辖市、计划单列市税务机关管辖的，收到主体文档的主管税务机关需层报至省税务机关，由省税务机关负责主体文档管理，统一组织协调，按需求提供给集团内各企业主管税务机关使用。

（二）企业集团内各企业分属两个或者两个以上省、自治区、直辖市、计划单列市税务机关管辖的，收到主体文档的主管税务机关需层报至国家税务总局，由国家税务总局负责主体文档管理，统一组织协调，按需求提供给集团内各企业主管税务机关使用。

三、本公告自2018年5月20日起施行。

特此公告。

80. 本地文档准备

企业按税务机关要求提供的其关联交易的同期资料中，本地文档主要披露企业关联交易的详细信息。

适用主体

达到本地文档准备条件的企业。

政策规定

符合下列条件之一的企业，应当准备本地文档：

1）有形资产所有权转让金额（来料加工业务按照年度进出口报关价格计

算）超过2亿元。

2）金融资产转让金额超过1亿元。

3）无形资产所有权转让金额超过1亿元。

4）其他关联交易金额合计超过4000万元。

本地文档主要披露企业关联交易的详细信息，包括以下内容：

1）企业概况

（1）组织结构，包括企业各职能部门的设置、职责范围和雇员数量等。

（2）管理架构，包括企业各级管理层的汇报对象以及汇报对象主要办公所在地等。

（3）业务描述，包括企业所属行业的发展概况、产业政策、行业限制等影响企业和行业的主要经济和法律问题，主要竞争者等。

（4）经营策略，包括企业各部门、各环节的业务流程，运营模式，价值贡献因素等。

（5）财务数据，包括企业不同类型业务及产品的收入、成本、费用及利润。

（6）涉及本企业或者对本企业产生影响的重组或者无形资产转让情况，以及对本企业的影响分析。

2）关联关系

（1）关联方信息，包括直接或者间接拥有企业股权的关联方，以及与企业发生交易的关联方，内容涵盖关联方名称、法定代表人、高级管理人员的构成情况、注册地址、实际经营地址，以及关联个人的姓名、国籍、居住地等情况。

（2）上述关联方适用的具有所得税性质的税种、税率及相应可享受的税收优惠。

（3）本会计年度内，企业关联关系的变化情况。

3）关联交易

（1）关联交易概况

①关联交易描述和明细，包括关联交易相关合同或者协议副本及其执行情况的说明，交易标的的特性，关联交易的类型、参与方、时间、金额、结算货币、交易条件、贸易形式，以及关联交易与非关联交易业务的异同等。

②关联交易流程，包括关联交易的信息流、物流和资金流，与非关联交易

业务流程的异同。

③功能风险描述，包括企业及其关联方在各类关联交易中执行的功能、承担的风险和使用的资产。

④交易定价影响要素，包括关联交易涉及的无形资产及其影响，成本节约、市场溢价等地域特殊因素。地域特殊因素应从劳动力成本、环境成本、市场规模、市场竞争程度、消费者购买力、商品或者劳务的可替代性、政府管制等方面进行分析。

⑤关联交易数据，包括各关联方、各类关联交易涉及的交易金额。分别披露关联交易和非关联交易的收入、成本、费用和利润，不能直接归集的，按照合理比例划分，并说明该划分比例的依据。

（2）价值链分析

①企业集团内业务流、物流和资金流，包括商品、劳务或者其他交易标的从设计、开发、生产制造、营销、销售、交货、结算、消费、售后服务、循环利用等各环节及其参与方。

②上述各环节参与方最近会计年度的财务报表。

③地域特殊因素对企业创造价值贡献的计量及其归属。

④企业集团利润在全球价值链条中的分配原则和分配结果。

（3）对外投资

①对外投资基本信息，包括对外投资项目的投资地区、金额、主营业务及战略规划。

②对外投资项目概况，包括对外投资项目的股权架构、组织结构，高级管理人员的雇佣方式，项目决策权限的归属。

③对外投资项目数据，包括对外投资项目的营运数据。

（4）关联股权转让

①股权转让概况，包括转让背景、参与方、时间、价格、支付方式，以及影响股权转让的其他因素。

②股权转让标的的相关信息，包括股权转让标的所在地，出让方获取该股权的时间、方式和成本，股权转让收益等信息。

③尽职调查报告或者资产评估报告等与股权转让相关的其他信息。

（5）关联劳务

①关联劳务概况，包括劳务提供方和接受方，劳务的具体内容、特性、开展方式、定价原则、支付形式，以及劳务发生后各方受益情况等。

②劳务成本费用的归集方法、项目、金额、分配标准、计算过程及结果等。

③企业及其所属企业集团与非关联方存在相同或者类似劳务交易的，还应当详细说明关联劳务与非关联劳务在定价原则和交易结果上的异同。

（6）与企业关联交易直接相关的，中国以外其他国家税务主管当局签订的预约定价安排和作出的其他税收裁定。

4）可比性分析

（1）可比性分析考虑的因素，包括交易资产或者劳务特性，交易各方功能、风险和资产，合同条款，经济环境，经营策略等。

（2）可比企业执行的功能、承担的风险以及使用的资产等相关信息。

（3）可比对象搜索方法、信息来源、选择条件及理由。

（4）所选取的内部或者外部可比非受控交易信息和可比企业的财务信息。

（5）可比数据的差异调整及理由。

5）转让定价方法的选择和使用

（1）被测试方的选择及理由。

（2）转让定价方法的选用及理由，无论选择何种转让定价方法，均须说明企业对集团整体利润或者剩余利润所做的贡献。

（3）确定可比非关联交易价格或者利润的过程中所做的假设和判断。

（4）运用合理的转让定价方法和可比性分析结果，确定可比非关联交易价格或者利润。

（5）其他支持所选用转让定价方法的资料。

（6）关联交易定价是否符合独立交易原则的分析及结论。

企业执行预约定价安排的，可以不准备预约定价安排涉及关联交易的本地文档，且关联交易金额不计入《国家税务总局关于完善关联申报和同期资料管理有关事项的公告》（国家税务总局公告 2016 年第 42 号）第十三条规定的关联交易金额范围。

企业仅与境内关联方发生关联交易的，可以不准备本地文档。

本地文档应当在关联交易发生年度次年 6 月 30 日之前准备完毕，并自税务机关要求之日起 30 日内提供。企业因不可抗力无法按期提供的，应当在不可抗力消除后 30 日内提供。

本地文档应当使用中文，并标明引用信息资料的出处来源；应当加盖企业印章，并由法定代表人或者法定代表人授权的代表签章。

本地文档应当自税务机关要求的准备完毕之日起保存10年。企业合并、分立的，应当由合并、分立后的企业保存。

政策依据

1）《中华人民共和国企业所得税法实施条例》第一百一十四条（见P477 77－2）

2）《国家税务总局关于完善关联申报和同期资料管理有关事项的公告》（国家税务总局公告2016年第42号）第十三条、第十四条、第十八条至第二十五条

延伸阅读

80－1 《国家税务总局关于完善关联申报和同期资料管理有关事项的公告》第十三条、第十四条、第十八条至第二十五条

2016年6月29日 国家税务总局公告2016年第42号

十三、年度关联交易金额符合下列条件之一的企业，应当准备本地文档：

（一）有形资产所有权转让金额（来料加工业务按照年度进出口报关价格计算）超过2亿元。

（二）金融资产转让金额超过1亿元。

（三）无形资产所有权转让金额超过1亿元。

（四）其他关联交易金额合计超过4000万元。

十四、本地文档主要披露企业关联交易的详细信息，包括以下内容：

（一）企业概况

1. 组织结构，包括企业各职能部门的设置、职责范围和雇员数量等。

2. 管理架构，包括企业各级管理层的汇报对象以及汇报对象主要办公所在地等。

3. 业务描述，包括企业所属行业的发展概况、产业政策、行业限制等影

响企业和行业的主要经济和法律问题，主要竞争者等。

4. 经营策略，包括企业各部门、各环节的业务流程，运营模式，价值贡献因素等。

5. 财务数据，包括企业不同类型业务及产品的收入、成本、费用及利润。

6. 涉及本企业或者对本企业产生影响的重组或者无形资产转让情况，以及对本企业的影响分析。

（二）关联关系

1. 关联方信息，包括直接或者间接拥有企业股权的关联方，以及与企业发生交易的关联方，内容涵盖关联方名称、法定代表人、高级管理人员的构成情况、注册地址、实际经营地址，以及关联个人的姓名、国籍、居住地等情况。

2. 上述关联方适用的具有所得税性质的税种、税率及相应可享受的税收优惠。

3. 本会计年度内，企业关联关系的变化情况。

（三）关联交易

1. 关联交易概况

（1）关联交易描述和明细，包括关联交易相关合同或者协议副本及其执行情况的说明，交易标的的特性，关联交易的类型、参与方、时间、金额、结算货币、交易条件、贸易形式，以及关联交易与非关联交易业务的异同等。

（2）关联交易流程，包括关联交易的信息流、物流和资金流，与非关联交易业务流程的异同。

（3）功能风险描述，包括企业及其关联方在各类关联交易中执行的功能、承担的风险和使用的资产。

（4）交易定价影响要素，包括关联交易涉及的无形资产及其影响，成本节约、市场溢价等地域特殊因素。地域特殊因素应从劳动力成本、环境成本、市场规模、市场竞争程度、消费者购买力、商品或者劳务的可替代性、政府管制等方面进行分析。

（5）关联交易数据，包括各关联方、各类关联交易涉及的交易金额。分别披露关联交易和非关联交易的收入、成本、费用和利润，不能直接归集的，按照合理比例划分，并说明该划分比例的依据。

2. 价值链分析

（1）企业集团内业务流、物流和资金流，包括商品、劳务或者其他交易标的从设计、开发、生产制造、营销、销售、交货、结算、消费、售后服务、循环利用等各环节及其参与方。

（2）上述各环节参与方最近会计年度的财务报表。

（3）地域特殊因素对企业创造价值贡献的计量及其归属。

（4）企业集团利润在全球价值链条中的分配原则和分配结果。

3. 对外投资

（1）对外投资基本信息，包括对外投资项目的投资地区、金额、主营业务及战略规划。

（2）对外投资项目概况，包括对外投资项目的股权架构、组织结构，高级管理人员的雇佣方式，项目决策权限的归属。

（3）对外投资项目数据，包括对外投资项目的营运数据。

4. 关联股权转让

（1）股权转让概况，包括转让背景、参与方、时间、价格、支付方式，以及影响股权转让的其他因素。

（2）股权转让标的的相关信息，包括股权转让标的所在地，出让方获取该股权的时间、方式和成本，股权转让收益等信息。

（3）尽职调查报告或者资产评估报告等与股权转让相关的其他信息。

5. 关联劳务

（1）关联劳务概况，包括劳务提供方和接受方，劳务的具体内容、特性、开展方式、定价原则、支付形式，以及劳务发生后各方受益情况等。

（2）劳务成本费用的归集方法、项目、金额、分配标准、计算过程及结果等。

（3）企业及其所属企业集团与非关联方存在相同或者类似劳务交易的，还应当详细说明关联劳务与非关联劳务在定价原则和交易结果上的异同。

6. 与企业关联交易直接相关的，中国以外其他国家税务主管当局签订的预约定价安排和作出的其他税收裁定。

（四）可比性分析

1. 可比性分析考虑的因素，包括交易资产或者劳务特性，交易各方功能、风险和资产，合同条款，经济环境，经营策略等。

2. 可比企业执行的功能、承担的风险以及使用的资产等相关信息。

3. 可比对象搜索方法、信息来源、选择条件及理由。

4. 所选取的内部或者外部可比非受控交易信息和可比企业的财务信息。

5. 可比数据的差异调整及理由。

（五）转让定价方法的选择和使用

1. 被测试方的选择及理由。

2. 转让定价方法的选用及理由，无论选择何种转让定价方法，均须说明企业对集团整体利润或者剩余利润所做的贡献。

3. 确定可比非关联交易价格或者利润的过程中所做的假设和判断。

4. 运用合理的转让定价方法和可比性分析结果，确定可比非关联交易价格或者利润。

5. 其他支持所选用转让定价方法的资料。

6. 关联交易定价是否符合独立交易原则的分析及结论。

……

十八、企业执行预约定价安排的，可以不准备预约定价安排涉及关联交易的本地文档和特殊事项文档，且关联交易金额不计入本公告第十三条规定的关联交易金额范围。

企业仅与境内关联方发生关联交易的，可以不准备主体文档、本地文档和特殊事项文档。

十九、主体文档应当在企业集团最终控股企业会计年度终了之日起12个月内准备完毕；本地文档和特殊事项文档应当在关联交易发生年度次年6月30日之前准备完毕。同期资料应当自税务机关要求之日起30日内提供。

二十、企业因不可抗力无法按期提供同期资料的，应当在不可抗力消除后30日内提供同期资料。

二十一、同期资料应当使用中文，并标明引用信息资料的出处来源。

二十二、同期资料应当加盖企业印章，并由法定代表人或者法定代表人授权的代表签章。

二十三、企业合并、分立的，应当由合并、分立后的企业保存同期资料。

二十四、同期资料应当自税务机关要求的准备完毕之日起保存10年。

二十五、企业依照有关规定进行关联申报、提供同期资料及有关资料的，税务机关实施特别纳税调查补征税款时，可以依据企业所得税法实施条例第一百二十二条的规定，按照税款所属纳税年度中国人民银行公布的与补税期间同期的人民币贷款基准利率加收利息。

81. 特殊事项文档准备

企业按税务机关要求提供的其关联交易的同期资料中，特殊事项文档包括成本分摊协议特殊事项文档和资本弱化特殊事项文档两类。

适用主体

达到特殊事项文档准备条件的企业。

政策规定

企业签订或者执行成本分摊协议的，应当准备成本分摊协议特殊事项文档。

成本分摊协议特殊事项文档包括以下内容：

1）成本分摊协议副本。

2）各参与方之间达成的为实施成本分摊协议的其他协议。

3）非参与方使用协议成果的情况、支付的金额和形式，以及支付金额在参与方之间的分配方式。

4）本年度成本分摊协议的参与方加入或者退出的情况，包括加入或者退出的参与方名称、所在国家和关联关系，加入支付或者退出补偿的金额及形式。

5）成本分摊协议的变更或者终止情况，包括变更或者终止的原因、对已形成协议成果的处理或者分配。

6）本年度按照成本分摊协议发生的成本总额及构成情况。

7）本年度各参与方成本分摊的情况，包括成本支付的金额、形式和对象，作出或者接受补偿支付的金额、形式和对象。

8）本年度协议预期收益与实际收益的比较以及由此作出的调整。

9）预期收益的计算，包括计量参数的选取、计算方法和改变理由。

企业关联债资比例超过标准比例需要说明符合独立交易原则的，应当准备资本弱化特殊事项文档。

资本弱化特殊事项文档包括以下内容：

1）企业偿债能力和举债能力分析。

2）企业集团举债能力及融资结构情况分析。

3）企业注册资本等权益投资的变动情况说明。

4）关联债权投资的性质、目的及取得时的市场状况。

5）关联债权投资的货币种类、金额、利率、期限及融资条件。

6）非关联方是否能够并且愿意接受上述融资条件、融资金额及利率。

7）企业为取得债权性投资而提供的抵押品情况及条件。

8）担保人状况及担保条件。

9）同类同期贷款的利率情况及融资条件。

10）可转换公司债券的转换条件。

11）其他能够证明符合独立交易原则的资料。

企业执行预约定价安排的，可以不准备预约定价安排涉及关联交易的特殊事项文档，且关联交易金额不计入国家税务总局公告 2016 年第 42 号第十三条规定的关联交易金额范围。

企业仅与境内关联方发生关联交易的，可以不准备特殊事项文档。

特殊事项文档应当在关联交易发生年度次年 6 月 30 日之前准备完毕，并自税务机关要求之日起 30 日内提供。企业因不可抗力无法按期提供的，应当在不可抗力消除后 30 日内提供。

特殊事项文档应当使用中文，并标明引用信息资料的出处来源；应当加盖企业印章，并由法定代表人或者法定代表人授权的代表签章。

特殊事项文档应当自税务机关要求的准备完毕之日起保存 10 年。企业合并、分立的，应当由合并、分立后的企业保存。

情景问答

问：同期资料准备和提供的期限是如何规定的？

答：同期资料主体文档应当在企业集团最终控股企业会计年度终了之日起 12 个月内准备完毕；本地文档和特殊事项文档应当在关联交易发生年度次年 6 月 30 日之前准备完毕。

同期资料应当自税务机关要求之日起 30 日内提供。企业因不可抗力无法按期提供同期资料的，应当在不可抗力消除后30日内提供同期资料。

政策依据

1）《中华人民共和国企业所得税法实施条例》第一百一十四条（见P477 77－2）

2）《国家税务总局关于完善关联申报和同期资料管理有关事项的公告》（国家税务总局公告2016年第42号）第十五条至第二十五条

延伸阅读

81－1 《国家税务总局关于完善关联申报和同期资料管理有关事项的公告》第十五条至第二十五条

2016年6月29日 国家税务总局公告2016年第42号

十五、特殊事项文档包括成本分摊协议特殊事项文档和资本弱化特殊事项文档。

企业签订或者执行成本分摊协议的，应当准备成本分摊协议特殊事项文档。

企业关联债资比例超过标准比例需要说明符合独立交易原则的，应当准备资本弱化特殊事项文档。

十六、成本分摊协议特殊事项文档包括以下内容：

（一）成本分摊协议副本。

（二）各参与方之间达成的为实施成本分摊协议的其他协议。

（三）非参与方使用协议成果的情况、支付的金额和形式，以及支付金额在参与方之间的分配方式。

（四）本年度成本分摊协议的参与方加入或者退出的情况，包括加入或者退出的参与方名称、所在国家和关联关系，加入支付或者退出补偿的金额及形式。

（五）成本分摊协议的变更或者终止情况，包括变更或者终止的原因、对已形成协议成果的处理或者分配。

（六）本年度按照成本分摊协议发生的成本总额及构成情况。

（七）本年度各参与方成本分摊的情况，包括成本支付的金额、形式和对象，作出或者接受补偿支付的金额、形式和对象。

（八）本年度协议预期收益与实际收益的比较以及由此作出的调整。

（九）预期收益的计算，包括计量参数的选取、计算方法和改变理由。

十七、资本弱化特殊事项文档包括以下内容：

（一）企业偿债能力和举债能力分析。

（二）企业集团举债能力及融资结构情况分析。

（三）企业注册资本等权益投资的变动情况说明。

（四）关联债权投资的性质、目的及取得时的市场状况。

（五）关联债权投资的货币种类、金额、利率、期限及融资条件。

（六）非关联方是否能够并且愿意接受上述融资条件、融资金额及利率。

（七）企业为取得债权性投资而提供的抵押品情况及条件。

（八）担保人状况及担保条件。

（九）同类同期贷款的利率情况及融资条件。

（十）可转换公司债券的转换条件。

（十一）其他能够证明符合独立交易原则的资料。

十八、企业执行预约定价安排的，可以不准备预约定价安排涉及关联交易的本地文档和特殊事项文档，且关联交易金额不计入本公告第十三条规定的关联交易金额范围。

企业仅与境内关联方发生关联交易的，可以不准备主体文档、本地文档和特殊事项文档。

十九、主体文档应当在企业集团最终控股企业会计年度终了之日起12个月内准备完毕；本地文档和特殊事项文档应当在关联交易发生年度次年6月30日之前准备完毕。同期资料应当自税务机关要求之日起30日内提供。

二十、企业因不可抗力无法按期提供同期资料的，应当在不可抗力消除后30日内提供同期资料。

二十一、同期资料应当使用中文，并标明引用信息资料的出处来源。

二十二、同期资料应当加盖企业印章，并由法定代表人或者法定代表人授权的代表签章。

二十三、企业合并、分立的，应当由合并、分立后的企业保存同期资料。

二十四、同期资料应当自税务机关要求的准备完毕之日起保存10年。

二十五、企业依照有关规定进行关联申报、提供同期资料及有关资料的，税务机关实施特别纳税调查补征税款时，可以依据企业所得税法实施条例第一百二十二条的规定，按照税款所属纳税年度中国人民银行公布的与补税期间同期的人民币贷款基准利率加收利息。

四、服务举措

82. 出口退（免）税无纸化申报

服务内容

为支持外贸稳增长，进一步优化出口退税服务，加快出口退税进度，创建优质便捷的退税服务体系，服务“走出去”企业，税务总局决定在全国范围内进一步推进出口退（免）税无纸化申报试点工作。

试点企业通过提供数字签名证书签名后的正式申报电子数据，可以办理出口退（免）税正式申报以及申请办理出口退（免）税相关证明，不再需要报送纸质申报表和纸质凭证，原规定向主管税务机关报送的纸质凭证留存备查。

更多资讯

符合以下条件的出口企业，可确定为试点企业：

1）自愿申请开展出口退（免）税无纸化管理试点工作，且向主管税务机关承诺能够按规定将有关申报资料留存企业备案；

2）出口退（免）税企业分类管理类别为一类、二类、三类；

3）有税控数字签名证书或主管税务机关认可的其他数字签名证书；

4）能够按规定报送经数字签名后的出口退（免）税全部申报资料的电子数据。

出口企业和其他单位视同出口货物，在提供退（免）税申报资料时，存在无法生成电子数据情形的，不影响该企业申请成为无纸化申报试点企业，该项视同出口业务仍可按现行规定报送纸质申报资料办理退（免）税。

政策依据

1）《国家税务总局关于推进出口退（免）税无纸化管理试点工作的通知》（税总函〔2016〕36号）（编者略）

2）《国家税务总局关于进一步推进出口退（免）税无纸化申报试点工作的通知》（税总函〔2017〕176号）

延伸阅读

82－1 《国家税务总局关于进一步推进出口退（免）税无纸化申报试点工作的通知》

2017年5月23日　税总函〔2017〕176号

各省、自治区、直辖市和计划单列市国家税务局：

为支持外贸稳增长，进一步优化出口退税服务，加快出口退税进度，创建优质便捷的退税服务体系，税务总局决定在全国范围内进一步推进出口退（免）税无纸化申报试点工作。现将有关事项通知如下：

一、试点的主要内容

在开展试点工作的地区，试点企业通过提供数字签名证书签名后的正式申报电子数据，可以办理出口退（免）税正式申报以及申请办理出口退（免）税相关证明，不再需要报送纸质申报表和纸质凭证，原规定向主管税务机关报送的纸质凭证留存备查。

二、试点企业的范围

各省国税局应按照“严控风险、企业自愿”的原则，选取有代表性的地区、税法遵从度好的企业，开展出口退（免）税无纸化申报试点工作。

试点企业的条件按照《国家税务总局关于推进出口退（免）税无纸化管

理试点工作的通知》（税总函〔2016〕36号）第一条的规定执行。出口企业和其他单位视同出口货物，在提供退（免）税申报资料时，存在无法生成电子数据情形的，不影响该企业申请成为无纸化申报试点企业，该项视同出口业务仍可按现行规定报送纸质申报资料办理退（免）税。

三、有关工作要求

（一）尚未开展出口退（免）税无纸化申报试点的省（区、市），应于2017年10月31日前确定试点地区，开展试点工作。已开展出口退（免）税无纸化申报试点的省（区、市），要继续做好出口退（免）税无纸化审核审批、无纸化退库等业务的试点工作，并根据本单位出口退（免）税管理和信息化建设情况，适时扩大试点范围。

（二）各省国税局分别于2017年6月15日和11月15日前，将《出口退（免）税无纸化管理试点统计表》（见附件），以及本省无纸化试点的已推行情况、推行计划情况、存在困难、问题和意见建议，上报税务总局（货物和劳务税司）。（报送路径：总局FTP\各地上传\总局布置工作\出口退（免）税无纸化管理试点工作开展情况\无纸化申报试点工作情况）

（三）其他有关工作要求，请按照税总函〔2016〕36号文件的相关规定执行。

本通知自下发之日起施行，原规定与本通知不一致的，按本通知执行。

附件：出口退（免）税无纸化管理试点统计表（编者略）

83. 出口退税率查询

服务内容

税务总局在官网上“纳税服务”栏目开辟有出口退税率查询，为企业提供出口货物的出口退税率查询服务。

更多资讯

欢迎访问国家税务总局官网出口退税率查询网页：

http：//hd. chinatax. gov. cn/nszx/InitChukou. html.

84. 办税事项“最多跑一次”

服务内容

为进一步深化税务系统“放管服”改革，推进办税便利化，减少纳税人办税跑腿次数，降低纳税人办税成本，税务总局编制了《办税事项“最多跑一次”清单》（简称《清单》），自2018年4月1日起在全国实施。

更多资讯

办税事项“最多跑一次”，是指纳税人办理《清单》范围内的事项，在资料完整且符合法定受理条件的前提下，最多只需要到税务机关跑一次。纳税人的办税事项不符合法定受理条件，或者提交的资料不完整，不适用“最多跑一次”。

《清单》包含了多项服务“走出去”措施，在资料完整且符合法定受理条件下，真正让“走出去”纳税人最多跑一次。各地税务机关在推行“最多跑一次”改革的同时，应积极落实税务总局深化“放管服”的要求，大力推进网上办税，努力实现办税“不用跑”。税务总局将根据政策变化适时调整《清单》，在国家税务总局官方网站公布。

政策依据

1）《国家税务总局关于进一步深化税务系统“放管服”改革 优化税收环境的若干意见》（税总发〔2017〕101号）

2）《国家税务总局关于发布〈办税事项“最多跑一次”清单〉的公告》（国家税务总局公告2018年第12号）

延伸阅读

84－1 《国家税务总局关于进一步深化税务系统"放管服"改革优化税收环境的若干意见》

2017年9月14日 税总发〔2017〕101号

各省、自治区、直辖市和计划单列市国家税务局、地方税务局，局内各单位：

为深入贯彻落实党中央、国务院关于优化营商环境和推进"放管服"改革的系列部署，进一步深化税务系统"放管服"改革，优化税收环境，激发市场主体创业创新活力，制定本意见。

一、总体要求

进一步深化税务系统"放管服"改革是转变职能、发挥税收作用的关键所在，是深化国税、地税征管体制改革的重要任务，是优化税收环境、减轻纳税人负担的重要抓手，对于提升税收治理能力，营造稳定公平透明、可预期的营商环境，实现税收现代化具有十分重要的意义。

近年来，全国税务系统勇于创新，开拓进取，持续推进"放管服"改革，取得了明显成效。在简政放权上做"减法"，大幅度削减税务行政审批事项，进一步优化审批流程，精简涉税资料，有效便利了纳税人；在后续管理上做"加法"，加快转变税收征管方式，出台系列工作规范，依托金税三期系统和增值税发票管理新系统加大信息管税和风险管理力度，建立健全了事中事后管理体系；在优化服务上做"乘法"，持续开展"便民办税春风行动"，深入推进国税局、地税局合作，增强了纳税人获得感。同时也应看到，与全面深化改革的新形势新要求相比，与广大纳税人和基层税务干部的期盼相比，税务系统"放管服"改革还有待进一步深化，在思想理念、制度机制、管理手段等方面仍存在一些需要解决的问题，税收环境还需要进一步优化。

全国税务系统要深入学习贯彻习近平总书记系列重要讲话精神和党中央治国理政新理念新思想新战略，认真落实党中央、国务院关于优化营商环境和深化"放管服"改革系列部署，结合开展深化国税、地税征管体制改革和金税三期全面上线等改革"回头看"，坚持问题导向、集成导向、目标导向，对焦纳税人需求和基层税务干部期盼，继续加大税务系统简政放权力度，一体化推进办税便利化改革，创新事中事后监管方式，充分释放税收信息化潜能，推动税务系统“放管服”改革提质升级，进一步优化税收环境，提升税收治理能力和服务水平。

二、主要任务

（一）进一步深化简政放权

坚持放要彻底且有序，进一步取消税务行政审批和前置性审核事项，精简纳税人资料报送，打造权力瘦身的“紧身衣”，切实为纳税人减负。

1. 减少和优化税务行政审批。报经国务院批准后，取消非居民企业汇总缴纳企业所得税机构场所的审批，由纳税人自主选择纳税申报地点。结合纳税人信用积分确定增值税专用发票最高开票限额和用票数量，完善最高开票限额管理，推动取消最高开票限额审批，便利纳税人生产经营。

2. 推行税收权力和责任清单。制定税务系统权责清单范本，推进权力和责任清单规范化工作，确保相同的权力和责任事项，在各级税务机关的名称、类型、依据、履责方式和追责情形统一规范，努力形成上下贯通、有机衔接、运转顺畅、透明高效的全国税务系统权责清单运行体系。

3. 简化纳税人设立、迁移、注销手续。办税服务厅不设置新办纳税人补充登记窗口，“多证合一”纳税人首次办税时不进行信息补充采集。加强与工商部门沟通协调，建立工商登记数据质量和传输的通报、对账机制及管理办法，提升共享信息的准确性和完整性。取消外出经营税收管理证明，实行网上报验。简化纳税人在本省内跨市、县变更登记流程，便利市场主体自由迁移。制定简易注销办法，实现市场主体退出便利化。

4. 改进纳税人优惠备案和合同备案。改进各税种优惠备案方式，基本实现税收优惠资料由报送税务机关改为纳税人留存备查，减轻纳税人备案负担。简化建筑业企业选择简易计税备案事项。取消非居民企业源泉扣缴合同备案环节，优化对外支付备案程序。

5. 精简涉税资料报送。清理纳税人向税务机关报送资料，2018 年年底前精简四分之一以上。实行涉税资料清单管理，清单之外原则上不得要求纳税人报送。将小微企业财务报表由按月报送改为按季报送，减少小微企业报表报送次数。推动涉税资料电子化，减少纳税人纸质资料报送。

（二）切实创新监管方式

坚持管要规范且有效，树立诚信推定、风险监控、信用管理等现代税收管理理念，加强事中事后监管机制和制度建设，推动转变税收征管方式，提高税收征管效能。

6. 改革税收管理员制度。按照属地固定管户向分类分级管理转变的要求，合理确定税收管理员工作职责，简并整合日常事务性管理事项，健全完善税源管理的衔接机制和配套制度，税收管理员主要做好以风险应对为重点的事中事后管理，进一步实现管理方式转型。

7. 全面推行实名办税。建立健全实名办税制度，按照企业类型、涉税风险等因素，合理确定实名信息采集范围。推行国税局、地税局实名信息双方互认，实现一次采集多次、多处使用。充分利用实名身份信息，简并相关附报资料，优化办税流程，加强信用管理，防范领用、代开发票等各类涉税风险。

8. 推进跨区域风险管理协作。打通省际之间、国税局与地税局之间横向通道，建立税务系统内部追逃清单，加强异常普通发票、失控增值税专用发票等风险信息交换，推进非正常户、D级信用户、涉嫌骗税和虚开发票纳税人等风险情报信息共享，提升跨区域风险监控能力。

9. 建立信用动态监管方式。完善纳税信用管理制度，扩大纳税信用评价范围，缩短评价周期。以推行实名办税为契机，归集办税人员信用记录，建立办税人员涉税信用管理制度，加强个人信用与企业信用之间的联动。运用税收大数据，建立信用积分制度，健全动态信用评价和风险评估指标体系，实现对纳税人信用和风险状况的动态监控评价，根据监控评价结果实施分类服务和差异化管理。

10. 优化征管资源配置。各地税务机关建立与制度改革和业务创新相配套的岗责体系，明确各部门间的专业化分工关系，优化整合办税服务资源，强化风险管理资源配置，做好前后台职责分工衔接，实现征管资源集约化利用。

11. 强化部门协同合作。各地国税局、地税局要联合加强与外部门之间的合作，提高协税护税水平。进一步推动将纳税信用体系融入社会信用体系，强化守信联合激励和失信联合惩戒，构建纳税人自律、社会监督和行政监管相结合的合作机制。深入推进“银税互动”，加大银税合作力度，逐步扩大税务、银行信用信息共享内容，助力解决小微企业融资贵、融资难问题。

（三）不断优化纳税服务

坚持服要优质且有感，以问题为导向，抓住主要矛盾，调整关键环节，充分应用现代信息技术，创新服务方式，让纳税人办税更便捷、更贴心、更舒心。

12. 推行新办纳税人“零门槛”办税。为新办纳税人提供“套餐式”服务，一次性办结多个涉税事项。将增值税普通发票核定事项由限时办结改为即时办结，大幅缩短办理时间。将无不良信用记录的新办纳税人纳入取消增值税专用发票认证范围，减轻纳税人发票认证负担和办税服务厅工作压力。

13. 创新发票服务方式。推进税务信息系统与公路收费系统对接，依托收费公路通行费增值税发票服务平台开具增值税电子普通发票，推动物流行业降本增效。试行代开增值税普通发票“线上申请、网上缴税、自行出票”模式，分行业扩大小规模纳税人自行开具增值税专用发票试点范围，促进小微企业发展。适应商事制度改革要求，推行税控器具网上变更。推动完善发票管理制度，取消发票领购簿等规定。

14. 便利申报纳税。简并优化增值税、消费税、企业所得税等税种申报表，提供网上办理更正申报功能，较大幅度精简表单填报，缩减纳税人申报纳税准备时间。定期定额个体工商户实际经营额、所得额不超过定额的，取消年度汇总申报。

15. 大力推行网上办税、就近办税。税务总局编制办税事项“最多跑一次”清单，推进跨省经营企业涉税事项全国通办，最大限度减少纳税人到办税服务厅次数。省税务机关编制办税事项“全程网上办”清单，在部分地区试行国税、地税业务省内通办，实现纳税人就近办理涉税事项。

16. 深化国税局、地税局合作。拓展网上办税功能，实现纳税人应纳增值税、消费税等主税和地方附加税费的一体化申报缴税。推行国税局、地税局联合签署税银协议，实现线上线下一方签署双方互认，解决纳税人多头跑问题。打通国税局、地税局信息壁垒，扩大一方采集、双方共享范围。在更大范围内，实现纳税人“进一个门、上一个网、办两家事”。

17. 提高政策服务透明度。对税收政策科学分类，明确上网发布渠道和形式，升级12366纳税服务平台，提高税收政策透明度。省税务机关畅通12366、门户网站、网上办税服务厅等渠道，加大税收热点问题的宣传解读，及时回应纳税人对税收政策确定性的服务需求。

18. 完善纳税服务评价机制。对照世界银行营商环境纳税评价指标，积极参与国家营商环境税收指标的制定和评价工作。结合我国国情、税情，建立纳税便利化评价指标体系，完善纳税人评价进一步深化税务系统“放管服”改革、优化税收环境成效的机制。

（四）持续改进税收执法

坚持法治思维，规范税收执法权力运行，加强执法行为监督，维护纳税人合法权益，营造公开公平公正文明的税收法治环境，促进市场主体公平竞争。

19. 规范税务行政处罚。各省国税局、地税局联合制定并实施税务行政处罚裁量基准，实行重大税务行政处罚集体审议，减少税务行政处罚裁量空间。完善简易处罚流程，简化办理环节，合并执法文书，提高执法效率。

20. 严格核定征收管理。严格依法行使税收核定权，进一步规范各税种和个体工商户定期定额核定征收的标准、程序和计算方法；国税局、地税局联合开展核定征收，统一核定基数，保证同一区域内规模相当的同类或者类似纳税人的核定结果基本相当。推行核定信息公开，完善公开内容和程序，提高核定征收透明度。

21. 科学应用风险应对策略。以风险管理为导向，对信用级别低、风险等级高的纳税人实施重点监控；对风险等级低的纳税人主要做好风险提示提醒，促进纳税人自我修正、自愿遵从；对信用级别高、无风险的纳税人避免不当打扰。

22. 完善税务稽查执法机制。加强税务稽查"双随机、一公开"监管，进一步强化金税三期双随机工作平台的运用和管理，结合信用管理、"黑名单"合理确定随机抽查的比例和频次，及时公开随机抽查事项清单和查处结果，提高稽查随机抽查的针对性、有效性和透明度。拓展跨区域稽查范围，提升税务稽查资源的配置效率。

23. 加强风险应对扎口管理。省税务机关建立健全风险应对任务扎口管理机制，统一通过金税三期风险管理平台集中推送风险应对任务。加强进户执法计划管理，合并进户执法事项，推行国税局、地税局联合执法，避免对同一纳税人多头执法、重复检查。

24. 加强税收执法监督。扩大税务行政执法公示制度、执法全过程记录制度、重大执法决定法制审核制度试点，保障和监督税务机关有效履行职责。深入推行税收执法责任制，依托信息化手段，实现对执法过错行为的事后追责。进一步加强和改进税务行政应诉工作，积极预防和化解税务行政争议。

（五）统筹升级信息系统

坚持科技引领，以用户体验为中心，提升完善信息系统功能，优化用户界面，推动数据共享共用，充分发挥税收信息化支撑深化"放管服"改革的重要作用。

25. 优化金税三期系统功能。拓展核心征管系统功能，增强系统的稳定性和高效性。完善提升决策支持系统，做好税务总局、省税务局两级基础库建设，优化风险分析模型、指标体系以及案例库。扩展税务总局大数据平台应用功能，支持省税务局基于税务总局大数据平台实现相关数据应用，满足个性化需求。

26. 完善增值税发票管理新系统。整合增值税发票管理新系统相关子系统，优化系统架构和功能，强化纳税人端技术支撑，完善商品和服务税收分类与编码，加强系统安全管理，提升发票数据应用保障能力。

27. 加快推进电子税务局建设。制定出台全国电子税务局业务、技术标准规范，改造升级各省网上办税服务厅，建成统一规范的电子税务局，实现纳税人申报、缴税、发票领用和开具、证明开具等绝大部分涉税事项网上办理，让纳税人办税更加快捷高效。

28. 集成整合信息系统。加快金税三期系统与增值税发票管理新系统、网上办税系统的系统集成步伐，实现三大系统功能整合、数据互通、一体运维。推动跨信息系统流程整合、数据自动传递，一处录入多处使用，便利纳税人办税和基层税务干部操作。加强统一运维管理平台应用，全面提升系统运维、网络安全、应急管理的支撑保障能力。

29. 加快对接国家数据共享交换平台。税务总局和省税务局同步开展税务信息系统自查和信息资源普查，清除“僵尸”信息系统，提出本单位清理整合的信息系统清单和需要其他部门提供共享的信息资源需求，编制本单位政务信息资源目录，按国家统一规定将整合后的信息系统接入国家数据共享交换平台。

30. 推动数据融合联通。加强数据质量管理，形成制度化、常态化的问题数据发现、分析、修复机制，从源头修复问题数据。有序开放税务总局集中数据的接口和查询权限，方便各级税务机关准确获取数据查询结果。健全数据共享共用机制，加快推动前后台、系统间、各层级、国税地税、内外部数据的互联互通和共享聚合，为税收服务与管理提供有力数据支撑。

三、工作要求

（一）加强组织领导。进一步深化税务系统“放管服”改革、优化税收环境涉及税收工作的方方面面，要切实增强推动改革的使命感和责任感。各级税务机关主要负责同志作为“第一责任人”，要亲自谋划统筹；要明确一名局领导具体负责抓落实；各相关部门要主动沟通，通力协作，按照既定的路线图、时间表、任务书，扎实推进各项改革措施落实落地。税务总局各相关司局要站在全局高度制定下发改革措施文件，加强对下工作指导。省税务机关要在法律法规允许和税务总局统一要求下，结合本地实际，抓好改革任务的组织实施，每半年向税务总局（征管科技司）报送贯彻落实情况。市、县税务机关要做好各项改革措施的承接落地工作，严格按照税务总局统一部署和各项工作规范执行。

（二）注重试点引领。鼓励各地在税务总局顶层设计的总体框架下，因地制宜探索创新措施，上级要对基层好的经验做法进行集成推广，更好发挥典型示范作用。北京、上海、广州、深圳、江苏省（市）国税局、地税局要积极开展优化营商环境试点工作，先走一步，提高一步，2018年6月底前要取得明显成效，税务总局要及时总结推广试点经验。

（三）分步有序推进。根据改革措施的紧迫性、重要性和复杂性，分批次、分阶段推进各项工作。2017年10月底前，推出一批接地气、消“痛”疏“堵”、针对性和操作性强的具体改革措施，最大限度便利纳税人。2018年2月底前，再推出一批深化改革措施，显著减轻纳税人办税负担。2018年10月底前，持续完善各项改革举措，推动税务系统“放管服”改革提质升级。2018年10月后，与其他各项改革集成融合，推动实现税收现代化。在推进过程中，要根据党中央、国务院的新要求，结合基层实践创造的新经验，不断充实完善改革措施，一并深入抓好落实。

（四）严格监督考核。要完善内控制度体系，利用信息技术手段实现内控内生化，防范税务干部执法风险、行政风险、廉政风险。要加强舆论宣传引导，提高进一步深化税务系统“放管服”改革、优化税收环境的社会认同度。要充分发挥社会监督和舆论监督的作用，做好舆情研判，畅通纳税人投诉举报渠道，及时解决纳税人反映的各种问题，积极回应社会关切。要定期开展督查，对推进改革落实不力的要进行问责。要把进一步深化税务系统“放管服”改革、优化税收环境列为绩效管理的重要内容，加大考评力度。

84－2 《国家税务总局关于发布〈办税事项“最多跑一次”清单〉的公告》[①]

2018年2月23日 国家税务总局公告2018年第12号

为贯彻落实国务院深化“放管服”改革的决策部署，进一步方便纳税人办理税收业务，优化税收营商环境，按照《国家税务总局关于进一步深化税务系统“放管服”改革 优化税收环境的若干意见》（税总发〔2017〕101号）的总体安排，税务总局编制了《办税事项“最多跑一次”清单》（以下简称《清单》），现予以发布，并就有关问题公告如下：

一、办税事项“最多跑一次”，是指纳税人办理《清单》范围内事项，在资料完整且符合法定受理条件的前提下，最多只需要到税务机关跑一次。

二、对《清单》所列办税事项，各地税务机关应全面实现“最多跑一次”。各省国税机关和地税机关可通过推行网上办税、邮寄配送、上门办税等多种方式，在税务总局《清单》的基础上增列“最多跑一次”办税事项，分别形成本地国税局、地税局的办税事项“最多跑一次”清单并向社会公告实施。

三、各地税务机关在推行“最多跑一次”改革的同时，应积极落实税务总局深化“放管服”的要求，大力推进网上办税，努力实现办税“不用跑”。

四、省税务机关要针对“最多跑一次”办税事项的报送资料、办理条件、办理时限、办理方式及流程等编制办税指南并进行公示和宣传，便于纳税人掌握，顺利推进办税事项“最多跑一次”改革。

五、税务总局将根据政策变化适时调整《清单》，在国家税务总局官方网站公布。

六、本公告自2018年4月1日起施行。

特此公告。

附件：办税事项“最多跑一次”清单（编者略）

① 条款修改。第二条和附件《办税事项“最多跑一次”清单》已修改。参见：《国家税务总局关于修改部分税收规范性文件的公告》，国家税务总局公告2018年第31号。

85. "走出去"纳税人开具《中国税收居民身份证明》

企业或者个人为享受中国政府对外签署的税收协定（含内地与香港、澳门，大陆与台湾签署的税收安排或者协议）、航空协定税收条款、海运协定税收条款、汽车运输协定税收条款、互免国际运输收入税收协议或者换函待遇，可以向税务机关申请开具《中国税收居民身份证明》。

适用主体

中国居民企业及居民个人。

服务内容

1）居民企业是指依法在中国境内成立，或者依照外国（地区）法律成立但实际管理机构在中国境内的企业。在中国境内成立的企业，包括依照中国法律、行政法规在中国境内成立的企业、事业单位、社会团体以及其他取得收入的组织。依照外国（地区）法律成立但实际管理机构在中国境内的企业，包括依照外国（地区）法律成立的企业和其他取得收入的组织。

居民个人是指在中国境内有住所，或者无住所而一个纳税年度内在中国境内居住累计满 183 天的个人。个人所得税法所称在中国境内有住所，是指因户籍、家庭、经济利益关系而在中国境内习惯性居住。

2）申请人应向主管其所得税的县级税务机关（以下称主管税务机关）申请开具《税收居民证明》。中国居民企业的境内、境外分支机构应由其中国总机构向总机构主管税务机关申请。合伙企业应当以其中国居民合伙人作为申请人，向中国居民合伙人主管税务机关申请。

3）申请人申请开具《税收居民证明》应向主管税务机关提交以下资料：

（1）《中国税收居民身份证明》申请表；

（2）与拟享受税收协定待遇收入有关的合同、协议、董事会或者股东会决议、相关支付凭证等证明资料；

（3）申请人为个人且在中国境内有住所的，提供因户籍、家庭、经济利益关系而在中国境内习惯性居住的证明材料，包括申请人身份信息、住所情况说明等资料；

（4）申请人为个人且在中国境内无住所，而一个纳税年度内在中国境内居住累计满 183 天的，提供在中国境内实际居住时间的证明材料，包括出入境信息等资料；

（5）境内、境外分支机构通过其总机构提出申请时，还需提供总分机构的登记注册情况；

（6）合伙企业的中国居民合伙人作为申请人提出申请时，还需提供合伙企业登记注册情况。

上述填报或提供的资料应提交中文文本，相关资料原件为外文文本的，应当同时提供中文译本。申请人向主管税务机关提交上述资料的复印件时，应在复印件上加盖申请人印章或签字，主管税务机关核验原件后留存复印件。

情景问答

1）问：什么是《中国税收居民身份证明》（以下简称为《税收居民证明》）？

答：《税收居民证明》是国家依据我国对外签署的避免双重征税协定，为帮助中国居民企业和个人享受在境外取得所得时的协定优惠待遇，由税务部门开具的证明企业或个人的中国税收居民身份的一种制式证明。中国居民企业和个人开展对外投资、经营和提供劳务活动时，如果取得相应的收入且在投资东道国负有纳税义务（主要是企业所得税和个人所得税），为适用我国与东道国签署的税收协定以减轻在东道国的税收负担，就需要向当地税务部门提交其《税收居民证明》。

2）问：我企业是一家“走出去”企业，在境外取得所得，在享受我国与对方国家签署的税收协定优惠待遇时，对方国家要求我企业提供《中国税收居民身份证明》，请问我企业去哪里开具？

答：可以去主管你企业所得税的县级税务机关申请开具《中国税收居民身份证明》。

3）问：我公司境外设立的分支机构如何开具《中国税收居民身份证明》？

答：居民企业的境内、境外分支机构应由其中国总机构向总机构主管税务机关申请。即向你公司企业所得税主管税务机关申请开具。

4）问：我公司外派中国香港子公司的一位雇员取得一笔利息所得，在中国香港负有纳税义务，请问如果向中国香港税务局申请享受两地税收安排待遇，需要提供居民身份证明吗？

答：根据内地和香港特别行政区签署的税收安排，你公司该位员工需要提供你公司主管税务机关开具的《中国税收居民身份证明》。

政策依据

1）《国家税务总局关于调整〈中国税收居民身份证明〉有关事项的公告》（国家税务总局公告2019年第17号）

2）《国家税务总局关于开具〈中国税收居民身份证明〉有关事项的公告》（国家税务总局公告2016年第40号）

3）《中华人民共和国企业所得税法》第二条

4）《中华人民共和国企业所得税法实施条例》第三条

5）《中华人民共和国个人所得税法》第一条

6）《中华人民共和国个人所得税法实施条例》第二条

延伸阅读

85－1 《国家税务总局关于调整〈中国税收居民身份证明〉有关事项的公告》

2019年4月1日 国家税务总局公告2019年第17号

根据《中华人民共和国个人所得税法》及其实施条例等相关法律法规，为配合个人所得税改革，国家税务总局决定调整《中国税收居民身份证明》（以下简称《税收居民证明》，见附件1）开具部分事项。现就有关事项公告如下：

一、申请人应向主管其所得税的县税务局（以下称主管税务机关）申请开具《税收居民证明》。中国居民企业的境内、境外分支机构应由其中国总机构向总机构主管税务机关申请。合伙企业应当以其中国居民合伙人作为申请人，向中国居民合伙人主管税务机关申请。

二、申请人申请开具《税收居民证明》应向主管税务机关提交以下资料：

（一）《中国税收居民身份证明》申请表（见附件2）；

（二）与拟享受税收协定待遇收入有关的合同、协议、董事会或者股东会决议、相关支付凭证等证明资料；

（三）申请人为个人且在中国境内有住所的，提供因户籍、家庭、经济利益关系而在中国境内习惯性居住的证明材料，包括申请人身份信息、住所情况说明等资料；

（四）申请人为个人且在中国境内无住所，而一个纳税年度内在中国境内居住累计满183天的，提供在中国境内实际居住时间的证明材料，包括出入境信息等资料；

（五）境内、境外分支机构通过其总机构提出申请时，还需提供总分机构的登记注册情况；

（六）合伙企业的中国居民合伙人作为申请人提出申请时，还需提供合伙企业登记注册情况。

上述填报或提供的资料应提交中文文本，相关资料原件为外文文本的，应当同时提供中文译本。申请人向主管税务机关提交上述资料的复印件时，应在复印件上加盖申请人印章或签字，主管税务机关核验原件后留存复印件。

三、本公告自2019年5月1日起施行。《国家税务总局关于开具〈中国税收居民身份证明〉有关事项的公告》（国家税务总局公告2016年第40号发布，国家税务总局公告2018年第31号修改）第二条、第四条和附件1、附件2同时废止。

特此公告。

附件：1. 中国税收居民身份证明

2.《中国税收居民身份证明》申请表

附件 1

中国税收居民身份证明

(Certificate of Chinese Fiscal Resident)

日期（Date）：

编号（Catalogue Number）：

纳税人名称（Taxpayer's Name）：

纳税年度（Tax Year）：

缔约国（地区）Contracting state（region）：

为享受税收协定待遇的目的，经中国税务主管当局国家税务总局授权，兹证明上述纳税人是中国税收居民。（For the purpose of enjoying Double Taxation Agreement benefits, and authorized by the State Administration of Taxation（SAT）, the Competent Authority of the People's Republic of China, this is to certify that the above-named taxpayer is a Chinese fiscal resident.）

签字（signature）：____________

____________________国家税务局/地方税务局

(Director of ____________ Office of SAT/Local Tax Bureau)

附件2

《中国税收居民身份证明》申请表

申请人信息：个人：□　　企业：□　　对《税收居民证明》样式有特殊要求　□

基本信息	申请人名称（姓名）：　　　　　　　　英文名称（姓名）： 通讯地址： 联系电话： 主管税务机关名称：
申请开具《税收居民证明》有关信息	申请年度： 缔约对方国家（地区）： 对方纳税人名称：英文： 　　　　　　　　　中文： 对方纳税人识别号： 拟享受协定名称：　　　　　　　　拟享受协定条款： 拟享受协定收入金额：　　　　　　预计减免税金额： 拟享受协定名称：　　　　　　　　拟享受协定条款： 拟享受协定收入金额：　　　　　　预计减免税金额：
申请人为个人时填报	国籍（地区）：　　　　　　　　　　职业： 身份证件类型：　　　　　　　　　　身份证件号码： 在中国境内是否有住所：　　是：□　　否：□ 如无住所，申请年度在中国境内是否居住满一年：　　是：□　　否：□ 现住址： 在中国境内居住满5年（含5年）：　　是：□　　否：□ 合伙企业名称：　　　　　　　　　　合伙企业纳税人识别号： 合伙企业所在国家（地区）：　　　　合伙企业所在地：
申请人为企业时填报	纳税人识别号： 注册登记地： 依据实际管理机构认定的居民企业，批准文号： 　　　　　　　　　　　　　　　　实际管理机构所在地： 境内分支机构名称：　　　　　　　所在地： 境外分支机构名称：　　　　　　　所在国家（地区）： 合伙企业名称：　　　　　　　　　合伙企业纳税人识别号： 合伙企业所在国家（地区）：　　　合伙企业所在地：
声明： 　　我谨在此声明，以上呈报事项真实、准确、无误。 　　　　　　　　申请人或者代理人（签名或者盖章）：＿＿＿＿＿＿＿＿ 　　　　　　　　　　　　　　　　日期：＿＿＿年＿＿月＿＿日	

填表说明：

一、填表事项中所称符合中华人民共和国有关税收法律规定的居民条件是指：

（一）申请人为个人的，根据《中华人民共和国个人所得税法》有关规定，由于在中国境内有住所或者无住所但在中国境内居住满一年，而就其从中国境内和境外取得的所得应在中国缴纳个人所得税的个人。其中，有住所的个人，是指因户籍、家庭、经济利益关系而在中国境内习惯性居住的个人；无住所但在中国境内居住满一年的个人，是指符合《中华人民共和国个人所得税法实施条例》第三条规定的个人。

（二）申请人为企业的，根据《中华人民共和国企业所得税法》有关规定，依法在中国境内成立，或者依照外国（地区）法律成立但实际管理机构在中国境内的企业。

二、申请人名称（姓名）：申请人为个人时，填写个人姓名；申请人为企业时，填写企业名称。

三、主管税务机关：填报申请人企业所得税或者个人所得税的县主管税务机关名称。

四、申请年度：填报申请人申请开具《税收居民证明》的一个公历年度。

五、缔约对方国家（地区）：填报申请开具《税收居民证明》拟适用的对方国家（地区）。

六、对方纳税人名称：填报与该《税收居民证明》有关且与申请人发生业务往来的缔约对方纳税人名称。

七、对方纳税人识别号：填报对方纳税人在缔约对方国家（地区）的纳税人识别号。

八、拟享受协定条款：填报申请人向缔约对方申请享受协定的条款，包括：股息、利息、特许权使用费、常设机构和营业利润、财产收益、国际运输、独立个人劳务、非独立个人劳务（受雇所得）、演艺人员和运动员、退休金、政府服务、教师和研究人员、学生、其他所得等。每行填报一个条款。

九、拟享受协定收入金额：填报与该《税收居民证明》有关、申请人取得的拟享受税收协定的收入金额。每行填报对应协定条款的拟享受税收协定的收入金额，合伙企业的合伙人填写按照合伙协议或分配协议计算的合伙人应取得的收入金额。收入金额为外币的应按照填报申请表当日汇率中间价换算为人民币金额。

十、预计减免税金额：填报与该《税收居民证明》有关、申请人拟享受税收协定待遇在缔约对方减免税收金额。即：按照缔约对方法律规定计算的应缴纳税款金额与按照税收协定计算的应缴纳税款金额之差。每行填报对应协定条款预计减免税金额。减免税金额为外币的应按照填报申请表当日汇率中间价换算为人民币金额。

十一、在中国境内是否有住所：填报申请人根据《中华人民共和国个人所得税法》第一条第一款、《中华人民共和国个人所得税法实施条例》第二条自行判定情况。选“是”时应附送资料说明。

十二、如无住所，申请年度在中国境内是否居住满一年：填报申请人根据《中华人民共和国个人所得税法》第一条第二款、《中华人民共和国个人所得税法实施条例》第三条自行判定情况。选“是”时应附送资料说明。

十三、现住址：填报申请人的住所或者无住所的居住地址。

十四、境内分支机构名称、境外分支机构名称：中国居民企业的境内、外分支机构通过其总机构向总机构主管税务机关提出申请时填报。

十五、合伙企业名称、合伙企业纳税人识别号、所在国家（地区）、所在地：以合伙企业的中国居民合伙人提出申请时填报。

十六、申请人或者代理人签名：由企业法定代表人或者其授权代表负责人、个人本人或者其授权人签名并/或者盖章，并填写声明日期。

十七、申请表原件和《税收居民证明》复印件由主管税务机关保存备查。

85－2 《国家税务总局关于开具〈中国税收居民身份证明〉有关事项的公告》①

2016年6月28日　国家税务总局公告2016年第40号

根据《中华人民共和国税收征收管理法》及其实施细则、《中华人民共和国企业所得税法》及其实施条例、《中华人民共和国个人所得税法》及其实施条例以及相关法律法规，为服务企业和个人开展对外投资、经营和提供劳务活动，便利《中国税收居民身份证明》（以下简称《税收居民证明》，见附件1）开具，现就有关事项公告如下：

一、企业或者个人（以下统称申请人）为享受中国政府对外签署的税收协定（含与香港、澳门和台湾签署的税收安排或者协议）、航空协定税收条款、海运协定税收条款、汽车运输协定税收条款、互免国际运输收入税收协议或者换函（以下统称税收协定）待遇，可以向税务机关申请开具《税收居民证明》。

二、申请人向主管其所得税的县国家税务局、地方税务局（以下统称主管税务机关）申请开具《税收居民证明》。

中国居民企业的境内、外分支机构应当通过其总机构向总机构主管税务机关提出申请。合伙企业应当以其中国居民合伙人作为申请人，向中国居民合伙人主管税务机关提出申请。

三、申请人可以就其构成中国税收居民的任一公历年度申请开具《税收居民证明》。

四、申请人申请开具《税收居民证明》应当提交以下申请表和资料：

（一）《中国税收居民身份证明》申请表（见附件2）；

（二）与拟享受税收协定待遇的收入有关的合同、协议、董事会或者股东会决议、支付凭证等证明资料；

① 条款废止。第二条、第四条和附件1、附件2废止。自2019年5月1日起废止。参见：《国家税务总局关于调整〈中国税收居民身份证明〉有关事项的公告》，国家税务总局公告2019年第17号。

条款修改。第二条和附件1《中国税收居民身份证明》已修改。参见：《国家税务总局关于修改部分税收规范性文件的公告》，国家税务总局公告2018年第31号。

（三）申请人为个人且在中国境内有住所的，提供因户籍、家庭、经济利益关系而在中国境内习惯性居住的证明材料，证明材料包括申请人身份信息、说明材料或者其他材料；

（四）申请人为个人且无住所、在中国境内居住满一年的，提供在中国境内实际居住时间的相关证明材料，证明材料包括护照信息、说明材料或者其他材料；

（五）境内、外分支机构通过其总机构提出申请时，还需提供总分机构的登记注册情况；

（六）以合伙企业的中国居民合伙人提出申请时，还需提供合伙企业登记注册情况。

上述填报或报送的资料应当采用中文文本。相关资料原件为外文文本的，应当同时提供中文译本。申请人可以向主管税务机关提交上述资料的复印件，但是应当在复印件上加盖申请人印章或签章，并按照主管税务机关要求报验原件。

五、申请人提交资料齐全的，主管税务机关应当按规定当场受理；资料不齐全的，主管税务机关不予受理，并一次性告知申请人应补正内容。

六、主管税务机关根据《中华人民共和国企业所得税法》及其实施条例、《中华人民共和国个人所得税法》及其实施条例等规定，结合纳税人登记注册、在中国境内住所及居住时间等情况对居民身份进行判定。

七、主管税务机关在受理申请之日起10个工作日内，由负责人签发《税收居民证明》并加盖公章或者将不予开具的理由书面告知申请人。

主管税务机关无法准确判断居民身份的，应当及时报告上级税务机关。需要报告上级税务机关的，主管税务机关应当在受理申请之日起20个工作日内办结。

八、主管税务机关或者上级税务机关根据申请人提交资料无法作出判断的，可以要求申请人补充提供相关资料，需要补充的内容应当一次性书面告知。申请人补充资料的时间不计入上述工作时限。

九、主管税务机关对开具的《税收居民证明》进行统一编号，编号格式为：税务机构代码（前7位）+年份（4位）+顺序号（5位）。“年份”为开具《税收居民证明》的公历年度，“顺序号”为本年度主管税务机关开具的自然顺序号。

十、缔约对方税务主管当局对《税收居民证明》样式有特殊要求的，申请人应当提供书面说明以及《税收居民证明》样式，主管税务机关可以按照上述规定予以办理。

十一、各地税务机关可以进一步拓展或者优化服务方式，提高信息化水平和办理时效，为申请人享受税收协定待遇提供便利。各地税务机关要加强对开具《税收居民证明》的申请人来源于境外所得的税收管理，帮助其降低税收风险。

十二、本公告自2016年10月1日起施行。《国家税务总局关于做好〈中国税收居民身份证明〉开具工作的通知》（国税函〔2008〕829号）、《国家税务总局关于做好〈中国税收居民身份证明〉开具工作的补充通知》（国税函〔2010〕218号）、《国家税务总局关于印发〈境外注册中资控股居民企业所得税管理办法（试行）〉的公告》（国家税务总局公告2011年第45号）第二十八条同时废止。

特此公告。

附件：1. 中国税收居民身份证明（编者略）

2.《中国税收居民身份证明》申请表（编者略）

85－3 《中华人民共和国企业所得税法》第二条

2018年12月29日　中华人民共和国主席令第二十三号

第二条　企业分为居民企业和非居民企业。

本法所称居民企业，是指依法在中国境内成立，或者依照外国（地区）法律成立但实际管理机构在中国境内的企业。

本法所称非居民企业，是指依照外国（地区）法律成立且实际管理机构不在中国境内，但在中国境内设立机构、场所的，或者在中国境内未设立机构、场所，但有来源于中国境内所得的企业。

85－4 《中华人民共和国企业所得税法实施条例》第三条

2019年4月23日　中华人民共和国国务院令第714号

第三条　企业所得税法第二条所称依法在中国境内成立的企业，包括依照中国法律、行政法规在中国境内成立的企业、事业单位、社会团体以及其他取得收入的组织。

企业所得税法第二条所称依照外国（地区）法律成立的企业，包括依照外国（地区）法律成立的企业和其他取得收入的组织。

85－5 《中华人民共和国个人所得税法》第一条

2018年8月31日　中华人民共和国主席令第九号

第一条　在中国境内有住所，或者无住所而一个纳税年度内在中国境内居住累计满一百八十三天的个人，为居民个人。居民个人从中国境内和境外取得的所得，依照本法规定缴纳个人所得税。

在中国境内无住所又不居住，或者无住所而一个纳税年度内在中国境内居住累计不满一百八十三天的个人，为非居民个人。非居民个人从中国境内取得的所得，依照本法规定缴纳个人所得税。

纳税年度，自公历一月一日起至十二月三十一日止。

85－6 《中华人民共和国个人所得税法实施条例》第二条

2018年12月18日　中华人民共和国国务院令第707号

第二条　个人所得税法所称在中国境内有住所，是指因户籍、家庭、经济利益关系而在中国境内习惯性居住；所称从中国境内和境外取得的所得，分别是指来源于中国境内的所得和来源于中国境外的所得。

86. 单边预约定价安排

单边预约定价安排是企业与一国税务机关签署的预约定价安排。单边预约定价安排只能为企业提供一国内关联交易定价原则和计算方法的确定性，而不能有效规避企业境外关联方被其所在国家（地区）的税务机关进行转让定价调查调整的风险。

适用主体

预约定价安排一般适用于主管税务机关向企业送达接收其谈签意向的《税务事项通知书》之日所属纳税年度前3个年度每年度发生的关联交易金额4000万元人民币以上的企业。

服务内容

1）预约定价安排适用于主管税务机关向企业送达接收其谈签意向的《税务事项通知书》之日所属纳税年度起3~5个年度的关联交易。

2）企业以前年度的关联交易与预约定价安排适用年度相同或者类似的，经企业申请，税务机关可以将预约定价安排确定的定价原则和计算方法追溯适用于以前年度该关联交易的评估和调整。追溯期最长为10年。

3）预约定价安排的谈签与执行经过预备会谈、谈签意向、分析评估、正式申请、协商签署和监控执行6个阶段。

4）在预约定价安排签署前，税务机关和企业均可暂停、终止预约定价安排程序。

5）企业有谈签单边预约定价安排意向的，应当向主管税务机关书面提出预备会谈申请，提交《预约定价安排预备会谈申请书》。

6）税务机关和企业在预备会谈期间达成一致意见的，企业收到主管税务机关送达的同意其提交谈签意向的《税务事项通知书》后，应当向主管税务机关提交《预约定价安排谈签意向书》，并附送单边预约定价安排申请草案。

7）分析评估阶段，企业应当配合税务机关分析评估其单边预约定价安排申请草案是否符合独立交易原则。税务机关认为预约定价安排申请草案不符合独立交易原则的，企业应当与税务机关协商，并进行调整；税务机关认为预约定价安排申请草案符合独立交易原则的，主管税务机关向企业送达同意其提交正式申请的《税务事项通知书》，企业收到通知后，可以向税务机关提交《预约定价安排正式申请书》，并附送预约定价安排正式申请报告。

8）主管税务机关与企业就单边预约定价安排文本达成一致后，双方的法定代表人或者法定代表人授权的代表签署单边预约定价安排。

9）预约定价安排执行期满后自动失效。企业申请续签的，应当在预约定价安排执行期满之日前 90 日内向税务机关提出续签申请，报送《预约定价安排续签申请书》及相关资料。

情景问答

问：我公司是一家“走出去”企业，与境外子公司的关联交易很多，但不知道我们的定价原则是否符合中国税务机关的要求，听说可以通过签订单边、双边或者多边“预约定价安排”提供税收确定性，请问我公司应该签订哪种预约定价安排？

答：企业与境外子公司之间关联交易的转让定价问题，是“走出去”企业值得关注的一个重要问题。预约定价安排是企业与税务机关就企业未来年度关联交易的定价原则和计算方法达成一致后签订的安排，最大的好处是提供税收确定性。它是通过税企合作解决转让定价潜在争议的有效手段，能降低纳税人的税收风险，对税企双方都很有益。作为“走出去”企业，在与境外子公司存在多种关联交易的情况下，可考虑与税务机关签订单边预约定价安排，从而规范集团的转让定价政策，为未来年度的关联交易提供税收确定性。单边预约定价安排只涉及企业与一方税务机关，相对于双边或者多边预约定价安排，更容易达成共识，所需时间较少、效率较高。预约定价安排的谈签与执行的具体流程，可以参考《国家税务总局关于完善预约定价安排管理有关事项的公告》（国家税务总局公告 2016 年第 64 号）等有关法律、法规或者规范性文件。

政策依据

1）《中华人民共和国企业所得税法》第四十二条

2）《中华人民共和国企业所得税法实施条例》第一百一十三条

3）《中华人民共和国税收征收管理法实施细则》第五十三条

4）《国家税务总局关于完善预约定价安排管理有关事项的公告》（国家税务总局公告2016年第64号）

延伸阅读

86－1 《中华人民共和国企业所得税法》第四十二条

2018年12月29日 中华人民共和国主席令第二十三号

第四十二条 企业可以向税务机关提出与其关联方之间业务往来的定价原则和计算方法，税务机关与企业协商、确认后，达成预约定价安排。

86－2 《中华人民共和国企业所得税法实施条例》第一百一十三条

2019年4月23日 中华人民共和国国务院令第714号

第一百一十三条 企业所得税法第四十二条所称预约定价安排，是指企业就其未来年度关联交易的定价原则和计算方法，向税务机关提出申请，与税务机关按照独立交易原则协商、确认后达成的协议。

86－3 《中华人民共和国税收征收管理法实施细则》第五十三条

2016年2月6日 中华人民共和国国务院令第666号

第五十三条 纳税人可以向主管税务机关提出与其关联企业之间业务往来的定价原则和计算方法，主管税务机关审核、批准后，与纳税人预先约定有关定价事项，监督纳税人执行。

86－4 《国家税务总局关于完善预约定价安排管理有关事项的公告》①

2016年10月11日 国家税务总局公告2016年第64号

为进一步完善预约定价安排管理，执行我国政府对外签署的避免双重征税协定、协议或者安排（以下简称"税收协定"），根据《中华人民共和国企业所得税法》（以下简称"企业所得税法"）及其实施条例、《中华人民共和国税收征收管理法》（以下简称"税收征管法"）及其实施细则的有关规定，现就有关事项公告如下：

一、企业可以与税务机关就其未来年度关联交易的定价原则和计算方法达成预约定价安排。

二、预约定价安排的谈签与执行经过预备会谈、谈签意向、分析评估、正式申请、协商签署和监控执行6个阶段。预约定价安排包括单边、双边和多边3种类型。

三、预约定价安排适用于主管税务机关向企业送达接收其谈签意向的《税务事项通知书》之日所属纳税年度起3至5个年度的关联交易。

企业以前年度的关联交易与预约定价安排适用年度相同或者类似的，经企

---

① 条款修改。第十条第（四）项、第十七条第一款、第十八条、附件4《单边预约定价安排（参照文本）》已修改。参见：《国家税务总局关于修改部分税收规范性文件的公告》，国家税务总局公告2018年第31号。

业申请，税务机关可以将预约定价安排确定的定价原则和计算方法追溯适用于以前年度该关联交易的评估和调整。追溯期最长为10年。

预约定价安排的谈签不影响税务机关对企业不适用预约定价安排的年度及关联交易的特别纳税调查调整和监控管理。

四、预约定价安排一般适用于主管税务机关向企业送达接收其谈签意向的《税务事项通知书》之日所属纳税年度前3个年度每年度发生的关联交易金额4000万元人民币以上的企业。

五、企业有谈签预约定价安排意向的，应当向税务机关书面提出预备会谈申请。税务机关可以与企业开展预备会谈。

（一）企业申请单边预约定价安排的，应当向主管税务机关书面提出预备会谈申请，提交《预约定价安排预备会谈申请书》（附件1）。主管税务机关组织与企业开展预备会谈。

企业申请双边或者多边预约定价安排的，应当同时向国家税务总局和主管税务机关书面提出预备会谈申请，提交《预约定价安排预备会谈申请书》。国家税务总局统一组织与企业开展预备会谈。

（二）预备会谈期间，企业应当就以下内容作出简要说明：

1. 预约定价安排的适用年度；

2. 预约定价安排涉及的关联方及关联交易；

3. 企业及其所属企业集团的组织结构和管理架构；

4. 企业最近3至5个年度生产经营情况、同期资料等；

5. 预约定价安排涉及各关联方功能和风险的说明，包括功能和风险划分所依据的机构、人员、费用、资产等；

6. 市场情况的说明，包括行业发展趋势和竞争环境等；

7. 是否存在成本节约、市场溢价等地域特殊优势；

8. 预约定价安排是否追溯适用以前年度；

9. 其他需要说明的情况。

企业申请双边或者多边预约定价安排的，说明内容还应当包括：

1. 向税收协定缔约对方税务主管当局提出预约定价安排申请的情况；

2. 预约定价安排涉及的关联方最近3至5个年度生产经营情况及关联交易情况；

3. 是否涉及国际重复征税及其说明。

（三）预备会谈期间，企业应当按照税务机关的要求补充资料。

六、税务机关和企业在预备会谈期间达成一致意见的，主管税务机关向企业送达同意其提交谈签意向的《税务事项通知书》。企业收到《税务事项通知书》后向税务机关提出谈签意向。

（一）企业申请单边预约定价安排的，应当向主管税务机关提交《预约定价安排谈签意向书》（附件2），并附送单边预约定价安排申请草案。

企业申请双边或者多边预约定价安排的，应当同时向国家税务总局和主管税务机关提交《预约定价安排谈签意向书》，并附送双边或者多边预约定价安排申请草案。

（二）单边预约定价安排申请草案应当包括以下内容：

1. 预约定价安排的适用年度；

2. 预约定价安排涉及的关联方及关联交易；

3. 企业及其所属企业集团的组织结构和管理架构；

4. 企业最近3至5个年度生产经营情况、财务会计报告、审计报告、同期资料等；

5. 预约定价安排涉及各关联方功能和风险的说明，包括功能和风险划分所依据的机构、人员、费用、资产等；

6. 预约定价安排使用的定价原则和计算方法，以及支持这一定价原则和计算方法的功能风险分析、可比性分析和假设条件等；

7. 价值链或者供应链分析，以及对成本节约、市场溢价等地域特殊优势的考虑；

8. 市场情况的说明，包括行业发展趋势和竞争环境等；

9. 预约定价安排适用期间的年度经营规模、经营效益预测以及经营规划等；

10. 预约定价安排是否追溯适用以前年度；

11. 对预约定价安排有影响的境内、外行业相关法律、法规；

12. 企业关于不存在本条第（三）项所列举情形的说明；

13. 其他需要说明的情况。

双边或者多边预约定价安排申请草案还应当包括：

1. 向税收协定缔约对方税务主管当局提出预约定价安排申请的情况；

2. 预约定价安排涉及的关联方最近3至5个年度生产经营情况及关联交易情况；

3. 是否涉及国际重复征税及其说明。

（三）有下列情形之一的，税务机关可以拒绝企业提交谈签意向：

1. 税务机关已经对企业实施特别纳税调整立案调查或者其他涉税案件调查，且尚未结案的；

2. 未按照有关规定填报年度关联业务往来报告表；

3. 未按照有关规定准备、保存和提供同期资料；

4. 预备会谈阶段税务机关和企业无法达成一致意见。

七、企业提交谈签意向后，税务机关应当分析预约定价安排申请草案内容，评估其是否符合独立交易原则。根据分析评估的具体情况可以要求企业补充提供有关资料。

税务机关可以从以下方面进行分析评估：

（一）功能和风险状况。分析评估企业与其关联方之间在供货、生产、运输、销售等各环节以及在研究、开发无形资产等方面各自作出的贡献、执行的功能以及在存货、信贷、外汇、市场等方面承担的风险。

（二）可比交易信息。分析评估企业提供的可比交易信息，对存在的实质性差异进行调整。

（三）关联交易数据。分析评估预约定价安排涉及的关联交易的收入、成本、费用和利润是否单独核算或者按照合理比例划分。

（四）定价原则和计算方法。分析评估企业在预约定价安排中采用的定价原则和计算方法。如申请追溯适用以前年度的，应当作出说明。

（五）价值链分析和贡献分析。评估企业对价值链或者供应链的分析是否完整、清晰，是否充分考虑成本节约、市场溢价等地域特殊优势，是否充分考虑本地企业对价值创造的贡献等。

（六）交易价格或者利润水平。根据上述分析评估结果，确定符合独立交易原则的价格或者利润水平。

（七）假设条件。分析评估影响行业利润水平和企业生产经营的因素及程度，合理确定预约定价安排适用的假设条件。

八、分析评估阶段，税务机关可以与企业就预约定价安排申请草案进行讨论。税务机关可以进行功能和风险实地访谈。税务机关认为预约定价安排申请草案不符合独立交易原则的，企业应当与税务机关协商，并进行调整；税务机关认为预约定价安排申请草案符合独立交易原则的，主管税务机关向企业送达同意其提交正式申请的《税务事项通知书》，企业收到通知后，可以向税务机关提交《预约定价安排正式申请书》（附件3），并附送预约定价安排正式申请报告。

（一）企业申请单边预约定价安排的，应当向主管税务机关提交上述资料。企业申请双边或者多边预约定价安排的，应当同时向国家税务总局和主管税务机关提交上述资料，并按照有关规定提交启动特别纳税调整相互协商程序的申请。

（二）有下列情形之一的，税务机关可以拒绝企业提交正式申请：

1. 预约定价安排申请草案拟采用的定价原则和计算方法不合理，且企业拒绝协商调整；

2. 企业拒不提供有关资料或者提供的资料不符合税务机关要求，且不按时补正或者更正；

3. 企业拒不配合税务机关进行功能和风险实地访谈；

4. 其他不适合谈签预约定价安排的情况。

九、税务机关应当在分析评估的基础上形成协商方案，并据此开展协商工作。

（一）主管税务机关与企业开展单边预约定价安排协商，协商达成一致的，拟定单边预约定价安排文本（参照文本见附件4）。

国家税务总局与税收协定缔约对方税务主管当局开展双边或者多边预约定价安排协商，协商达成一致的，拟定双边或者多边预约定价安排文本。

（二）预约定价安排文本可以包括以下内容：

1. 企业及其关联方名称、地址等基本信息；

2. 预约定价安排涉及的关联交易及适用年度；

3. 预约定价安排选用的定价原则和计算方法，以及可比价格或者可比利润水平等；

4. 与转让定价方法运用和计算基础相关的术语定义；

5. 假设条件及假设条件变动通知义务；

6. 企业年度报告义务；

7. 预约定价安排的效力；

8. 预约定价安排的续签；

9. 预约定价安排的生效、修订和终止；

10. 争议的解决；

11. 文件资料等信息的保密义务；

12. 单边预约定价安排的信息交换；

13. 附则。

（三）主管税务机关与企业就单边预约定价安排文本达成一致后，双方的法定代表人或者法定代表人授权的代表签署单边预约定价安排。

国家税务总局与税收协定缔约对方税务主管当局就双边或者多边预约定价安排文本达成一致后，双方或者多方税务主管当局授权的代表签署双边或者多边预约定价安排。国家税务总局应当将预约定价安排转发主管税务机关。主管税务机关应当向企业送达《税务事项通知书》，附送预约定价安排，并做好执行工作。

（四）预约定价安排涉及适用年度或者追溯年度补（退）税款的，税务机关应当按照纳税年度计算应补征或者退还的税款，并向企业送达《预约定价安排补（退）税款通知书》（附件5）。

十、税务机关应当监控预约定价安排的执行情况。

（一）预约定价安排执行期间，企业应当完整保存与预约定价安排有关的文件和资料，包括账簿和有关记录等，不得丢失、销毁和转移。

企业应当在纳税年度终了后6个月内，向主管税务机关报送执行预约定价安排情况的纸质版和电子版年度报告，主管税务机关将电子版年度报告报送国家税务总局；涉及双边或者多边预约定价安排的，企业应当向主管税务机关报送执行预约定价安排情况的纸质版和电子版年度报告，同时将电子版年度报告报送国家税务总局。

年度报告应当说明报告期内企业经营情况以及执行预约定价安排的情况。需要修订、终止预约定价安排，或者有未决问题或者预计将要发生问题的，应当作出说明。

（二）预约定价安排执行期间，主管税务机关应当每年监控企业执行预约定价安排的情况。监控内容主要包括：企业是否遵守预约定价安排条款及要求；年度报告是否反映企业的实际经营情况；预约定价安排所描述的假设条件是否仍然有效等。

（三）预约定价安排执行期间，企业发生影响预约定价安排的实质性变化，应当在发生变化之日起30日内书面报告主管税务机关，详细说明该变化对执行预约定价安排的影响，并附送相关资料。由于非主观原因而无法按期报告的，可以延期报告，但延长期限不得超过30日。

税务机关应当在收到企业书面报告后，分析企业实质性变化情况，根据实质性变化对预约定价安排的影响程度，修订或者终止预约定价安排。签署的预约定价安排终止执行的，税务机关可以和企业按照本公告规定的程序和要求，重新谈签预约定价安排。

（四）国家税务局和地方税务局与企业共同签署的预约定价安排，在执行期间，企业应当分别向国家税务局和地方税务局报送年度报告和实质性变化报告。国家税务局和地方税务局应当对企业执行预约定价安排的情况，实施联合监控。

十一、预约定价安排执行期满后自动失效。企业申请续签的，应当在预约定价安排执行期满之日前90日内向税务机关提出续签申请，报送《预约定价安排续签申请书》（附件6），并提供执行现行预约定价安排情况的报告，现行预约定价安排所述事实和经营环境是否发生实质性变化的说明材料以及续签预约定价安排年度的预测情况等相关资料。

十二、预约定价安排采用四分位法确定价格或者利润水平，在预约定价安排执行期间，如果企业当年实际经营结果在四分位区间之外，税务机关可以将实际经营结果调整到四分位区间中位值。预约定价安排执行期满，企业各年度经营结果的加权平均值低于区间中位值，且未调整至中位值的，税务机关不再受理续签申请。

双边或者多边预约定价安排执行期间存在上述问题的，主管税务机关应当及时将有关情况层报国家税务总局。

十三、预约定价安排执行期间，主管税务机关与企业发生分歧的，双方应当进行协商。协商不能解决的，可以报上一级税务机关协调；涉及双边或者多边预约定价安排的，必须层报国家税务总局协调。对上一级税务机关或者国家税务总局的决定，下一级税务机关应当予以执行。企业仍不能接受的，可以终止预约定价安排的执行。

十四、在预约定价安排签署前，税务机关和企业均可暂停、终止预约定价安排程序。税务机关发现企业或者其关联方故意不提供与谈签预约定价安排有关的必要资料，或者提供虚假、不完整资料，或者存在其他不配合的情形，使预约定价安排难以达成一致的，可以暂停、终止预约定价安排程序。涉及双边或者多边预约定价安排的，经税收协定缔约各方税务主管当局协商，可以暂停、终止预约定价安排程序。税务机关暂停、终止预约定价安排程序的，应当向企业送达《税务事项通知书》，并说明原因；企业暂停、终止预约定价安排程序的，应当向税务机关提交书面说明。

十五、没有按照规定的权限和程序签署预约定价安排，或者税务机关发现企业隐瞒事实的，应当认定预约定价安排自始无效，并向企业送达《税务事项通知书》，说明原因；发现企业拒不执行预约定价安排或者存在违反预约定价安排的其他情况，可以视情况进行处理，直至终止预约定价安排。

十六、有下列情形之一的，税务机关可以优先受理企业提交的申请：

（一）企业关联申报和同期资料完备合理，披露充分；

（二）企业纳税信用级别为A级；

（三）税务机关曾经对企业实施特别纳税调查调整，并已经结案；

（四）签署的预约定价安排执行期满，企业申请续签，且预约定价安排所述事实和经营环境没有发生实质性变化；

（五）企业提交的申请材料齐备，对价值链或者供应链的分析完整、清晰，充分考虑成本节约、市场溢价等地域特殊因素，拟采用的定价原则和计算方法合理；

（六）企业积极配合税务机关开展预约定价安排谈签工作；

（七）申请双边或者多边预约定价安排的，所涉及的税收协定缔约对方税务主管当局有较强的谈签意愿，对预约定价安排的重视程度较高；

（八）其他有利于预约定价安排谈签的因素。

十七、预约定价安排同时涉及两个或者两个以上省、自治区、直辖市和计划单列市税务机关的，或者同时涉及国家税务局和地方税务局的，由国家税务总局统一组织协调。

企业申请上述单边预约定价安排的，应当同时向国家税务总局及其指定的税务机关提出谈签预约定价安排的相关申请。国家税务总局可以与企业统一签署单边预约定价安排，或者指定税务机关与企业统一签署单边预约定价安排，也可以由各主管税务机关与企业分别签署单边预约定价安排。

十八、单边预约定价安排涉及一个省、自治区、直辖市和计划单列市内两个或者两个以上主管税务机关，且仅涉及国家税务局或者地方税务局的，由省、自治区、直辖市和计划单列市相应税务机关统一组织协调。

十九、税务机关与企业在预约定价安排谈签过程中取得的所有信息资料，双方均负有保密义务。除依法应当向有关部门提供信息的情况外，未经纳税人同意，税务机关不得以任何方式泄露预约定价安排相关信息。

税务机关与企业不能达成预约定价安排的，税务机关在协商过程中所取得的有关企业的提议、推理、观念和判断等非事实性信息，不得用于对该预约定价安排涉及关联交易的特别纳税调查调整。

二十、除涉及国家安全的信息以外，国家税务总局可以按照对外缔结的国际公约、协定、协议等有关规定，与其他国家（地区）税务主管当局就2016年4月1日以后签署的单边预约定价安排文本实施信息交换。企业应当在签署单边预约定价安排时提供其最终控股公司、上一级直接控股公司及单边预约定价安排涉及的境外关联方所在国家（地区）的名单。

二十一、本公告所称主管税务机关是指负责特别纳税调整事项的税务机关。

二十二、本公告自2016年12月1日起施行。《特别纳税调整实施办法（试行）》（国税发〔2009〕2号文件印发）第六章同时废止。本公告施行前税务机关未接受正式申请的预约定价安排，适用本公告的规定。

特此公告。

附件：1. 预约定价安排预备会谈申请书（编者略）

2. 预约定价安排谈签意向书（编者略）

3. 预约定价安排正式申请书（编者略）

4. 单边预约定价安排（参照文本）（编者略）

5. 预约定价安排补（退）税款通知书（编者略）

6. 预约定价安排续签申请书（编者略）

87. 双边或者多边预约定价安排

双边或者多边预约定价安排是企业与两个或两个以上税收协定缔约国家（地区）的税务机关就企业未来年度关联交易的定价原则和计算方法达成一致后签订的安排。双边或者多边预约定价安排既可以为“走出去”企业有效避免或消除国际重复征税，也能为纳税人提供税收确定性。

适用主体

预约定价安排一般适用于主管税务机关向企业送达接收其谈签意向的《税务事项通知书》之日所属纳税年度前3个年度每年度发生的关联交易金额4000万元人民币以上的企业。

服务内容

1）预约定价安排适用于主管税务机关向企业送达接收其谈签意向的《税务事项通知书》之日所属纳税年度起3～5个年度的关联交易。

2）企业以前年度的关联交易与预约定价安排适用年度相同或者类似的，经企业申请，税务机关可以将预约定价安排确定的定价原则和计算方法追溯适用于以前年度该关联交易的评估和调整。追溯期最长为10年。

3）预约定价安排的谈签与执行经过预备会谈、谈签意向、分析评估、正式申请、协商签署和监控执行6个阶段。

4）在预约定价安排签署前，税务机关和企业均可暂停、终止预约定价安排程序。

5）企业有谈签双边或者多边预约定价安排意向的，应当同时向国家税务总局和主管税务机关书面提出预备会谈申请，提交《预约定价安排预备会谈申请书》。

6）税务机关和企业在预备会谈期间达成一致意见的，企业收到主管税务机关送达的同意其提交谈签意向的《税务事项通知书》后，应当同时向国家税务总局和主管税务机关提交《预约定价安排谈签意向书》，并附送双边或者多边预约定价安排申请草案。

7）分析评估阶段，企业应当配合税务机关分析评估其双边或者多边预约定价安排申请草案是否符合独立交易原则。税务机关认为预约定价安排申请草案不符合独立交易原则的，企业应当与税务机关协商，并进行调整；税务机关认为预约定价安排申请草案符合独立交易原则的，主管税务机关向企业送达同意其提交正式申请的《税务事项通知书》，企业收到通知后，可以向税务机关提交《预约定价安排正式申请书》，并附送预约定价安排正式申请报告，并按照有关规定提交启动特别纳税调整相互协商程序的申请。

8）国家税务总局与税收协定缔约对方税务主管当局授权的代表签署双边或者多边预约定价安排后，主管税务机关应当向企业送达《税务事项通知书》，附送预约定价安排。

9）预约定价安排执行期满后自动失效。企业申请续签的，应当在预约定价安排执行期满之日前90日内向税务机关提出续签申请，报送《预约定价安排续签申请书》及相关资料。

情景问答

问：我公司为一家“走出去”企业，与B国的子公司存在着较多的关联交易，担心目前的关联交易定价政策不符合B国的要求，面临双重征税的风险。对此情况，请问我公司应该如何处理？有没有什么办法可以避免双重征税？

答：“走出去”企业如果不重视关联交易定价政策，很有可能面临转让定价调查的风险。针对此种情况，企业首先应评估自身关联交易是否符合独立交易原则。在满足条件的前提下，申请双边预约定价安排既能帮助企业降低潜在的双重征税风险，又能保证企业的转让定价政策符合B国和我国的要求，是避免和解决转让定价争议的有效方法，大大降低企业税收风险和遵从成本，营造两国税务机关和企业三方共赢局面。双边预约定价安排的前提是两国必须存在着税收协定，B国与我国是否存在着税收协定是首要判定的问题。双边预约定价安排的谈签，除了需要企业的积极配合之外，还需要两国税务机关协商达成一致，因此，影响因素相对较多，所需时间相对较长。如需进一步了解双边预约定价安排的谈签和执行的具体流程和规定，可以参考《国家税务总局关于完善预约定价安排管理有关事项的公告》（国家税务总局公告2016年第64号）等有关法律、法规或者规范性文件。

政策依据

1）中国政府与其他国家（地区）签署的避免双重征税协定、协议或者安排的有关规定（编者略）

2）《中华人民共和国企业所得税法》第四十二条（见P527　86－1）

3）《中华人民共和国企业所得税法实施条例》第一百一十三条（见P527　86－2）

4）《中华人民共和国税收征收管理法实施细则》第五十三条（见P528　86－3）

5）《国家税务总局关于完善预约定价安排管理有关事项的公告》（国家税务总局公告2016年第64号）（见P528　86－4）

6）《国家税务总局关于发布〈特别纳税调查调整及相互协商程序管理办法〉的公告》（国家税务总局公告2017年第6号）（见P423　71－6）

88. 中国预约定价安排年度报告

服务内容

2019 年 4 月，国家税务总局以中英文形式对外发布《中国预约定价安排年度报告（2018）》，这是中国第 10 次对外发布预约定价安排（以下简称 APA）年度报告。该报告介绍了中国 APA 最新制度、执行程序及实践发展情况，覆盖了 2005 年至 2018 年间 APA 谈签的统计数据和分析。

更多资讯

《中国预约定价安排年度报告（2018）》下载地址：

http：//www. chinatax. gov. cn/chinatax/n810214/n810606/c4244610/content. html.

89. 协定条款相关的涉税争议双边协商

根据我国对外签署的税收协定的有关规定，国家税务总局可以依据企业申请或者税收协定缔约对方税务主管当局请求启动相互协商程序，与税收协定缔约对方税务主管当局开展协商谈判，解决国际税收争议，维护中国居民企业在境外的合法利益和国家税收权益。

涉税争议双边协商应遵循相互协商程序。相互协商程序，是指我国主管当局根据税收协定有关条款规定，与缔约对方主管当局之间，通过协商共同处理涉及税收协定解释和适用问题，以避免或消除国际重复征税问题的过程。

适用主体

中国居民（国民）。

服务内容

如果中国居民（国民）认为，缔约对方所采取的措施，已经或将会导致不符合税收协定所规定的征税行为，可以按本规定向省级税务机关提出申请，请求国家税务总局与缔约对方主管当局通过相互协商程序解决有关问题。申请人应在有关税收协定规定的期限内，以书面形式向省级税务机关提出启动相互协商程序的申请。

可以申请启动相互协商程序的情形包括：

1）对居民身份的认定存有异议，特别是相关税收协定规定双重居民身份情况下需要通过相互协商程序进行最终确认的；

2）对常设机构的判定，或者常设机构的利润归属和费用扣除存有异议的；

3）对各项所得或财产的征免税或适用税率存有异议的；

4）违反税收协定非歧视待遇（无差别待遇）条款的规定，可能或已经形成税收歧视的；

5）对税收协定其他条款的理解和适用出现争议而不能自行解决的；

6）其他可能或已经形成不同税收管辖权之间重复征税的。

我国负责相互协商工作的主管当局为国家税务总局；处理相互协商程序事务的国家税务总局授权代表为国家税务总局国际税务司司长或副司长，以及国家税务总局指定的其他人员。

省、自治区、直辖市和计划单列市税务局及以下各级税务机关负责协助国家税务总局处理相互协商程序涉及的本辖区内事务。

情景问答

1）问：我集团 2015 年在埃塞俄比亚设立了一家公司，该公司发生双重居民身份问题，请问可以申请启动税收协定相互协商程序吗？

答：中国政府和埃塞俄比亚联邦民主共和国政府签订的税收协定已于 2012 年 12 月 25 日生效。按照该协定及我国国内有关税收政策的规定，发生双重居民身份情况时，可以申请启动相互协商程序，通过相互协商程序进行最终确认。

2）问：申请启动税收协定相互协商程序需提供哪些资料？

答：中国居民申请启动税收协定相互协商程序，应按照《税收协定相互协商程序实施办法》（国家税务总局公告 2013 年第 56 号发布）的规定，向省级税务机关提交《启动税收协定相互协商程序申请表》纸质和电子版。

政策依据

1）中国政府与其他国家（地区）签署的避免双重征税协定、协议或者安排的有关规定（编者略）

2）《国家税务总局关于发布〈税收协定相互协商程序实施办法〉的公告》（国家税务总局公告2013年第56号）第一章、第二章

3）《国家税务总局关于印发〈境外注册中资控股居民企业所得税管理办法（试行）〉的公告》（国家税务总局公告2011年第45号）第二十九条

4）《国家税务总局关于发布〈特别纳税调查调整及相互协商程序管理办法〉的公告》（国家税务总局公告2017年第6号）第四十七条至第六十一条

延伸阅读

89－1 《国家税务总局关于发布〈税收协定相互协商程序实施办法〉的公告》第一章、第二章①

2013年9月24日　国家税务总局公告2013年第56号

第一章　总　　则

第一条　为正确适用税收协定，避免双重征税，解决国际税收争议，维护中国居民（国民）的合法利益和国家税收权益，规范税务机关的相互协商工作，根据中华人民共和国政府对外签署的避免双重征税协定（含内地与香港、澳门特别行政区签署的税收安排，以下统称税收协定）、《中华人民共和国税收征收管理法》（以下简称税收征管法）及其实施细则以及其他有关法律法规规定，结合中国税收征管工作实际，制定本办法。

第二条　本办法所称相互协商程序，是指我国主管当局根据税收协定有关条款规定，与缔约对方主管当局之间，通过协商共同处理涉及税收协定解释和适用问题的过程。

① 条款修改。第四条第二款、第十二条、第十四条第（五）项已修改。参见：《国家税务总局关于修改部分税收规范性文件的公告》，国家税务总局公告2018年第31号。

相互协商程序的主要目的在于确保税收协定正确和有效适用，切实避免双重征税，消除缔约双方对税收协定的解释或适用产生的分歧。

第三条 相互协商的事项限于税收协定适用范围内的事项，但超出税收协定适用范围，且会造成双重征税后果或对缔约一方或双方利益产生重大影响的事项，经我国主管当局和缔约对方主管当局同意，也可以进行相互协商。

第四条 我国负责相互协商工作的主管当局为国家税务总局（以下简称税务总局）；处理相互协商程序事务的税务总局授权代表为税务总局国际税务司司长或副司长，以及税务总局指定的其他人员。

省、自治区、直辖市和计划单列市国家税务局或地方税务局（以下简称省税务机关）及以下各级税务机关负责协助税务总局处理相互协商程序涉及的本辖区内事务。

第五条 各级税务机关应对缔约对方主管当局与相关纳税人、扣缴义务人、代理人等在相互协商程序中提供的资料保密。

第六条 本办法所称缔约对方，是指与中国签订税收协定，且该税收协定已经生效执行的国家或地区。

第二章 中国居民（国民）申请启动的相互协商程序

第七条 如果中国居民（国民）认为，缔约对方所采取的措施，已经或将会导致不符合税收协定所规定的征税行为，可以按本办法的规定向省税务机关提出申请，请求税务总局与缔约对方主管当局通过相互协商程序解决有关问题。

第八条 本办法所称中国居民，是指按照《中华人民共和国个人所得税法》和《中华人民共和国企业所得税法》，就来源于中国境内境外的所得在中国负有纳税义务的个人、法人或其他组织。

本办法所称中国国民，是指具有中国国籍的个人，以及依照中国法律成立的法人或其他组织。

第九条 中国居民有下列情形之一的，可以申请启动相互协商程序：

（一）对居民身份的认定存有异议，特别是相关税收协定规定双重居民身份情况下需要通过相互协商程序进行最终确认的；

（二）对常设机构的判定，或者常设机构的利润归属和费用扣除存有异议的；

（三）对各项所得或财产的征免税或适用税率存有异议的；

（四）违反税收协定非歧视待遇（无差别待遇）条款的规定，可能或已经形成税收歧视的；

（五）对税收协定其他条款的理解和适用出现争议而不能自行解决的；

（六）其他可能或已经形成不同税收管辖权之间重复征税的。

第十条　中国国民认为缔约对方违背了税收协定非歧视待遇（无差别待遇）条款的规定，对其可能或已经形成税收歧视时，可以申请启动相互协商程序。

第十一条　申请人应在有关税收协定规定的期限内，以书面形式向省税务机关提出启动相互协商程序的申请（附件1，需提供纸质版和电子版）。

第十二条　负责申请人个人所得税或企业所得税征管的省税务机关为受理申请的税务机关。申请人就缔约对方征收的非所得税类税收提出相互协商申请的，负责与该税收相同或相似的国内税收征收的省税务机关为受理申请的税务机关。国内没有征收相同或相似税收的，省国家税务局为受理申请的税务机关。

第十三条　申请人依本办法第十条申请启动相互协商程序，且未构成我国税收居民的，个人户籍所在地、法人或其他组织设立地的省税务机关为受理申请的税务机关。

第十四条　申请人按本章规定提出的相互协商申请符合以下全部条件的，税务机关应当受理：

（一）申请人为按照本办法第九条或第十条规定可以提起相互协商请求的中国居民或中国国民；

（二）提出申请的时间没有超过税收协定规定的时限；

（三）申请协商的事项为缔约对方已经或有可能发生的违反税收协定规定的行为；

（四）申请人提供的事实和证据能够证实或者不能合理排除缔约对方的行为存在违反税收协定规定的嫌疑；

（五）申请相互协商的事项不存在本办法第十九条规定的情形。

对于不符合上款规定全部条件的申请，税务机关认为涉及严重双重征税或损害我国税收权益、有必要进行相互协商的，也可以决定受理。

第十五条　受理申请的省税务机关应在十五个工作日内，将申请上报税务总局，并将情况告知申请人，同时通知省以下主管税务机关。

第十六条　因申请人提交的信息不全等原因导致申请不具备启动相互协商程序条件的，省税务机关可以要求申请人补充材料。申请人补充材料后仍不具备启动相互协商程序条件的，省税务机关可以拒绝受理，并以书面形式告知申请人。

申请人对省税务机关拒绝受理的决定不服的，可在收到书面告知之日起十五个工作日内向省税务机关或税务总局提出异议申请（附件2，需提供纸质版和电子版）。省税务机关收到异议后，应在五个工作日内将申请人的材料，连同省税务机关的意见和依据上报税务总局。

第十七条　税务总局收到省税务机关上报的申请后，应在二十个工作日内按下列情况分别处理：

（一）申请具备启动相互协商程序条件的，决定启动相互协商程序，并将情况告知受理申请的省税务机关，省税务机关应告知申请人；

（二）申请已超过税收协定规定的期限，或申请人的申请明显缺乏事实法律依据，或出现其他不具备相互协商条件情形的，不予启动相互协商程序，并以书面形式告知受理申请的省税务机关，省税务机关应告知申请人；

（三）因申请人提交的信息不全等原因导致申请不具备启动相互协商程序条件的，通过受理申请的省税务机关要求申请人补充材料或说明情况。申请人补充材料或说明情况后，再按前两项规定处理。

第十八条　税务总局启动相互协商程序后，可通过受理申请的省税务机关要求申请人进一步补充材料或说明情况，申请人应在规定的时间内提交，并确保材料的真实与全面。

对于紧急案件，税务总局可以直接与申请人联系。

第十九条　发生下列情形之一的，税务总局可以决定终止相互协商程序，并以书面形式告知省税务机关，省税务机关应告知申请人：

（一）申请人故意隐瞒重要事实，或在提交的资料中弄虚作假的；

（二）申请人拒绝提供税务机关要求的、与案件有关的必要资料的；

（三）因各种原因，申请人与税务机关均无法取得必要的证据，导致相关事实或申请人立场无法被证明，相互协商程序无法继续进行的；

（四）缔约对方主管当局单方拒绝或终止相互协商程序的；

（五）其他导致相互协商程序无法进行、或相互协商程序无法达到预期目标的。

第二十条　在两国主管当局达成一致意见之前，申请人可以以书面方式撤回相互协商申请。申请人撤回申请或者拒绝接受缔约双方主管当局达成一致的相互协商结果的，税务机关不再受理基于同一事实和理由的申请。

第二十一条　对于相互协商结果，税务总局应以书面形式告知受理申请的省税务机关，省税务机关应告知申请人。

89－2 《国家税务总局关于印发〈境外注册中资控股居民企业所得税管理办法（试行）〉的公告》第二十九条

2011年7月27日　国家税务总局公告2011年第45号

第二十九条　境外税务当局拒绝给予非境内注册居民企业税收协定待遇，或者将其认定为所在国家（地区）税收居民的，该企业可按有关规定书面申请启动税务相互协商程序。

主管税务机关受理企业提请协商的申请后，应当及时将申请及有关资料层报税务总局，由税务总局与有关国家（地区）税务当局进行协商。

89－3 《国家税务总局关于发布〈特别纳税调查调整及相互协商程序管理办法〉的公告》第四十七条至第六十一条

2017年3月17日　国家税务总局公告2017年第6号

第四十七条　根据我国对外签署的税收协定的有关规定，国家税务总局可以依据企业申请或者税收协定缔约对方税务主管当局请求启动相互协商程序，与税收协定缔约对方税务主管当局开展协商谈判，避免或者消除由特别纳税调整事项引起的国际重复征税。

相互协商内容包括：

（一）双边或者多边预约定价安排的谈签；

（二）税收协定缔约一方实施特别纳税调查调整引起另一方相应调整的协商谈判。

第四十八条　企业申请启动相互协商程序的，应当在税收协定规定期限内，向国家税务总局书面提交《启动特别纳税调整相互协商程序申请表》和特别纳税调整事项的有关说明。企业当面报送上述资料的，以报送日期为申请日期；邮寄报送的，以国家税务总局收到上述资料的日期为申请日期。

国家税务总局收到企业提交的上述资料后，认为符合税收协定有关规定的，可以启动相互协商程序；认为资料不全的，可以要求企业补充提供资料。

第四十九条 税收协定缔约对方税务主管当局请求启动相互协商程序的，国家税务总局收到正式来函后，认为符合税收协定有关规定的，可以启动相互协商程序。

国家税务总局认为税收协定缔约对方税务主管当局提供的资料不完整、事实不清晰的，可以要求对方补充提供资料，或者通过主管税务机关要求涉及的境内企业协助核实。

第五十条 国家税务总局决定启动相互协商程序的，应当书面通知省税务机关，并告知税收协定缔约对方税务主管当局。负责特别纳税调整事项的主管税务机关应当在收到书面通知后 15 个工作日内，向企业送达启动相互协商程序的《税务事项通知书》。

第五十一条 在相互协商过程中，税务机关可以要求企业进一步补充提供资料，企业应当在规定的时限内提交。

第五十二条 有下列情形之一的，国家税务总局可以拒绝企业申请或者税收协定缔约对方税务主管当局启动相互协商程序的请求：

（一）企业或者其关联方不属于税收协定任一缔约方的税收居民；

（二）申请或者请求不属于特别纳税调整事项；

（三）申请或者请求明显缺乏事实或者法律依据；

（四）申请不符合税收协定有关规定；

（五）特别纳税调整案件尚未结案或者虽然已经结案但是企业尚未缴纳应纳税款。

第五十三条 有下列情形之一的，国家税务总局可以暂停相互协商程序：

（一）企业申请暂停相互协商程序；

（二）税收协定缔约对方税务主管当局请求暂停相互协商程序；

（三）申请必须以另一被调查企业的调查调整结果为依据，而另一被调查企业尚未结束调查调整程序；

（四）其他导致相互协商程序暂停的情形。

第五十四条 有下列情形之一的，国家税务总局可以终止相互协商程序：

（一）企业或者其关联方不提供与案件有关的必要资料，或者提供虚假、不完整资料，或者存在其他不配合的情形；

（二）企业申请撤回或者终止相互协商程序；

（三）税收协定缔约对方税务主管当局撤回或者终止相互协商程序；

（四）其他导致相互协商程序终止的情形。

第五十五条　国家税务总局决定暂停或者终止相互协商程序的，应当书面通知省税务机关。负责特别纳税调整事项的主管税务机关应当在收到书面通知后15个工作日内，向企业送达暂停或者终止相互协商程序的《税务事项通知书》。

第五十六条　国家税务总局与税收协定缔约对方税务主管当局签署相互协商协议后，应当书面通知省税务机关，附送相互协商协议。负责特别纳税调整事项的主管税务机关应当在收到书面通知后15个工作日内，向企业送达《税务事项通知书》，附送相互协商协议。需要补（退）税的，应当附送《特别纳税调整相互协商协议补（退）税款通知书》或者《预约定价安排补（退）税款通知书》，并监控执行补（退）税款情况。

应纳税收入或者所得额以外币计算的，应当按照相互协商协议送达企业之日上月最后一日人民币汇率中间价折合成人民币，计算应补缴或者应退还的税款。

补缴税款应当加收利息的，按照《中华人民共和国企业所得税法实施条例》第一百二十二条规定的人民币贷款基准利率执行。

第五十七条　各级税务机关应当对税收协定缔约对方税务主管当局、企业或者其扣缴义务人、代理人等在相互协商中提供的有关资料保密。

第五十八条　企业或者其扣缴义务人、代理人等在相互协商中弄虚作假，或者有其他违法行为的，税务机关应当按照税收征管法及其实施细则的有关规定处理。

第五十九条　企业按照本办法规定向国家税务总局提起相互协商申请的，提交的资料应当同时采用中文和英文文本，企业向税收协定缔约双方税务主管当局提交资料内容应当保持一致。

第六十条　涉及税收协定条款解释或者执行的相互协商程序，按照《国家税务总局关于发布〈税收协定相互协商程序实施办法〉的公告》（国家税务总局公告2013年第56号）的有关规定执行。

第六十一条　本办法施行前已受理但尚未达成一致的相互协商案件，适用本办法的规定。

90. 特别纳税调整相互协商

适用主体

根据我国对外签署的税收协定的有关规定，因税收协定缔约一方实施特别纳税调查调整引起另一方相应调整的事项，国家税务总局可以依据企业申请或者税收协定缔约对方税务主管当局请求启动相互协商程序，避免或者消除由特别纳税调整事项引起的国际重复征税。有《国家税务总局关于发布〈特别纳税调查调整及相互协商程序管理办法〉的公告》（国家税务总局公告 2017 年第 6 号）第五十二条所列示情形之一的，国家税务总局可以拒绝企业申请或者税收协定缔约对方税务主管当局启动相互协商程序的请求。

服务内容

企业申请启动相互协商程序的，应当在税收协定规定期限内，向税务总局书面提交《启动特别纳税调整相互协商程序申请表》和特别纳税调整事项的有关说明。

情景问答

问：企业按照规定向国家税务总局提起特别纳税调整相互协商申请时，应注意哪些问题？

答：按照《国家税务总局关于发布〈特别纳税调查调整及相互协商程序管理办法〉的公告》（国家税务总局公告 2017 年第 6 号）规定，企业向国家税务总局提起相互协商申请的，需要注意：

1）应在税收协定规定期限内，向国家税务总局书面提交《启动特别纳税调整相互协商程序申请表》和特别纳税调整事项的有关说明；

2）如税务机关在相互协商过程中要求企业进一步补充提供资料，企业应在规定时限内提交；

3）提交的资料应同时采用中文和英文文本，向税收协定缔约双方税务主管当局提交资料的内容保持一致。

政策依据

1）中国政府与其他国家（地区）签署的避免双重征税协定、协议或者安排的有关规定（编者略）

2）《中华人民共和国企业所得税法》第五十八条

3）《国家税务总局关于发布〈特别纳税调查调整及相互协商程序管理办法〉的公告》（国家税务总局公告2017年第6号）（见P423　71－6）

延伸阅读

90－1 《中华人民共和国企业所得税法》第五十八条

2018年12月29日　中华人民共和国主席令第二十三号

第五十八条　中华人民共和国政府同外国政府订立的有关税收的协定与本法有不同规定的，依照协定的规定办理。

91. 税收服务“一带一路”网页

服务内容

国家税务总局网站上开辟了税收服务“一带一路”专题，专题涵盖税收协定、工作动态、政策法规、相关案例、媒体资讯、国际税讯、国别投资税收指南、“一带一路”税收征管合作论坛等内容。专题内容将及时更新，帮助企业全面了解“一带一路”的税收信息。

更多资讯

欢迎访问国家税务总局税收服务“一带一路”网页：

http：//www. chinatax. gov. cn/chinatax/n810219/n810744/n1671176/index. html.

92. “一带一路”税收征管合作机制

服务内容

2019年4月，第一届“一带一路”税收征管合作论坛在浙江乌镇召开。论坛期间，34个国家、地区税务部门共同签署了《“一带一路”税收征管合作谅解备忘录》，正式建立了“一带一路”税收征管合作机制。论坛参与方共同发布了《乌镇声明》以及《乌镇行动计划（2019－2021）》。

网页链接：http：//www. chinatax. gov. cn/eng//britacom. html.

93. 12366纳税服务热线

服务内容

2015年6月起，全国税务系统依托12366纳税服务热线答复“走出去”纳税人的税收政策咨询，回应服务诉求。

更多资讯

目前，拨打各地的12366纳税服务热线，即可咨询“走出去”税收政策。

94. 12366双语热线

服务内容

2016年1月，国家税务总局12366上海（国际）纳税服务中心正式挂牌成立，2016年11月，开通中国国际税收服务热线，可为国内外纳税人提供中英文专业税收咨询、办税指引等纳税服务。截至2019年9月，已累计向纳税人提供咨询服务10.1万余次，服务对象覆盖美国、印度、加拿大、法国，澳大利亚等许多国家和地区的纳税人，其中英语服务1075余人次，纳税人满意度达100%。

更多资讯

欢迎拨打中国国际税收服务热线：021－12366。

95. 国别（地区）投资税收指南

服务内容

截至2019年5月，国家税务总局共发布了91份国别（地区）投资税收指南，涵盖91个国家（地区）。

国别（地区）投资税收指南涵盖国家（地区）的基本情况、与我国双边经贸往来情况、现行税收制度、税收征管体制、投资涉税风险、税收协定、税收争议解决方法等主要信息，具有内容丰富、专业性强的特点。

更多资讯

欢迎访问国家税务总局税收服务“一带一路”网页国别（地区）投资税收指南模块：

http：//www. chinatax. gov. cn/n810219/n810744/n1671176/n1671206/index. html.

96. 在线访谈

服务内容

全国税务机关聚焦税收热点难点、积极回应社会关切，2015年起，在税务总局门户网站开展了一系列围绕税收服务“一带一路”等专题在线访谈活动，就网民关心的问题与网友在线交流。

更多资讯

在线访谈网页链接：
http：//www. chinatax. gov. cn/chinatax/n810356/n810946/index. html.

97. “国家税务总局”微信公众号

服务内容

国家税务总局依托微信平台，开通“国家税务总局”微信公众号，向纳税人开放信息获取渠道，提供政策咨询服务，回应纳税人诉求。

更多资讯

欢迎访问国家税务总局微信公众号：
chinatax008。
微信二维码：

延伸阅读索引

* 圈码表示延伸阅读索引文件的页码。

19　4－2　《国家税务总局关于〈出口货物劳务增值税和消费税管理办法〉有关问题的公告》（国家税务总局公告 2013 年第 12 号）第二条

26　5－1　《财政部　国家税务总局关于出口货物劳务增值税和消费税政策的通知》（财税〔2012〕39 号）第一条、第四条

32　6－1　《财政部　海关总署　国家税务总局关于在全国开展融资租赁货物出口退税政策试点的通知》（财税〔2014〕62 号）

34　6－2　《国家税务总局关于发布〈融资租赁货物出口退税管理办法〉的公告》（国家税务总局公告 2014 年第 56 号）第七条、第八条

35　6－3　《财政部　国家税务总局关于出口货物劳务增值税和消费税政策的通知》（财税〔2012〕39 号）第四条

38　7－1　《财政部　税务总局　海关总署关于深化增值税改革有关政策的公告》（财政部　税务总局　海关总署公告 2019 年第 39 号）

45　8－1　《国家税务总局关于发布〈适用增值税零税率应税服务退（免）税管理办法〉的公告》（国家税务总局公告 2014 年第 11 号）

53　8－2　《国家税务总局关于〈适用增值税零税率应税服务退（免）税管理办法〉的补充公告》（国家税务总局公告 2015 年第 88 号）

56　8－3　《财政部　国家税务总局关于全面推开营业税改征增值税试点的通知》（财税〔2016〕36 号）附件四《跨境应税行为适用增值税零税率和免税政策的规定》第一条、第三条至第九条

60　9－1　《财政部　国家税务总局关于全面推开营业税改征增值税试点的通知》（财税〔2016〕36 号）附件四《跨境应税行为适用增值税零税率和免税政策的规定》第二条

95 16－5 《财政部 国家税务总局完善企业境外所得税收抵免政策问题的通知》（财税〔2017〕84 号）

97 17－1 《中华人民共和国企业所得税法》第十七条、第十八条

97 17－2 《财政部 国家税务总局关于企业境外所得税收抵免有关问题的通知》（财税〔2009〕125 号）第三条、第八条、第九条、第十一条、第十三条

105 19－1 《中华人民共和国企业所得税法》第三条、第四条、第十七条、第二十三条、第二十四条

106 19－2 《中华人民共和国企业所得税法实施条例》第六条、第七条、第七十七条至第七十九条、第八十一条

107 19－3 《财政部 国家税务总局关于企业境外所得税收抵免有关问题的通知》（财税〔2009〕125 号）第一条至第四条、第十条、第十二条

110 19－4 《国家税务总局关于发布〈企业境外所得税收抵免操作指南〉的公告》（国家税务总局公告 2010 年第 1 号）第一条至第四条、第八条、第十条

119 19－5 《国家税务总局关于企业境外所得适用简易征收和饶让抵免的核准事项取消后有关后续管理问题的公告》（国家税务总局公告 2015 年第 70 号）

119 19－6 《财政部 税务总局关于完善企业境外所得税收抵免政策问题的通知》（财税〔2017〕84 号）第一条、第三条

120 19－7 《国家税务总局关于哈萨克斯坦超额利润税税收抵免有关问题的公告》（国家税务总局公告 2019 年第 1 号）

123 20－1 《中华人民共和国企业所得税法》第二十三条、第二十四条

124 20－2 《中华人民共和国企业所得税法实施条例》第八十条

149 26－2 《中华人民共和国企业所得税法实施条例》第八十三条

150 26－3 《财政部　国家税务总局　证监会关于沪港股票市场交易互联互通机制试点有关税收政策的通知》（财税〔2014〕81号）第一条

151 26－4 《财政部　国家税务总局　证监会关于深港股票市场交易互联互通机制试点有关税收政策的通知》（财税〔2016〕127号）第一条

152 26－5 《财政部　国家税务总局　中国证券监督管理委员会关于继续执行沪港股票市场交易互联互通机制有关个人所得税政策的通知》（财税〔2017〕78号）

154 27－1 《财政部　税务总局　证监会关于创新企业境内发行存托凭证试点阶段有关税收政策的公告》（财政部　税务总局　证监会公告2019年第52号）第一条、第二条

159 28－1 《中华人民共和国企业所得税法》第二十七条第四项

159 28－2 《中华人民共和国企业所得税法实施条例》第九十条

159 28－3 《财政部　国家税务总局关于居民企业技术转让有关企业所得税政策问题的通知》（财税〔2010〕111号）

160 28－4 《财政部　国家税务总局关于将国家自主创业示范区有关税收试点政策推广到全国范围实施的通知》（财税〔2015〕116号）

163 28－5 《国家税务总局关于技术转让所得减免企业所得税有关问题的通知》（国税函〔2009〕212号）

164 28－6 《国家税务总局关于技术转让所得减免企业所得税有关问题的公告》（国家税务总局公告2013年第62号）

165 28－7 《国家税务总局关于许可使用权技术转让所得企业所得税有关问题的公告》（国家税务总局公告2015年第82号）

195 31－3 《国家税务总局关于境外注册中资控股企业依据实际管理机构标准认定为居民企业有关问题的通知》（国税发〔2009〕82号）第一条、第二条、第四条

196 31－4 《国家税务总局关于印发〈境外注册中资控股居民企业所得税管理办法（试行）〉的公告》（国家税务总局公告2011年第45号）

203 32－1 《中华人民共和国企业所得税法》第二十条

204 32－2 《中华人民共和国企业所得税法实施条例》第七十五条

204 32－3 《财政部　国家税务总局关于企业重组业务企业所得税处理若干问题的通知》（财税〔2009〕59号）第五条、第七条、第八条

205 32－4 《国家税务总局关于发布〈企业重组业务企业所得税管理办法〉的公告》（国家税务总局公告2010年第4号）第四章

206 32－5 《国家税务总局关于企业重组业务企业所得税征收管理若干问题的公告》（国家税务总局公告2015年第48号）第九条、第十条

208 33－1 《财政部　国家税务总局关于企业境外所得税收抵免有关问题的通知》（财税〔2009〕125号）

213 33－2 《国家税务总局关于境内机构向我国银行的境外分行支付利息扣缴企业所得税有关问题的公告》（国家税务总局公告2015年第47号）

223 34－1 《中华人民共和国企业所得税法》第二条

223 34－2 《中华人民共和国个人所得税法》第一条

223 34－3 《中华人民共和国个人所得税法实施条例》第二条

309 43－1 《国家税务总局关于中、印两国政府避免双重征税协定若干条文解释与执行的通知》（国税发〔1994〕257 号）第四条

311 44－1 《国家税务总局关于印发〈中华人民共和国政府和新加坡共和国政府关于对所得避免双重征税和防止偷漏税的协定〉及议定书条文解释的通知》（国税发〔2010〕75 号）第十三条

324 50－1 《国家税务总局关于印发〈中华人民共和国政府和新加坡共和国政府关于对所得避免双重征税和防止偷漏税的协定〉及议定书条文解释的通知》（国税发〔2010〕75 号）第五条、第十五条

336 51－1 《国家税务总局关于印发〈中华人民共和国政府和新加坡共和国政府关于对所得避免双重征税和防止偷漏税的协定〉及议定书条文解释的通知》（国税发〔2010〕75 号）第十六条

339 53－1 《国家税务总局关于印发〈中华人民共和国政府和新加坡共和国政府关于对所得避免双重征税和防止偷漏税的协定〉及议定书条文解释的通知》（国税发〔2010〕75 号）第十五条、第十八条

343 54－1 《国家税务总局关于印发〈中华人民共和国政府和新加坡共和国政府关于对所得避免双重征税和防止偷漏税的协定〉及议定书条文解释的通知》（国税发〔2010〕75 号）第十九条

345 55－1 《国家税务总局关于印发〈中华人民共和国政府和新加坡共和国政府关于对所得避免双重征税和防止偷漏税的协定〉及议定书条文解释的通知》（国税发〔2010〕75 号）第二十一条

347 56－1 《国家税务总局关于印发〈中华人民共和国政府和新加坡共和国政府关于对所得避免双重征税和防止偷漏税的协定〉及议定书条文解释的通知》（国税发〔2010〕75 号）第二十三条

387 66－1 《中华人民共和国税收征收管理法》第二十五条第一款

388 66－2 《中华人民共和国企业所得税法》第一条、第三条、第二十三条、第二十四条、第五十四条

389 66－3 《国家税务总局关于发布〈企业境外所得税收抵免操作指南〉的公告》（国家税务总局公告 2010 年第 1 号）第九条

391 66－4 《国家税务总局关于发布〈中华人民共和国企业所得税年度纳税申报表（A 类，2017 年版）〉的公告》（国家税务总局公告 2017 年第 54 号）

393 67－1 《国家税务总局关于印发〈境外所得个人所得税征收管理暂行办法〉的通知》（国税发〔1998〕126 号）第七条

394 68－1 《中华人民共和国个人所得税法》第十三条

395 68－2 《国家税务总局关于个人所得税自行纳税申报有关问题的公告》（国家税务总局公告 2018 年第 62 号）第四条

398 69－1 《中华人民共和国企业所得税法》第二条至第四条

399 69－2 《国家税务总局关于非居民企业所得税源泉扣缴有关问题的公告》（国家税务总局公告 2017 年第 37 号）

406 70－1 《财政部　税务总局　国家发展改革委　商务部关于扩大境外投资者以分配利润直接投资暂不征收预提所得税政策适用范围的通知》（财税〔2018〕102 号）

408 70－2 《国家税务总局关于扩大境外投资者以分配利润直接投资暂不征收预提所得税政策适用范围有关问题的公告》（国家税务总局公告 2018 年第 53 号）

420 71－1 《中华人民共和国企业所得税法》第四十一条第一款

420 71－2 《中华人民共和国企业所得税法实施条例》第一百零九条、第一百一十条

460 73－6 《国家税务总局关于简化判定中国居民股东控制外国企业所在国实际税负的通知》（国税函〔2009〕37 号）

462 74－1 《国家税务总局关于做好居民企业报告境外投资和所得信息工作的通知》（税总函〔2015〕327 号）第二条

464 75－1 《中华人民共和国企业所得税法》第四十六条

464 75－2 《中华人民共和国企业所得税法实施条例》第一百一十九条

465 75－3 《财政部 国家税务总局关于企业关联方利息支出税前扣除标准有关税收政策问题的通知》（财税〔2008〕121 号）

466 75－4 《国家税务总局关于印发〈特别纳税调整实施办法（试行）〉的通知》（国税发〔2009〕2 号）第八十五条至第八十八条、第九十条、第九十一条

469 76－1 《中华人民共和国企业所得税法》第四十七条

469 76－2 《中华人民共和国企业所得税法实施条例》第一百二十条

470 76－3 《国家税务总局关于印发〈特别纳税调整实施办法（试行）〉的通知》（国税发〔2009〕2 号）第十章

471 76－4 《一般反避税管理办法（试行）》（国家税务总局令第 32 号）

477 77－1 《中华人民共和国企业所得税法》第四十三条

477 77－2 《中华人民共和国企业所得税法实施条例》第一百一十四条

478 77－3 《国家税务总局关于完善关联申报和同期资料管理有关事项的公告》（国家税务总局公告 2016 年第 42 号）第一条至第四条、第九条

481 78－1 《国家税务总局关于完善关联申报和同期资料管理有关事项的公告》（国家税务总局公告 2016 年第 42 号）第五条至第八条

524 85－5 《中华人民共和国个人所得税法》第一条

524 85－6 《中华人民共和国个人所得税法实施条例》第二条

527 86－1 《中华人民共和国企业所得税法》第四十二条

527 86－2 《中华人民共和国企业所得税法实施条例》第一百一十三条

528 86－3 《中华人民共和国税收征收管理法实施细则》第五十三条

528 86－4 《国家税务总局关于完善预约定价安排管理有关事项的公告》（国家税务总局公告2016年第64号）

541 89－1 《国家税务总局关于发布〈税收协定相互协商程序实施办法〉的公告》（国家税务总局公告2013年第56号）第一章、第二章

545 89－2 《国家税务总局关于印发〈境外注册中资控股居民企业所得税管理办法（试行）〉的公告》（国家税务总局公告2011年第45号）第二十九条

545 89－3 《国家税务总局关于发布〈特别纳税调查调整及相互协商程序管理办法〉的公告》（国家税务总局公告2017年第6号）第四十七条至第六十一条

549 90－1 《中华人民共和国企业所得税法》第五十八条